UTB **3912**

Eine Arbeitsgemeinschaft der Verlage

Böhlau Verlag · Köln · Weimar · Wien
Verlag Barbara Budrich · Opladen · Toronto
facultas.wuv · Wien
Wilhelm Fink · München
A. Francke Verlag · Tübingen und Basel
Haupt Verlag · Bern · Stuttgart · Wien
Julius Klinkhardt Verlagsbuchhandlung · Bad Heilbrunn
Mohr Siebeck · Tübingen
Nomos Verlagsgesellschaft · Baden Baden
Orell Füssli Verlag · Zürich
Ernst Reinhardt Verlag · München · Basel
Ferdinand Schöningh · Paderborn · München · Wien · Zürich
Eugen Ulmer Verlag · Stuttgart
UVK Verlagsgesellschaft · Konstanz, mit UVK / Lucius · München
Vandenhoeck & Ruprecht · Göttingen · Bristol
vdf Hochschulverlag AG an der ETH Zürich

Tom Kleffmann

Grundriß der Systematischen Theologie

Mohr Siebeck

Tom Kleffmann, geboren 1960 in Hannover, Studium der Philosophie, Geschichte und Theologie in Göttingen und Tübingen, Promotion 1993, Ordination 1998, Habilitation 2001 in Göttingen, 2005–2006 Gastprofessor an der Humboldt-Universität Berlin, seit 2006 Professor für Systematische Theologie an der Universität Kassel.

ISBN 978-3-8252-3912-1 (UTB Band 3912)

Die Deutsche Nationalbibliothek verzeichnet diese Publikation in der Deutschen Nationalbibliografie; detailliertere bibliografische Daten sind im Internet über *http://dnb.dnb.de* abrufbar.

© 2013 Mohr Siebeck, Tübingen.   www.mohr.de

Das Werk einschließlich aller seiner Teile ist urheberrechtlich geschützt. Jede Verwertung außerhalb der engen Grenzen des Urheberrechtsgesetzes ist ohne Zustimmung des Verlages unzulässig und strafbar. Das gilt insbesondere für Vervielfältigungen, Übersetzungen, Mikroverfilmungen und die Einspeicherung und Verarbeitung in elektronischen Systemen.

Das Buch wurde von Martin Fischer in Tübingen aus der Minion Pro und Frutiger gesetzt und von Hubert & Co. in Göttingen auf alterungsbeständiges Werkdruckpapier gedruckt und gebunden.

Vorwort

Die Aufgabe der systematischen Theologie ist es, das Ganze des christlichen Wahrheitsanspruchs in seinem Zusammenhang darzustellen. Dabei geht es auch wirklich um das Ganze: Es geht um die Wahrheit der Welt, des Lebens, des Denkens, und zugleich um den Grund und das Ziel der Geschichte.

Die vorliegende systematische Theologie ist vollständig, aber kurz, weil sie sich auf den Grundriß des Ganzen konzentriert. So will sie Orientierung in der scheinbaren Vielfalt der theologischen Themen, Traditionen und Begriffe geben. Eine erschöpfende Ausführung des Konzepts im expliziten Durchgang durch die exegetische Diskussion und die Theologiegeschichte sowie in expliziter Reflexion der philosophischen und theologischen Diskussion der Gegenwart wird nicht versucht. Hier werden nur Schwerpunkte gesetzt.

Allerdings soll Orientierung gerade auch in theologischen Schlüsselfragen der Gegenwart gegeben werden. Dazu zähle ich etwa die Frage des Verhältnisses von Glaube und Vernunft, die Frage nach dem Anspruch des Christentums im Verhältnis zu anderen Religionen, das Verständnis der Natur, die Theodizeefrage und die Frage nach der Begründung christlicher Ethik.

Kassel, Ostern 2012   Tom Kleffmann

Inhaltsverzeichnis

Vorwort V

Einleitung 1

1. Vorverständigung über den Sinn systematischer Theologie 1
2. Womit ist der Anfang in der systematischen Theologie
   zu machen? 4
3. Hinweis zur Gliederung 6

Erster Kreis: Vorbegriff des Ganzen 8

1. Der Mensch 8
2. Die Offenbarung Gottes 10
3. Der Sinn der Welt als Äußerung Gottes 12
4. Das verkehrte Leben 13
5. Die Geschichte der Offenbarung Gottes 15
6. Das wahre Leben 18
7. Der dreieinige Gott 20

Zweiter Kreis: Die Vernunft des Glaubens 22

   I. Verstand, Vernunft, Glaube 22

      Leitthema 1 22
      1. Stationen der Verhältnisbestimmung von Vernunft oder Verstand und Glaube   23
         1.1. Paulus: Der Widerspruch des gekreuzigten Christus
              zur Weisheit der Welt 23
         1.2. Averroismus, Anselm von Canterbury, Thomas von Aquin: Konsens von
              Glaube und Vernunft – oder getrennte Wahrheiten? 24
         1.3. Mystik und Luther: die Frage nach dem Subjekt 26
         1.4. Kant und Hamann: Vernunft und Sprache 30
         1.5. Schleiermacher: Glaube als unmittelbares Selbstbewußtsein . 33
         1.6. Hegel: Das absolute Wissen Gottes 34
         1.7. Nietzsche: Die Notwendigkeit kreativer Deutung 36
         1.8. Tillich: Die Frage der Vernunft und die Antwort der Offenbarung 37
         1.9. Neuere Religionsphilosophie: Religion als Sinndeutung 39

2. Leben, Erkennen, Religion ... 40
2.1. Der Mensch als intelligenter Leib und als Sprachwesen ... 41
2.2. Erinnerung, Geschichtlichkeit, Todesbewußtsein ... 44
2.3. Der kritische Verstand und die Vernunft ... 45
2.4. Religion und Religionskritik ... 49
3. Glaube ... 52
3.1. Formale anthropologische Bestimmung des Glaubens ... 52
3.2. Leben im Glauben: das Gottesverhältnis als Selbstverhältnis ... 53
3.3. Leben aus dem Glauben: Liebe und Freiheit, Zweifel und Gewißheit ... 56
3.4. Gibt es eine Vernunft des Glaubens? ... 57
3.5. Systematik des Glaubens ... 62
3.6. Vernunft als Medium der Verkehrung? ... 64

II. Der Prozeß theologischer Erkenntnis ... 65
Leitthema 2 ... 65
1. Der Gegenstand der Theologie: Offenbarung, Wort Gottes, Verkündigung, Glaube ... 66
2. Die theologische Aufgabe und die Bedeutung der Bibel (theologische Hermeneutik) ... 72
3. Die Bedeutung der Theologiegeschichte sowie der kirchlichen Bekenntnisse . 76
4. Die eine Theologie und ihre fünf Disziplinen ... 79

Dritter Kreis: Gott und Mensch ... 83

I. Das unwahre Leben ... 83
1. Die Grund- oder Erbsünde ... 83
Leitthema 3 ... 83
1.1. Die systematische Bedeutung der Erbsündenlehre ... 84
1.2. Die Verkehrtheit des Fürsichseins und ihre Erkenntnis ... 87
1.2.1. Verkehrtheit des Selbstverhältnisses ... 87
1.2.2. Sich selbst vermittelnde Identität ... 89
1.2.3. Die Verkehrung im Verhältnis zur Natur und zum anderen Menschen ... 90
1.2.4. Vergötterung und Selbstvergötterung ... 92
1.2.5. Verkehrte Leidenschaft (Konkupiszenz) ... 94
1.2.6. Erkenntnis der Sünde ... 96
2. Ursprüngliche Gemeinschaft und ursprüngliche Versuchung ... 99
Leitthema 4 ... 99
2.1. Die ursprüngliche Gemeinschaft ... 99
2.2. Die Versuchung in Angst und Lust und der Prozeß der Verkehrung ... 103

3. Die Verkehrtheit als allgemeines Erbe 105

Leitthema 5 105

II. Die Offenbarung Gottes als Mensch 109

1. Die Offenbarung Gottes in Christus und ihre Vorgeschichte 109

Leitthema 6 109

   1.1. Der Anspruch vollkommener Offenbarung 110
   1.2. Die vorbereitende Offenbarungsgeschichte im Alten Testament:
       Gott als Herr des Bundes, Richter, Schöpfer 112
   1.3. Die Vorgeschichte der Ausbreitung des Christentums und die Frage
       einer Offenbarungsgeschichte im Christentum 118
   1.4. Gibt es eine universale Offenbarungsgeschichte? Das Verhältnis der
       Offenbarung Gottes in Christus zu anderen Religionen 123

2. Jesus Christus im Neuen Testament 131

Leitthema 7 131

   2.1. Die Frage nach dem Verhältnis von irdischem Jesus
       und offenbarem Christus 132
   2.2. Jesu Predigt vom Reich Gottes, seine Vergebung der Sünde in Vollmacht
       des Vaters und die Frage seines Selbstverständnisses 134
   2.3. Kreuz und Auferstehung – und die Erkenntnis Jesu als des Christus 139
   2.4. Die Wirklichkeit der Auferstehung 145

3. Wie ist die Gemeinschaft von Gott und Mensch zu denken? Zur Entwicklung
der Lehre von Christus im Bekenntnis und in der Theologiegeschichte 147

Leitthema 8 147

III. Der Sinn der Welt als Äußerung Gottes 157

1. Die Naturwissenschaft als Herausforderung des christlichen
Schöpfungsbegriffs 157

Leitthema 9 157

2. Die Erfahrung der Schöpfung aus Nichts und der Gedanke der
schöpferischen Selbstentäußerung Gottes 164

Leitthema 10 164

   2.1. Die Schöpfung durch das Wort und der Gedanke des Nichts 164
   2.2. Die Erfahrung des Nichts in der Angst des Fürsichseins 168
   2.3. Die primäre Erfahrung der Schöpfung 171
   2.4. Schöpfung als Äußerung Gottes und schöpferische
       Selbstentäußerung Gottes 173
   2.5. Die Begründung der Schöpfung aus dem Nichts im Leben Gottes 175

3. Warum läßt Gott das Leiden zu? Vorsehung und Theodizee 176

Leitthema 11 176

    3.1. Das Verhältnis von Vernunft und Glauben bei der Frage nach der
        Bedeutung des Leidens für Gott 177
    3.2. Die Notwendigkeit des Leidens und Sterbens 179
    3.3. Das zufällige Unglück 179
    3.4. Das Leiden durch menschliche Sünde 181
    3.5. Die Frage nach der Gegenwart Gottes 182

IV. Das wahre Leben 183

1. Der heilige Geist des wahren Lebens 183

Leitthema 12 183

2. Das wahre Leben im unwahren 189

Leitthema 13 189

    2.1. Das wahre Leben im Blick auf den Einzelnen 190
        2.1.1. Wort Gottes, Selbsterkenntnis, Glauben 190
        2.1.2. Rechtfertigung, Freiheit, Heiligung 193
        2.1.3. Zugleich gerecht und Sünder 197
    2.2. Das wahre Leben als Vollzug von Gemeinschaft: der Gottesdienst 199
        2.2.1. Wort und Sakrament 201
        2.2.2. Die Taufe 206
        2.2.3. Das Abendmahl 213
    2.3. Das wahre Leben als Vollzug von Gemeinschaft: zwischenmenschliche
        Liebe und eine neue Wahrnehmung der Welt 217

3. Die Bedeutung christlicher Ethik im Konflikt zwischen wahrem und
   unwahrem Leben 220

Leitthema 14 220

    3.1. Das Subjekt des Handelns – der Mensch für sich oder der Geist einer
        Gemeinschaft? 220
    3.2. Die Aufgabe christlicher Ethik – und ihr Problem, sich
        gesamtgesellschaftlich verständlich zu machen 223
    3.3. Die bleibende Notwendigkeit der Selbstbestimmung im Verhältnis zur
        Welt und die Notwendigkeit einer vernünftigen Rechtsordnung 225
    3.4. Zum Verhältnis von Dogmatik und Ethik 228

4. Die Kirche als Gemeinschaft des wahren Lebens im unwahren 229

Leitthema 15 229

    4.1. Das Wesen der Kirche und die Notwendigkeit ihrer Selbstkritik 230
    4.2. Das kirchliche Amt 233
    4.3. Einheit und Vielfalt der Kirche: das Problem der Ökumene 237

5. Tod in der Zeit und ewiges Leben: die Vollendung der Gemeinschaft in Gott 240

Leitthema 16 240

Vierter Kreis: Das Leben Gottes (die Trinität) 249

Leitthema 17 249

Literaturverzeichnis 257

Bibelstellen 261
Personen 267
Begriffe 269

Einleitung

1. Vorverständigung über den Sinn systematischer Theologie

Den Grundriß systematischer Theologie bildet ihr Konzept. Unter einem Konzept systematischer Theologie verstehe ich vorläufig dies, daß die Sprache, in der das Ganze des Wahrheitsanspruchs darzustellen ist, nicht nur aus verschiedenen (biblischen, theologischen, philosophischen) Traditionen zusammengesucht wird, sondern daß dieses Ganze auch die Sprache seiner Darstellung durchdringt und ihre leitenden Begriffe prägt. Ein Konzept systematischer Theologie liegt also vor, wenn sich in den leitenden Begriffen ihrer Darstellung ihr einheitlicher Zusammenhang reflektiert. Zwar entstammen auch diese leitenden Begriffe verschiedenen Traditionen – z.b. einer paulinischen, johanneischen, lutherischen, hegelschen usf. Doch sind sie selber von dem durch sie neu dargestellten Ganzen her zu verstehen. Es muß deutlich werden, daß die christliche Theologie (zugespitzt gesagt) nur einen Gedanken hat.

Nun ist aber das Ganze des christlichen Wahrheitsanspruchs weder ein System reinen Denkens noch ein System der Erkenntnis in dem Sinn, daß der Erkenntnis die Wirklichkeit einfach als Gegenstand vorausgesetzt ist. Vielmehr ist das Ganze der christlich verstandenen Wahrheit eine Kommunikation – die Kommunikation Gottes mit dem Menschen. Alle Wirklichkeit, nicht nur das menschliche Leben und Denken, wird im Sinn dieser Kommunikation verstanden – als ihre Voraussetzung, ihr Vollzug, oder auch ihre Verweigerung.

Was heißt das: Kommunikation Gottes mit dem Menschen? In dieser Frage ist alle Schwierigkeit und alle Einfachheit der Theologie enthalten. Ihre Antwort muß die Darstellung des Ganzen leisten, zentral die Lehre von Christus. Dabei ist die Kommunikation Gottes mit dem Menschen nicht einfach im Sinn der Kommunikation innerweltlicher Subjekte zu verstehen. Ihr Verständnis setzt voraus, daß der Mensch die Grenze aller innerweltlichen Erkenntnis und Kommunikation realisiert, die er selber ist. Er muß eine notwendige Negativität oder Einsamkeit seines Fürsichseins realisieren, die die gesamte Welt, wie er sie erkennt, umfaßt. Erst dann ist der Anspruch dieser Kommunikation sinnvoll – christlich verstanden der Anspruch, daß Gott nicht nur Gott ist, der Andere der Welt, ihr verborgener Grund, sondern daß er in jener Negativität des Fürsichseins zum Menschen kommt. Der Anspruch, daß er Mensch wurde und sich als Geist dieser Gemeinschaft in dem menschlichen Gespräch mitteilt, welches diese Gemeinschaft als das wahre Leben verkündigt.

Das schließt den Sinn der Welt ein. Die Welt ist dann einerseits als Gottes Voraussetzung der Kommunikation zu verstehen, indem sie die Entstehung des Menschen impliziert. Zugleich aber ist sie auch vom Menschen als Moment der Kommunikation, eben als Äußerung Gottes zu verstehen.

Wenn aber das Ganze des christlichen Wahrheitsanspruchs eine alle Wirklichkeit umfassende Kommunikation meint, die auch noch im Schwang ist und deren Geschichte noch nicht vollendet ist, so kann sich die Darstellung dieses Ganzen nur so verstehen, daß sie die Gemeinschaft, auf die die Kommunikation zielt, im Denken vorwegnimmt. Genauer gesagt expliziert sie die Vorwegnahme, die Gott als Menschgewordener selber ist.

Nach christlichem Verständnis ist Christus die Identität (die vollendete Gemeinschaft) der Kommunikation von Gott und Mensch, die Gott selber ist – und darin Sinn der Schöpfung sowie Ziel ihrer Geschichte. Der Mensch gewordene Gott ist die Gemeinschaft, die durch ihre Verkündigung zugleich erst noch zu vollziehen ist. Das heißt: Die Antizipation der Gemeinschaft, auf die die Kommunikation im Ganzen zielt, ist notwendige Bedingung ihres Vollzugs – ihre Vorwegnahme in Christus als Inhalt der Kommunikation (als Gegenstand der Verkündigung) sowie im Glauben als Sichverstehen in dieser Kommunikation. Systematische Theologie stellt dann nichts anderes als den Versuch dar, die Antizipation des Ganzen, die Christus bedeutet, in gegenwärtiger Sprache zu denken.

Die systematische Theologie denkt, reflektiert, interpretiert den Wahrheitsanspruch jener Kommunikation, ist aber nicht unmittelbar selbst Vollzug dieser Kommunikation – also etwa: des Glaubens, Betens, Verkündigens, der Nächstenliebe. Aber auch wenn das Denken des Ganzen jener Kommunikation ihren Vollzug sozusagen unterbricht, so ist doch diese Unterbrechung dem Vollzug notwendig. Zu ihrer Wirklichkeit gehört immer wieder das Moment der Unterbrechung, in der der Mensch für sich ihren (die Welt und Geschichte einschließenden) Sinn versteht und im Denken vergegenwärtigt – eben die Gemeinschaft, die sich vollzieht, indem sie Gegenstand des Verkündigens, Glaubens und Denkens ist.

Die Aufgabe der systematischen Theologie, indem sie den christlichen Wahrheitsanspruch der Kommunikation von Gott und Mensch denkt, ist also, dem Ereignis dieser Wahrheit zu dienen. Das heißt, sie muß nicht nur einfach das Ganze des christlichen Wahrheitsanspruchs explizieren. Vielmehr, wenn dieses Ganze eine Kommunikation ist, muß seine Darstellung – und zwar gerade auch seine kritische, wissenschaftliche, ausdrücklich systematische Darstellung – es dem Menschen ermöglichen, sich darin zu verstehen.

Es ist die Aufgabe systematischer Theologie, die alle Wirklichkeit umfassende Ganzheit des christlichen Wahrheitsanspruchs begrifflich auszuarbeiten, und auch die dieser Wahrheit eigene Notwendigkeit. Das schließt aber die Unmittelbarkeit, in der sich für den Menschen damit sozusagen Sein und Nichts, Chaos und Sinn, Leben und Tod entscheiden, nicht aus, sondern soll sie gerade freilegen. Die Aufgabe des theologischen Denkens ist es, die gedanklichen Knoten im allgemeinen Vorverständnis zu lösen, die diese Unmittelbarkeit verhindern.

Jedes Denken des christlichen Glaubens impliziert eine systematische Theologie. Die Explikation aber muß sich auch in dem Gespräch bewähren und verändern, von dem es redet. Doch warum ist es nötig, erneut ein Konzept systematischer

1. Vorverständigung über den Sinn systematischer Theologie

Theologie zu entwerfen? Warum reicht es nicht, die wichtigsten biblischen Lehren und theologischen Interpretationen kritisch zusammenzufassen? Reicht es nicht, den Zusammenhang in seiner biblischen und in der Theologiegeschichte interpretierten Gestalt sprachlich zu aktualisieren?

Das Ganze des christlichen Wahrheitsanspruchs liegt nicht einfach vor – weder im Wortlaut der Bibel noch als Kanon objektiver Dogmen. Es ist nicht möglich, das Ganze des christlichen Wahrheitsanspruchs einfach aufzuklauben. Zwar interpretiert die systematische Theologie die ursprünglichen (biblischen) Zeugnisse des Anspruchs der Kommunikation Gottes mit dem Menschen und steht in der Geschichte und dem Gespräch seiner theologischen Interpretationen. Und umgekehrt ist es so, daß jede Äußerung des christlichen Wahrheitsbewußtseins bereits eine systematische Theologie mindestens impliziert. Zudem orientieren sich Kirche und Theologie an überlieferten, konzentrierten Darstellungen des Ganzen, wie sie etwa das Bekenntnis zum trinitarischen Gott darstellt. Gleichwohl ist dieses Ganze auch immer wieder neu zu verstehen und zu denken. Immer wieder neu sind Versuche, es zu verstehen und zu denken, ins Gespräch zu bringen. Dafür sind vorläufig drei Gründe zu nennen, die in Wirklichkeit aber kaum zu trennen sind.

1. Das Ganze der christlichen Wahrheit umfaßt wie gesagt auch die noch unabgeschlossene Geschichte des menschlichen Verstehens, Denkens und Kommunizierens insgesamt. Daß diese Geschichte offen ist, bedeutet auch, daß sich die Sprache und Begriffe des Verstehens, Denkens und Kommunizierens verändern. Weil also jede Darstellung des christlichen Wahrheitsanspruchs die ganze, eschatologische Wirklichkeit dieser Wahrheit nur vorwegnimmt, ist diese Wahrheit zu jeder Zeit neu zu verstehen.

2. ist die Kommunikation von Gott und Mensch nichts weniger als selbstverständlich. Denn der Sinn ihres Anspruchs setzt bleibend voraus, daß der Mensch die absolute Grenze seines Welterkennens realisiert, die er letztlich selbst ist. Auf dieses Bewußtsein muß sich die Theologie immer wieder in der Sprache beziehen, in der es sich realisiert.

Das läßt sich auch als Notwendigkeit des lebendigen Glaubens beschreiben. Unterliegt der christliche Glaube dem Schein einer selbstverständlichen Tradition, so verliert er seine Wahrheit. Wenn unsere Gedanken die Tendenz haben, ein ruhiges Gebäude zu bilden, in dem wir selbstverständlich wohnen, so brauchen wir um der Wahrheit des Anderen willen immer wieder das Stehen an der Grenze, die realisierte Unselbstverständlichkeit des christlichen Wahrheitsanspruchs.

3. Zudem ist auch unter der Bedingung des Christentums stets mit Mißverständnissen des Anspruchs jener Kommunikation zu rechnen, die letztlich darin begründet sind, daß der Mensch für sich die Grenze, die ihn vor Gott stellt, kaum aushält. Eine Tendenz, die Negativität des Fürsichseins durch willkürliche Sinnkonstruktionen zu verleugnen, bleibt auch im Christentum gegeben.

Aus all dem folgt auch, daß systematische Theologie offensiv sein muß. Wenn die Theologie den Wahrheitsanspruch, den sie zu denken hat, ernst nimmt, dann kann sie die faktische Vielfalt von Philosophien und Religionen und Theologien, einschließlich des Agnostizismus vermeintlich vernünftiger Religionskritik nicht als Selbstzweck anerkennen. Zwar wird sie die Vielfalt respektieren und als bereichernde Herausforderung anerkennen. Doch kann sie sich nicht müde darauf beschränken, den Traditionsbestand einer im Grunde beliebigen Privatreligion wiederzukäuen. Der Wahrheitsanspruch, den sie zu denken versucht, geht jeden Menschen an: Es geht um Leben und Tod, Liebe und weltumfassende Einsamkeit, es geht um das Nichts, in dem die Welt steht, um Lüge und Entfremdung, und um die Fülle des Sinns, den Grund alles Daseins. Zwar ist nichts von dieser Wahrheit Besitz, nichts ist selbstverständlich. Aber die ganze Welt des menschlichen Denkens ist für sie zu erobern. Systematische Theologie ist Angriff mit klingendem Spiel[1], d.h. sie soll in dem mitreißenden Rhythmus eines Denkens geschehen, das sich immer wieder an die Spitze der menschlichen Selbsterkenntnis und reflektierten Welterkenntnis stellt und sich anschickt, die Begriffe der Welt zu erobern. Gerade so bleibt sie ihrem Ursprung treu. Freilich gilt hier noch einmal, daß die systematische Eroberung der Begriffe der menschlichen Selbsterkenntnis und Welterkenntnis nur ein Moment in dem Gespräch sein kann, in dem sich ihre Wahrheit verwirklicht.

2. Womit ist der Anfang in der systematischen Theologie zu machen?

Gegenstand oder Inhalt der systematischen Theologie ist, vorläufig gesagt, der Wahrheitsanspruch des christlichen Glaubens. Die Theologie ist nicht unmittelbar Wissenschaft von Gott als metaphysischem Gegenstand, sondern sie denkt den Wahrheitsanspruch des christlichen Glaubens. Glaube meint dabei vorläufig das Sichverstehen des Menschen in der Kommunikation Gottes mit ihm – und zwar so, daß darin die Bedeutung des Lebens, des Fürsichseins, der Welt, der Geschichte ursprünglich bestimmt ist. Wenn die systematische Theologie den Wahrheitsanspruch des christlichen Glaubens denkt, so denkt sie also diese Kommunikation als das Ganze.

Womit ist dann aber der Anfang zu machen?

Mit einer systematisierenden Auslegung des Alten und des Neuen Testaments? Mit einer Vorstellung maßgeblicher dogmatischer Systeme oder der Dogmengeschichte insgesamt? Mit einer kulturwissenschaftlichen Beschreibung des Phänomens Religion im allgemeinen, um von daher das Spezifische des Christentums abheben zu können? Oder mit einer religionsphilosophischen Grundlegung der Theologie, die den Sinn des religiösen Glaubens im Verhältnis zur Vernunfterkenntnis expliziert? Oder ist mit den theologischen Prolegomena im traditionellen Sinn anzufangen, also mit der vorab zu klärenden Frage, wie

---

1 Vgl. das Nietzsche-Zitat am Anfang von P. Tillichs Marburger Dogmatik: Dogmatik. Marburger Vorlesung von 1925, hg. von W. Schüßler, Düsseldorf 1986, S. 25.

2. Womit ist der Anfang in der systematischen Theologie zu machen? 5

wir zu theologischer Erkenntnis kommen? Dann wäre die Offenbarung Gottes vorauszusetzen und von daher die Frage nach dem Verhältnis von Glaube und Vernunft, aber auch etwa die Frage nach dem Verhältnis von Gemeindeglauben und Dogmatik, nach der Bedeutung der Bibel, der Bekenntnisse usw. zu beantworten.

Nichts von dem eben Genannten wäre einfach falsch – und doch ist mit nichts von alledem der Anfang zu machen.

Die Bibel läßt sich als ursprüngliches Dokument des Anspruchs jener Kommunikation verstehen. Aber auch wenn wir für den Augenblick das Problem ihrer historisch-philologischen Interpretation als zureichend bearbeitet voraussetzen, so stellt sich ja erneut die Frage: Was sind die Kriterien, die sie als einheitlichen Wahrheitsanspruch interpretieren lassen? Und womit ist bei seiner Darstellung anzufangen?

Und das vergleichende Referat historisch gegebener Gesamtdarstellungen der christlichen Wahrheit verhilft uns noch nicht zu einer ursprünglichen, eigenen Auffassung dieser Wahrheit selbst und der Frage, wie ihre Darstellung aufzubauen ist – auch wenn die Kenntnis der Theologiegeschichte für den Gesamtprozeß des Verstehens unentbehrlich ist. Im Verhältnis zu überlieferten dogmatischen Systemen stellt sich ja sofort die Frage des Kriteriums der Aneignung. Auch was evident scheint, muß doch selber kritisch gedacht werden. Der systematische Zusammenhang muß also als Kriterium der Aneignung auch schon präsent sein, wenn er sich in Auseinandersetzung mit theologiegeschichtlichen Positionen entfaltet.

Auch mit einer kultur- oder religionswissenschaftlichen Begriffsbestimmung von Religion und Christentum zu beginnen, führt theologisch nicht zum Ziel. Denn der Wahrheitsanspruch des christlichen Glaubens ist eine Gesamtinterpretation aller Wirklichkeit, die auch den Sinn von Kultur und Religion und Wissenschaft neu (wenn auch in präziser Auseinandersetzung mit dem allgemeinen Sprachgebrauch) bestimmt. Statt dies zu denken, bleibt der religionswissenschaftliche Ansatz in der Außenperspektive befangen.

Ähnliches gilt für eine religionsphilosophische Grundlegung der Theologie, sofern sie auf der Basis der autonomen Vernunft die Funktion und Geltung des religiösen Glaubens explizieren will. Zwar sollte die Darstellung der Relevanz des christlichen Wahrheitsanspruchs für die autonome Vernunft im Gespräch mit der Philosophie stattfinden. Und die Bestimmung des Verhältnisses des christlichen Wahrheitsanspruchs zu Verstand und Vernunft ist für seine theologische Entfaltung entscheidend. Doch gehört sie selber in den Wahrheitsanspruch des christlichen Glaubens hinein. Die Frage, ob und wie die Vernunft zum Glauben oder der Glaube zur Vernunft kommt, ist also nicht einfach unter den Prämissen der philosophischen Vernunft zu verhandeln. Der christliche Glaube hat einen eigenen Begriff von der Bestimmung der Vernunft und einen eigenen Begriff von der Bestimmung der Religion. Und auch die anderen Fragen der theologischen Erkenntnistheorie gehören in den systematischen Zusammenhang des christlichen Wahrheitsanspruchs selbst. Die Antwort auf die Frage, was

Offenbarung, was theologische Erkenntnis ist, impliziert ein Verständnis des christlichen Wahrheitsanspruchs im Ganzen. So wie beispielsweise das Verhältnis von Glauben und Vernunft eine christliche Anthropologie impliziert, so impliziert der Offenbarungsbegriff die Christologie. Und die Frage der Bedeutung von Bibel, Bekenntnis und theologischer Tradition impliziert darüber hinaus eine Sündenlehre, eine Lehre von der Kirche, ein Verständnis vom Geist Gottes in der Geschichte. Womit also ist der Anfang in der systematischen Theologie zu machen?

Am besten ist der Anfang mit einer konzentrierten Vorstellung des Ganzen, mit einem Vorbegriff des Ganzen zu machen. Ist ein solcher Vorbegriff des Ganzen gegeben, so leitet er das Verständnis der Teile, die das Ganze ausführen. Der Vorbegriff des Zusammenhangs begründet seine gegliederte Darstellung.

Woher kommt dieser Vorbegriff des Ganzen? Wie können wir ihn gewinnen? Zunächst kann die Antwort lauten: aus der Kommunikation, von der die Rede ist. Denn es gehört zur Wirklichkeit der Kommunikation Gottes mit dem Menschen, daß die, die sich in ihr verstehen, auch ihren Gesamtsinn antizipatorisch verstehen – wie er mit Christus Gegenstand der Verkündigung und des Glaubens ist. Von der Gemeinschaft Gottes mit dem Menschen her werden Gott und Mensch, der Sinn der Welt und des Lebens, sowie insgesamt Grund und Sinn der Geschichte verstanden. Ein Vorbegriff des Ganzen ist also immer schon da und muß nur kritisch expliziert werden. Die kritische Explikation aber setzt die Ausführung des Ganzen voraus. Für den Autor ist der Vorbegriff des Ganzen eine Zusammenfassung der Ausführung. Das heißt für den Leser: Der Vorbegriff ist zwar in sich verständlich, enthält aber nicht auch seine Bewährung in der Auseinandersetzung mit der Bibel, mit der Theologiegeschichte, mit der gegenwärtigen Diskussionslage. Er ist nur eine Anleitung zum leichteren Verstehen der Ausführung.

Ohnehin ist die Unterscheidung von Vorbegriff und Ausführung nur eine relative. Denn auch der Vorbegriff des Ganzen bildet keine reine Einheit des Gedankens, sondern ist (wie unser Denken überhaupt) diskursiv, also auch wiederum gegliedert. Die Frage nach dem Anfang stellt sich also gleich noch einmal.

3. Hinweis zur Gliederung

Die sachliche Gliederung des Ganzen, den Grundzusammenhang erläutert der folgende Vorbegriff. Doch wird dieses Ganze viermal, d.h. in vier Hinsichten dargestellt, die als Kreise bezeichnet werden. Der Vorbegriff des Ganzen in sieben Artikeln bildet den ersten Kreis. Der zweite Kreis stellt das Ganze hinsichtlich der Frage dar, was theologische Erkenntnis ist. Das schließt die Frage ein, wie der Mensch dazu kommt, von Gott zu reden, und wie sich Verstand, Vernunft und Glaube zueinander verhalten. Der dritte Kreis stellt die Kommunikation Gottes mit dem Menschen als solche dar – Gottes Offenbarung als Mensch, die Welt als Äußerung Gottes (die das Werden des Menschen impliziert), und den

Geist der Gemeinschaft Gottes mit dem Menschen. Diese Kommunikation wird als das wahre Leben des Menschen verstanden.

Da auch Gottes Offenbarung als Mensch sowie die Welt als Äußerung Gottes in Bezug auf die Nichtigkeit des menschlichen Fürsichseins darzustellen sind, kommt im dritten Kreis die theologische Lehre vom Menschen (Anthropologie) nicht nur in der Lehre vom unwahren Leben (Sündenlehre) und vom wahren Leben vor, sondern eben auch in der Lehre von Christus sowie in der Schöpfungslehre.

Der vierte Kreis faßt die Kommunikation Gottes mit dem Menschen hinsichtlich der Frage zusammen, was es für das trinitarische Leben Gottes bedeutet.

Die jeweils den Oberthemen vorangestellten Leittexte haben die Aufgabe einer thesenartigen Zusammenfassung; sie sollen die Diskussion erleichtern.

Erster Kreis: Vorbegriff des Ganzen

Die Rede von Gott oder auch von seiner Kommunikation ist nicht selbstverständlich. Um einen Begriff der Kommunikation von Gott und Mensch zu geben, ist nicht mit Gott und auch nicht mit einem vorauszusetzenden Glauben an Gott anzufangen, sondern vielmehr mit uns, mit dem Menschen, der überhaupt sich und seine Welt zu verstehen vermag, der mit anderen Menschen kommuniziert – und mit der Frage, wie er dazu kommt, den Anspruch einer Äußerung Gottes für relevant zu halten.

Deswegen ist der erste der folgenden sieben Artikel noch nicht eigentlich ein theologischer, sondern ein philosophischer. Er versucht die autonome Selbsterkenntnis des Menschen auf den Begriff zu bringen. Erst der zweite Artikel ist ein theologischer und handelt von dem Anspruch der Offenbarung Gottes in der Gemeinschaft mit dem Menschen, die die menschliche Rede von Gott begründet. Von daher erfährt dann auch der erste Artikel vom Menschen seine theologische Wahrheit. Der dritte Artikel von der Welt als Äußerung Gottes (von der Schöpfung) und der sechste Artikel vom wahren Leben legen den zweiten aus. Doch vor den sechsten Artikel sind zwei Artikel geschaltet, die das christliche Verständnis der menschlichen Geschichte vorstellen und insofern Voraussetzung des konkreten Verständnisses des wahren Lebens sind: Der vierte Artikel handelt vom verkehrten Leben oder der Sünde. Der fünfte Artikel konkretisiert auf diesem Hintergrund die Rede von der Offenbarung Gottes in der Gemeinschaft mit dem Menschen geschichtlich. Er handelt also vom Prinzip der Geschichte der Kommunikation Gottes mit dem Menschen – oder kurz: von der Offenbarungsgeschichte. Der siebte und letzte Artikel wird zusammenfassend formulieren, wie die Sätze von der Offenbarung, der Schöpfung und dem wahren Leben in der Gemeinschaft Gottes den Begriff des Lebens Gottes selbst implizieren, also den Gedanken seiner Trinität.

1. Der Mensch

Die Voraussetzung der sinnvollen Rede von Gott ist die Selbsterkenntnis des Menschen[1] – und zwar die Selbsterkenntnis, die dem menschlichen Leben notwendig ist.

Menschliches Leben besteht zum einen in einer unmittelbaren Gemeinschaft des Kommunizierens. Das gilt schon für den lebendigen Leib als organisierten

---

1 Indem der Mensch zum Gottesverhältnis bestimmt ist, gilt auch die Umkehrung: Die Voraussetzung der Selbsterkenntnis des Menschen ist seine Gotteserkenntnis. Darauf ist zurückzukommen.

Stoffwechsel, aber auch für das Bewußtsein, sofern in ihm Subjekt und Objekt noch nicht unterschieden sind, und auch noch für die Unmittelbarkeit des Gespräches, für das Leben in scheinbar selbstverständlichen Sinnzusammenhängen. Zum anderen muß der Mensch sich als Fürsichsein realisieren. Es ist eine Notwendigkeit des menschlichen Lebens, daß sich sein Subjekt aus der Unmittelbarkeit des Kommunizierens heraus in sich reflektiert – daß es sich als Fürsichsein realisiert. Das bedeutet, eine letzte, die selbstverständlich gewesene Welt mit umfassende Einsamkeit realisieren zu müssen und darin vom Leben als Unmittelbarkeit des Kommunizierens entzweit zu sein.

Die Realisierung des menschlichen Fürsichseins ist eine Reflexion in sich, weil der Mensch in seinem Bewußtsein, in seinem gegenständlichen Verstehen und Erkennen und auch im eigentlichen Gespräch zunächst beim Anderen ist. Er ist sozusagen zunächst außer sich. Er bewegt sich in der Selbstverständlichkeit unmittelbar sinnvoll scheinender Verhältnisse. Er steht den Dingen, den anderen Menschen noch gar nicht als er selbst gegenüber. Sein Leben (sein Bewußtsein, sein Erkennen, sein Handeln, sein Reden, sein Verstehen) repräsentiert bloß die vorgegebene Sinngemeinschaft mit dem Anderen. Um zu sich zu kommen, muß er sich aus dieser vorgegebenen Sinngemeinschaft heraus in sich reflektieren. Das heißt, sofern diese Sinngemeinschaft Funktion seiner Identität ist, muß er diese Identität als Fürsichsein realisieren. Er muß die Identitätsfunktion in den vorgegebenen Verhältnissen zum Anderen reflektieren. Er muß realisieren, daß der ihm zunächst selbstverständliche, fraglose Sinn der Welt, den sein Leben implizierte, Funktion seiner Identität war (die ihm insofern ebenfalls vorgegeben ist) – sei es, daß sich die Selbstverständlichkeit der Welt als Funktion seiner praktischen leiblichen Selbsterhaltung erweist, sei es, daß sich die verstandesmäßige Welterkenntnis als Funktion seiner Einheit als Subjekt dieser Erkenntnis erweist, sei es, daß eine allgemeine Dialektik des Verhältnisses zum anderen Menschen zu dem Ziel führt, das Selbstbewußtsein im Verhältnis als Fürsichsein auszubilden. Diese Reflexion realisiert insgesamt das Fürsichsein in seiner weltumfassenden Negativität: ein Sinn der Wirklichkeit selbst, der auch einen Sinn des Lebens für es bedeuten würde, ist unbekannt.

Die notwendige Reflexion des menschlichen Bewußtseins in sich aus einer vorgängigen Sinn-Einheit mit dem Anderen heraus bezieht sich zugleich auf die gegenständliche Welt und auf die zwischenmenschliche Gemeinschaft. Nicht nur im Verhältnis zur gegenständlichen Welt, sondern auch im Verhältnis zu den anderen Menschen muß sich das Fürsichsein realisieren.

Weil im Gespräch der menschlichen Gemeinschaft und ihrer Geschichte alle Selbstverständlichkeit des Bewußtseins (d.h. auch alle vorgängige Sinn-Einheit mit der Welt) immer schon vermittelt ist, kann diese Ebene als übergreifend angesehen werden. Der zunächst selbstverständliche Sinn der Welt ist stets ein gemeinsamer. Schon das Sprechen einer gemeinsamen Sprache impliziert eine zwischenmenschliche Gemeinschaft als Sinngemeinschaft.

Konkret lassen sich verschiedene allgemeine Modi, im Verhältnis zum anderen Menschen Identität zu realisieren, namhaft machen – etwa Konkurrenz, Macht, gegenseitige

Anerkennung. Solche Modi ließen sich auch (mit Hegel) als Stufenfolge beschreiben.[2] Aber auch wenn sich dabei zeigt, daß das Verhältnis zum Anderen dem Fürsichsein stets konstitutiv ist (und das Selbstbewußtsein im Verhältnis zum Anderen notwendig einschließt, auch den Anderen als Selbstbewußtsein anzuerkennen), so bedeutet das doch nicht, daß die Leere oder Bestimmungslosigkeit des Fürsichseins, die in der Sinnlosigkeit der Welt begründet ist, überwunden ist. Am Ende spiegelt der andere Mensch die absolute Einsamkeit des erwachsenen Fürsichseins in einer sinnlosen Welt.

Auf elementare Weise besteht die Reflexion in sich schon darin, daß der Mensch sein Leben als ein endliches Ganzes realisiert (erinnert und erwartet). Als Bewußtsein der Zeit, der Fremdheit der Welt und auch einer letzten Getrenntheit von den anderen Menschen ist diese Einsamkeit die reine Selbstgewißheit in der Angst des zukünftigen Todes.

Insgesamt gilt, daß der Mensch eine letzte Einsamkeit realisieren muß, die die vergangene Selbstverständlichkeit der Welt mit umfaßt. Indem er dies tut, kann er, wenn er die Worte dafür findet, nach dem Sinn des Ganzen fragen. Daß die Voraussetzung der Rede von Gott die Selbsterkenntnis des Menschen ist, heißt mit anderen Worten: Erst wenn der Mensch sein Fürsichsein realisiert, erst wenn alle Selbstverständlichkeit des Lebens und Erkennens zerbrochen ist – im erwachsenen Bewußtsein der absoluten Grenze – erst dann steht er mitsamt seiner Welt vor dem ganz Anderen.

2. Die Offenbarung Gottes

Die Offenbarung Gottes bezieht sich auf dieses Fürsichsein des Menschen, setzt es voraus. Christlicher Inbegriff der Offenbarung ist: Gott identifiziert sich mit dem Menschen eben im Moment seiner vollkommenen, die ganze Welt einschließenden Einsamkeit. Daß der Mensch im Moment dieses Fürsichseins die Gemeinschaft Gottes erfährt – das heißt Offenbarung Gottes. Indem Gott sich mit dem Menschen in der Nichtigkeit seines Fürsichseins identifiziert, offenbart er sich zugleich als der unserer Welt gegenüber Andere, der der Grund der Welt und unseres Lebens ist. Der Andere offenbart sich als der, der die Gemeinschaft will und vollzieht.

Daß Gott sich offenbart, begegnet in der Geschichte zunächst als faktischer Anspruch. Indem sich dieser Anspruch verwirklicht, erschließt er aber einen neuen, ursprünglichen Sinn der Geschichte insgesamt.

---

2 Dabei bedeutet eine Stufe unmittelbarer Gemeinschaft jeweils, daß auf eine bestimmte Weise im Verhältnis zum Anderen Identität vorausgesetzt, aber noch nicht realisiert wird. Hat die Reflexion in sich die Identität realisiert, bedeutet dies, daß auf neuer Stufe Identität vorausgesetzt wird. Hier wäre etwa das vom Selbstbewußtsein sowie das vom Geist handelnde Kapitel in Hegels „Phänomenologie des Geistes" zu vergleichen. Dazu T. Kleffmann, Selbstbewußtsein und Leben in Hegels Phänomenologie des Geistes. In: Jahrbuch für Hegelforschung Bd. 12–14, hg. von H. Schneider, St. Augustin 2010, S. 191–206. – Auf eigene Arbeiten wird im vorliegenden Buch nur deshalb relativ häufig verwiesen, weil sie den hier dargelegten Gedanken weiter ausführen.

Als geschichtlicher Wahrheitsanspruch begegnet diese Identifikation Gottes als solche konzentriert in der Verkündigung der Auferweckung des gekreuzigten Jesus in das ewige Leben Gottes. Diese Verkündigung schließt rückwirkend die Verkündigung der Gegenwart Gottes im geschichtlichen Jesus ein, indem dieser die nahe Gottesherrschaft predigte und sich in seinem Fürsichsein ganz der Gemeinschaft der Gottesherrschaft hingab.

Wird so Jesus als Christus verkündigt, so heißt Christus Gott selber in seiner Einheit oder Gemeinschaft mit dem Menschen. Der Inbegriff der Offenbarung Gottes in Jesus Christus beinhaltet dann das Kreuz als Inbegriff des Menschen für sich (als Inbegriff dessen, was als Wahrheit des Fürsichseins erscheint: Tod, Sinnlosigkeit, Einsamkeit), und die Auferstehung als Inbegriff der Gemeinschaft des ewigen Gottes mit dem endlichen Menschen.

Ewigkeit heißt insofern, daß Gott die endliche Geschichte des menschlichen Lebens in sein Leben integriert – und immer schon integriert hat.

Diese Gemeinschaft mit dem Menschen aber, die Gott selber ist, vollzieht sich für uns wesentlich durch das zwischenmenschliche Gespräch, das sie mitteilt – indem der Mensch die Überwindung der Nichtigkeit des Fürsichseins darin erfährt, daß er sich und seine Welt in der Kommunikation versteht, die diese Gemeinschaft an ihm vollzieht. Eben das bedeutet Glauben.

Wenn aber in Christus Gott selber seine Gemeinschaft mit dem Menschen ist, dann gehört diese Gemeinschaft zur Ewigkeit Gottes: Christus ist Gott als der, dessen Gemeinschaft mit dem Menschen die Schöpfung begründet und dessen eigenes Leben alle Kommunikation mit dem Menschen umfasst: die war, die ist und die noch sein wird.

Das heißt auch: Jesus Christus impliziert als Offenbarung Gottes dessen Dreieinigkeit. Denn daß Gott sich mit dem Menschen in der weltumfassenden Nichtigkeit seines Fürsichseins identifiziert, offenbart ihn als den, der den Menschen als seinen Anderen liebt und darum, um sich mit ihm zu identifizieren, sich selbst ein Anderer wird. In der Selbstentäußerung, die seine Liebe zum Anderen bedeutet, wird Gott für alle Menschen ein Mensch und ist sich selbst als Gott, als Grund oder Autor der Welt des Andersseins gegenüber. In der Zeit, d.h. für den Menschen vollzieht sich, was für Gott in Ewigkeit vollzogen ist. Denn seine Liebe zum Anderen (zum Menschen), die in ihm seine Selbstunterscheidung bedeutet, ist als Grund für das Werden des Anderen (des fürsichseienden Menschen) offenbart, und als der Sinn der Zeit. So bedeutet die Offenbarung Gottes in seiner Gemeinschaft mit dem Menschen zugleich seine Offenbarung als Anderer der Welt.

Gott wird sich selbst ein Anderer, um in seiner Identifikation mit dem Menschen, um im Leben ihrer Gemeinschaft er selbst zu sein. Denn daß er sich selbst ein Anderer wird und in Ewigkeit ist, heißt, daß er als sich so selbst Unterscheidender zugleich seine lebendige Einheit vollzieht. Das ist Gott als Geist: der Vollzug seiner Einheit mit sich, zugleich die Gemeinschaft von Gott und Mensch, wie sie mit Christus verkündigt ist, und schließlich der Vollzug dieser Gemeinschaft in Glauben und Liebe der Gemeinde.

3. Der Sinn der Welt als Äußerung Gottes

Der ursprüngliche Sinn der Welt kann erst dem erwachsenen, in seiner Einsamkeit alle Welt umfassenden Fürsichsein aufgehen. Die Offenbarung Gottes, indem er sich mit dem Menschen in dessen in sich reflektierten Fürsichsein identifiziert, offenbart seine Liebe zum Anderen zugleich als Grund der Welt. Wie die Nichtigkeit des Fürsichseins seine Welt (die Entfremdung vom Schein ihrer selbstverständlichen Sinnhaftigkeit) umfaßt, so bedeutet die Überwindung der Nichtigkeit in der Gemeinschaft Gottes eine völlige Neu-Interpretation der Welt für den Inbegriff des Andersseins, eben den erkennenden Menschen in seinem Fürsichsein.

Die Welt ist dann in einem zweifachen Sinn als Äußerung Gottes zu verstehen. Im einen Sinn ist sie als Äußerung zu verstehen, die den Menschen allererst als Subjekt des Verstehens hervorbringt – im Werden seiner Gattung und zugleich indem die Welt Gegenstand seines Bewußtseins ist.

Das menschliche Bewußtsein der Welt, welches der Reflexion in sich vorausgeht, ist wie gesagt Funktion der Identität des Menschen.

Insofern ist die Welt eine Äußerung, die sich im Fürsichsein des Menschen vollendet, der so wesentlich der Andere Gottes, Gegenüber Gottes ist. Sie ist insofern eine Äußerung, die im Werden desjenigen Subjekts besteht, das sie dann *als* Äußerung verstehen soll.

Unter der Voraussetzung des aus allem unmittelbaren Weltbewußtsein in sich reflektierten Fürsichseins versteht der Mensch die Welt *als* Äußerung Gottes, indem das menschensprachliche Wort der Offenbarung sie authentisch als Äußerung interpretiert. Dieser zweite Sinn, die Welt als Äußerung zu verstehen, erschließt und umfaßt den ersten: Gott äußert in der Welt seine ursprüngliche Liebe zum Anderen, indem er ihn zunächst werden läßt.

Die Welt, im Verhältnis zu der der Mensch als Fürsichsein geworden ist, wird, indem die Offenbarung Gottes in Christus sie authentisch interpretiert, selbst zur Offenbarung Gottes, in der er seine Liebe äußert. Die authentische Interpretation der Welt durch das Wort der Offenbarung eröffnet eine neue Wahrnehmung jenseits der Gesetze der funktionalen Erkenntnis des Verstandes. Die Welt beginnt in dieser Wahrnehmung, zu einem Ausdruck der Gemeinschaft von Gott und Mensch zu werden. Sie wird sinnliches Medium oder Element der Kommunikation Gottes mit dem Menschen, die in Christus identisch ist. Die sinnliche Wahrnehmung der Welt wird zu einem Medium des wahren und wirklichen Lebens, in welchem die Entzweiung des Lebens für das Fürsichsein überwunden wird.

Wenn aber die Welt im genannten zweifachen Sinn Äußerung Gottes ist, dann ist im strengen Sinn nur der Mensch in seinem Fürsichsein an sich von Gott getrennt. Die Welt der von Gott getrennten Dinge ist nur für das Fürsichsein (für sein sprachliches Bewußtsein, seinen Verstand, seine Zeit), im Prozeß seines gattungsmäßigen und bewußtseinsmäßigen Werdens. Die Welt abgesehen vom

Fürsichsein des Menschen ist nicht als Sein an sich von Gott getrennt. Vielmehr ist sie, als Möglichkeit und Werden des Fürsichseins, Gottes Sich-Äußern, seine Selbstentäußerung im konkreten Zulassen des Anderen.

Das hieße zugespitzt: Erst das aus seiner Welt in sich reflektierte Fürsichsein realisiert in seiner Nichtigkeit ursprünglich das Nichts, was der Gedanke der „Schöpfung aus dem Nichts" meint und was die Welt von Gott trennt. Erst für das Fürsichsein in seiner Nichtigkeit kann die Schöpfung als Schöpfung sein.

Die Schöpfungswelt aber, wie sie aus dem weltumfassenden Nichts des Fürsichseins für es erscheint, impliziert als Äußerung oder Sprache Gottes bereits seine Menschwerdung. Das heißt, die konkret etwa im ansprechenden Sinn ihres schönen Bildes erscheinende Schöpfung ist nicht einfach Äußerung des jenseitigen Gottes, sondern zugleich (schon in ihrer Wahrnehmung) authentische menschliche Interpretation, kreative Interpretation im Geist der Menschwerdung Gottes.

4. Das verkehrte Leben

Der Artikel vom Menschen für sich und entsprechend auch der Artikel von der ursprünglichen Offenbarung Gottes sowie der sie auslegende Artikel vom Sinn der Welt implizierten zwar auch schon einen theologischen Begriff vom Sinn der Geschichte, waren aber zunächst abgesehen von der wirklichen Geschichte des Menschen und der Offenbarung Gottes formuliert – das heißt vor allem: sie sahen ab von der Verkehrung im wirklichen menschlichen Fürsichsein und Leben. Wenn nun davon die Rede ist, so enthält das also auch eine Reformulierung des Artikels vom Menschen – so wie der darauf folgende Artikel von der Offenbarungsgeschichte eine Reformulierung des Artikels von der Offenbarung enthält.

Die fundamentale Verkehrtheit im menschlichen Fürsichsein kann traditionell die menschliche Grund- oder Ursünde heißen. Der Skopus ist, daß die Verkehrtheit des Lebens nicht primär eine Verkehrtheit von Handlungen ist, sondern in einer verkehrten Konstitution des Subjekts alles Kommunizierens und Handelns begründet ist. Eine Allgemeinheit und allgemeine zwischenmenschliche, geschichtliche Vermittlung dieser verkehrten Konstitution behauptet der Begriff der Erbsünde.

Nicht die Tatsache des Fürsichseins selbst ist verkehrt. Die ursprüngliche Verkehrung (sozusagen der Sündenfall) besteht vielmehr darin, daß das Fürsichsein seine Nichtigkeit, die es vor Gott als den Anderen stellt, verleugnet. Der Mensch verleugnet sein wesentliches Nichtwissen, seine wesentliche Einsamkeit, die Sinnlosigkeit, seinen notwendigen Tod, und verschafft sich aus der Negativität seines Fürsichseins heraus selbst eine positive Identität. Er setzt sich selber die Götter seines Lebens ein, also Instanzen, die ihm eine positive Identität vermitteln.

Das Fürsichsein realisiert sich ursprünglich darin, daß es das Kommunizieren und Weltverstehen, in dem es sich vorfindet, als Funktion seiner vorgegebenen Identität reflektiert.

Es reflektiert die Selbstvermittlung seiner vorgegebenen Identität als Prinzip seines Kommunizierens und Welterkennens – also das Prinzip, daß sich die eigene Identität im Verhältnis zum Anderen selbst vermittelt, daß seine Identität als Lebenssubjekt Gesetz des Kommunizierens und Erkennens ist.

Indem nun der Mensch die Leere oder Nichtigkeit verleugnet, die diese Reflexion realisiert, seine absolute Getrenntheit als in sich reflektiertes Fürsichsein, wird er selbst Schöpfer seiner positiven Identität. Er macht die Selbstvermittlung der Identität, die zunächst präreflexiv, schöpfungsmäßige Voraussetzung seiner Reflexion in sich war, nun zum Prinzip der Identität, die er für sich hat, und kehrt in die Selbstverständlichkeit des Lebens zurück. Was eine Notwendigkeit des geschöpflichen Lebens war, wird für das erwachsene Selbstbewußtsein zur Lebenslüge.

Indem das Fürsichsein seine Leere verleugnet, dehnt es sie erst aus, d.h. es macht sie zur verborgenen Wahrheit seines Lebens. In allem scheinbar positiven Verhältnis seines Lebens, in aller scheinbar positiven Identität vollzieht es ein leeres Selbstverhältnis, ein leeres Kreisen um sich selbst.

Wenn die ursprüngliche Versuchung der Verkehrung in der Reflexion in sich liegt, können als ihre ursprünglichen Motive Lust und Angst gelten – die Lust einer Herrschaft über die Welt, die nicht durch die Verantwortung vor Gott beschränkt ist, und die Angst vor jener Nichtigkeit. Die Lust, mit dem Verstand über die Welt zu herrschen, pervertiert dann zur Lust, selbst Gott der Welt zu sein, wenn die Grenze des Verstandes aus Angst verleugnet wird – die lustvolle Herrschaft über die Welt wird zum Medium jener Verleugnung.

Ist die Verkehrung zum Prinzip der menschlichen Identität geworden, dann kann sich das Subjekt nicht mehr dafür oder dagegen entscheiden. Es ist in seinem Denken und Wollen und in allem Kommunizieren doch in sich selbst gefangen.

Als Prinzip aber ist die Verkehrung allgemein, indem sie das allgemeine, gemeinsame Medium unserer Identität überhaupt bestimmt: unsere Sprache, konkreter: unser sprachliches Selbstverständnis.

Unsere Identität ist wesentlich sprachlich vermittelt. Wir haben sie in einem sprachlichen Selbstverständnis sowie in dem entsprechenden sprachlichen Verhältnis zu den Dingen, zu den anderen Menschen, auch zu unserem Gott. D.h. auch die Verkehrung im Fürsichsein und die ihr konstitutive Verleugnung seiner Wahrheit konstituiert sich als Funktion des Selbst-, Welt- und u.U. auch Gottesverständnisses.

Die soziale Vermittlung der Verkehrtheit besteht dann genau in dem allgemeinen Gespräch, in dem die identitätbildenden Begriffe, die Funktion der Verkehrtheit sind, sowie die entsprechenden Lebensformen allgemeingültig, d.h. allgemein anerkannt sind. Die soziale Allgemeinheit der Verkehrung besteht in der Allgemeingültigkeit der identitätbildenden Begriffe, deren Funktion eben das Prinzip ist, daß der Mensch sich in der Negativität des Fürsichseins seine Identität selbst vermittelt.

Identitätbildend sind alle Begriffe der Sprache, in denen der Mensch sich, seine Welt und Gott versteht. Sie reflektieren dies aber auf unterschiedliche Weise an ihnen selbst. Begriffe der Gegenständlichkeit erscheinen nicht an sich, sondern nur im existentiellen Kontext ihrer Prädikation als identitätbildend. Begriffe, die in hohem Maße ihre identitätsbildende Funktion an ihnen selbst reflektieren, sind die Begriffe des Verhältnisses zum Anderen, die Begriffe des Sozialverhältnisses wie z.B. Freiheit, Gerechtigkeit, Liebe.

Es wird zu zeigen sein, wie der Wahrheitsanspruch der Kommunikation Gottes mit dem Menschen diese Begriffe in dem Sinn neu bestimmt, daß der sich festhaltenden Identität des Fürsichseins als der verkehrten Freiheit, Gerechtigkeit usf. mit der Identität in der Gemeinschaft Gottes als der wahren Freiheit, Gerechtigkeit usf. widersprochen wird.

Die Allgemeinheit der Verkehrung im Fürsichsein besteht also darin, daß sich die Individuen in der identitätsmäßigen Grundfunktion der Begriffe gegenseitig bestätigen und nicht widersprechen – also darin, daß die entsprechende Lebenslüge im allgemeinen Gespräch anerkannt und gefordert ist. Auch zwischen den Generationen (sozusagen als Erbe) vermittelt sich die Verkehrung in dem allgemeinen Gespräch, in dem sich die Identität des Einzelnen bildet. Mit der Sprache wird auch eine gemeinschaftliche Identität vererbt, in die eine neue Generation unausweichlich hineinwächst.

5. Die Geschichte der Offenbarung Gottes

Die Offenbarung Gottes in Christus bezieht sich auf Offenbarungen Gottes, die ihr vorausgehen. Dabei beansprucht sie, vollkommene und universale Offenbarung zu sein: In ihr erscheint die Gemeinschaft von Gott und Mensch, die Gott (indem er sich selbst unterscheidet) selbst ist, als Sinn-Mitte, als Grund und Ziel von Zeit und Welt.

Die Vollkommenheit und Universalität impliziert auf der menschlichen Seite zum einen, daß sie den ursprünglichen Sinn der Offenbarung Gottes für das in sich reflektierte menschliche Fürsichsein überhaupt darstellt, zum anderen, daß sie die Verkehrtheit oder Sünde des Menschen in ihrem Inbegriff reflektiert. Beides ist in der Bedeutung des Kreuzes konzentriert.

Obwohl jene Offenbarungen der Offenbarung in Christus geschichtlich vorausgehen und diese bedingen, indem sie sich auf sie bezieht, verwirklicht umgekehrt erst die Offenbarung in Christus die ursprüngliche Wahrheit dieser vorgängigen Offenbarungen. Sie sind ihre eigene Voraussetzung. Die Notwendigkeit dieser Voraussetzung, ihre Logik, ist nun zu betrachten.

Auch abgesehen von der Sünde setzt die Offenbarung der Gemeinschaft von Gott und Mensch, die Gott selber ist, das in sich reflektierte Fürsichsein des Menschen als Gegenüber Gottes voraus – der Mensch muß sich von Gott als Anderem unterscheiden, bevor von ihrer Gemeinschaft die Rede sein kann. Das Verständnis des Fürsichseins als Gegenüber Gottes aber setzt wiederum eine Offenbarung Gottes, die Erinnerung oder Verheißung eines Verhältnisses (einer Gemeinschaft) voraus.

Daß die Gemeinschaft das in sich reflektierte Fürsichsein als Gegenüber Gottes voraussetzt, heißt unter der Bedingung der allgemeinen Verkehrtheit des menschlichen Fürsichseins, daß die Verkündigung der Offenbarung Gottes ein Doppeltes ist: Als Evangelium, das in Christus die neue Gemeinschaft von Gott und Mensch verheißt, setzt sie die Offenbarung des Gesetzes Gottes bzw. seines Gerichtes voraus. Das Evangelium setzt das Urteil über die Verkehrtheit voraus, das den Menschen zur Selbsterkenntnis bringt. Das Urteil des Gesetzes Gottes spricht den Menschen für sich an. Das Gesetz fordert vom in sich gefangenen Fürsichsein, was es nicht leisten kann: die Gemeinschaft. Es erinnert an die Gemeinschaft als das wahre Leben. Das Gesetz Gottes ist also als Kehrseite einer vorgängigen Gemeinschaft Gottes mit dem Menschen zu verstehen, die der Mensch in seinem Fürsichsein verfehlt hat. Der Mensch muß erkennen, daß er das geforderte, wahre Leben verfehlt und in sich gefangen ist – eben das ist die Reflexion in sich aus der verkehrten Sinn-Gemeinschaft oder Identität, die der Mensch sich selbst verschafft.

Differenzierter ist der Grundzusammenhang der Offenbarungsgeschichte mit den Begriffen Bund, Gericht und Verheißung, und Evangelium zu beschreiben: Auszugehen ist von einer anfänglichen Offenbarung Gottes[3] in der Gemeinschaft des Bundes, wie sie im Alten Testament bezeugt ist – etwa in der Theologie des Exodus als Erwählung und in der Theologie des Sinaibundes. Das Gebot Gottes gilt hier noch als erfüllbare Regel der Gemeinschaft. Insofern scheint noch nicht eine allgemeine Verkehrtheit vorausgesetzt zu sein. Eine solche allgemeine (und notwendige) Verkehrtheit stellte sich konkret vor allem der Prophetie etwa seit Amos dar. Dann aber muß eine nun angesichts dieser allgemeinen Sünde erneuerte Offenbarung des Bundes zunächst diese Sünde zum Gegenstand haben, also das allgemein verkehrte Fürsichsein in seiner eigenen gesetzlichen Struktur. Das heißt, indem der Mensch den Bund verfehlt, wird sein Gebot zum Gesetz Gottes, das den Menschen verurteilt. Genauer: Der Bund selbst, indem er verfehlt wird, reflektiert sich als Gesetz Gottes, welches die Nichtigkeit der Identität offenbart, die sich der Mensch selbst verschafft. Auf der anderen Seite entspricht im Moment der offenbaren, das ganze Bundesvolk umfassenden Nichtigkeit vor Gott der zugleich gegebenen Erinnerung des ursprünglichen Bundes Gottes die Verheißung eines universalen Advents, die Zusage des Heils endgültiger Gemeinschaft, die Verheißung des Kommens Gottes zum Menschen überhaupt.

Für den Glauben, der in der Kommunikation der Gemeinschaft von Gott und Mensch in Christus die Überwindung der Nichtigkeit des Fürsichseins erfährt, ist im Alten Testament die Offenbarung Gottes zu erkennen, indem sich die Verkündigung Christi darauf bezieht: das Leben Jesu als Erfüllung des Bundes Gottes, das Kreuz Jesu als Erfüllung des Gesetzes, als sein Urteil nun über die Verkehrung des menschlichen Fürsichseins überhaupt, und die Auferstehung Jesu in das ewige Leben Gottes als Erfüllung der universalen Verheißung, als

---

[3] Inwiefern sich auch hier Gottesbegriff und menschliche Reflexion in sich entsprechen, ist später zu klären.

5. Die Geschichte der Offenbarung Gottes

Anfang und Vorwegnahme der letzten und ewigen Gemeinschaft Gottes mit dem Menschen: Gott selbst identifiziert sich mit dem Menschen in der Nichtigkeit seines Fürsichseins. Das ist das Ziel der Offenbarungsgeschichte. Und die entsprechende Kommunikation bezeichnet den Sinn aller Geschichte. Inwieweit sich dieser Sinn allerdings in der wirklichen Geschichte vollzieht, ist offen. Denn zur wirklichen Geschichte gehört offensichtlich das bleibende Erbe, die Negativität des Fürsichseins zu verleugnen. Und auch dort, wo die christliche Sinn-Gemeinschaft zu einem Geschichts- und Kulturraum geworden ist, muß sich das menschliche Fürsichsein immer wieder erneut im Sinne einer kritischen Reflexion in sich realisieren. Das aber kann verschiedenes bedeuten: die Möglichkeit einer vertieften Aneignung, aber auch die Möglichkeit erneuter Verkehrung.

Die sogenannte Aufklärung meint das Zeitalter einer Reflexion des Menschen in sich, die eine allgemeine, methodisch auftretende Religionskritik impliziert. Mit ihr ist die Situation, was das Verhältnis von Selbsterkenntnis und Offenbarung betrifft, grundlegend verändert. Von einer faktischen Allgemeingültigkeit des Gesetzes Gottes kann seitdem nicht mehr die Rede sein. Schon daß die menschliche Selbsterkenntnis wesentlich vor Gott geschieht, ist nicht mehr selbstverständlich. Daß es Gott ist, von dem das in sich reflektierte Fürsichsein getrennt ist, ist nicht mehr selbstverständlich – denn diese Auffassung setzt die Erinnerung oder Annahme eines früheren Verhältnisses voraus.

Eine autonome (philosophische) Selbsterkenntnis des Menschen in seinem Fürsichsein kann aber das Gesetz Gottes als Voraussetzung, die Offenbarung im Evangelium zu verstehen, zunächst ersetzen.[4] Zu dieser Selbsterkenntnis gehört auch die allgemeine Verleugnung der Negativität des Fürsichseins bzw. die besagte Struktur, daß sich der Mensch im Verhältnis zum Anderen selbst eine Identität verschafft – freilich ohne daß dies als Verkehrung vor Gott erkannt wäre.

Eine solche Selbsterkenntnis läßt sich als Wirklichkeit des verborgenen Gottes (*opus alienum dei*) verstehen. Die realisierte Nichtigkeit des Fürsichseins, die Sinnlosigkeit und Fremdheit seiner Welt, ist auch hier die Relevanz des Evangeliums – also auch dann, wenn Gott überhaupt erst in diesem Evangelium zur Sprache kommt, gemäß dem er sich mit dem Menschen in der Nichtigkeit seines Fürsichseins identifiziert. Zunächst erscheint die objektive Seite der Nichtigkeit selbst als Wahrheit, die das Leben verurteilt. Daß diese Wahrheit das Vor-Gott-Stehen ist, ist erst vom Evangelium her zu erkennen, welches sagt, wer Gott für uns ist, und welches von der Gemeinschaft von Gott und Mensch in Jesus Christus her auch das ursprüngliche Gegenüber von Gott und Mensch neu zur Sprache bringt.

---

[4] Dieser Satz begründet auch noch einmal, warum der 1. Artikel vom Menschen und seiner Selbsterkenntnis handelt und noch nicht von Gott.

6. Das wahre Leben

Gott offenbart sich, indem er sich mit dem Menschen Jesus identifiziert und darin selbst als die ewige Gemeinschaft seiner Kommunikation mit dem Menschen erscheint. Der Sinn dieser Offenbarung ist, daß sich diese Gemeinschaft in der Kommunikation aller Menschen zeitlich verwirklicht. In dieser Kommunikation besteht das wahre Leben.

Mit der Auferstehung des gekreuzigten Jesus wird die Gemeinschaft der Kommunikation von Gott und Mensch verkündigt, die Gott selber ist. Das setzt voraus, daß das Leben Jesu unmittelbar vor Gott war – vor Gott als dem Schöpfer, als dem Herrn des Bundes und Gesetzes, und dies im Angesicht der verheißenen, kommenden Gemeinschaft. Sein Fürsichsein war rein Moment seines Gottesverhältnisses, ohne sich ihm vorauszusetzen. Und indem die reine Offenheit für den zum Menschen kommenden Gott wiederum unmittelbar ein Leben mit den Menschen und für die Menschen bedeutet, war sein Leben ein schlechthin öffentliches Leben. Das heißt dann auch: Das Leben Jesu, so wie es sich mitteilte, war im genannten Sinn unmittelbar vor Gott.

Zugleich ist vorausgesetzt, daß der Tod Jesu ebenso die Gottlosigkeit, den Tod, die letzte weltumfassende Einsamkeit des Menschen überhaupt vor Gott bedeutet, weil Jesus sich mit dem Menschen in seiner Getrenntheit identifizierte. Indem Jesus dies beides bedeutet, stellt er im Widerspruch zur allgemeinen Verkehrtheit den Menschen als Gegenüber Gottes, als Bild Gottes wieder her – den Menschen, der zur Gemeinschaft mit Gott bestimmt ist.

Jesus Christus stellt die vollendete Gemeinschaft der Kommunikation Gottes mit dem Menschen dar. Diese Gemeinschaft wird als die Wahrheit des Lebens aller Menschen verkündigt. Doch ist Christus als diese allgemeine Wahrheit noch nicht auch allgemein wirklich. Wahrheit aller Menschen ist sie zunächst nur, indem sie der sich in ihr offenbart habende Gott selbst ist. Das heißt, sie ist für das wirkliche menschliche Leben in der Zeit zunächst erst Gegenstand der Verkündigung. Es ist das Wesen dieser Gemeinschaft (das Wesen der Kommunikation Gottes mit dem Menschen in Christus), sich im Gespräch der Menschen und in entsprechender Liebe und Wahrnehmung der Schöpfung zu verwirklichen. Das Wort Gottes ist ein Wort, das vollzieht, was es sagt.

Zunächst darin, daß ich im Moment des Fürsichseins auf die Verkündigung Christi vertraue, also auf Gott in seiner Gemeinschaft mit dem Menschen, verwirklicht sich diese Gemeinschaft für mich. Im Glauben der Verkündigung der Kommunikation von Gott und Mensch, die Gott selber ist, verwirklicht sie sich als Geist. Gott als Geist ist die in Christus identische Kommunikation von Gott und Mensch, indem sie sich in der zwischenmenschlichen Kommunikation verwirklicht. Auch hier (wie schon in bezug auf den irdischen Jesus) aber gilt: Gott identifiziert sich nur so mit dem Menschen, daß er ihm zugleich gegenüber ist. Nur so kann vom Leben einer Kommunikation die Rede sein.

Indem die Nichtigkeit des Fürsichseins die ganze Welt umfaßt, ist Gott absolut jenseits; zugespitzt gesagt: das Fürsichsein ist diese Jenseitigkeit. Das wahre Leben aber ist die Wirklichkeit einer Kommunikation, die der Sinn des Fürsichseins und seines Werdens in der Welt ist und durch die Gott, der schlechthin

Gegenüber ist, zugleich im Selbstverhältnis anwesend ist – so wie in Christus der Mensch sich als Moment des Selbstverhältnisses Gottes weiß. So besteht das wahre Leben darin, sich als von Gott geliebt zu erfahren und seinerseits Gott und Menschen zu lieben. Denn die Anwesenheit des Anderen im Selbstverhältnis ist das Wesen der Liebe.[5]

Die Anwesenheit Gottes im Selbstverhältnis besteht in dem gewissen Selbstbewußtsein (Glauben) dieser Anwesenheit – nämlich in dem Selbstbewußtsein, daß Christus ‚in mir lebt'. „Ich lebe, aber nicht ich [als Fürsichsein], sondern Christus lebt in mir" (Gal.2,20), also Gott, der sich in seiner Selbstunterscheidung mit dem Menschen identifiziert. Das ist das Selbstverhältnis des Glaubens, der das wahre Leben realisiert: Das Selbstbewußtsein antizipiert Christus, die Gemeinschaft Gottes mit dem Menschen, die Gott in Ewigkeit ist, als Wahrheit seines zeitlichen Kommunizierens.

Erlösung meint dabei die Befreiung aus dem Gefängnis des Fürsichseins und seiner Angst sowie aus dem Zwang seiner Lebenslüge. Rechtfertigung bedeutet, daß das Urteil des Gesetzes Gottes, welches dem sich festhaltenden Fürsichsein seine Nichtigkeit spiegelt, in Christus nicht mehr gilt – denn gerade in der Nichtigkeit des Fürsichseins ist ihm die Gemeinschaft Gottes geschenkt.

Der Glauben, der die Rechtfertigung aneignet, ist das Sichverlassen auf Christus als ein Sich-von-sich-Distanzieren oder besser Sich-von-sich-Abstoßen des Fürsichseins. Als Sich-von-sich-Abstoßen des Fürsichseins besteht er im Bekenntnis: Ich bin ein Sünder (oder: „durchs Gesetz dem Gesetz gestorben", „mit Christus gekreuzigt": Gal. 2,19), aber in Christus gerecht. Das heißt, indem der Glauben auf das Fürsichsein reflektiert, ist die Rechtfertigung, die geglaubt wird, imputativ: die Gerechtigkeit Christi, indem ich mich auf sie verlasse, wird mir angerechnet, obwohl ich für mich nicht gerecht bin. Im Vollzug eben dieses Glaubens aber ist das sich von sich abstoßende Fürsichsein mit Christus vereint: „Christus lebt in mir". Insofern ist seine Rechtfertigung effektiv, also der Anfang der Heiligung, in der sich das Fürsichsein in der Gemeinschaft aufgehoben findet.

Gottes Gemeinschaft mit dem Menschen verwirklicht sich als Sinn und Zukunft unseres Lebens. Sie verwirklicht sich als die Gemeinschaft, die die Wahrheit (wenn auch nicht immer die Wirklichkeit) der Kirche ist – im gemeinsamen gottesdienstlichen Leben in Verkündigung, Gebet und Sakrament, in der entsprechenden zwischenmenschlichen Liebe und Gemeinschaft, aber auch in der dankbaren Wahrnehmung der Natur als Äußerung Gottes.

Das schließt ein, daß die Entzweiung des Fürsichseins von der Unmittelbarkeit seines Lebens bzw. Kommunizierens, die in der Lust des verkehrten Lebens nur verleugnet war, überwunden wird. Denn nun wird rückblickend der Sinn des Werdens des Fürsichseins, der Sinn seiner Reflexion in sich, der Sinn seiner die Welt umfassenden Nichtigkeit (sofern sie nicht durch ihre Verleugnung ausgedehnt ist) offenbar – und kann sich jetzt erfüllen: nämlich Gegenüber Gottes zu sein, Gegenstand seiner Liebe. Das Selbst, das sich in dieser Liebe Gottes ver-

---

5 Das Selbstverhältnis ist das konkrete Fürsichsein: die Selbstunterscheidung oder das Selbstverständnis, in dem sich das lebendige Selbst im Verhältnis zum Anderen auf sich bezieht, also seine Identität realisiert.

steht, entspricht (antwortet) ihr darin, daß sein Selbstverständnis eine Anrede Gottes ist, sowie in der Mitteilung dieser Liebe gegenüber dem anderen Menschen. Das Verhältnis zum nächsten Menschen wird zum Medium dieser Liebe, in der der Einzelne das Fürsichsein für das Leben der Gemeinschaft einsetzt.

Die Überwindung der Entzweiung besteht aber nicht nur darin, daß der Sinn des Ganzen zu verstehen ist, sondern erstreckt sich (wie gesagt) auch auf das aktuelle Verhältnis von denkendem Fürsichsein und sinnlich-leiblicher Unmittelbarkeit. Schon das Wort Gottes bedeutet, daß sich der Geist der Gemeinschaft in der Sinnlichkeit des menschlichen Gespräches vergegenwärtigt – das Wort Gottes ist Ursakrament. Davon ausgehend kann der Mensch die Liebe Gottes, die er versteht, auch in seinem sinnlich-leiblichen Kommunizieren wahrnehmen: auch im schönen Licht, im Atem, in der Nahrung, im Dasein der Anderen.

Doch bleibt in alledem zu konstatieren, daß das wahre Leben bisher nur im unwahren wirklich ist.

Das ewige Leben aber, das der Glaubende in Gott findet, besteht eben darin, Moment der Kommunikation zu sein, die Gott in Ewigkeit selbst ist. Auch wenn wir zeitlich leben und auf den Tod zugehen, gehören wir doch, in der Gemeinschaft mit Gott, zu seinem ewigen Leben, also auch über unseren Tod hinaus. Die gemeinsame Teilhabe am ewigen Leben Gottes ist also schon die Wahrheit des Lebens in der Zeit.

7. Der dreieinige Gott

Die Lehre von der Dreieinigkeit ist nicht ein besonderer Inhalt im Ganzen der christlichen Theologie. Sie ist nicht auf ein besonderes Thema der Gotteslehre zu beschränken, sondern sie faßt das Ganze der christlichen Theologie zusammen. Sie muß sich also in allen Teilen der christlichen Theologie reflektieren – in der Schöpfungslehre, in der Lehre von Christus, und in der Lehre vom wahren Leben und seiner Geschichte. Ist in Christus Gott selber die Gemeinschaft seiner Kommunikation mit dem Menschen und ist er selber der Geist dieser Kommunikation, indem sie sich in der Zeit vollzieht, und ist im Sinn dieser Kommunikation auch die Welt, in der menschliches Fürsichsein entstanden ist, als Äußerung Gottes zu verstehen, dann ist uns eben darin Gott selbst zu denken aufgegeben.

Der Sinn, anderes Fürsichsein werden zu lassen, ist die Gemeinschaft, die Gott selber ist: Gott läßt anderes Fürsichsein werden, um in der Gemeinschaft mit ihm seine ewige Einheit mit sich zu vollziehen. In seiner ewigen Gemeinschaft mit dem Menschen ist Gott sich selbst gegenüber. Es ist also die ewige, die ganze Menschheit einschließende Gemeinschaft oder Identität der Kommunikation von Gott und Mensch, welche die Selbstunterscheidung Gottes (von ‚Vater' und ‚Sohn') und den entsprechenden Vollzug der Einheit mit sich (Gott als Geist) impliziert. Das heißt, die Selbstunterscheidung, das Selbstverhältnis Gottes ist schöpferisch: sie läßt das andere, menschliche Fürsichsein werden.

Aber ist nicht die ewige Selbstunterscheidung Gottes, in der er seine Einheit mit sich vollzieht, von der Gemeinschaft mit dem Menschen zu unterscheiden, die sich als die eigentliche Menschwerdung (als das Sichidentifizieren mit dem Menschen in der Negativität seines Fürsichseins) in der Zeit vollzieht? Die These ist: Es handelt sich um dasselbe Leben Gottes; die ewige Gemeinschaft Gottes mit dem Menschen (und damit Gottes Selbstunterscheidung als Einheit) vollzieht sich in der Zeit des menschlichen Lebens, indem sie darin proleptisch erscheint, also zum Gegenstand der Verkündigung und des Glaubens wird.

Auf dem Hintergrund des gegebenen Vorverständnisses des Ganzen des christlichen Wahrheitsanspruchs soll nun zunächst bedacht werden, was theologische Erkenntnis ist.

Zweiter Kreis: Die Vernunft des Glaubens

I. Verstand, Vernunft, Glaube

Leitthema 1

Der naturwissenschaftliche Verstand erkennt nicht die Wirklichkeit an sich. Er erkennt, indem er die Welt konstruiert. Darin ist er eine kollektive Funktion menschlicher Identität im Verhältnis zur Welt. Zum einen ist er Funktion der menschlichen Weltbeherrschung und Weltgestaltung – Verstandeserkenntnis ist technologisch, ist Funktion weltgestaltender Freiheit. Zum anderen konstituiert sich die logische Einheit des menschlichen Subjekts im Verhältnis zu den Gegenständen des Verstandes: Ich bin der, der die Welt erkennt.

Diese Identitätsfunktion seiner Verstandeserkenntnis muß das Subjekt reflektieren, um wirklich zu sich zu kommen. Die Vernunft läßt sich als die Reflexion des Verstandes auffassen, die ihn an seine Grenze führt, die das Subjekt selbst ist. Wenn aber alle Welterkenntnis eine Funktion der Einheit und Freiheit unserer Subjektivität ist, dann ist es auch vernünftig, nach einem Sinn und Grund zu fragen, den diese Einheit und Freiheit vom wirklich Anderen her hat. Doch wenn das Subjekt über die Reflexion des Fürsichseins nicht hinauskommt, kann die Vernunft die Frage nicht beantworten. Gewöhnlicher als diese Einsicht scheint es freilich, daß der Mensch die Negativität des Fürsichseins verleugnet und sich einen Sinn erfindet – auch im Namen der Vernunft.

Erst wenn der Mensch realisiert, daß er mit seiner gesamten erkannten Welt allein ist, ist der Anspruch einer Kommunikation von Gott und Mensch sinnvoll. So führt die Vernunft den Menschen vor Gott – vorausgesetzt, daß Gott sich in dieser absoluten Negativität des menschlichen Fürsichseins als Gott verstehen läßt: als der, der sie überwindet.

Daß Gott im Moment der Negativität des Fürsichseins eine Gemeinschaft mit dem Menschen eingeht, das ist der Anspruch seiner Kommunikation mit dem Menschen, auf die sich der Glaube bezieht. Glaube bedeutet, im Moment des Fürsichseins so auf die Selbstmitteilung des Anderen vertrauen, daß ich in der zugesagten Gemeinschaft meine Identität finde. Glaube impliziert also Erkenntnis in Kommunikation. Und als Denken einer Kommunikation, die alle Wirklichkeit ursprünglich bestimmt (auch die Wirklichkeit des Verstandes), kann der Glaube seinerseits beanspruchen, wahre Vernunft zu sein.

Die Grundfrage, mit der eine theologische Erkenntnistheorie zu beginnen ist, ist die Frage nach dem Verhältnis von Verstand, Vernunft und Glaube. Denn der Verstand, mit dem wir uns zunächst selbstverständlich in der Welt der Dinge und der menschlichen Gesellschaft bewegen, sieht Gott nicht. Welchen Sinn also hat es, von Gott zu reden? Gibt es einen solchen Sinn, der auch allgemein oder sogar vernünftig nachvollziehbar ist? Was heißt Glaube, wenn er nicht eine Illusion sein soll, mit der wir uns etwas vormachen, um angesichts von Leid und unausweichlichem Tod leben zu können? Und wie kommt der Glaube zu seinem Inhalt? Ist er eine Sache des unmittelbaren Gefühls? Ist er eine Art höhere Vernunft? Was kann das heißen: Gott offenbart sich?

Zunächst ist ein Überblick über einige maßgebliche Verhältnisbestimmungen in dieser Frage zu geben, die in der Theologie- und Philosophiegeschichte aufgetreten sind. Teils stellen sie Entwicklungsstufen dar, teils tragen sie auch Modellcharakter. Dieser Überblick ist natürlich lückenhaft und sehr schematisch; er kann nur zu einer ersten Orientierung dienen.

Im Grunde lassen sich die Verhältnisbestimmungen nur im Kontext der gesamten Geistes- und Begriffsgeschichte verstehen, die sie untereinander und mit der Gegenwart verbindet. Je weniger dieser Hintergrund deutlich wird, desto mehr können die Interpretamente der folgenden Darstellung als von außen herangetragen erscheinen.

Im Einzelnen ist etwa zu beachten, daß die präzise Unterscheidung von Verstand und Vernunft erst seit Kant auftritt und begründet ist. Bis dahin umschließt der Ausdruck Vernunft oder ratio auch das, was später als Verstandeserkenntnis von der Vernunft unterschieden wird.

1. Stationen der Verhältnisbestimmung von Vernunft oder Verstand und Glaube

1.1. Paulus: Der Widerspruch des gekreuzigten Christus zur Weisheit der Welt

„Denn das Wort vom Kreuz ist eine Torheit denen, die verloren werden; uns aber, die wir selig werden, ist's eine Gotteskraft. […] Denn weil die Welt, umgeben von der Weisheit Gottes, Gott durch ihre Weisheit nicht erkannte, gefiel es Gott wohl, durch die Torheit der Predigt selig zu machen, die daran glauben. Denn die Juden fordern Zeichen, und die Griechen fragen nach Weisheit, wir aber predigen den gekreuzigten Christus, den Juden ein Ärgernis und den Griechen eine Torheit; denen aber, die berufen sind, Juden und Griechen, predigen wir Christus als Gottes Kraft und Gottes Weisheit. Denn die Torheit Gottes ist weiser, als die Menschen sind, und die Schwachheit Gottes ist stärker, als die Menschen sind. […] Wovon wir aber reden, das ist dennoch Weisheit bei den Vollkommenen; nicht eine Weisheit dieser Welt, auch nicht der Herrscher dieser Welt, die vergehen. Sondern wir reden von der Weisheit Gottes, die im Geheimnis verborgen ist […]. Uns aber hat es Gott offenbart durch seinen Geist; denn der Geist erforscht alle Dinge, auch die Tiefen der Gottheit." (1.Kor. 1,18–25; 2,6–7.10)

Der Wahrheitsanspruch des Evangeliums ist nach dem Maßstab der Weisheit der Welt eine Torheit. Die Weisheit der Welt, die sowohl philosophisch als auch religiös (im Sinne einer Logik auf Gott weisender Zeichen) auftreten kann, läßt sich als Anspruch einer Erkenntnis interpretieren, die der Mensch durch sich selbst hat. Der Mensch erkennt, indem er das ihm Vorliegende unterscheidet; darin ist er souverän. Überträgt er aber diese Erkenntnisweise, die sich ursprünglich auf die vorliegende Welt bezieht, auf Gott, so widerspricht ihm der wirkliche Gott. Das Evangelium bedeutet die Zumutung, daß Gott auf verborgene Weise gerade im Gegenteil dessen anwesend ist, was die Weisheit der Welt für göttlich hält: nämlich im Tod des Menschen, im Kreuz. Das Wort vom Kreuz widerspricht einem (als Weisheit Allgemeingültigkeit beanspruchendem) menschlichen Selbst- und Gottesverständnis, welches den Menschen in seiner Schwachheit und Sterblichkeit und Gott als den Gegensatz dieser Schwachheit und Sterblichkeit trennt – und gerade so eine Erkenntnis Gottes beansprucht, durch die der Mensch im Aufstieg zu Gott seine Schwachheit und Sterblichkeit (also: die Negativität seines Fürsichseins) hinter sich zu lassen meint. Indem Gott aber im Gegenteil dessen anwesend ist, was die Weisheit der Welt für göttlich hält, nämlich im gekreuzigten Christus, erweist er seine Kraft und Weisheit: die Kraft Gottes, die die menschliche Schwachheit auf sich nimmt. In der Torheit des Wortes vom Kreuz (und indem wir ihr glauben) teilt Gott seine Gemeinschaft in eben dem Geist mit, in dem er sich mit dem Menschen am Kreuz vereint hat. Insofern widerspricht das Wort vom Kreuz nicht nur der Weisheit der Welt, sondern durch den Widerspruch hindurch beansprucht es, die Weisheit Gottes mitzuteilen – ja sogar die Erkenntnis der Gottheit selbst.

Um zum nächsten Diskussionszusammenhang zu gelangen, der hier modellhaft vorgestellt werden soll, ist ein großer geschichtlicher Sprung vorzunehmen. Ausgelassen wird die im spätantiken Christentum einsetzende Anknüpfung der Glaubenswahrheit vor allem an die platonische bzw. neuplatonische Philosophie, etwa sofern sie als Ziel vernünftiger Erkenntnis den Weg der Seele zu Gott sieht.

Die Autonomie der Vernunfterkenntnis gegenüber dem Anspruch der Offenbarung Gottes wurde erst viele Jahrhunderte später wieder entdeckt: im frühen und hohen Mittelalter, und vollends dann in der Renaissance. Davon ist nun zu handeln.

1.2. Averroismus, Anselm von Canterbury, Thomas von Aquin: Konsens von Glaube und Vernunft – oder getrennte Wahrheiten?

Der ausdrückliche Gedanke, daß die Wahrheit von christlichem Glauben einerseits und Philosophie andererseits unvereinbar sind, begegnet zuerst in der Verurteilung einer Lehrmeinung an der Pariser philosophischen Fakultät im Jahr 1277. Inhaltlich verurteilt wurde etwa der Satz von der Ewigkeit der Welt oder von der Vernunftwidrigkeit der Trinität – insgesamt aber der Widerspruch zum Glauben der Kirche.

„Sie sagen nämlich, diese Irrlehren seien wahr im Sinne der Philosophie, aber nicht im Sinne des christlichen Glaubens, als gäbe es zwei gegensätzliche Wahrheiten."[1]

Eine ungefähr zeitgleich erschienene Schrift des Thomas von Aquin (1224–1274) verdeutlicht die Herausforderung, die dies für die Theologie bedeutete. Sie besteht darin, daß der Mensch als das Subjekt der philosophischen Vernunft die Glaubenslehre zu einem Standpunkt macht[2], der zwar möglich ist, aber der Vernunft widerspricht. Indem Philosophie und der Wahrheitsanspruch der Offenbarung als Standpunkte einfach gegenübergestellt werden, wird der Anspruch der Theologie verneint, selber auch eine Einheit von Glaubenslehre und Vernunftlehre zu bewahren. Diese Einheit zu bewahren aber ist (so war

---

1 Aufklärung im Mittelalter? Die Verurteilung von 1277. Das Dokument des Bischofs von Paris übersetzt und erklärt von K. Flasch, Mainz 1989, S. 89.
2 De unitate intellectus contra Averroistas (1270). Übersetzung, Einführung und Erläuterung von Wolf-Ulrich Klünker, Stuttgart 1987; vgl. S. 97f.

I. Verstand, Vernunft, Glaube 25

schon mit Augustin zu argumentieren) nötig, wenn doch der sich als Mensch offenbarende Gott zugleich der Schöpfer des vernünftigen Menschen und der vernünftig zu erkennenden Welt ist. Es ist Aufgabe der Theologie, die Erkenntnisweisen von Glauben und Vernunft zu unterscheiden und von der höheren Wahrheit des Glaubens aus zusammen zu denken. Diese Einheit zu explizieren, die bisher (eben bis zum erneuten Auftreten einer selbständigen Philosophie) unproblematisch erschienen war, war nun die entscheidende Herausforderung der hochmittelalterlich-scholastischen Theologie.

Die Lösung der Aufgabe wurde in der Erneuerung des Anspruchs auf eine autonom-rationale Gotteserkenntnis gesehen. Diese Gotteserkenntnis bezieht sich zwar nur auf seine Existenz und die Eigenschaften seiner Transzendenz. Sie ist aber selbst offen dafür, überboten zu werden durch die höhere Wahrheit einer vollständigen Gotteserkenntnis durch übernatürliche Offenbarung. Die Wahrheit der Menschwerdung in Christus und der Trinität kann die Vernunft sich nur durch Offenbarung geben lassen.

Noch 150 Jahre vor der Diskussion um die doppelte Wahrheit hatte Anselm von Canterbury (1033–1109) scheinbar völlig selbstverständlich die Einheit von Vernunfterkenntnis und Glaubenswahrheit behauptet. Er meinte, den Gehalt des Glaubens von der Schöpfung bis hin zu Menschwerdung und dreieinigen Wesen Gottes rein rational in seiner notwendigen Wahrheit rekonstruieren zu können. Der Glaube selbst sucht sein rationales Verständnis, um sich selber klar zu werden. Dieser Anspruch aber ist in einer Voraussetzung begründet, die Anselm selber kaum reflektiert. Die ratio ist für Anselm nicht bloß ein Erkenntnisvermögen des menschlichen Subjekts. Für ihn ist der Mensch als Vernunftwesen Bild Gottes – das aber bedeutet, daß die Wahrheit Gottes nicht nur (mögliches) Objekt des menschlichen Denkens ist, sondern seine innere Notwendigkeit. Die Wahrheit Gottes zeigt sich selber im notwendigen Gang rationalen Denkens.

Was war seit Anselm geschehen, daß Vernunft und Glauben als doppelte Wahrheiten auseinander treten konnten? Zunächst ist zu sehen, daß sich schon Anselm von einem neuen Typ kritischer Vernunft herausgefordert wußte. Ausdrücklich sollte die rationale Rekonstruktion der Glaubenswahrheit auch den überzeugen, der meint, daß sie der ratio widerspreche.[3] Offensichtlich hatte eben diese Vernunft in den 150 Jahren nach Anselm methodisch ihre Autonomie reflektiert und dies als eigene philosophische Lehre ausgebildet.

Seit Thomas von Aquin wird diese Philosophie als Averroismus bezeichnet. Averroes war ein arabischer Philosoph und Aristoteles-Kommentator in Spanien. Vor allem durch ihn war ungefähr seit 1150 Aristoteles auch im Abendland wieder in seiner ganzen Fülle bekannt geworden. Als Averroisten galten dann philosophische Lehrer, die als Aristoteliker ihren philosophischen Wahrheitsanspruch der christlichen Wahrheit unvermittelt gegenüberstellten.

---

3 Monologion, c. 1, lat.-deutsche Ausgabe hg. von P. F.S. Schmitt, Stuttgart-Bad Cannstatt 1964, S. 40f.; Cur deus homo, Praefatio, 5. Auflage Darmstadt 1993, S. 2f.

Die erneute Aristoteles-Rezeption hatte aber für den Gesamtprozeß nur die Funktion eines Katalysators. Seine Wurzeln reichen bis tief in das 11. Jahrhundert des christlichen Mittelalters hinab. Die These ist: Bereits hier beginnt der Mensch im Zuge eines langen Kulturprozesses (bei dem auch die Entwicklung der Stadtkultur und die Wiederentdeckung des antiken römischen Rechts eine Rolle spielen), sich selbst auf neue und grundlegende Weise als Subjekt seines Denkens und Handelns vorauszusetzen und zu reflektieren. Und zwar geschieht das in Auseinandersetzung mit einer zeitgleich stattfindenden Vertiefung des tradierten kirchlichen Anspruchs auf das Denken und Handeln.[4] Sollte sich hier der Einzelne von vornherein als Moment der Gemeinschaft Gottes mit dem Menschen verstehen, die in Gestalt der Kirche das Leben und Denken umfassend organisiert und reglementiert, so realisiert sich dagegen erneut der Mensch für sich, oder paulinisch gesagt: der natürliche Mensch. Eben darin liegt die allgemeine Notwendigkeit des Auftretens einer autonomen Vernunft – eine Notwendigkeit, die die scholastische Theologie in ihrer Auseinandersetzung mit dem Phänomen der doppelten Wahrheit nicht erkannte. Das heißt, die Theologie realisierte zunächst kaum, daß es bei diesem Streit um die Wahrheit eigentlich um das Subjekt ging.

1.3. Mystik und Luther: die Frage nach dem Subjekt

Die zugespitzte These lautet: Bereits die mystische Theologie des Mittelalters reflektiert das erneuerte Selbstbewußtsein des Menschen für sich in seiner Negativität. Die Vernunft wird auf ihre Funktion für das Subjekt zurückgeführt: das Fürsichsein des Menschen, in dem er von Gott getrennt ist, konstituiert sich im rationalen Verhältnis zu den Dingen und zur Gesellschaft.

Ein wirkungsmächtiges Beispiel ist die Ende des 14. Jahrhunderts anonym entstandene „Theologia deutsch". Das Leben in „Selbstheit und Ichheit", wie es dem Selbstverständnis in „natürlicher Vernunft" entspricht, ist das unwahre Leben, weil es von der Einzigkeit Gottes, der „aller wesenden Wesen und aller lebentigen Leben"[5] ist, getrennt ist. Das wahre Leben ist das „Leben Christi", das in der Negation von „Selbstheit und Ichheit" unmittelbar präsent ist.[6] Wahrheit und Erkenntnis Gottes ist keine Leistung der natürlichen Vernunft, sondern besteht in der Negation des im Verhältnis zu den Dingen bestehenden Fürsichseins.[7] Das wahre Leben setzt den Tod des natürlichen Subjekts (bei Tauler: die Hölle der Selbsterkenntnis) voraus.

Nicht zuletzt diese Schrift hat Luther als eine Vorläufertheologie angesehen.[8] Auch für Luther setzt das wahre Leben in der Gemeinschaft Christi den Tod, die Negation des Fürsichseins voraus, die Selbsterkenntnis in der Nichtigkeit

---

4 Hier ist z.B. an die monastische Reformbewegung und den Investiturstreit zu denken.
5 Theologia deutsch, hg. von H. Mandel, Leipzig 1908, Nr. 34, S. 65.
6 A.a.O., Nr. 43, S. 87; Nr. 18, S. 40.
7 Vgl. auch a.a.O., Nr. 17, S. 39f.
8 Vgl. WA 1, S. 378f.

des Lebens, das der Mensch für sich, durch sich, in sich lebt.[9] Freilich wird die Gemeinschaft Christi von ihm nicht einfach (wie im mystischen Ansatz) als unmittelbar andere Seite der realisierten Nichtigkeit verstanden. Vielmehr ist sowohl die Selbsterkenntnis als auch die geschenkte Gemeinschaft im Verstehen des Anderen, in der Erfahrung des Wortes Gottes vermittelt.

Entsprechend löst Luther die Frage nach dem Verhältnis von Vernunft und Glaube. Die Frage nach dem Subjekt der Vernunft und seiner Identität ist dabei entscheidend. Im Vergleich zu Thomas hat sich die Herausforderung freilich umgekehrt. Man kann sagen, daß sie Luthers reformatorisches Anliegen bezeichnet – die Entdeckung, daß die Vernunft des Menschen für sich die Schultheologie überformt und so den Glauben des Evangeliums verfälscht hat. Indem die Theologie die autonome Vernunft zu integrieren schien, hatte in Wahrheit die Logik des natürlichen Menschen die Theologie integriert – eine Logik, die die Gemeinschaft Gottes mit dem Menschen in der Ohnmacht seines Fürsichseins (also: am Kreuz) schon deshalb nicht recht zu denken vermag, weil ihr Subjekt diese Negativität für sich selber nicht realisiert.

So kommt es nun darauf an, die Wahrheitsansprüche von Vernunft und Glauben erneut zu trennen. Das dient aber nicht mehr der Emanzipation der Vernunft und ihres Subjekts von der Selbstverständlichkeit des kirchlichen Glaubens, sondern der Emanzipation des Glaubens von unreflektierten Voraussetzungen philosophischer Vernunft.

In Luthers Wittenberger Disputationsthesen von 1539 zu Joh. 1,14 heißt es[10]:
1. Obwohl der Satz festzuhalten ist, daß jede Wahrheit mit der andern Wahrheit zusammenstimmt (*Omne verum vero consonat*), ist dennoch nicht dasselbe wahr in verschiedenen Wissensgebieten (oder „wissenschaftlichen Berufen": *in diversis professionibus*).
2. In der Theologie ist wahr, daß das Wort Fleisch geworden ist, in der Philosophie ist das schlechthin unmöglich und absurd.

Die Lehre, „daß dasselbe wahr sei in Philosophie und Theologie", sei abzulehnen, da dies bedeute, „daß die Artikel des Glaubens unter das Urteil der menschlichen Vernunft gefangenzunehmen sind" (These 4 und 6).

Daß „hier die eine Wahrheit mit der anderen Wahrheit durchaus nicht übereinstimmt" (These 19), begründet Luther so:

20. Freilich liegt das nicht an einem Fehler in der Form des Vernunftschlusses, sondern an der Kraft und Majestät des Inhalts, der in die Enge der Vernunft [...] nicht eingeschlossen werden kann.
21. So daß dieser Inhalt zwar nicht gegen alle philosophisch-dialektische Wahrheit steht, aber außer, innerhalb, über, unter, diesseits, jenseits ihr liegt.

Wenn klar ist, daß die Wirklichkeit des Geglaubten vom Wirklichkeitsverständnis jener Vernunftgesetze gar nicht umfaßt werden kann, sondern vielmehr ihrerseits die Vernunfterkenntnis umschließt, dann besteht kein Widerspruch zwischen

---
9 Vgl. T. Kleffmann, Theologie des Lebens. In: Das Leben II: Macht und Gestalt. Hg. von T. Kleffmann und St. Schaede. Tübingen 2012, S. 517–544.
10 WA 39 II, S. 3–5.

Glaubenswahrheit und Vernunftwahrheit – auch wenn sie verschiedene Denkweisen bedeuten, weil für den Glauben Gott durch sein Wort gegenwärtig ist:

27. In den Glaubensartikeln ist also zu einer anderen Dialektik und Philosophie überzugehen, welche Wort Gottes und Glaube genannt wird.

Luther zeigt nun in den Thesen 29ff., daß auch innerhalb der einzelnen Vernunft- oder Naturwissenschaften, deren jeweiliger Denkweise ein bestimmtes Gegenstandsgebiet (*sphaera*) entspricht, nicht immer dieselbe Aussage in allen wahr oder sinnvoll ist. Es zeigt sich, daß jede Vernunftwissenschaft durch ein bestimmtes *opus*, also eine praktische Aufgabe bestimmt ist. Die Wahrheit jeder Vernunftwissenschaft, die Ausdruck ihrer Methoden und Grundbegriffe ist, ist nicht einfach die Wahrheit der Dinge an sich, sondern Funktion der dem jeweiligen Wissensgebiet entsprechenden Kunstfertigkeit (*artificium*) oder Technologie des Menschen. Die Notwendigkeit, die Wahrheiten der Wissenschaften auseinander zu halten, gilt dann umso mehr im Verhältnis von Philosophie als Vernunftwissenschaft insgesamt und Theologie, deren Unterschied (so These 39) „unendlich größer ist".

40. Richtiger also handeln wir, wenn wir die [...] Philosophie in ihrer Sphäre ließen und lernten, im Reich des Glaubens außerhalb jeder Sphäre eine neue Sprache zu sprechen.

Wenn sich aber das Reich des Glaubens außerhalb aller Wissensgebiete der Vernunft befindet, ist dann hier jeder Irrationalismus erlaubt? Handelt es sich bei der neuen Sprache, die der Mensch hier zu reden hat, um das Nachbuchstabieren rational unverständlicher Offenbarungsansprüche? Keineswegs. Bei dem theologischen Inhalt, der eine neue Sprache, ein neues Denken fordert, handelt es sich um nichts anderes als die in Christus beanspruchte Einheit von Gott und Mensch und die daraus folgenden neuen Bedeutungen von Gott, Mensch und Welt überhaupt. Dem Glauben liegt der Anspruch einer Kommunikation Gottes mit dem Menschen zu Grunde, in deren Gemeinschaft Gott, Mensch und Welt ursprünglich neu bestimmt werden. Glauben ist nicht eine mindere Form des Erkennens, sondern bedeutet das Selbstverständnis, an der universalen Kommunikation, die diese Gemeinschaft verwirklicht, teilzuhaben und darin auch die eigene Identität allererst zu finden. Weder die Dinge noch erst recht der Mensch hat seine Wahrheit in sich oder durch sich, sondern allein als Momente dieser Kommunikation.

Im Anspruch dieser Kommunikation wird die Logik der ratio aufgehoben. Der Glaube, so Luther, erkennt Gott unter dem Gegenteil dessen, was der Verstand als göttlich definiert: er erkennt im Tod das Leben, in der Ohnmacht des Menschen am Kreuz die Allmacht Gottes, im sterbenden Menschen den ewigen Gott. Zugleich aber bleibt die Logik der Welterkenntnis auch vorausgesetzt – gerade indem die „andere Dialektik" jener universalen Kommunikation von Gott und Mensch sie übersteigt. Liegt vielleicht darin die Möglichkeit, das Umschlossensein der Verstandes- oder Vernunfterkenntnis von der Glaubenswahrheit und damit auch die Einheit der Wahrheit nach These 1 konkreter auszuführen?

Um das zu verstehen, ist zu fragen, was die Funktion (das Werk) der Vernunftwissenschaft insgesamt ist, die ihre Gültigkeit auf die Sphäre des Nichtgöttlichen begrenzt.

Luther beantwortet die Frage häufig mit dem Hinweis auf eine Identitätsfunktion der Vernunft.[11] Die Vernunft ist nicht einfach ein Vermögen objektiver Erkenntnis, vielmehr konstituiert sich in ihrem Vollzug auch das Subjekt. In ihr realisiert sich der Mensch als Gegenüber Gottes. Denn Vernunfterkenntnis ist insgesamt Funktion innerweltlicher Freiheit. Sie realisiert Identität im Verhältnis zum Anderen. Diese Funktion ist sie erstens in Bezug auf die Dinge, in der schöpfungsgemäßen Funktion der sprachlichen Distanznahme und technologischen Herrschaft über die Dinge (das *dominium* nach Gen. 1,28). Zweitens ist die Vernunft unter der Bedingung der Sünde auch im sozialen Bereich Funktion der Freiheit, indem sie Funktion politischer Ordnung ist und die vernünftige Rechtsordnung die Identität des einen vor dem Übergriff des Anderen schützt. Die Logik ihrer Urteile ist also insgesamt eine praktische Funktion innerweltlicher Freiheit bzw. Identität. Sie ist eine praktische Funktion menschlichen Fürsichseins.

Der Anspruch jener universalen Kommunikation Gottes mit dem Menschen setzt diese Logik und ihr menschliches Subjekt voraus. Daß sich der Mensch durch die Vernunft als freies Subjekt im Verhältnis zur Welt realisiert, ist die schöpfungsmäßige Voraussetzung des Anspruchs jener Kommunikation. Genau das aber muß zur Selbsterkenntnis werden. Wie das Gesetz Gottes die Voraussetzung des Evangeliums ist, so ist die Voraussetzung der Gemeinschaft des Glaubens, daß das Subjekt die funktionale Grenze der Vernunft realisiert, die das Subjekt ja selbst ist. Der Mensch muß realisieren, daß seine Identität, die Funktion der Vernunft ist, an sich leer ist. Er muß realisieren, daß er aus sich und durch sich und für sich nichts ist, daß er mit seiner Vernunft über seine Bestimmung nichts weiß und sie sich auch nicht geben kann.

Das läßt sich so zusammenfassen: Der Anspruch der universalen Kommunikation Gottes mit dem Menschen ist relevant, sofern das Subjekt nach dem Sinn seiner Freiheit, seines Fürsichseins fragt, nach der Bedeutung (dem Sinn) der Wirklichkeit für es selbst jenseits aller Funktionalität. Wenn der Mensch so fragt, dann kann er selbst sozusagen über die Grenze jener funktionalen Wahrheit der Vernunft und des ihr entsprechenden Fürsichseins hinaus in die Wahrheit jener Kommunikation von Gott und Mensch geführt werden – ein Übergang, kein Widerspruch.

Ein Widerspruch von Glauben und Vernunft tritt dagegen ein, wenn der Mensch die in der praktischen Identitätsfunktion liegende Grenze der Vernunft verkennt und mit ihr auch über seine Bestimmung bzw. über Fragen des Gottesverhältnisses urteilt. Auch in diesem Vernunftgebrauch konstituiert sich für Luther in bestimmter Weise ein Subjekt – indem der Mensch sich so als einsam identisches Subjekt festhält, ist die ratio zum Medium des alten In-sich-gefangen-seins des

---

11 Zu den folgenden Überlegungen ist z.B. die Disputation über den Menschen von 1536 zu vgl. (LDStA 1, S. 663–669).

Menschen geworden, der so seine Bestimmung zur Gemeinschaft verfehlt – also Medium der allgemeinen Erbsünde.[12]

Trotz seiner deutlichen Unterscheidung von Vernunft und Glauben kann Luther aber bisweilen auch vom Denken des Glaubens als einer „höheren Vernunft" reden[13] – indem sich die Identitätsfunktion der Vernunft nun im sprachlich eindeutigen Denken jener Kommunikation im Ganzen erfüllt. Doch setzt das voraus, daß die Negativität der Identität, die die Funktion der „unteren Vernunft" ist (die Nichtigkeit des Aussichseins und Fürsichseins), realisiert ist. Die „höhere Vernunft" des Glaubens läßt sich also nicht aus einer Notwendigkeit der „unteren Vernunft" ableiten.

1.4. Kant und Hamann: Vernunft und Sprache

Kant beansprucht in seiner „Kritik der reinen Vernunft" (1781/1787), erstmals auf wissenschaftliche, methodisch sichere Weise den Geltungsbereich der Verstandes- und Vernunfterkenntnis kritisch zu prüfen und zu bestimmen. Dabei sieht er sich zum einen von einem Rationalismus herausgefordert, der eine rein rationale, metaphysische Erkenntnis Gottes sowie seiner Beziehung zu Welt und Seele beanspruchte. Zum anderen liegt die Herausforderung im Skeptizismus bzw. Empirismus Humes, der die Möglichkeit von Erkenntnis verneinte, die über die Verknüpfung empirischer Kausalitäten hinausgeht.

Die Kritik der reinen Vernunft fragt, ob der Verstand bzw. die Vernunft etwas rein, also vor der Erfahrung erkennen kann – also ob rationale Metaphysik oder Gotteserkenntnis möglich ist. Dabei geht Kant von folgenden Voraussetzungen aus: zum einen, daß die Sinnlichkeit, mit der uns Gegenstände gegeben sind oder erscheinen, vom Verstand zu unterscheiden ist, der Erkenntnisse logisch hervorbringt. Zum anderen geht er davon aus, daß Erkenntnis immer Synthesis von Mannigfaltigem ist. Eine Vielheit von sinnlichen Erscheinungen oder Gedanken muß verknüpft oder geordnet werden. In der Sinnlichkeit dienen dazu die menschlichen Anschauungsformen Raum und Zeit, dem Verstand dienen dazu die sog. reinen Verstandesbegriffe, also die Kategorien unseres Urteilens wie z.B. Kausalität oder die Unterscheidung von Einheit und Vielheit.[14]

Die Frage ist nun, wie der Verstand mit diesen Kategorien, die a priori (vor aller Erfahrung) gegeben sind, zu Erkenntnis kommt, und was die Grenzen dieser Erkenntnis sind. Entscheidend ist hier, daß sich nach Kant die reinen Verstandesbegriffe nur insofern als allgemeingültig deduzieren lassen, als sie Funktion der Einheit des denkenden Subjekts sind. Die Kategorien des Erkennens

---

12 Vgl. insgesamt T. Kleffmann, Die Erbsündenlehre in sprachtheologischem Horizont, Tübingen 1994, S. 107–246.
13 Vgl. z.B. in der Genesis-Vorlesung WA 42, S. 138.
14 Kant nennt als Kategorien der Quantität Einheit, Vielheit, Allheit; als Kategorien der Qualität Realität, Negation, Begrenztheit (Limitation); als Kategorien der Relation Inhärenz und Subsistenz, Ursache und Wirkung (Kausalität), Wechselwirkung; als Kategorie der Modalität Möglichkeit und Unmöglichkeit, Dasein und Nichtsein, Notwendigkeit und Zufälligkeit: Kritik der reinen Vernunft, B 106.

sind also (wie auch Raum und Zeit) vor aller empirischen Erkenntnis gegebene, allgemeine Strukturen, durch die das Subjekt der Erkenntnis im Verhältnis zur sinnlich mannigfaltig gegebenen Wirklichkeit überhaupt erst eine identische Einheit bilden kann. Wir erkennen mit ihnen also nicht die Wirklichkeit an sich, sondern lediglich die Wirklichkeit, wie sie unseren Sinnen und unserem Verstand unter der Bedingung dieser Strukturen erscheint. Es sind unsere Wahrnehmung und unsere Verstandesbegriffe, die die Gegenstände unseres Erkennens konstituieren.

Daraus ergibt sich die präzise Differenzierung der Begriffe Verstand und Vernunft. Das Urteilen des Verstandes kann sich nur auf die sinnlich gegebene Erscheinung der Wirklichkeit beziehen. Vernunft aber besteht darin, daß sich die Verstandeserkenntnis in ihrer konstitutiven Bedeutung für das allgemeine Erkenntnissubjekt reflektiert und damit auch ihre Grenze bestimmt, die letztlich das Erkenntnissubjekt selber darstellt. Indem sie aber die Grenze der Verstandeserkenntnis bestimmt, fragt die Vernunft auch über sie hinaus nach einer Idee des Ganzen.

Wenn sich die Kategorien des Verstandes nur auf Gegenstände der empirischen Erkenntnis beziehen können, dann können wir mit ihnen nicht Gott erkennen. Das heißt aber nicht, daß die Rede von Gott sinnlos ist. Vielmehr dient nach Kant gerade die Kritik des Anspruchs rationaler Gotteserkenntnis dazu, dem wahren Glauben Platz zu machen.[15] Doch ist dieser Glaube ein Glaube der Vernunft – Gott erscheint als eine notwendige Idee der Vernunft. Die Idee Gott, aber auch die Ideen Freiheit, Welt, Unsterblichkeit, enthalten keine Erkenntnis, sind aber als regulative Ideen der Vernunft notwendig. Sie geben dem menschlichen Erkennen und Handeln eine Richtung, einen potentiellen Gesamthorizont – die Idee der Selbstbestimmung überhaupt, die Idee eines rein durch Moral bestimmten Lebens (was zum einen Unsterblichkeit, zum anderen Gott als Garanten impliziert), die Idee eines absoluten Zusammenhanges aller Erkenntnis (Welt), und Gott als Idee eines absoluten Einheitsgrundes aller Wirklichkeit.

Kant arbeitet in gewisser Weise die Vernunftkritik Luthers (ohne sie zu kennen) methodisch als Selbstkritik der Vernunft aus. Der Verstand kann Gott nicht erkennen, da seine Gesetze immer auch eine Funktion menschlicher Identität in der Welt sind. Doch der eigentlich theologische Horizont der Vernunftkritik Luthers fehlt: die Einordnung des Verstandes und der vernünftigen Reflexion seines Subjekts in das Verständnis jener universalen Kommunikation.

Hier setzt Hamann (1730–1788) an, Kants Zeitgenosse und Nachbar in Königsberg, indem er Luthers Theologie des Wortes weiterentwickelt. Hamann wirft dem Selbstverständnis der aufgeklärten Vernunft im Allgemeinen und der Selbstkritik der Vernunft bei Kant im besonderen vor, daß der Mensch darin die Sprachlichkeit der Vernunft (einschließlich des Verstandes) ausblendet – indem er so die konstruktive Autonomie der Vernunft behauptet, vergöttert er sich

---

[15] „Ich mußte also das Wissen aufheben, um zum Glauben Platz zu bekommen […]". A.a.O., B XXX.

selbst als ihr absolutes Subjekt, als Subjekt absoluter Selbstbestimmung. Dagegen sagt Hamann: „Vernunft ist Sprache logos"[16]. Sprache ist „das erste und letzte Organon und Kriterion der Vernunft, ohne ein ander Creditiv als Ueberlieferung und Usum."[17] Das heißt, alles Verstehen, indem es sprachlich ist (und wiederum auf Verständnis aus ist), steht in einer Geschichte des Gespräches. Sprache bezeichnet die unhintergehbare Einheit äußerer (sinnlicher), eine Geschichte bildender Kommunikation und logischer Erkenntnis. Vernunft denken heißt, die Sprache, das Gespräch zu denken.

Auch jeder in eine logische Form gebrachten Erkenntnis ist etwas vorausgesetzt, was sie sich selbst nicht geben kann: die Vorgeschichte des allgemeinen Gesprächs, in dem sie steht, und das Sichverlassen auf die Grundentscheidungen des in ihm tradierten Wirklichkeitsverständnisses. Von da aus kritisiert Hamann das Selbstverständnis der Aufklärung. Er diagnostiziert eine sich steigernde Selbstreinigung (einen Purismus) der Vernunft. Beansprucht die Aufklärung zunächst nur die (letztlich unmögliche) Reinigung der „Vernunft von aller Ueberlieferung, Tradition und Glauben daran", so behauptet die gesteigerte Reinigung der Vernunft die „Unabhängigkeit von der Erfahrung" als Erfahrung des Anderen selbst. Das zielt bereits auf Kants Selbstkritik der Vernunft, indem sie die Konstruktivität des Verstandes behauptet. Die letzte Reinigung aber ist die Konseqenz dessen und betrifft die Sprache. Daß die Formen allgemeingültiger Erkenntnis als Funktionen der Identität des denkenden Subjekts verstanden werden, läuft darauf hinaus, daß die Vernunft ihre Welt bewußt konstruiert. Das aber impliziert, daß sich die Vernunft von aller Heteronomie der wirklichen Sprache frei zu machen versucht und die Möglichkeit einer reinen, künstlichen Vernunftsprache unterstellt. Die Vernunft schließt die Wahrheit ihrer Sprachlichkeit aus ihrem Selbstverständnis aus, nämlich das Gespräch mit dem Anderen.[18]

Für den Theologen Hamann ist diese Kritik letztlich darin begründet, daß Wirklichkeit ursprünglich sprachlich konstituiert ist, und zwar im Gespräch Gottes, der der wirklich Andere ist. Schon die Natur ist für Hamann ursprünglich Sprache, eine „Rede an die Kreatur durch die Kreatur".[19] Das heißt, sie hat an sich eine Bedeutung vom Anderen her: Gott ist Autor – die Natur ist seine Äußerung. Wir können sie als solche verstehen, indem Gott seine Äußerung auch selber menschensprachlich interpretiert. Der Schlüssel, um das Buch der Natur und auch den Sinn der Geschichte zu verstehen, ist Christus, also Gott in seiner äußersten Kondeszendenz, Mensch geworden zu sein.[20]

---

16 J.G. Hamann, Briefwechsel, hg. von A. Henkel, zitiert als „H" mit Bandangabe, H5, S. 177,18.
17 J.G. Hamann, Sämtliche Werke, hg. von J. Nadler, zitiert als „N" mit Bandangabe, N3, S. 284,24–26.
18 Vgl. Metakritik über den Purismum der Vernunft (1784), N3, S. 281–289: Die Zitate finden sich auf S. 284; 289 ist von der „philosophischen Sprache" die Rede, die Kant „als bereits erfunden, im Geiste geträumt".
19 N2, S. 198, 28f.
20 Wie der Ursprung der Sprache, die den Sinn der Natur, den Sinn der Geschichte und des menschlichen Denkens enthält, das Gespräch von Gott und Mensch ist, so ist für Hamann Christus als Wort Gottes, die „communicatio göttlicher und menschlicher" Eigenschaften, „der Hauptschlüssel aller unsrer Erkenntniß". Vgl. Des Ritters von Rosenkreuz letzte Willensmeynung über den göttlichen und menschlichen Ursprung der Sprache (1772), N2, S. 27.

Doch auch schon aus der faktischen Sprachlichkeit der Vernunft ergibt sich, daß Glaube, d.h. das Sichverlassen auf eine sich im Gespräch mitteilende, einen Sinn des Ganzen verbürgende Instanz, notwendig und vernünftig ist. „Glaube [gehört]... zu den natürlichen Bedingungen unserer Erkenntniskräfte"[21]; „Menschensprache, und Menschenvernunft und Menschenreligion ohne willkührliche Grundsätze" sind nicht denkbar.[22] Dagegen bedeutet der Anspruch einer autonomen Vernunft, daß sich sein Subjekt absolut setzt: das „Ich, durch die Abstraction zur allgemeinen Vernunft vergöttert, [beurtheilt] alle Geheimniße der Geister- und Körperwelt".[23] Indem der Mensch die Welt seiner Erkenntnis konstruiert, schließt er nicht nur das Wort Gottes in der Bibel, die Weisheit des göttlichen Widerspruchs, sondern auch den ursprünglichen Anredecharakter der Natur und der Geschichte aus. Genau dieser Vernunftgebrauch aber ist selbst ein Glaube, eine Setzung:

„Denn was ist die hochgelobte Vernunft mit ihrer Allgemeinheit, Unfehlbarkeit [...] Gewißheit und Evidenz? Ein Ens rationis, [...] dem ein schreyender Aberglaube der Unvernunft göttliche Attribute andichtet".[24]

Über diesen Aberglauben gilt es, aufzuklären.

1.5. Schleiermacher: Glaube als unmittelbares Selbstbewußtsein

Anders als Hamann knüpft Schleiermacher (1768–1834) in der religionsphilosophischen Grundlegung seiner „Glaubenslehre" theologisch ganz defensiv an Kants Kritik der reinen Vernunft an. Nach Schleiermacher ist christliche Dogmatik kein direktes Wissen von Gott – weder ein empirisch noch ein metaphysisch begründetes. Sie ist nur eine Wissenschaft, indem sie den gegebenen Glauben einer „frommen Gemeinschaft" (Kirche) wissenschaftlich systematisiert. Der Glaubensbegriff ist dabei bestimmt durch eine philosophisch-anthropologische Grundentscheidung:

„Die Frömmigkeit, welche die Basis aller kirchlichen Gemeinschaften ausmacht, ist rein für sich betrachtet weder ein Wissen noch ein Tun, sondern eine Bestimmtheit des Gefühls oder des unmittelbaren Selbstbewußtseins."[25]

Schleiermacher folgt also Kant in der Ansicht, daß der Sinn der religiösen Rede von Gott nicht in einem theoretischen Wissen begründet ist. Doch anders als Kant sieht er den ursprünglichen Sinn des Glaubens auch nicht im moralischen Bereich. Vielmehr ordnet er ihn dem Gefühl als ganz eigener und auch notwendiger Sphäre des menschlichen Daseins zu. Deshalb redet er auch primär von Frömmigkeit als „Bestimmtheit des Gefühls", und erst sekundär von Glauben. Doch woher kommt der Inhalt des Glaubens bzw. der Frömmigkeit, wenn diese

---
21 N3, S. 190.
22 N3, S. 97.
23 N3, S. 180.
24 N3, S. 224f.
25 Der christliche Glaube (1830), hg. von M. Redeker, 1. Bd., 7.Aufl., Berlin 1960, § 3, S. 14.

weder ein Wissen von Gott ist, noch (wie Schleiermacher voraussetzt) auf einer Kommunikation von Gott und Mensch beruht? Denn die geschichtlichen Ansprüche auf Offenbarungswahrheiten bilden die Frömmigkeit als Selbstbewußtsein aus, erzeugen sie aber nicht.

Frömmigkeit als Bestimmtheit des Gefühls meint nicht Emotion, sondern eben unmittelbares Selbstbewußtsein – ein unmittelbares Bestimmtwerden im Grunde alles Denkens und Wollens. Allerdings kann und muß diese unmittelbare Bestimmtheit, um für das Selbst zum Inhalt zu werden, auch „Vorstellung" des Selbstbewußtseins werden. Sie muß sekundär in die Form eines Wissens gebracht werden, also als Glaubensinhalt verobjektiviert werden. Nur dann kann sie auch das Handeln motivieren.

Näher bestimmt Schleiermacher die Frömmigkeit als das „Gefühl schlechthinniger Abhängigkeit". Dieses Gefühl durchzieht notwendig unser selbstbewußtes Dasein, kann aber mehr oder weniger deutlich und gebildet hervortreten. Es bezieht sich nicht auf irgendetwas Bestimmtes in der Welt, in Bezug auf das wir uns ja immer nur relativ frei oder relativ abhängig wissen. Sondern das Gefühl schlechthinniger Abhängigkeit als Wurzel von Religion oder Glauben bezieht sich unmittelbar auf das Ganze der Wirklichkeit. Es ist so etwas wie ein unmittelbares Selbstbewußtsein in der Gewißheit, daß das Ganze der Wirklichkeit für ein Anderes steht – oder: auf einen Anderen zurückgeht. Gott heißt insofern das in diesem Gefühl oder unmittelbaren Selbstbewußtsein „mitgesetzte Woher unseres […] Daseins". Die Vorstellung Gott ist also eine Vergegenständlichung unseres Abhängigkeitsgefühls. Und die Rede von einer „Offenbarung Gottes" bezieht sich auf nichts anderes als eine ursprüngliche, prägende Verobjektivierung jenes mystisch unmittelbaren Gefühls.[26] Alle konkrete Religion kann lediglich als geschichtliche Ausbildung und gemeinschaftliche Kultur dieses unmittelbaren Selbstbewußtseins gelten.

Auf der Ebene der religionsphilosophischen Grundlegung der Dogmatik ist also weder Gott selbst zu denken, das Leben Gottes als Schöpfer, als Menschgewordener, als Geist, noch ein menschliches Gottesverhältnis. Alle konkrete Rede davon ist menschliche Deutung.

1.6. Hegel: Das absolute Wissen Gottes

Anders als Schleiermacher will Hegel (1770–1831) den Gehalt des christlichen Glaubens als Wahrheit der Vernunft denken. Für ihn ist „der Inhalt der Philosophie und der Religion derselbe"[27] – dieser Inhalt ist „Gott und nichts als Gott".[28] Das setzt aber voraus, daß die Vernunft an dem Punkt, an dem sie mit Kant die Grenze aller Verstandeserkenntnis (als Erkenntnis des Menschen für sich) reflektiert, dialektisch oder spekulativ wird und diese Grenze, indem sie sie als Notwendigkeit des Geistes begreift, zugleich überschreitet.

---

26 A.a.O., § 4 passim, im Einzelnen S. 28.30.
27 Vgl. Enzyklopädie III, SW 10, S. 379.
28 Vorlesungen über Philosophie der Religion, SW 16, S. 28.

Im Ergebnis begreift Hegel alle Wirklichkeit als Selbstvermittlung des absoluten Geistes. Gott ist nicht einfach ein unmittelbares Sein der Welt gegenüber, sondern als Geist vermittelt er sich selbst, d.h. er bringt sich im Verhältnis zum Anderen als er selbst hervor. Gott als Geist aber ist absolut eben darin, daß alle Wirklichkeit Medium seiner Wirklichkeit ist.

Damit ist er als das wahre Wesen aller Wirklichkeit und insbesondere des Menschen zu begreifen – das Wesen, das sich der Mensch in der Religion zunächst unter der Bedingung der Jenseitigkeit vorstellt.

Die Natur ist als Selbstentäußerung des Geistes zu begreifen – man könnte auch sagen: Gott unterscheidet sich selbst in sich und die Natur als sein Anderes. Insofern ist der absolute Geist die eine Substanz aller Wirklichkeit. Aus der unmittelbaren Vielheit der Natur reflektiert sie sich im menschlichen Bewußtsein und Fürsichsein in sich und realisiert sich in der Geschichte des menschlichen Geistes als absolutes Subjekt – nämlich indem der Mensch sein Fürsichsein als Selbstunterscheidung des absoluten Geistes realisiert und so die absolute Einheit oder Versöhnung des Getrennten vollzieht.

Diese Versöhnung ist die wahre Bestimmung des menschlichen Geistes. Denn Geist überhaupt bedeutet nach Hegel, daß das Selbstbewußtsein realisiert, seine Identität im Verhältnis zum andern Selbstbewußtsein zu haben: es weiß das Verhältnis, die Einheit, als das Ursprüngliche. So geschieht die Versöhnung, die das Ziel des Ganzen ist, bereits in der zwischenmenschlichen (sittlichen) Gemeinschaft – als Versöhnung, die das Ziel des Ganzen ist, aber erscheint sie in der christlichen Religion, in der Versöhnung von Gott und Mensch. Doch sofern Gott auch in seiner Offenbarung und im kultischen Vollzug der Gemeinschaft der Andere bleibt, vollendet sich die Versöhnung erst als absolutes Wissen: Die lebendige Einheit von Gott und Mensch, die der christliche Glaube an die Selbstoffenbarung Gottes in Christus erkennt, ist in ihrer universalen, das Ganze der Natur- und Geistesgeschichte umfassenden Notwendigkeit zu begreifen.

Die christliche Religion ist für Hegel die vollkommene oder absolute Religion. In Christus denkt sie die Einheit von ewigem Gott und endlichem Menschen; und zwar so, daß diese Einheit Moment des absoluten trinitarischen Lebens Gottes selber ist: Gott wird sich selbst ein Anderer, erscheint als Mensch in der Geschichte, und verwirklicht in der Rückkehr zu sich als Geist sein ewiges Leben in der Gemeinschaft des Menschen. Dabei hat der Gläubige das Selbstbewußtsein, daß der Geist in ihm wohnt, also das Selbstbewußtsein, selbst an diesem Leben Gottes teilzuhaben. – Nach Hegel hat damit der Mensch das wahre Selbstbewußtsein seines Wesens. Doch gehört es zur Form und Sprache des religiösen Denkens, daß er dieses Wesen noch als Jenseitiges vorstellt. Erst die Philosophie realisiert, daß „der Mensch […] nur von Gott" weiß, „insofern Gott im Menschen von sich selbst weiß; dies Wissen ist Selbstbewußtsein Gottes, aber ebenso ein Wissen desselben vom Menschen, und dies Wissen Gottes vom Menschen ist Wissen des Menschen von Gott. Der Geist des Menschen, von Gott zu wissen, ist nur der Geist Gottes selbst."[29]

---

29 Vorlesungen über die Beweise vom Dasein Gottes, SW 17, S. 480.

Die Versöhnung, die schon die Wahrheit des christlichen Glaubens ist, wird von Hegel aber auch als Notwendigkeit der Vernunft begriffen, die in ihrer Autonomie der Religion zunächst gegenübertritt. Anders als die Religion, welche das Wesen der Wahrheit wesentlich als ein Anderes vorstellt, so daß insofern der Geist noch nicht rein bei sich ist, ist die Vernunft die Form, die an sich die Wahrheit und Freiheit des Geistes realisiert. Die Freiheit besteht darin, daß das Subjekt im theoretischen und praktischen Verhältnis zum Andern bei sich selbst ist. Im Verhältnis zum anderen Menschen ist es frei, indem es die Notwendigkeit der zwischenmenschlichen Gemeinschaft denkt und so Geist wird. Als theoretische aber erfährt die Vernunft die Wahrheit des Geistes in der Dialektik aller erkannten Wirklichkeit. Die Grundform dieser Dialektik besteht darin, die Einheit des Gegensatzes zu begreifen. Jede Unterscheidung hat ihren Grund in einem vorgängigen, unmittelbar erscheinenden Ganzen. Die Wahrheit der Unterscheidungen und Gegensätze ist die (Selbst-)Differenzierung eines Ganzen, das durch die Reflexion des notwendigen Aufeinanderbezogenseins der Gegensätze erst zu seiner wahren, konkreten Einheit kommt.

Der Verstand des Endlichen sträubt sich gegen diese Dialektik, indem sein Subjekt die Identität des von ihm Unterschiedenen und damit die Unterscheidungen festhält. Die Wahrheit der Vernunft dagegen beginnt, wenn (mit Kant) die Identität der menschlichen Subjektivität als absoluter Einheitsgrund aller Unterscheidungen reflektiert wird. Damit ist die Wahrheit und Freiheit des Geistes realisiert (das Subjekt ist im Verhältnis zum Anderen bei sich selbst) – doch nur erst formal. Denn die Vernunft und auch die Freiheit und Wahrheit bleiben leer, wenn das identische Subjekt, das Grund und Ziel aller Unterscheidungen des Verstandes ist, nur subjektivistisch als absolute Grenze aufgefaßt wird, die von der Wirklichkeit an sich trennt. Das Subjekt muß sich angesichts seines absoluten Gegensatzes zur Wirklichkeit an sich (bzw. angesichts seiner selbst als der absoluten Grenze des Verstandes) seines Fürsichseins entäußern. Das geschieht, indem es seine Negativität, die alle Unterscheidungen der erkannten Welt umfaßt, als Selbstunterscheidung des Absoluten begreift – eben darin begreift es die ältere Wahrheit der Religion, die dem Verstand zu hoch ist: die Menschwerdung Gottes. So ist die Vernunft „das Göttliche im Menschen"[30]; in ihr vollendet sich die Versöhnung auch der Form des Denkens nach.

Die Frage ist allerdings, inwiefern sich in diesem Denken des Absoluten der Mensch als Subjekt wiederfinden kann. Die sich stets wiederherstellende Wirklichkeit des menschlichen Fürsichseins und damit auch die offene Zukunft des Gedachten scheint vergessen.

1.7. Nietzsche: Die Notwendigkeit kreativer Deutung

Nietzsches (1844–1900) Atheismus begrenzt die theologische Relevanz seiner Bestimmung des Verhältnisses von Erkenntnis und Glaube. Da eine ähnliche

---

[30] Vorlesungen über die Philosophie der Religion, SW 16, S. 40.

Verhältnisbestimmung jedoch gegenwärtig in der Religionsphilosophie und sogar in der Theologie verbreitet ist, ist eine Auseinandersetzung erforderlich.

Jede strukturierte Auffassung von Welt und Leben ist für Nietzsche menschliche Konstruktion. Dabei versteht er insbesondere auch religiöse Perspektiven und Sinnvorstellungen sowie Werte und Moral als Funktion des faktischen Lebens. Die Wirklichkeit ist zum einen nur als allgemeines, anonymes, an sich sinnloses Werden anzusprechen, zum anderen eben als Leben, welches die Wirklichkeit kreativ deutet. Diese Deutung ist notwendig, da selbstbewußtes Leben einen Grund, ein Motiv, eine Rechtfertigung, eine orientierende Perspektive für sein Leben braucht.

„Wir erst haben die Welt, die den Menschen Etwas angeht, geschaffen!"[31]: in Religion bzw. Glaube, also in einer religiös sinnstiftenden Deutung der Wirklichkeit, zugleich in der Kunst, auch in philosophisch metaphysischen Systemen, und grundlegend schon in Gestalt der Sprache. Schon der allgemeine Sprachgebrauch impliziert nach Nietzsche den Glauben an identische Gegenstände sowie an ein identisches Ich und seinen freien Willen. Das Leben braucht Glauben – und insbesondere das schwache Leben braucht einen überlieferten, expliziten, kollektiven Glauben, der ihm Sinn gibt und die objektive Sinnlosigkeit und Endlichkeit verleugnet.

Erkenntnis kann also nur kritisch (kritisches Moment des Lebens) sein: Es gilt, Religion und überhaupt alle Sinndeutung als Funktion des Lebens zu erkennen. Damit realisiert sich das Subjekt des Lebens in seiner absoluten Freiheit, selber sich seine Welt, seinen Sinn, seine Werte als Funktion seines Lebens zu schaffen – wenn es denn stark genug ist, diesen Nihilismus auszuhalten.[32]

1.8. Tillich: Die Frage der Vernunft und die Antwort der Offenbarung

Tillich (1886–1965) unterscheidet Vernunfterkenntnis und Glaubenswahrheit in der Weise, daß die Vernunfterkenntnis auf die Struktur der Wirklichkeit an sich zielt, die Glaubenswahrheit aber auf den Sinn für uns. Insofern ist zwischen beiden (zwischen Philosophie und Theologie) weder eine Synthese noch ein Widerspruch möglich.

Der Glaube bezieht sich auf eine Offenbarung dessen, „was uns unbedingt angeht".[33] Glaube ist dabei als existentielles Erkennen bestimmt. D.h. die Trennung von Subjekt und Objekt, die die Vernunft des Endlichen oder technische Vernunft bestimmt (im Sinne Kants wäre hier vom Verstand zu reden), ist transzendiert: Was sich mir offenbart, ergreift mich, gibt mir Sinn. Das setzt den sog. ontologischen Schock voraus: ein existentielles Bewußtsein der Unselbstverständlichkeit alles Seins, der Endlichkeit, in dem das gewöhnliche

---

31 Die fröhliche Wissenschaft, A. 301, KSA 3, S. 540,28f.
32 Vgl. T. Kleffmann, Nietzsches Begriff des Lebens und die evangelische Theologie. Eine Interpretation Nietzsches und Untersuchungen zu seiner Rezeption bei Schweitzer, Tillich und Barth. Tübingen 2003.
33 Systematische Theologie I, 8. Aufl. Berlin, New York 1987, S. 134.

Selbst- und Weltverständnis erschüttert ist und die Vernunft des Endlichen ihre Grenze realisiert. Offenbarung bedeutet dann, daß das Subjekt die Negativität des Bedingten, die „Bedrohung durch das Nichtsein", die auch die eigene, notwendige Entfremdung von der Selbstverständlichkeit der Daseins umfaßt, als andere Seite des Unbedingten erfährt – das Unbedingte als Abgrund, der aber zugleich Grund des Seins ist.[34] So erfährt es in der Negativität die Teilhabe am Unbedingten.[35]

Der Vernunft ist damit nicht widersprochen, aber sie ist transzendiert. Zwar nimmt die Vernunft den Inhalt des Glaubens auf, aber, wie Tillich sagt, „in Ekstase": „Der Glaubensinhalt bricht ekstatisch in die Vernunft ein".[36] Den Gedanken Hegels, daß wahre Vernunft an sich selber spekulativ ist (und als solche schließlich etwa die Menschwerdung und Trinität Gottes denkt), teilt Tillich also nicht.[37] Gleichwohl ist nach Tillich von einem rationalen Charakter der systematischen Theologie zu reden. Er besteht darin, daß die Vernunft sozusagen selbst die Erfahrung expliziert, die sie an ihrer Grenze macht. Diese Vernünftigkeit besteht zum einen in der semantischen Rationalität. Damit ist begriffliche Eindeutigkeit gemeint. Zum anderen besteht sie in einer bestimmten logischen Rationalität. Sie ist in Anlehnung an Hegel als Dialektik bestimmt – eine Dialektik, die jedoch Offenbarung voraussetzt. Entsprechend kann etwa die Trinität logisch nachvollziehbar als Bewegung des göttlichen Lebens aufgefaßt werden: ein „ewiges Trennen von sich selbst und ein Zurückkehren zu sich selbst". Schließlich kommt der systematischen Theologie methodische Rationalität zu. Damit ist gemeint, daß der universale Zusammenhang des Wahrheitsanspruchs der christlich verstandenen Offenbarung des Unbedingten auch systematisch zu explizieren ist.[38] Dies soll allerdings nicht deduktiv geschehen (durch systematische Ableitung der Dogmatik aus einem oder mehreren theologischen Grundsätzen), sondern durch die „Methode der Korrelation". Sie „erklärt die Inhalte des christlichen Glaubens durch existentielles Fragen und theologisches Antworten in wechselseitiger Abhängigkeit". Das heißt, die in der Offenbarung liegenden „Antworten sind nur sinnvoll, sofern sie in Korrelation stehen" mit den Fragen, die sich notwendig aus unserer Existenz, aus der konkreten Negativitätserfahrung ergeben: „wir selbst [sind] diese Fragen".[39]

---

34 Vgl. a.a.O., S. 137.
35 Das Problem ist, daß Tillich das nicht als Selbstbewegung Gottes denkt. Den allgemeinen Inhalt der Offenbarung, die Teilhabe, setzt er (wie schon Schleiermacher das Gefühl schlechthinniger Abhängigkeit) ungeschichtlich voraus. Entsprechend unklar ist seine Bezeichnung religiöser Rede als „symbolisch".
36 A.a.O., S. 66.
37 Andererseits könnte man Tillich so verstehen, daß Offenbarung im Moment der Negativität eine zugleich menschliche und göttliche Notwendigkeit ist.
38 Vgl. insgesamt a.a.O., S. 65–73; das Zitat findet sich auf S. 69.
39 A.a.O., S. 74. 76.

1.9. Neuere Religionsphilosophie: Religion als Sinndeutung

Seit den 90er Jahren des letzten Jahrhunderts gab es im Zuge einer Renaissance des so genannten Kulturprotestantismus wieder zunehmend das Bedürfnis einer autonom philosophischen Begründung der Relevanz des religiösen Glaubens – im Anschluß etwa an Schleiermacher und in Abgrenzung etwa zu K. Barth, der es als eine theologische Notwendigkeit behauptet hatte, daß der Glaube allein im Offenbarungsanspruch begründet ist. Zum Schlüsselbegriff wurde der Begriff der Deutung, der bereits bei Nietzsche begegnete. Religion wird als Sinn-Deutung verstanden. Sinn ist eine notwendige Dimension von Sprache und Erkennen, ja eine notwendige Dimension des menschlichen Bewußtseins überhaupt, kann aber durch Verstandeserkenntnis und reflexive Vernunft nicht erzeugt werden. Wenn nun primär Religion Sinn stiftet, so scheint eine gegenüber der Verstandeserkenntnis und reflexiven Vernunft eigenständige und sogar notwendige Domäne der Religion gefunden – und damit (ähnlich wie bei Schleiermacher) das Problem konkurrierender Wahrheitsansprüche als Mißverständnis erwiesen.

Philosophisch gilt die Idee Gottes als der Horizont, in dem die menschliche Sinn-Deutung stattfindet. Doch dem, daß Religion als menschliche Deutung aufgefaßt wird, entspricht die rein negative Bestimmung Gottes als einer letztbegründenden, unbedingten Einheit.[40] Alle religiöse Konkretisierung dieser Idee, alle Bestimmung eines konkreten Gottesverhältnisses ist eben als menschliche Deutung aufzufassen. Es gehört zwar zum menschlichen Leben, nach einem unbedingten Sinn zu fragen, in dem aller innerweltlicher, bedingter Sinn begründet ist. Doch ist dieser Sinn weder rational erkennbar noch rational als Ausdruck einer Offenbarung zu verstehen, sondern Ausdruck einer „Sinnstiftungsleistung des religiösen Bewußtseins".[41] Das bedeutet, daß die Frage nach der Wahrheit des Glaubens nicht mehr gestellt werden kann. Abgesehen von der notwendigen Funktion für das Leben ist kein Kriterium für eine wahre oder falsche Deutung möglich.

Aber läßt dann hier die religionsphilosophische Reflexion den religiösen Wahrheitsanspruch überhaupt bestehen? Der Schlüssel zur Beantwortung dieser Frage liegt wiederum darin, wie das menschliche Subjekt gedacht ist. Der Begriff der Religion als Deutung impliziert, daß der Mensch als in gewisser Weise absolutes Subjekt dieser Deutung vorausgesetzt wird. Die religiöse Bedeutung der Welt oder des Lebens ist Ausdruck menschlicher Kreativität. Das identische Selbstbewußtsein des Menschen, dessen Einheit nach Kant Funktion aller Verstandeserkenntnis ist (oder mit Hamann: „das Ich, durch die Abstraction zur allgemeinen Vernunft vergöttert"[42]) – das ist nun auch als Autor religiösen

---
40 Vgl. U. Barth, Religion in der Moderne, Tübingen 2003, S. 6–8. 418f.
41 Zum Beispiel U. Barth versteht Religion als „Deutung der Wirklichkeit" „im Horizont der Idee des Unbedingten": a.a.O., S. 10.14. Zur „Sinnstiftungsleistung" S. 18.23. Vgl. ausführlicher, auch zum Zusammenhang mit Nietzsche, T. Kleffmann, Religion als menschliche Deutung – über Sinn und Grenze eines aktuellen religionsphilosophischen Ansatzes. In: Kritik der Religion. Hg. von I.U. Dalferth und H.P. Großhans. Tübingen 2006, S. 285–300.
42 Vgl. S. 33, Anm. 23.

Sinns vorausgesetzt.⁴³ Das heißt, es ist (wie bei Nietzsche) allein die menschliche Subjektivität, die die Welt bzw. das Leben erst sinnvoll strukturiert – auch und gerade im religiösen Glauben. Mit dem Selbstverständnis des Glaubens, es mit dem Anderen zu tun zu haben, kann eine solche Religionsphilosophie also nicht zusammen bestehen.

Die Unterscheidung von Verstandeswahrheit und Sinnanspruch ist einleuchtend. Doch indem das Verständnis von Religion als Sinn-Deutung den auf sich selbst gestellten Menschen, der als Subjekt der Vernunft vorausgesetzt ist, auch als Subjekt (Autor) des Glaubens unterstellt, versteht es nicht die prinzipielle Alternative der Glaubenswahrheit: nämlich daß der Mensch, indem sein erwachsenes Fürsichsein die ganze erkannte und konstruierte Welt umfaßt, von der Gemeinschaft des Anderen beansprucht wird. Gerade in der Alternative des Denkens des Glaubens, der die Vernunft des auf sich selbst gestellten Menschen zugleich voraussetzt und aufhebt, liegt aber seine Relevanz für diese Vernunft.⁴⁴ Oder mit dem Philosophen Heidegger gesagt: „Je eindeutiger sich die Theologie der Anwendung irgendeiner Philosophie und ihres Systems entschlägt, umso *philosophischer* ist sie in ihrer eigenbürtigen Wissenschaftlichkeit."⁴⁵

2. Leben, Erkennen, Religion

Zunächst ist die Relevanz der Rede von Gott zu begründen, oder genauer: die Relevanz der Rede von einem Gottesverhältnis. Es ist zu zeigen, wie sich der Anspruch von Offenbarung und Glaube notwendig auf den Menschen in seinem Fürsichsein bezieht. Das kann nur in Gestalt einer philosophischen Anthropologie geschehen, die die Relevanz von Religion begründet. Die These ist: Diese Relevanz liegt in der Dynamik selbstbewußten Lebens und ist eine Notwendigkeit der Vernunft.

Nicht daß der christliche Glaube diese Begründung nötig hätte – er setzt sie voraus und begreift sie auf seine Weise. Die Explikation dieser Voraussetzung ist aber notwendig, um ausweisen zu können, was theologische Erkenntnis im Verhältnis zu Verstand, Vernunft und Glaube ist.

Leben überhaupt ist Kommunizieren seiner Subjekte – das heißt: ein Sein, das im Verhältnis zum Andern besteht. Zugleich ist Leben an sich reflexiv, d.h. es bildet Subjekte. Leben ist eine Reflexion aus dem Verhältnis zum Anderen, die die Subjekte als solche realisiert.

---

43 Die Frage ist, was es mit der Idee des Unbedingten als letztbegründender Einheit zu tun hat und wie es von dieser Einheit zu unterscheiden ist.
44 Man könnte auch sagen: das Problem ist, daß die Vernunft (anders als etwa bei Anselm, Hegel oder als die Vernunft des Glaubens bei Luther oder Hamann) auf das Denken des auf sich selbst gestellten Menschen festgelegt bleibt.
45 M. Heidegger, Wegmarken, Frankfurt a.M., 2. Aufl. 1978, S. 58.

Eine elementare Stufe des Lebens als Kommunizieren und Reflexivität ist schon der lebendige Leib als Organisation von Stoffwechsel. Entscheidend aber ist das Kommunizieren und die Reflexivität, die den Menschen als Selbstbewußtsein bildet. Dieses Kommunizieren und diese Reflexivität besteht vor allem darin, daß der Mensch an der Selbstverständlichkeit der Sprache, d.h. am allgemeinen, die Bedeutung der Dinge einschließenden Gespräch teilnimmt und sich als Subjekt seines Verstehens und Redens realisieren muß. Das Selbstbewußtsein als dieses Subjekt aber ist wesentlich ein Bewußtsein der Geschichte seines Lebens, also ein Bewußtsein der Geschichte des Kommunizierens und seiner Reflexion.

Für das Leben überhaupt gilt, daß bereits die Gestalt des scheinbar unmittelbaren Kommunizierens eine kollektive Identität der Subjekte impliziert, die diese dann individuell realisieren – schon das Verhältnis zwischen der biologischen Art (die eine durch Fortpflanzung vermittelte gemeinsame Art des Lebens ist) und dem biologischen Individuum ist dafür ein Beispiel.

Für den Menschen aber, dessen vorgegebenes Kommunizieren sprachlich ist, ist die kollektive Identität, die dieses Kommunizieren impliziert, eine geistige – und kann etwa als Selbstverständlichkeit des sittlichen Bewußtseins, der Religion, der Sprache selbst erscheinen, aber auch in der gemeinsamen Welterkenntnis liegen. Es realisiert sich als Subjekt, indem es die (kollektive) Identitätsfunktion des selbstverständlichen Kommunizierens reflektiert. Dann aber ist alle Selbstverständlichkeit verneint.

2.1. Der Mensch als intelligenter Leib und als Sprachwesen

Daß Leben Kommunizieren und zugleich Reflexivität ist, heißt auf der Ebene unterhalb des Kommunizierens und der Reflexion eigentlicher, sprachlicher Subjekte (Personen), daß sich der lebendige Leib als Identität im Verhältnis zum Anderen selbst vermittelt[46]: Schon als Leib überhaupt, sozusagen als tierischer Leib, ist der menschliche Leib eine sich im Verhältnis zur Umwelt selbst vermittelnde, präreflexive Identität. Leben ist Kommunizieren grundlegend in dem Stoffwechsel, in dem der Leib sein Bestehen hat: Atmen, Essen, Trinken, Verdauen und Ausscheiden. Zugleich ist der Leib ein Verhältnis zum Anderen als Bewußtsein: Er erhält sich, d.h. er bewältigt die Krisen, die seine Umwelt für ihn im einzelnen bedeutet (z.B. Hunger), indem das Bewußtsein die Umwelt entsprechend unterscheidet, sie in ihren dauerhaften, regelmäßigen Unterscheidungen auch erinnert, und sich nun das Lebewesen entsprechend verhält.[47]

Dem Menschen erscheint der Leib, indem er sich in diesem Kommunizieren erhält, als vorgegebene Unmittelbarkeit: Er ist unmittelbarer Gegenstand des Bewußtseins und Selbstbewußtseins. Die Unmittelbarkeit liegt eben in der vorgegebenen Einheit mit dem

---
46 Das lebendige Individuum läßt sich aber auch schon als Reflexion in sich der Gattung bzw. Art verstehen, die sich in der Fortpflanzung ihrer sterblichen Individuen identisch erhält. Das einzelne Exemplar ist sozusagen die Reflexivität des Lebens der Gattung (Art).
47 Das gilt auch für das Tier, indem es z.B. gelernt hat, wo und wie es sein Futter bekommt.

Anderen (mit dem, was er ißt, atmet, trinkt, begehrt usf.), von dem er sich zugleich unterscheidet.

Spezifisch menschlich geschieht die Selbsterhaltung des Leibes aber bereits im sprachlichen Verstehen der Umwelt. Der Mensch als intelligenter Leib erhält sich im pragmatischen, technologischen Verstehen seiner Umwelt – also indem er seine Umwelt unterscheidet, beurteilt, berechnet und umgestaltet: Häuser baut usf.

Auch die Organisation des Zusammenlebens, auch sofern sie nur der kollektiven Selbsterhaltung dient, geschieht wesentlich sprachlich (etwa durch Gebote des Verhaltens).

Das sprachliche Bewußtsein einer Welt sowie die Sprachlichkeit des Sozialverhältnisses aber, auch sofern beides noch in der Funktion der Selbsterhaltung steht, impliziert bereits, daß das Subjekt des Lebens als „Ich" erscheint, welches versteht, urteilt, sich verhält, sich im Gespräch befindet, sich auf ein Du und ein Wir und ein Er, Sie, Es bezieht.

Dieses „Ich" des intelligenten Leibes, das Ich sprachlichen Denkens, das Ich im Gespräch realisiert sich als ein Fürsichsein, indem es seine Identität als notwendige Funktion seines Weltverstehens und seines Sozialverhältnisses realisiert: Ich bin es, der versteht und handelt, und daß ich es bin, ist eine Notwendigkeit meines Verstehens und Handelns. Ich beziehe mich in allem Weltverstehen und Verhalten zum Anderen in Wahrheit auf mich selbst. Meine Identität ist das Gesetz des Verstehens und Handelns. Das aber bedeutet zugleich ein fundamentales Bewußtsein der Grenze des menschlichen Verstehens und Handelns. Erst an dieser Grenze, als Fürsichsein wird der Mensch ein geistiges Wesen. Denn nun kann er allererst nach einem Sinn des Lebens jenseits der leiblichen Selbsterhaltung und der entsprechend funktionalen Verstandeserkennnis sowie jenseits des faktischen Funktionierens der Gemeinschaft fragen.

Freilich ist nicht davon auszugehen, daß im Sinne eines zeitlichen Nacheinanders erst die Sprachlichkeit der menschlichen Selbsterhaltung gegeben ist und sich dann durch Reflexion die Frage nach dem Sinn ergibt. Vielmehr ist anzunehmen, daß schon die Sprachlichkeit überhaupt ursprünglich impliziert, daß die entsprechende Welt, das entsprechende Leben, die gemeinsame Kultur des Überlebens für dieses „Ich" und „Wir" sinnhaft ist – und dieser Sinn nicht nur im Überleben des gegebenen Leibes besteht.

Schon die Unmittelbarkeit des menschlichen Kommunizierens oder Bewußtseins besteht in der Selbstverständlichkeit eines sprachlichen Sinnzusammenhangs der Dinge und Menschen.[48] Schon das scheinbar unmittelbare Kommunizieren (also das Kommunizieren, sofern sein Subjekt noch nicht als solches realisiert ist) ist sprachlich strukturiert und insofern im allgemeinen Gespräch und seiner Geschichte vermittelt. Die Sprache aber

---

48 Man kann auch sagen: Der Mensch, der die Welt sprachlich versteht, dessen Leben im Gespräch ist, der aber in seinem Kommunizieren noch nicht als Fürsichsein reflektiert ist – der lernt die Sprache erst noch; er versteht noch nicht den letzten Sinn, den Identitätssinn der Begriffe, in denen er sich selbstverständlich bewegt: ich, du, Ding, Leben, Welt.

impliziert einen allgemeinen Sinnzusammenhang, dem auch so etwas wie ein zunächst unreflektiertes Selbstverständnis der Individuen entspricht. Die sprachliche Welt stellt für das potentiell in sich reflektierte Subjekt einen Sinnzusammenhang dar. Ob sich dieser Sinn für das in sich reflektierte Subjekt bewährt, ob er wahr ist oder Schein oder Lüge, ist eine andere Frage.

Schon das Sprechen der gemeinsamen Sprache impliziert die Selbstverständlichkeit von Sinn. Bevor diese Selbstverständlichkeit durch das in sich reflektierte Subjekt grundsätzlich in Frage gestellt ist (wie allgemein etwa im Zuge der europäischen Aufklärung), wird sich ein solcher ursprünglicher Sinnzusammenhang in einer religiösen Tradition ausdrücken, in der man sich gemeinsam vorfindet. Kultur, auch die Kultur des Überlebens und der Weltbeherrschung, scheint geschichtlich ursprünglich religiös bestimmt zu sein. Religiöser Sinn aber, der die bloße Funktion der Selbsterhaltung transzendiert, setzt eine kollektive Reflexion in sich bzw. eine kollektive Erfahrung der Negativität des Fürsichseins voraus.[49]

Der Mensch kommt zu sich, indem er realisiert, daß seine vorgängige Identität Gesetz seiner Welterkenntnis und seines Sozialverhältnisses ist – diese These ist also zu differenzieren. Es ist davon auszugehen, daß in einer vorgängigen, etwa religiös bestimmten Sinngemeinschaft bereits ein Verständnis von Fürsichsein vorausgesetzt ist, das ein Mensch realisieren muß, um den eigentlich religiösen (das Fürsichsein aufhebenden) Sinn von Leben und Welt überhaupt aneignen zu können.[50] Als der, der erst noch zu sich kommt, kann er den überlieferten religiösen Sinn des Weltverständnisses und Sozialverhältnisses nicht wirklich verstehen. Die Selbstverständlichkeit von Religion wäre also zu jeder Zeit Schein.

Doch ist es auch denkbar, daß das tradierte Konzept von Fürsichsein und das Fürsichsein aufhebender, religiöser Sinngemeinschaft einer neuen Generation die Aneignung (und zuvor die Reflexion in sich als Subjekt) nicht ermöglicht. Drei Gründe dafür, die auch zusammenspielen können, sind denkbar. Erstens ist es möglich, daß der religiöse Sinn selbst das Fürsichsein in seiner wahren Negativität verleugnet; da es also nicht wirklich zur Sprache kommt, kann sich das Subjekt im religiösen Gespräch auch nicht finden.[51] Als zweiter Grund kommt in Frage, daß umgekehrt eine neue Generation selbst die mit jenem Konzept ausgesprochene Negativität flieht – und in diesem Sinn die Religion verändert (pervertiert). Der dritte Grund kann darin liegen, daß eine neue allgemeine Sprach- oder Differenzierungsebene des selbstbewußten Lebens auch eine begrifflich differenziertere Realisierung des Fürsichseins erfordert, auf die sich die Religion erst noch beziehen muß.

In jedem dieser drei Fälle gilt, daß der Mensch nun im Verhältnis zur tradierten Sinngemeinschaft seine Identität als Gesetz des entsprechenden Lebens erst voraussetzen muß, um sein Fürsichsein realisieren zu können. Er kann den überlieferten Sinn des Weltverständnisses und Sozialverhältnisses nicht nur nicht verstehen, sondern er muß es auf die Funktion seiner Identität reduzieren. Das ist das Prinzip des kritischen Verstandes, von dem unter 2.3. weiter zu handeln ist. Der Mensch muß die Selbstverständlichkeit des über-

---

49 Vgl. unten 2.4.
50 Ideal auch im Sinn des christlich verstandenen wahren Lebens und seiner Gemeinschaft (der Kirche) ist es, wenn diese Gemeinschaft einer nachwachsenden Generation von sich aus theoretisch und praktisch die Möglichkeit des Fürsichseins gewährt. Vgl. 3,IV.4.1.
51 Christlich wäre hier die Notwendigkeit der Reformation zu verorten. Vgl. in der Sündenlehre 3,I.1.2. und 2.2.; ferner 3,II.1.

lieferten Sinns in Frage stellen – entweder, um ihn doch aneignen zu können, oder um auf einer neuen Sprachebene nach dem Sinn zu fragen.

Das Moment der Reflexion in sich aus der ursprünglichen Gemeinschaft des Kommunizierens bzw. aus der ursprünglichen Sinngemeinschaft realisiert eine Einsamkeit des Fürsichseins, die die Welt einschließt. Auch der andere Mensch kann ihm nun diese Einsamkeit nur spiegeln. Ist als Funktion alles Weltverstehens und Sozialverhältnisses die eigene Identität reflektiert, ist diese Identität ein leeres Fürsichsein, welches vom zugleich weiterlaufenden Leben (von der weiterlaufenden Unmittelbarkeit des Kommunizierens) entzweit ist. Der Sinn des Alltags ist zum Schein geworden. Die wirkliche Welt steht dem zu sich gekommenen Menschen sinnlos und fremd gegenüber.

2.2. Erinnerung, Geschichtlichkeit, Todesbewußtsein

Die Reflexion, in der der Mensch als Sprachwesen sein Fürsichsein realisiert, besteht fundamental aber auch schon darin, daß eine Geschichte des Lebens erinnert und erwartet wird, die mit dem Tod endet.

Leben ist Kommunizieren eines identischen Selbst, indem das Kommunizieren für das Selbst eine Geschichte bildet. Sein Kommunizieren wird (als identitätsrelevantes) erinnert, im Gedächtnis behalten.[52] Die Erinnerung des Lebens – in Bezug auf die Sprachlichkeit: die Erinnerung des Lebens als erzählbare Geschichte – ist eine wesentliche Weise, in der sich das Bewußtsein zum Selbstbewußtsein bildet. Das Ich, was im Verhältnis zum Du, Wir, Er, Sie, Es lebt, ist das, welches sich in einer Lebensgeschichte versteht. Umgekehrt bildet das Leben eine Geschichte (und wird darin zum Gegenstand) eben nur für sein Subjekt, d.h. indem dieses sich darin als sich verändernde Identität erfährt, also eine unmittelbare Gegenwart des Lebens von seiner Geschichte unterscheidet. Es erinnert sein Leben als Vergangenheit und erwartet es als Zukunft.[53]

In diesem Sinn begründet die Erinnerung die erste Gestalt der menschlichen Reflexion in sich. Diese Reflexion in sich ist vollendet, wenn die Erinnerung die Totalität der Lebensgeschichte impliziert: als Vorlaufen zum Tod (Heidegger).

---

52 Überhaupt gilt: Leben als unmittelbares Kommunizieren ist gleichwohl geschichtlich vermittelt, d.h. seine Unmittelbarkeit (das Kommunizieren als Einheit mit dem Anderen) ist auch Resultat vorgängiger Kommunikation: das gilt für die Gattungsgeschichte des Leibes ebenso wie für die Geschichte des menschlichen Bewußtseins – vor allem aber für die Sprachgeschichte. Die Unmittelbarkeit des Kommunizierens besteht insofern darin, daß sie als Resultat vorgängiger Kommunikation, daß sie in ihrer geschichtlichen Vermittlung dem Kommunizierenden nicht bewußt ist. Dessen Reflexion in sich aber ist immer auch das Bewußtsein der Geschichtlichkeit des Kommunizierens (der geschichtlichen Vermittlung ihrer Unmittelbarkeit). Dieses Bewußtsein bedeutet eine Entfremdung von der Unmittelbarkeit.

53 Zwar kann das vorläufig auch heißen, daß das Leben als Inbegriff einer offenen Zukunft erscheinen kann. Doch ist die Verheißung, seine Identität in der Welt zu finden, in Wahrheit ein noch nicht reflektiertes Sich-Voraussetzen der eigenen Identität in der Welt. Die Offenheit impliziert, daß die Reflexion in sich aus dem unmittelbaren Sein beim Anderen noch nicht vollendet ist. Das Subjekt des Lebens muß erst noch ganz zu sich kommen.

Ich bin mir meiner selbst bewußt, indem mir die Identität meiner Lebensgeschichte bewußt ist. Daß das Selbst sich in seiner Lebensgeschichte versteht, schließt das Wissen um ihr kommendes Ende, den Tod ein – auch in der Erfahrung des Todes solcher, mit denen es lebte. Die Reflexion in sich als Fürsichsein besteht insofern im Selbstbewußtsein einer Lebensgeschichte, das von der unmittelbaren Gegenwart des Kommunizierens entzweit ist. Mit dem in der Zeit kommenden Tod weiß es um die prinzipielle Getrenntheit des Fürsichseins: Angst als unmittelbares Selbstbewußtsein.

Daß das Selbstbewußtsein im Todesbewußtsein erwachsen ist, setzt bereits das Bewußtsein einer Zeit der Welt im Unterschied zur eigenen Lebensgeschichte voraus.[54] Im Bewußtsein der allgemeinen Zeit ist die Einsamkeit des Fürsichseins (sowie die Entzweiung von der Unmittelbarkeit des Lebens) die Gewißheit und Angst des zukünftigen Todes; in der Gewißheit des Todes findet es seine unmittelbare Selbstgewißheit. Denn das Bewußtsein der Zeit ist das Bewußtsein der Wirklichkeit als allgemeiner Bewegung – als Gewißheit, daß die allgemeine Wirklichkeit das eigene Leben ebenso vernichtet wie sie es hervorbringt, ist sie das Bewußtsein der absoluten Fremdheit der Wirklichkeit. Das Todesbewußtsein ist das Ende aller Selbstverständlichkeit. Im Selbstbewußtsein des Todes beginnt die ursprüngliche Frage nach dem Sinn.

Zwar ist das Selbstbewußtsein in einer mit dem Tod endenden Lebensgeschichte nicht die einzige Gestalt der Realisierung des Fürsichseins. Doch bleibt es eine fundamentale Ebene. Man kann man sagen, daß jede Entzweiung des Lebens im Gegenüber von in sich reflektiertem Selbst und unmittelbarem Kommunizieren den Tod antizipiert, das Ende allen Kommunizierens. Umgekehrt stellt der Tod die letzte Wahrheit des Fürsichseins in der Entzweiung dar: der wirkliche Tod verwirklicht die Nichtigkeit des Fürsichseins als Anderssein, seine Getrenntheit von allem, seine Trennung von der Gegenwart. Der Tod ist die Wahrheit des Fürsichseins in der Zeit.

Konkret für das Leben, welches das Fürsichsein festhält, indem es seine Negativität verleugnet, gilt: der faktische Tod realisiert eben diese Nichtigkeit als Wahrheit des Lebens, welches sie verleugnet. Er ist der Sünde Sold (Röm. 6,23).

2.3. Der kritische Verstand und die Vernunft

Das verstandesmäßige Erkennen steht zum einen unmittelbar in der Funktion der Selbsterhaltung des intelligenten Leibes. Diese Funktion kann das Subjekt im Sinne des Nichtwissens oder des Geheimnischarakters der Wirklichkeit an sich reflektieren. Zum anderen ist der Verstand das Prinzip der Kritik gegenüber der Selbstverständlichkeit überlieferten Sinns. Im kritischen Urteil des Verstandes will der Mensch selbst die Wirklichkeit unterscheiden und erkennen, d.h. er begnügt sich nicht mit dem, was immer schon im allgemeinen Gespräch

---

54 Dieser Unterscheidung entspricht die Grundunterscheidung des Lebens in das Kommunizieren mit anderen Menschen zum einen und die Erkenntnis der gegenständlichen Welt zum anderen.

gültiger Sinn ist. Und er will nach einem Gesetz handeln, das nicht religiöser Sinn, sondern er selbst begründet: letztlich die Identität des Einzelnen als Gesetz der Gesellschaft der Vielen.

Dem Menschen, dem es darauf ankommen muß, durch das kritische Urteil des Verstandes selbst zu erkennen und zu handeln, sagt die überlieferte, religiöse Sinngemeinschaft des Lebens nichts. Ihr Welt- und Lebensverständnis kritisiert der Verstand als unsinnige Welt- und Lebensdeutung; allenfalls ihre gesellschaftliche Funktion kann er respektieren. Ihre Totalität ist ihm irrelevant und das entsprechende Verständnis innerweltlicher Sachverhalte (etwa im Sinne von Offenbarung oder Wunder) Aberglauben. Der Verstand versteht die Frage nicht, auf die der Glauben die Antwort zu haben beansprucht.

Sowohl im Blick auf den vorwissenschaftlich alltäglichen wie im Blick auf den wissenschaftlichen Verstand gilt: Auch und gerade im Erkennen des Verstandes sucht der Mensch seine Identität. Der Verstand erkennt nicht die Wirklichkeit an sich – vielmehr erfüllt sein Erkennen in verschiedener Hinsicht eine Funktion der Identität. Zum einen zielen die Regeln seines Unterscheidens und Erkennens auf technisches Handeln, also eine praktische Konstruktion der Lebenswelt. Insofern erfüllen sie eine praktische Funktion der Identität des Menschen: er bestimmt sich im Verhältnis zur Welt als herrschendes, freies Subjekt. Zum anderen ist die Gesetzlichkeit des verstandesmäßigen Urteilens aber auch eine logische Funktion von Identität. Das heißt sie ist Funktion der Identität des Subjekts in seinem Erkennen der vielfältigen Wirklichkeit. Mit der formalen Gesetzesmäßigkeit seines Unterscheidens und Urteilens setzt das Subjekt seine Einheit der Welt (bzw. der Unmittelbarkeit des tradierten sprachlichen Weltbewußtsein) als Gesetz voraus. Zugleich vergewissert sich der Mensch in der Erkenntnisfunktion auf elementare Weise als das Ich, welches im zwischenmenschlichen Gespräch sich und sein Gegenüber bzw. Satzgegenstände unterscheidet und identifiziert. Der kritische Verstand ist eine Möglichkeit und auch Notwendigkeit der menschlichen Sprachlichkeit.

Der kritische Verstand ist der Anfang der methodischen Reflexion in sich heraus aus der vorgängigen Sinn-Einheit mit der Welt. Die überliefert selbstverständlichen, schon in der Sprache vorgegebenen Unterscheidungen der Wirklichkeit werden der Kritik unterzogen. Dazu gehört elementar schon, daß sie dem Gesetz der Identität unterstellt werden, daß also überhaupt identische Objekte (oder auch Subjekte) unterschieden werden. Daß es das Subjekt ist, das unterscheidet, bleibt zunächst unreflektiert.

Bewegte sich das Bewußtsein und sein Gespräch zuvor in den selbstverständlich (schon mit der Sprache) vorgegebenen Unterscheidungen eines tradierten Sinnzusammenhangs, so scheint es zunächst nun zur objektiven Wahrnehmung und Erkenntnis von ansichseienden, d.h. abgesehen von ihrem ursprünglichen (vielleicht religiös erscheinenden) Lebensbezug identischen Gegenständen zu kommen. Jedoch ist es eben das allgemeine menschliche Subjekt, das unterscheidet – und indem es das tut, setzt es seine Einheit im Verhältnis zur Wirklichkeit voraus. Es unterscheidet so, daß die Erkenntnis des Zusammenhangs des Unterschiedenen theoretisch und praktisch Funktion seiner Einheit ist. Vereinfacht läßt sich sagen: das erkennende Subjekt projiziert seine Einheit in die Wirklichkeit, um sie verwirklichen zu können.

Nun läßt sich wie gesagt ein vorwissenschaftlicher von einem wissenschaftlichen Verstand unterscheiden. Vorwissenschaftlich ist der Verstand, sofern sein Prinzip nur implizit und nicht methodisch reflektiert herrscht. Insofern ist noch eine unmittelbare Anknüpfung an einen mit der Sprache gegebenen oder sprachlich überlieferten (religiösen) Sinnzusammenhang möglich. Wissenschaftlich ist der Verstand zu nennen, sofern der Mensch eine sich vom selbstverständlichen Sprachgebrauch abhebende, explizite Gesetzmäßigkeit und Methodik des Erkennens ausbildet. Dazu gehört die formale, schließlich mathematische Logik und der methodisch reflektierte Gebrauch der Grundbegriffe (Kategorien) des Verstandes wie Kausalität usf.[55] Hier war es nun das Verdienst Kants, die darin zunächst unreflektiert vorausgesetzte Funktion der Identität und damit auch die notwendige Konstruktivität des menschlichen Denkens ebenso methodisch reflektiert zu haben. So hat Kant auch die Grenze des Verstandes wissenschaftlich bestimmt. Das explizit gesetzmäßige und methodische Erkennen ist dabei nicht mehr nur als Funktion der Selbsterhaltung des intelligenten Leibes anzusprechen, und auch nicht nur als Funktion der Einheit des sprachlich seine Welt verstehenden (und konstruierenden) und sich in der Gesellschaft verhaltenden Ich. Vielmehr reflektiert eben dieses Ich als logische Funktion seines Erkennens nun die reine, d.h. dem Gespräch entzogene, an sich leere Einheit seines Denkens – die „transzendentale Einheit" des Erkennens bzw. des erkennenden Ich nach Kant.

Durch ihre philosophisch wissenschaftliche Ausbildung wird die Reflexion in sich also potenziert. Das Subjekt muß reflektieren, daß es in seinem Verstand die Welt seiner Gegenstände so strukturiert, daß es sich im theoretischen und praktischen Verhältnis zu dieser Welt als identisches Subjekt konstituiert. In dieser Reflexion kommt es zu sich. Indem es sich aber zugleich von der nun rein unbekannten Wirklichkeit an sich entfremdet findet, erfährt es seine Identität als leer. Seine Negativität als Fürsichsein umfaßt seine ganze Welt.[56]

Indem der Mensch sich als Subjekt des Verstandes reflektiert, beginnt er vernünftig zu werden. Im Sinne der methodisch ausgebildeten, philosophischen Kritik des Verstandes, aber auch schon im Blick auf das vorwissenschaftliche Bewußtsein läßt sich festhalten: vernünftig wird das Subjekt, indem es reflektiert, daß es dem Verstehen seine Identität als Gesetz voraussetzte. Vernünftig ist der Mensch, indem er im Bewußtsein seiner Subjektivität denkt, also nach dem prinzipiellen Verhältnis zwischen dem Subjekt und seinen Gegenständen fragt.

Die Vernunft läßt sich also (seit Kant) zunächst auffassen als die Reflexion des Verstandes (seiner Urteilsformen und Gesetze), die seine Funktionalität und Grenze realisiert. Darin vollzieht sie – bezogen auf die Welt der Verstandeserkenntnis – eben die Reflexion in sich, die das Fürsichsein ist.[57]

---

55 Vgl. oben S. 30, Anm. 14.
56 Was das konkrete Verhältnis zur kritischen Philosophie Kants betrifft, wurde diese Erfahrung wohl zuerst in der Romantik kulturelle Wirklichkeit.
57 Auch vor Kants Kritik implizierte die vernünftige Frage etwa nach der Wahrheit der Wirklichkeit im Ganzen gegenüber den Unterscheidungen des diskursiven, auf die sinnliche

Entsprechend muß sich die bleibende, fortschreitende naturwissenschaftliche Erkenntnis darin reflektieren, nicht eigentlich Erkenntnis des Anderen selbst, sondern Funktion zu sein – ihre eigentliche Wirklichkeit ist konstruktiv, Technologie.

Vernünftig werden wir, wenn wir wissen: Unser Verstandeswissen funktioniert – wir berechnen und bauen Häuser, Kraftwerke, Computer, Raketen, Atombomben. Aber von dem Grund, Ziel, Sinn der uns sichtbaren Wirklichkeit wissen wir von uns aus (durch unseren Verstand) nichts – außer daß sie uns in ihrer erkennbaren Regelmäßigkeit leben läßt, daß sie uns unsere Welt konstruieren läßt, daß sie uns als Fürsichsein aus sich entläßt – und daß sie ein Zusammenhang ist, der immer noch einheitlicher als unsere letzte (wissenschaftliche) Konstruktion der Welt ist.

Auch da, wo die Vernunft scheinbar über die Grenze des Fürsichseins hinaus ist, nämlich in der Moral, ist doch die Gemeinschaft, die sie (wiederum im Anschluß an Kant formuliert) als Ziel pflichtgemäßen Handelns denkt, eine Form ohne Inhalt. Ebensogut kann die Reflexion vernünftig heißen, daß das Gesetz der Moral bzw. das Recht lediglich Funktion der Identität des einzelnen Subjekts in Gesellschaft ist bzw. Funktion der Gesellschaft selber. So muß sich das Fürsichsein zwischenmenschlich als Einsamkeit realisieren.

Die ganze Selbstverständlichkeit bloß überlieferter, nicht angeeigneter Sinngehalte ist im kritischen Verstand zugrunde gegangen. Aber auch der positive Schein, mit dem sich der Verstand die Welt dadurch zu erobern schien, daß er sie ganz zum Gegenstand seines Erkennens machte, muß in der Selbstkritik der Vernunft in sich zusammenfallen. Das Subjekt des Verstandes erfährt sich als leer, als leeres Fürsichsein, als leeres Selbstverhältnis in allem Welterkennen. Der Mensch erfährt sich einer an sich sinnlosen Welt gegenüber. Der Mensch realisiert seine absolute, das All der ihm bewußten Welt einschließende Einsamkeit.

Wenn aber der Mensch vernünftig wird, indem er die Grenze seiner Verstandeserkenntnis reflektiert, die sein Fürsichsein ist, dann ist es auch vernünftig, nach der Wirklichkeit an sich zu fragen, nach einem Sinn, der das Fürsichsein mit ihr verbindet, nach einem Sinn dessen, daß das Fürsichsein in dieser Wirklichkeit entstanden ist, und nach einem Grund zwischenmenschlicher Gemeinschaft.

Zugleich fragt der Mensch als vernünftig in sich reflektiertes Fürsichsein nach wahrer Gegenwart. Die Fremdheit der Welt ist zugleich seine eigene, denn er geht aus dieser Welt hervor. Vom (weiterlaufenden) Leben als unmittelbarer Gemeinschaft des Kommunizierens entzweit, fragt er nach einer Gegenwart, die wahr ist, indem sie die Entzweiung überwindet.

Aber kann die Vernunft die Frage beantworten? Hält das Subjekt die Frage überhaupt aus? Kann die Vernunft an der Grenze des Verstandes Gott erkennen, also die Grenze überschreiten?

Wahrnehmung bezogenen Verstandes die in sich reflektierte Einheit des Subjekts. Aber erst Kant hat die Einheit des Subjekts methodisch wissenschaftlich als Funktion und Grenze der Verstandeserkenntnis behauptet. Insofern konnte die vorkritische philosophische oder auch als Theologie auftretende Vernunft meinen, mit den verstandesmäßigen Kategorien die Frage der Vernunft auch beantworten, also die Grenzen der empirischen Erkenntnis metaphysisch überschreiten zu können. Bereits Luther hatte dem widersprochen.

Oder ist sogar, wie Hegel meinte, die absolute Einheit und Negativität des Fürsichseins, die die Vernunft realisiert, selber göttlich – Gottes Selbstunterscheidung, in der er seine Einheit mit sich als wahre Vernunft vollzieht?

Entscheidend ist, wer das Subjekt der Vernunft ist. Eine Vernunft, deren Subjekt der Mensch für sich bleibt, kann die Frage nicht beantworten. Für sie kann es den Sinn, nach dem sie fragt, nicht geben. Ist das Denken eines Gottesverhältnisses, welches das Fürsichsein aufhebt, vernünftig? Wie kann das Fürsichsein dazu kommen?

2.4. Religion und Religionskritik

Aus dem zum Verhältnis von Leben (Kommunizieren), Verstand und Vernunft Gesagten ergibt sich – immer noch in der Perspektive der Vernunft des Menschen für sich – ein bestimmter Begriff von Religion. Und es ergibt sich eine bestimmte, auf den ersten Blick ungewöhnliche Auffassung vom Verhältnis von Religion und Vernunft. Dem Verständnis, daß die Vernunft wesentlich die Religion kritisiert, ist zu widersprechen.

Sofern die Begriffe von Welt, Verstand, Vernunft, auf die sich dieser Religionsbegriff bezieht, in der europäisch christlichen Geistesgeschichte ausgebildet wurden, kann er zunächst als ein enger Religionsbegriff erscheinen, der vor allem auf das Christentum paßt. Er läßt sich aber erweitern.[58]

Religion ist nicht ein Gefühl, was ursprünglich mit Vernunft nichts zu tun hat (Schleiermacher). Sie ist auch nicht auf eine Funktion der Moral zu beschränken (Kant). Religion ist auch weder eine archaische, vorrationale Welterklärung (Durkheim), noch ist sie eine mythische, dem aufgeklärten Selbstbewußtsein des Menschen vorgängige Gestalt der Vernunft (Taubes). Und ihr Wesen besteht auch nicht in der gemeinschaftlichen Funktion, die Kontingenz zu bewältigen (ohne den Anspruch, die Notwendigkeit von Welt und Leben zu denken).

Religion setzt vielmehr die ganze geschilderte Dialektik im Verhältnis von Leben, Verstand und vernünftiger Reflexion bzw. Fürsichsein voraus. Oder einfacher gesagt: Religion setzt Vernunft voraus.[59] Bedeutet Vernunft, daß der Mensch die Grenze des Verstandes realisiert, die er selbst ist, so beansprucht Religion, die vernünftige Frage nach der Wahrheit des Ganzen zu beantworten – und zwar in einer das Subjekt neu bestimmenden Weise vom Anderen der verstandesmäßig erkannten Welt her.

Für den christlichen Glauben ist die Wahrheit des Ganzen in der das Fürsichsein im Moment seiner Negativität beanspruchenden, die erkannte Welt einschließenden Kommunikation Gottes begründet. Christliche Religion ist der Anspruch, daß Gott sich selbst in der Gemeinschaft mit dem Menschen mitteilt – und damit seine Liebe als Grund und Sinn der Welt, und die Gemeinschaft als Bestimmung des Fürsichseins. Sie ist also der An-

---

58 Vgl. 3,II.1.4.
59 Dabei kann eine solche Vernunft ursprünglich (bevor sie sich selbst als solche abgrenzt) allerdings auch in religiöser Gestalt erscheinen.

spruch, das Fürsichsein in seiner Negativität (in seiner Einsamkeit und Angst und Leere) durch die Gemeinschaft Gottes zu erlösen und so die Entzweiung von der Unmittelbarkeit des Lebens zu überwinden.

Doch die Folge von vernünftiger Reflexion und Religion gibt es in der Menschheitsgeschichte oder auch innerhalb der Geschichte einer Kultur nicht nur einmal.

Auch im Zusammenhang der Geschichte des Christentums gibt es sie nicht nur einmal. Wie gezeigt gehört von Anfang an und immer wieder die Auseinandersetzung mit der Vernunft des Menschen für sich zur Geschichte des Christentums selbst.

Das aber bedeutet, daß sich in der Geschichte auch unter der Bedingung von Religion die Dialektik von Leben, Verstand und Vernunft als Voraussetzung erneuerter Religion wiederholt – auf verschiedenen Stufen von Differenziertheit und Reflexivität des allgemeinen Bewußtseins. Auch unter der Bedingung einer verbreiteten Religion besteht immer wieder die Notwendigkeit einer kritischen Reflexion – nämlich sofern die gegebene Religion einer neuen Generation als unmittelbare Gemeinschaft erscheint, der gegenüber erneut Fürsichsein realisiert werden muß.[60] So wie Religion als solche die vernünftige Reflexion voraussetzt, so muß sie sich auch selbst der kritischen Reflexion aussetzen, durch die sich Fürsichsein erneut realisieren muß.

Christlich theologisch ist diese Notwendigkeit zunächst in der Geschöpflichkeit des Menschen und deren Geschichtlichkeit begründet. Immer wieder muß der Mensch in Verstand und Vernunft sein Fürsichsein realisieren, in dem er vor Gott steht – und dies nicht nur individuell, sondern auch kollektiv – aufgrund einer allgemein fortschreitenden Differenzierung des Bewußtseins.

Darüber hinaus schließt im Christentum der Anspruch der Überwindung der Negativität des Fürsichseins die Unterscheidung der wahren Überwindung von einer unwahren ein, die ebenfalls in Gestalt der Religion auftritt. Der christliche Glaube ist also (wie auch anders etwa die prophetische Kultkritik schon im Alten Testament) selber religionskritisch. Die Verkündigung des wahren Lebens widerspricht hier zugleich einer verkehrten Überwindung der Negativität des Fürsichseins, die sie in Wahrheit potenziert. Die wahre Überwindung besteht darin, daß Gott sich in der Negativität mit dem Menschen identifiziert und ihn in die Gemeinschaft seines Lebens aufnimmt, die Christus ist. Die im Kreuz angezeigte Negativität des Fürsichseins, der Tod wird nicht verleugnet, sondern vollzogen und überwunden. Die Perversion von Religion dagegen besteht darin, daß der Mensch Gott zur Funktion der Verleugnung der Negativität macht, also zur Funktion seiner Identität, die so in ihrer Positivität festgehalten wird: Gott als großer Affirmator, der im Jenseits fromme Leistung belohnt, ewiges Weiterleben schenkt usf.[61] Das ganze

---

60 Erneut heißt: auf der einer Generation nun möglichen Stufe der Differenziertheit des Bewußtseins. Die Neuheit einer solchen Stufe definiert eine im kulturellen Sinn neue Generation. Die Notwendigkeit, die gegebene Sinngemeinschaft zu kritisieren, besteht aber potenziert, sofern diese die wahre Negativität und so auch das wirkliche Fürsichsein kollektiv verleugnet.
61 Genauer ist der Zusammenhang der, daß zwar die Negativität irgendwie bewußt ist – sonst bräuchte man „Gott" nicht. Aber sie wird nicht als die des Fürsichseins realisiert, sondern

Neue Testament (insbesondere aber die Kreuzestheologie) ist eine Kritik eines solchen Gottesbildes.[62]

So etwas wie eine kritische, vernünftige Reflexion der Subjektivität tritt also nicht erst mit der europäischen Aufklärung des 16. bis 18. Jahrhunderts ein, sondern gehört wesentlich zur Religionsgeschichte selber (jedenfalls zur christlichen). Die in der so genannten Neuzeit im Namen der Vernunft geschehende Aufklärung unterscheidet sich lediglich darin, daß es aufgrund der methodischen Ausbildung der Verstandeserkenntnis zu einer Reflexion in sich gegenüber der religiösen Sinngemeinschaft überhaupt kommt. Diese These bedeutet dann aber auch, daß die vermeintliche Aufklärung etwa über einen mythisch prärationalen Charakter der Religion und ihre Sinngemeinschaft am Ende nur die vernünftige Frage und die Entzweiung in neuer Gestalt wiederholt, die in Wahrheit die Voraussetzung der Religion selbst ist.[63]

Zusammenfassend ist die Frage zu beantworten, wieso überhaupt die tradierte Religion im Namen der Vernunft kritisiert wird, wenn doch Religion Vernunft bzw. ihr in sich reflektiertes Subjekt voraussetzt und überdies auch selber religionskritisch ist. Hier lassen sich grob drei mögliche Gründe unterscheiden.[64]

Die aufklärende Vernunft – vielleicht ist besser vom Verstand im Übergang zur Vernunft zu reden – sucht und fordert erneut die freie Identität des Subjekts. Zum einen ist es dann möglich, daß die aufklärende Vernunft die Religion nicht versteht, die sie kritisiert. Sie nimmt sie nur als tradierte Sinngemeinschaft, die die Freiheit einer neuen Generation einzuschränken scheint, sich selbst zu bestimmen. Sie verhält sich gegenüber der Religion im Sinne einer Generation von Menschen, die ihre Identität erst setzen und erfahren, reflektieren muß und dies auf der Sprachebene der tradierten Religion nicht kann. Die Gemeinschaft der tradierten Religion erfährt sie als gesetzesmäßige Forderung, die das freie Subjekt behindert – nicht als Gemeinschaft, zu der das Fürsichsein befreit ist. Erst wenn diese Generation die Identität, die sie nun kritisch voraussetzt und in ihrer Welterkenntnis, in ihrer Moral und in ihrem technischen Handeln umsetzt, reflektiert und so in ihrer Sprache die absolute Negativität des Fürsichseins realisiert – erst dann kann sie die Wahrheit der tradierten Religion, die sie kritisierte, verstehen bzw. übersetzen und aneignen. Daraus ergibt sich zugleich eine Entwicklung der Sprachgestalt der Religion.

Zum anderen ist es aber auch möglich, daß eine im Namen der Vernunft geführte Religionskritik in einem bestimmten Maß unmittelbar Recht hat. Das kann dann der Fall sein, wenn sie über Religion in dem Sinne aufklärt, der der

---

als eine noch ausstehende Bedrohung verstanden, vor der Gott bewahrt. Aber Gott offenbart sich erst *in* der Negativität.
62 Luther konnte das Prinzip, Gott als Affirmator zu verstehen, auch als Ausdruck einer den Glauben okkupierenden Vernunft verstehen, durch die der Mensch sich selbst Identität gibt – dazu unten 3.6.
63 Nietzsche etwa wußte das. Denn zum einen versteht er Religion als Sinnschöpfung, zum anderen stellt für ihn die Aufklärung die Notwendigkeit erneuter Sinnschöpfung wieder her.
64 Vgl. auch die allgemeiner gehaltenen Überlegungen oben auf S. 43 f.

o.g. Selbstkritik der (christlichen) Religion entspricht: nämlich daß sich in einer bestimmten Religiosität der Mensch in der Negativität seines Fürsichseins selber eine Identität gibt, daß ihr Gott in Wahrheit Funktion der Selbstbestimmung ist. Und auch über die ganz profane Perversion von Religion ist aufzuklären, wenn unter ihrem Deckmantel weltliche Macht gesucht wird. Insofern können Aufklärung und Selbstkritik der Kirche (Reformation) auch Hand in Hand gehen.

Allerdings ist die Frage, ob die Vernunft des Menschen für sich zwischen wahrer und pervertierter Religion unterscheiden kann. Das einzige Wahrheitskriterium könnte hier eben darin liegen, ob die Negativität des Fürsichseins realisiert oder verleugnet ist. Aber kann die Vernunft des Menschen für sich zwischen verleugneter und überwundener Negativität unterscheiden?

Schließlich kann die Ablehnung des religiösen Wahrheitsanspruchs auch Ausdruck dessen sein, daß der Mensch im Namen der Vernunft selbst die religiös thematisierte Negativität (die Grenze des Erkennens, die Sinnlosigkeit, die Angst), in der sich (theologisch gesprochen) Gott mitteilen könnte, verleugnet bzw. zu überwinden beansprucht. So kann der Anspruch der Vernunft zum Medium dessen werden, was christlich theologisch das Wesen der Sünde ist – dazu weiter 3.6.

Diese drei Gründe sind theologisch zu unterscheiden, wenn eine im Namen der Vernunft auftretende Religionskritik beurteilt werden soll.

3. Glaube

3.1. Formale anthropologische Bestimmung des Glaubens

Glauben läßt sich als eine anthropologische Notwendigkeit beschreiben: Jeder Mensch glaubt. Das bezieht sich einmal auf ein Verhalten im Gespräch: es ist in einem bestimmten Maß notwendig, Anderen zu glauben. Und dann bezieht es sich auf die individuelle Identität: ich glaube an das, was mir Identität gibt.

Dies als anthropologische Notwendigkeit formulierte Luther so: „des menschen hertz mus einen Gott haben, das ist: etwas, darauff er seinen trost setzet, darauf es sich verlest, damit es seine freude und spiel hat. Nuhn mus es entweder den rechten Gott oder einen falschen gott haben."[65]

Glaube heißt also, sich durchgängig auf etwas oder jemanden verlassen. Der Mensch braucht etwas, was ihm Identität vermittelt, was seinem Leben, Handeln und auch den Dingen Sinn gibt. Das ist sein Gott, an den er glaubt, d.h. auf den er sich verläßt. Die theologische Frage ist, ob der Mensch sich auf einen selbstgemachten Gott verläßt (dann ist er in Wahrheit sich selbst sein Gott), oder auf den wirklich Anderen, der sein Schöpfer ist.

---

[65] WA 47, S. 357f., vgl. WA DB 11,2, S. 77 oder WA 30 I, S. 133: „alleine das trawen und gleuben des hertzens machet beide Gott und abeGott. […] Worauff du nu (sage ich) dein hertz hengest und verlessest, das ist eygentlich dein Gott".

Mit der Formulierung einer solchen anthropologischen Notwendigkeit ist man noch nicht zwingend bei dem im eigentlichen Sinn religiösen Glauben. Doch schon auf dieser Ebene wird deutlich: Glaube ist nicht eine schwächere, unzuverlässigere Form des Wissens. Im Glauben geht es überhaupt nicht um eine Erkenntnis von Gegenständen oder Gründen, von denen mangels besseren Wissens nur geglaubt werden kann, daß sie existieren oder diese oder jene Eigenschaft aufweisen.

Dagegen besteht anthropologisch eine Analogie jedenfalls des christlichen Glaubens zum zwischenmenschlichen Liebesverhältnis: Ich glaube einem Menschen darin, daß er mir seine Liebe mitteilt. Ich vertraue auf seine Selbstmitteilung, verlasse mich darauf, d.h. die Gemeinschaft bestimmt nun mein Selbstbewußtsein – ich finde in ihr (auf einer bestimmten Ebene) meine Identität.

Der Glaube an etwas, was Identität gibt, ist weder ein (defizitärer) Akt gegenständlicher Erkenntnis noch ist er primär ein Wollen. Er ist die Tat des Subjekts, sich zu verlassen und in einer neuen Kommunikation bestimmen zu lassen: die Gemeinschaft wird antizipiert, indem sie Gegenstand des Glaubens ist.[66] So ist Glaube ein Geschehen im Selbstverhältnis.

Vielleicht trägt Glaube in diesem Sinn stets mehr oder weniger religiösen Charakter. Unter einem eigentlich religiösen Glauben aber ist das Sichverlassen auf eine Instanz zu verstehen, die explizit Identität im Ganzen vermittelt – was das in sich reflektierte Fürsichsein und seine die Welt einschließende Negativität voraussetzt. Die Verheißung oder Gemeinschaft, der geglaubt wird, bezieht sich auf die Überwindung dieser Negativität. Sie bestimmt also nicht nur das zwischenmenschliche Verhältnis, vielmehr wird alle Wirklichkeit, auch die Natur und Geschichte, im Sinne ihrer Kommunikation verstanden. Der Totalität der Negativität entspricht die Totalität des Anspruchs der Verheißung.

Im folgenden Abschnitt soll das nun im Blick auf die Mitte des christlichen Glaubens konkretisiert werden: im Glauben versteht der Mensch sich und alle Wirklichkeit von Christus her, also als Bestimmung der Kommunikation Gottes mit dem Menschen. Da damit auch neu bestimmt ist, was Leben, Verstand, Vernunft, Wirklichkeit ist, ist es auch nicht mehr geraten, im Sinn der sprachlichen Perspektive der Vernunft des Menschen für sich von christlicher „Religion" zu reden.

3.2. Leben im Glauben: das Gottesverhältnis als Selbstverhältnis

„ich bin durchs Gesetz dem Gesetz gestorben, damit ich Gott lebe. Ich bin mit Christus gekreuzigt. Ich lebe, doch nun nicht ich, sondern Christus lebt in mir. Denn was ich jetzt lebe im Fleisch, das lebe ich im Glauben an den Sohn Gottes, der mich geliebt hat und sich selbst für mich dahingegeben." (Gal. 2,19f.)

---

66 Das kann auch für Abgötter gelten – etwa wenn Menschen, politische oder religiöse Führer für sich bedingungslosen Glauben verlangen. Für primitivere Abgötter wie z.B. Besitztümer gilt die Analogie zum menschlichen Liebesverhältnis nicht; sie reden nicht.

Glaube ist nicht nur ein intellektueller Akt, sondern bedeutet Leben im Glauben. Leben im Glauben ist wahres Leben. Denn Leben im Glauben an Christus heißt: „Christus lebt in mir". Das Subjekt des Lebens, auch indem es mein persönliches Leben ist, ist nicht mehr das um sich selbst kreisende, isolierte, absolute Ich des Menschen für sich, sondern Christus „in mir". Insofern enthält der Glauben zwei Momente: die Negation der Identität des Fürsichseins (anders gesagt: den Tod des Ich, was für sich lebt), und im Sichverlassen die Erfahrung der Gemeinschaft Gottes.

Gegenstand des Glaubens ist Christus: die Gemeinschaft Gottes mit dem Menschen, die sich definitiv in seinem Tod erwiesen hat. Für den „Glauben an den Sohn Gottes" ist sein Tod nicht einfach der Tod eines anderen Menschen. Sondern er bedeutet, daß Gott in die Nichtigkeit des eigenen Fürsichseins gekommen ist. Hier hat sich Christus in seiner Liebe zu mir erwiesen. Der Tod Jesu Christi bedeutet also auch meinen Tod – meine Nichtigkeit, meine Getrenntheit, entsprechend meine wahre Angst usf. Und Glauben besteht insofern darin, den Tod als Wahrheit des bisherigen Fürsichseins zu realisieren – dies aber, indem ich mich darauf verlasse, daß Gott sich darin mit mir identifiziert hat.

Christus zu glauben heißt, daß sich die geglaubte Gemeinschaft am Subjekt vollzieht. Ich glaube, daß Gott im Tod Christi definitiv die Gemeinschaft mit dem Menschen eingegangen ist, also sich darin auch mit meinem Tod, d.h. mit der wahren Negativität meines Fürsichseins identifiziert hat – in diesem Glauben vollzieht sich diese den Tod, die Negativität überwindende Gemeinschaft an mir. Mein Selbstbewußtsein ist: „Christus lebt in mir". Das impliziert auch ein historisches Glaubenswissen um Jesus, die Passion, die Verkündigung – entscheidend aber ist das „für mich" und „in mir".

Glaube bedeutet so insgesamt ein neues Selbstverhältnis und Selbstbewußtsein, welches die Gemeinschaft, die das Leben nun kommunikativ vollzieht, antizipiert: „nicht ich lebe, sondern Christus lebt in mir". Die darin enthaltene Negation des „Ich" als Subjekt des Lebens meint aber nicht einfach die schöpfungsmäßig notwendige Realisierung der Negativität des Fürsichseins. Vielmehr ist die Identität verneint, die der Mensch (zu ergänzen ist: indem er die Negativität verleugnet) durch sich selbst hat, so daß er sich als Subjekt des Lebens verabsolutiert.

Hier ist Gal. 2,16.19 zu vergleichen: Nicht das Ich des „ich lebe" überhaupt ist negiert, sondern das Ich, welches das Selbstverständnis hat, sich als Subjekt seiner Werke selbst vor Gott zu bestimmen – welches sich also seine Identität selbst vermittelt.

Diese Negation, die der Glaube vollzieht, besteht in einer radikalen Selbsterkenntnis. Während sie oben als Wahrheit der Vernunft verstanden wurde, kommt sie für Paulus durch das Gesetz Gottes. Das heißt sie steht für ihn selbstverständlich von Anfang an im Kontext des Gottesverhältnisses, zu dem der Mensch bestimmt ist.

Das Gesetz ist der Anspruch Gottes als des wahren Anderen, der als Wahrheit des Lebens die Gemeinschaft, die unbedingte Gottes- und Menschenliebe fordert. Vor Gott und diesem Gesetz ist das für sich selbst lebende, in sich selbst gefangene Subjekt zum Tode verurteilt – was nichts anderes bedeutet, als daß der Anspruch den Tod als Wahrheit seines Lebens ausspricht. Was Gott in Christus am Kreuz erlitt, vollzieht das Gesetzesurteil an mir: das Subjekt realisiert die Nichtigkeit seines Fürsichseins. „ich bin durchs Gesetz dem Gesetz gestorben, damit ich Gott lebe. Ich bin mit Christus gekreuzigt", d.h. die Liebesforderung des Gesetzes vernichtet das alte Fürsichsein, indem es erkennt, daß es an dieser Forderung versagt und damit das allein wahre Leben verfehlt. Zugleich aber hat Gott im Tod Christi selber die geforderte Gemeinschaft, die der Mensch nicht leisten kann, erfüllt.

Zusammenfassend läßt sich sagen: im Glauben als Sichverlassen auf Christus stößt sich das Fürsichsein von sich selbst ab. Das Fürsichsein realisiert seine Nichtigkeit, aber als eine Nichtigkeit, mit der sich Gott in Christus identifiziert hat. Das begründet mein neues, wahres Leben, dessen Subjekt nicht mehr ich für mich bin, sondern Gott in seiner Gemeinschaft mit mir und den Anderen. So besteht im Glauben ein neues Selbstverständnis und Selbstverhältnis im Verhältnis zu Christus. „Christus lebt in mir", d.h. indem die eschatologische Gemeinschaft Gottes mit dem Menschen, die Gott selber ist, Gegenstand meines Glaubens ist, erfahre ich, wie sie als ewiges Ziel bereits gegenwärtig ist. Ich erfahre sie als das, worin ich meine Identität habe und finde. Ich erfahre meine Identität in dieser Gemeinschaft, und Gott als diese Gemeinschaft bestimmt mein Leben (Kommunizieren).

Glauben bedeutet das Gottesverhältnis als Selbstverhältnis: im Glauben an Gottes Liebe in Christus beziehe ich mich auf Christus in mir. Die durchgängige Einheit meines Selbstverhältnisses und Selbstverständnisses im Verhältnis zu Welt und Menschen stiftet Christus. Indem ich mich auf Christus verlasse, erfahre ich, wie ich in meinem Kommunizieren auf meine Wahrheit, die Christus schon ist, zugehe.

Dasselbe läßt sich auch so sagen: im Glauben und für den Glauben ist der Geist Gottes das Subjekt des Lebens. Durch ihn, nicht durch sich, liebt der Mensch Gott und den Nächsten. Ist Christus Gott selbst in seiner Gemeinschaft mit dem Menschen, so ist der Geist die Selbstverwirklichung dieser Gemeinschaft in der Kommunikation des Menschen und in seinem Denken, Fühlen, Wollen. Zum Glauben gehört das Selbstbewußtsein, daß er nicht eine Möglichkeit des Menschen für sich ist – er ist Wirklichkeit des Geistes. Zugleich aber wird der Geist nur darin wirklich, daß der Mensch sich auf die Zusage der Gemeinschaft verläßt.

Durch diese Dialektik von Fürsichsein und Gemeinschaft wird auch erst der paulinische Gedanke der Rechtfertigung oder Gerechtigkeit aus Glauben deutlich. Die Gerechtigkeit vor Gott besteht in der Erfüllung der geforderten Gemeinschaft, die der Mensch für sich nicht leisten kann. Im Selbstbewußtsein des Glaubens, „dem Gesetz durchs Gesetz gestorben" zu sein, ist die Identität, die der Mensch durch sich selbst hat, negiert. Der Mensch für sich kann die Gerechtigkeit nicht verdienen. Aber indem er sich darauf verläßt, daß ihm die Gerechtigkeit oder Gemeinschaft in Christus geschenkt ist, ist sie auch effektiv: „Christus lebt in mir".[67]

---

67 Vgl. ausführlicher oben S. 19 und unten 3,IV.2.1.

Es wäre also ein entscheidendes Mißverständnis, daß der Glaube und die geschenkte Rechtfertigung der effektiven Ergänzung durch gute Taten bedürften, deren Subjekt ich für mich selbst bin.

3.3. Leben aus dem Glauben: Liebe und Freiheit, Zweifel und Gewißheit

Im Glauben hat der Mensch seine Identität in der Gemeinschaft mit Gott, die die Gemeinschaft mit den anderen Menschen und in gewisser Weise auch mit der außermenschlichen Kreatur einschließt. Sein Leben aus dem Glauben, sein Kommunizieren vollzieht diese Identität in der Gemeinschaft. Das heißt, im Glauben ist die Situation nicht mehr, daß der Mensch für sich aufgefordert ist, sich selbst zur Gemeinschaft oder zur Liebe zu bestimmen, sondern er findet sich darin vor. So ist es eine innere Notwendigkeit des Glaubens, daß sich das Moment des Fürsichseins auch im Kommunizieren mit den anderen Menschen von sich abstößt: der Mensch gibt das Fürsichsein dem anderen Menschen hin.

Im aktuellen Glauben ist der ganze Mensch (einschließlich der Unmittelbarkeit seines Wollens oder seiner Affekte) von der Angst um sich selbst zu diesem neuen Wesen befreit. So „fraget" der Glaube „nicht, ob gute werck zu thun sind, sondern ehe man fraget, hat er sie getan, und ist jmer im thun."[68] Glaubend lebt der Mensch nicht in sich selbst, sondern weil er in Christus lebt, lebt er auch im anderen Menschen.[69]

Nun ist es aber eine Grunderfahrung christlicher Existenz, daß sich im Leben des Glaubenden das Fürsichsein auch immer wieder herstellt. Das betrifft das kreatürliche Moment des Fürsichseins und seiner Negativität, impliziert aber sogleich auch, daß dieses Moment dem mehr oder weniger allgemein gültigen Prinzip der Verleugnung und Verkehrung ausgesetzt ist. Jedenfalls findet sich gerade der Glaubende immer wieder auf sich selbst, auf sein gottfernes, an der Gemeinschaft zweifelndes Fürsichsein geworfen. Immer wieder muß es zur Selbsterkenntnis in der Negativität des Fürsichseins kommen. Der Glaube bedeutet nie Gottesgemeinschaft oder Heiligkeit als Eigenschaft des Menschen an sich; vielmehr bleibt er ein Sich-von-sich-Abstoßen des Fürsichseins. Seine Kontinuität hat das Sichverlassen in dem, worauf es sich verläßt.

Gerade im Zweifel zeigt sich, daß Glaube keine Leistung ist, die der Mensch erbringen kann. Sofern meine Reflexion das Fürsichsein realisiert und immer wieder realisieren muß, bin ich von Gott getrennt. Aber indem ich auf meine Wahrheit in Christus reflektiere

---

68 Luthers Vorrede zum Römerbrief von 1522/1546, WA DB 7, S. 11,10–12. Der Satz ist die Fortsetzung des unten in Anm. 71 gegebenen Zitates. Vgl. auch die These 13 aus „Von der Freiheit eines Christenmenschen" (WA 7, S. 26): Der Glaube ist ein Selbsttäter („selbthetter").

69 „Aus dem allenn folget der beschluß, daß eyn Christen mensch lebt nit ynn yhm selb, sondern ynn Christo und seynem nehsten; ynn Christo durch den glauben, ym nehsten durch die Liebe: durch den glauben feret er uber sich yn gott, auß gott feret er widder unter sich durch die liebe, und bleybt doch ymmer ynn got und gottlicher liebe." Luther, Von der Freiheit eines Christenmenschen, These 30, WA 7, S. 38,6–10.

(d.h.: mich verlasse), weiß ich mich als gerecht – denn mit Christus ist Gott zu den Ungerechten, zu den Getrennten gekommen.[70]

Es ist gerade dieser Zusammenhang, in dem die Gewißheit des Glaubens begründet ist. Der Glaube ist nicht als menschliche Deutung einer an sich unbekannten Wirklichkeit und überhaupt nicht als Akt des Menschen für sich zu verstehen. Sondern er bedeutet, daß sich im Moment des in sich reflektierten Fürsichseins im Verstehen der zugesagten Gemeinschaft von Gott und Mensch die Gewißheit dieser Gemeinschaft einstellt. Diese Gewißheit ist das Bewußtsein der Wirklichkeit des Geistes. Anders als alle Sicherheit gegenständlicher Erkenntnis ist sie Gewißheit schlechthin. Denn alle gegenständliche Erkenntnis, und sei sie selbst mathematisch sicher, bleibt dem Subjekt des Denkens äußerlich. Die Gewißheit des Glaubens dagegen ist wie die Gewißheit des Fürsichseins ein unmittelbares Selbstbewußtsein. Sie ist die Gewißheit Gottes als Gewißheit des eigenen neuen Seins in Gott, das Gott durch sein Wort schafft – durch seine in menschlicher Anrede vermittelte Kondeszendenz in die Nichtigkeit des Fürsichseins. So ist sie die Erfahrung, aus dem Nichts geschaffen zu werden.[71] Diese Gewißheit des Glaubens bedeutet unendliche Freiheit.

3.4. Gibt es eine Vernunft des Glaubens?

Die Frage ist, ob die Vernunft auf das Denken des Menschen für sich festzulegen ist. Genauer: die Frage ist, ob das, was nach allgemeinem Sprachgebrauch als Vernunft verstanden wird, auf das Denken des Menschen für sich festgelegt ist. Sofern dies der Fall ist, ist die Wahrheit der Kommunikation Gottes mit dem Menschen keine Möglichkeit der Vernunft. Oder wäre eine Vernunft in Ekstase (Tillich) noch vernünftig zu nennen? Klarer scheint es, mit Luther die neue Sprache des Glaubens oder Dialektik des Wortes Gottes von der ratio des alten Menschen für sich zu unterscheiden. Diese Notwendigkeit gilt schon, indem die ratio die theoretische und praktische Funktion von Identität darstellt, in der sich der Mensch als Geschöpf realisiert.[72] Insbesondere aber, sofern dieselbe ratio

---

70 Eben das meint die Einsicht Luthers, der Glaubende sei zugleich Sünder und gerecht – vgl. unten 3,IV.2.1.3.
71 Vgl. Luthers Vorrede zum Römerbrief von 1522/1546 (WA DB 7, S. 9f.): „Glaube ist nicht der menschliche wahn und trawm, den etliche fur glauben halten. Und wenn sie sehen, das keine besserung des Lebens noch gute werck folgen, und doch vom glauben viel hören und reden können, fallen sie in den jrthumb und sprechen, Der Glaube sey nicht gnug, Man müsse werck thun, sol man frum und selig werden. Das macht wenn sie das Euangelium horen, so fallen sie daher, und machen sie mit eigen krefften einen gedancken, im hertzen, der spricht Ich gleube, das hallten sie denn für eyn rechten glauben. Aber wie es ein menschlich getict und gedancken ist, des hertzen grund nimer erferet, Also thut er auch nichts, und folget keine besserung her nach. Aber Glaube ist ein göttlich werck in uns, das uns wandelt und new gebirt aus Gott, Johan. 1. Und tödtet den alten Adam, machet uns gantz ander Menschen von hertzen, mut, sinn und allen krefften, und bringet den heiligen Geist mit sich."
72 Mit diesem Sinn von „ratio" wäre nach dem neueren Sprachgebrauch, wie er oben in 1.4. aufgegriffen wurde, der Verstand gemeint.

im Horizont der dem Fürsichsein wesentlichen Negativität nun auch die Wahrheit des Sinns, der Religion beansprucht, ist die Wahrheit des Glaubens nur im Widerspruch dazu zu explizieren. Denn diese Rationalität von Religion oder Metaphysik oder Alltagsweisheit läuft stets darauf hinaus, daß der Mensch sich selbst Identität verschafft.

Andererseits kann das Denken des christlichen Glaubens auch beanspruchen, wahre Vernunft zu sein. Theologisch ist dabei an den kritischen Vernunftbegriff anzuknüpfen, nach dem die Vernunft wesentlich darin besteht, die Identitätsfunktion der verstandesmäßigen Welterkenntnis sowie der Moral zu realisieren. Denn so ist das Subjekt sich selbst als prinzipielle Grenze seiner Erkenntnis und seines Verhältnisses zum Anderen bewußt. Und es kann nach einem Sinn fragen, welcher die Grenze überschreitet. Es kann nach einer ursprünglichen und letzten Einheit fragen.

Auf der Ebene wissenschaftlich gebildeter Reflexion ist eben diese Vernunft (die aber auch intuitiv gegeben sein kann) die Voraussetzung dessen, sich in der Kommunikation Gottes mit dem Menschen zu verstehen. Das Denken dieser Kommunikation beansprucht dann, jene Frage zu beantworten und von daher auch erst den Sinn der vernünftigen Reflexion in sich zu erkennen. Gleichwohl geht ein solches Denken des Glaubens, wenn es nun den Anspruch erhebt, als systematische Theologie wahre Vernunft zu sein, über den gegenwärtig mehr oder weniger allgemein gültigen Begriff von Vernunft hinaus. Denn fest steht, daß seine Wahrheit für das Denken des Menschen für sich nicht notwendig ist. Daß sich jene Kommunikation in der Negativität des Fürsichseins ereignet, ist notwendig im Denken der Kommunikation, nicht aber für das Denken des Menschen für sich. Sie als wahre Vernunft zu verstehen, impliziert die Praxis, sich selbst in dieser Kommunikation zu verstehen – eben die Praxis des Glaubens.[73]

Um die Kommunikation Gottes mit dem Menschen (man könnte auch sagen: das Verstehen des Wortes Gottes) als wahre Vernunft zu behaupten, läßt sich wie gesagt an die wesentliche Selbstkritik der Vernunft anknüpfen. Das im Sinne dieser Kritik zur Vernunft gekommene Subjekt der Welterkenntnis und Weltkonstruktion des Verstandes weiß, daß diese Erkenntnis nur funktionale Geltung hat. Es hat ihre Identitätsfunktion reflektiert. Es hat sich selbst in den Prinzipien dieser Erkenntnis reflektiert. Es hat realisiert, daß es die Welt seiner Erkenntnis selbst geschaffen hat. Die erkannte Welt hat für das in sich reflektierte Subjekt keine Bedeutung mehr. Die Wirklichkeit steht ihm in reiner Fremdheit gegenüber.

---

73 Das läßt sich auch so formulieren, daß die Vernunft an sich selber die Negativität ihres Subjekts erfahren muß und sich, wie das Fürsichsein im Glauben, von sich selbst als Denken des Menschen für sich abstoßen muß. Dann ist die Vernunft tot und „ynn eyn new liecht vorandert". Das Licht des Wortes Gottes „betzeugt, das die vornunfft von yhr selb tretten soll vnnd dem getzeugniß folgen, ßo begreyfft sie das liecht ynn demselben glawben" (WA 10 I, S. 233. 218). Zu Luthers Auffassung vgl. T. Kleffmann, Die Erbsündenlehre in sprachtheologischem Horizont, Tübingen 1994, S. 235ff.; außerdem J. Ringleben, Gott im Wort. Luthers Theologie von der Sprache her, Tübingen 2010, S. 537–549.

Damit hat die Vernunft des Menschen für sich ihre Bestimmung erfüllt. Sie ist an die absolute Grenze gekommen. Das bedeutet aber nicht, daß an dieser Grenze die Irrationalität beginnt. Zwar ist nun der Anspruch, daß sich die Wahrheit des Ganzen offenbart – daß sich in der notwendigen, weltumfassenden Negativität des Fürsichseins Gott, der eine Andere, in seiner Gemeinschaft mit dem Menschen mitteilt. Doch impliziert der Anspruch der Offenbarung nicht, daß sie beliebig subjektiv ist oder nur unmittelbar oder gefühlsmäßig gegeben ist. Vielmehr ist der Anspruch der Kommunikation präzise auf die (den Verstand voraussetzende) Vernunft des Menschen für sich zu beziehen. Seine Kommunikation ereignet und erschließt sich als ursprünglicher und zugleich schlechthin neuer Sinn des Ganzen. Dabei besteht nicht nur eine notwendige Entsprechung zwischen dem Inhalt der Kommunikation (der Offenbarung Gottes) und ihrer Gestalt als Kommunikation: ursprünglich als Mensch teilt Gott dem Menschen seine Gemeinschaft mit, also sprachlich.[74] Sondern der Logos, der Gott selbst in seinem Kommunizieren ist, erschließt dem Menschen auch erst die Wahrheit und Notwendigkeit seiner Vernunft.[75] Das ist im Folgenden zum einen in Bezug auf die zu erkennende gegenständliche Welt und zum anderen in Bezug auf die Kommunikation von Subjekten zu entfalten.

Dabei wird die Trennung zwischen der Ebene der Kommunikation und der des gegenständlichen Erkennens aufgehoben: Auch die erkannte Welt wird zum Moment einer Kommunikation.

Daß der Mensch die Identitätsfunktion der Verstandeserkenntnis reflektiert und realisiert, daß ihm die Wirklichkeit an sich unbekannt ist – dies scheint zunächst nur eine Wahrheit des Subjekts zu sein, wenn auch eine allgemeine (dem Menschen überhaupt zukommende) und notwendige Wahrheit.

Für das in sich reflektierte Subjekt sind die Unterscheidungen der Wirklichkeit das Werk der Sprache und des kritischen Verstandes.[76] An und für sich selbst unterschieden ist die Wirklichkeit streng genommen nur in Gestalt des Lebendigen – und schließlich in der Existenz des in sich reflektierten Subjekts selbst, welches alle Unterscheidung auf sich zurückführt. Doch die Wirklichkeit, aus der es kommt, ist ihm unbekannt.

Theologisch aber ist die absolute Negativität des Fürsichseins, die die Vernunft realisiert, nicht nur eine subjektive Wahrheit. Sie ist nicht nur eine Wahrheit des Menschen für sich. Vielmehr enthält sie zugleich Wahrheit und Sinn der erkannten Welt. Im Moment der Negativität, indem sich die Kommunikation ereignet, die sie überwindet, gewinnt auch die Welt insgesamt eine neue Bedeutung – jenseits unserer verstandesmäßigen Konstruktion. Denn daß Gott, der Andere der

---

74 Vgl. zum Verhältnis von Offenbarung und Wort ausführlich unten II.1.
75 Das heißt aber gerade nicht, daß das theologische Denken hinter Kant zurückgehen könnte. Die im römisch-katholischen Raum immer noch prominente Annahme, daß es eine auf Gott verweisende Logosstruktur der Wirklichkeit an sich gibt, der dann die menschliche Vernunft entspricht, ist vorkritisch und verfehlt sozusagen das Nadelöhr der menschlichen Subjektivität.
76 Daß auch Gott die menschliche Sprache spricht, weiß es noch nicht.

Welt, mit dem Menschen in der Negativität seines Fürsichseins kommuniziert, heißt im Blick auf die Welt, aus der bzw. im Verhältnis zu der der Mensch hervorgeht, daß sie als Äußerung Gottes zu verstehen ist, die sich eben im selbst erkennenden, unterscheidenden Fürsichsein des Menschen vollendet. Für den Menschen besagt diese Äußerung die Liebe Gottes, die Anderes werden läßt.

Für die Frage der Vernunft nach dem Grund der Welt, die der Verstand erkennt (unterscheidet), heißt das: ihre Wahrheit ist die schöpferische Selbstentäußerung Gottes in seiner Einzigkeit, die im menschlichen Fürsichsein als Gegenüber Gottes an ihr Ziel kommt.

Diese schöpferische Selbstentäußerung umfaßt die Entwicklung der Möglichkeit von Leben sowie seine gattungsmäßige Weiterentwicklung bis hin zu menschlichem Leben. Sie umfaßt aber auch noch den Prozeß, in dem sich menschliches Leben verwirklicht – also den Prozeß, in dem der Mensch die Welt sprachlich verstandesmäßig unterscheidet, darin seine Identität praktisch und logisch voraussetzt, und sich schließlich aus seiner Welt in sich als Fürsichsein reflektiert.

Der Sinn aller menschlichen Unterscheidungen der Welt ist sozusagen in dem einen, absoluten Unterschied des Fürsichseins konzentriert. Indem das Fürsichsein die ganze erkannte Welt umfaßt, realisiert seine Negativität den absoluten Unterschied von Gott und Welt. In ihr ist die schöpferische Selbstentäußerung Gottes vollendet.

Vielleicht kann diese Selbstentäußerung Gottes der Logos der Welt genannt werden – nämlich indem sie als die schöpferische Dynamik behauptet wird, die das Leben sowie die menschliche Sprache und alle verstandesmäßigen Unterscheidungen und Konstruktionen der Welt erst ermöglicht. Dann aber ließe sich theologisch sagen: Die menschliche Vernunft realisiert den schöpferischen Logos Gottes, die Weisheit Gottes. Doch realisiert die Vernunft des Menschen für sich den göttlichen Logos eben nur negativ, in der Entfaltung des absoluten Unterschieds von Gott und Welt. Daß die weltumfassende Negativität des Fürsichseins dem göttlichen Logos entspricht, das läßt sich eben nur von dem menschgewordenen Logos her sagen – also im Sinn des Anspruchs oder Glaubens, daß Gott sich mit dem Menschen in der Negativität seines Fürsichseins vereint hat und daß dies der Sinn seiner schöpferischen Selbstentäußerung ist. In diesem Denken geht dann sozusagen das menschliche Fürsichsein den Weg seiner vernünftigen Reflexion in sich zurück in den ursprünglichen Sinn der Welt, die schöpferische Liebe Gottes.

In diesem Denken wäre dann die menschliche Vernunft aufgehoben in der göttlichen Weisheit. Das Subjekt dieses Denkens wäre freilich nicht mehr einfach der Mensch für sich, sondern der heilige Geist – der Mensch in Gemeinschaft.

Für die konkreten, positiven Unterscheidungen des Verstandes heißt das, daß sie zwar in dem absoluten Unterschied des erkennenden Subjekts zu ihrer Wahrheit kommen – also in der absoluten Negativität des menschlichen Fürsichseins. Dann aber, indem der absolute Unterschied als Vollendung der schöpferischen Selbstentäußerung Gottes identifiziert ist (indem Gott ihn so identifiziert hat!), sind auch die Unterscheidungen des Verstandes nicht mehr die Konkretion des absoluten Unterschiedes, sondern die Konkretion der schöpferischen Liebe Gottes.

Diese schlechthin neue Bedeutung dessen, was der Verstand unterscheidet, kann sich in einer Veränderung der Sprache der Vernunft ausdrücken: Es kann vernünftig sein, daß die Sprache der Welt poetisch wird – und die Welt in einer Art poetischer Synthese der Unterscheidungen des Verstandes als Äußerung der schöpferischen Liebe Gottes verstanden wird.

Das Denken des Glaubens bezieht sich aber auch auf die Vernunft der Intersubjektivität. Auch hier kann es beanspruchen, die Bestimmung der Vernunft allererst zu erfüllen. Die These ist, daß eine autonome Vernunft menschlicher Intersubjektivität im wesentlichen darauf hinaus läuft, daß die selbstbestimmte Identität des einen Subjekts im Verhältnis zum Anderen als Gesetz des zwischenmenschlichen Handelns behauptet wird. Dem entsprechen die vernünftigen Begriffe von Freiheit, Gerechtigkeit, Gesellschaft usf.

Frei bin ich, sofern ich im Verhältnis zu den Anderen meine Identität erhalte, sofern ich mich im Verhältnis zu den Anderen selbst bestimme. Indem die Vernunft dieses Verhältnis im Ganzen denkt, ist die gegenseitige Anerkennung dieser Freiheit das allgemeine Gesetz, die Gerechtigkeit einer vernünftigen Gesellschaft.

Doch muß die vollendete Reflexion dieses allgemeinen Verhältnisses realisieren, daß es keinen Inhalt mehr hat. Wenn nun das Denken des Glaubens wahre Freiheit, wahre Gerechtigkeit usf. in der Gottesgemeinschaft beansprucht, dann in dem Sinn, daß diese Wahrheit die wesentliche Aporie der Vernunft des auf sich selbst gestellten Menschen überwindet, nämlich nicht nur die Sinnlosigkeit seiner Welt, sondern auch die Bestimmungslosigkeit seiner Gesellschaft. Das heißt, die vernünftigen Begriffe der menschlichen Identität wie Freiheit und Gerechtigkeit werden aufgegriffen – aber zum einen so, daß der in ihnen sein Fürsichsein denkende Mensch sich nun in der Gemeinschaft Gottes von seinem Fürsichsein abstößt. Und zum anderen so, daß ihnen zu widersprechen ist, sofern sie ein Selbstverständnis bedeuten, in dem sich der Mensch in der Negativität seines in sich reflektierten Fürsichseins selbst eine positive Identität verschafft.

Zum Beispiel ist das kritische Prinzip von Freiheit in der Bedeutung von Selbstbestimmung eine notwendige Voraussetzung des Zusichkommens des Subjekts und insofern auch theologisch zu bejahen. Ebenso notwendig aber ist bei erfolgter Reflexion in sich diese Freiheit leer. Beansprucht nun das bereits in sich reflektierte Subjekt (sozusagen der Mensch vor Gott) die Selbstbestimmung seiner Identität, also die Überwindung der Negativität durch sich selbst, so ist einem entsprechenden Freiheitsbegriff theologisch als Inbegriff der Verkehrung zu widersprechen. Der Glaube dagegen beansprucht wahre Freiheit darin, seine Identität in der alle Wirklichkeit und auch noch den Tod umfassenden Gemeinschaft Gottes zu finden – Freiheit vom Zwang, die Negativität zu verleugnen, und Freiheit dazu, auch zwischenmenschlich das Fürsichsein einzusetzen. Die wahre Freiheit, die im Gottesverhältnis besteht, bedeutet, im Anderen nicht begrenzt zu sein, sondern sich selbst zu finden.

Diese Wahrheit der neu gedachten Begriffe von Freiheit, Gerechtigkeit usw. in Christus ist aber ursprünglich eine praktische Wahrheit – und erst als solche eine Wahrheit im Denken. Sie erweist sich im Vollzug der Gemeinschaft selber, in dem sich diese neue Freiheit, diese Gerechtigkeit usf. ereignet: im Verstehen ihrer Zusage, in der Wahrnehmung der Welt als Äußerung Gottes, und in der entsprechenden Liebe als Sinn der zwischenmenschlichen Verhältnisse.

3.5. Systematik des Glaubens

Die Vernunft des Glaubens besteht wesentlich auch darin, den schlechthin universalen Zusammenhang des Wahrheitsanspruches der Kommunikation Gottes begrifflich auszuführen. Nichts anderes ist systematische Theologie. Freilich muß sie sich dabei zugleich als Hermeneutik der realen Geschichte dieser Kommunikation zu verstehen geben. Theologie kann ihre Systematik wie gesagt nur in dem Bewußtsein entwerfen, daß sie die Kommunikation, die sie als Grund und Sinn aller Wirklichkeit denkt, nicht ersetzt, sondern im Denken vergegenwärtigt und antizipiert – indem sie Christus, die eschatologische Gemeinschaft Gottes mit dem Menschen, als Grund und Sinn aller Wirklichkeit denkt. Auch das Denken der Kommunikation von Gott und Mensch im Ganzen bleibt Moment der Geschichte dieser Kommunikation, die auch noch offen ist. Doch zur Verwirklichung der Gemeinschaft gehört der Glaube, der das Ziel kennt und denkt.

Die Notwendigkeit einer Systematik ist fundamental. Schon überhaupt das Sprechen und Sichverstehen in einer Sprache impliziert ein – mehr oder weniger offenes – System des Denkens. Das ist schon darin angezeigt, daß alle Begriffe einer Sprache nur im Zusammenhang, in gegenseitiger Bestimmtheit wirklich und verständlich sind.[77] Begriffe sind Momente des Bedeutungsgefüges der Sprache, in dem der Sprecher sich, den Anderen, seine Welt und seinen Gott versteht.

Das Bedeutungsgefüge der Sprache bedeutet nicht nur, daß den Einzelnen eine präreflexive Identität im Verhältnis zum Anderen kollektiv vorgegeben ist, sondern auch, daß die Reflexion, in der die Einzelnen Identität und schließlich Fürsichsein realisieren, kollektiv vorherbestimmt ist. Denn die Begriffe der Sprache sind immer auch Begriffe der Identität. Das heißt: in ihnen konstituiert und reflektiert sich Identität – was umgekehrt einen Gesamtsinn des Bedeutungsgefüges der Sprache, also eine Bedeutung des Ganzen für das Subjekt, impliziert. Doch exponieren die Begriffe diese Identität bzw. diesen Gesamtsinn in unterschiedlicher Weise. Die Begriffe, in denen der Verstand Gegenstände unterscheidet, sind wie gezeigt nur indirekt Begriffe menschlicher Identität, indem sie in der praktischen und theoretischen Funktion der Identität stehen. Davon sind zu unterscheiden die Begriffe, in denen der Mensch sich selbst in seinem Verhältnis zum Anderen versteht[78] und die als solche auch das Gespräch bestimmen. Dies sind die primären Begriffe der Identität, die den Identitätssinn auch der Begriffe des Seienden mitenthalten –

---
77 Begriffe sind insofern sozusagen je der Inbegriff der im Gespräch der Sprache wirklichen und möglichen Sätze, die diese gegenseitige Bestimmtheit explizieren.
78 Diese Unterscheidung setzt kritischen Verstand voraus. Sie gilt nicht in demselben Sinn für eine Sprache oder Kultur, in der die Gegenstände noch eine direkt personale Bedeutung tragen.

z.B. der Begriff der Freiheit, des Lebens, der Wahrheit, der Gerechtigkeit und jeweils ihre Gegensätze, und schließlich der Begriff des Menschen, der Welt und Gottes selbst.

Der Gesamtsinn des Bedeutungsgefüges der Sprache ist aber zunächst nur eine Potentialität – die Sprache an sich expliziert ihn nicht. Ihn existenziell oder philosophisch oder auch (sofern die Religion die Sprache mit bestimmt) religiös zu aktualisieren, schließt die Notwendigkeit ein, die Negativität des Fürsichseins zu realisieren. Konkret sind im Folgenden zwei Weisen zu unterscheiden, den potentiellen Gesamtsinn der Begriffe zu aktualisieren, in denen die Sprecher sich, das Leben, die Welt verstehen. Auf sie muß sich die systematische Theologie beziehen, um den Wahrheitsanspruch der Kommunikation Gottes vernünftig und im Ganzen darzustellen.

Vorauszusetzen ist, daß die Sprache immer auch ein vorreflexives Kommunizieren ermöglicht. Der implizite Sinn des Bedeutungsgefüges der Sprache ist insofern die unmittelbare Gemeinschaft des Kommunizierens.

Der erste eigentliche Gesamtsinn des Bedeutungsgefüges liegt dann darin, daß das allgemeine Subjekt des Sprechens, Erkennens, Denkens in ihm seine Identität realisieren kann. Das heißt, im Bedeutungsgefüge der Begriffe wird insofern die Identität des Subjekts im Verhältnis zu den Gegenständen und zum Anderen vorausgesetzt.[79] Diesen Gesamtsinn als solchen zu reflektieren, bedeutet, die absolute, notwendige Negativität des menschlichen Fürsichseins zu realisieren. Darauf bezieht sich die Theologie konkret, wenn sie den Wahrheitsanspruch des Evangeliums oder seines Glaubens in Bezug auf Mensch, Welt, Leben, Erkenntnis, Freiheit, Gerechtigkeit usf. systematisch darzustellen hat und die Kommunikation Gottes mit dem Menschen als neuen Gesamtsinn expliziert.

Doch ist jener erste Sinn des Bedeutungsgefüges von der Theologie – mit Hilfe der Philosophie – erst freizulegen. Die christliche Erbsündenlehre läßt sich so interpretieren[80], daß von einem zweiten, überlagernden Gesamtsinn des Bedeutungsgefüges auszugehen ist, der darin besteht, daß das allgemeine Subjekt die Negativität verleugnet und sich selbst eine positive Identität verschafft. Die These ist, daß dieser Sinn der Begriffe der Identität auf der Sprachebene des erwachsenen Fürsichseins zunächst selbstverständlich ist. Insofern muß die systematische Theologie widersprechen, um die in Christus identische Kommunikation Gottes mit dem Menschen als wahre Überwindung der notwendigen Negativität und als Sinn des Ganzen zu denken.

Wenn aber die Wahrheit der Negativität allgemein verleugnet wird, dann wird auch der Systemcharakter der Begriffe des Selbst- und Weltverständnisses überhaupt mehr oder weniger verleugnet und das Denken verweigert: z.B. wenn das Leben ohne den Tod gedacht wird. Mögliche Begriffe der existenziellen und schließlich absoluten Negativität sollen nur für den Sonderfall, die Krankheit, den Unfall des gewöhnlichen Lebens gelten, obwohl sie

---

79 Dieses Prinzip kann als Prinzip des kritischen Verstandes das Bedeutungsgefüge der Sprache auch begriffsgeschichtlich weiterentwickeln.
80 Vgl. 3,I.

gerade dessen Wahrheit bezeichnen müßten: z. B. Angst, Sinnlosigkeit, Lüge. Und auf der anderen Seite sind ideologische Komplexe des Selbstverständnisses bestimmend, die sich als solche dem Bedeutungsgefüge des Selbst- und Weltverständnisses widersetzen – Ideologien, die Inbegriff des Verzichts sind, ein Ganzes zu suchen (z. B. wenn Spaß als Sinn des Lebens erscheint). Ihre Funktion ist also die Flucht vor dem Denken. Die Frage ist, ob sie als vernünftig gelten und gelten können.[81]

3.6. Vernunft als Medium der Verkehrung?

Wenn die fundamentale Verkehrtheit des menschlichen Fürsichseins darin besteht, daß es seine Nichtigkeit, die es vor Gott als den Andern stellt, verleugnet und sich selbst eine positive Identität verschafft, dann kann sich die Frage stellen, inwiefern das auch im Namen der Vernunft geschieht – wenn doch gerade die Vernunft den Menschen ursprünglich vor Gott stellt, indem sie die absolute Grenze des innerweltlichen Verstandes reflektiert. Sofern aber in der Tat eine als allgemeingültig auftretende Vernunft zum Medium der Verkehrtheit wird, kann die theologische These gelten, daß erst diese Verkehrtheit die Vernunft vom Glauben trennt – also sozusagen die Erbsünde. Denn für den Glauben ist die Vernunft des Menschen für sich in den Glauben übergegangen. Im Glauben versteht sie die Antwort auf ihre Frage, die sie sich selbst nicht geben kann – und von daher auch erst sich selbst.[82]

Vernunft bedeutet, daß das Subjekt die Grenze der Verstandeserkenntnis reflektiert, die es selbst ist – und daß es das Gesetz der Moral realisiert, das es selbst ist. Dabei übernimmt die Vernunft vom Verstand zu Recht den Anspruch der Allgemeingültigkeit. Eine Verkehrung tritt ein, wenn der Mensch mit dem Anspruch dieser Allgemeingültigkeit selbst die Grenze überschreitet bzw. verleugnet und dort, wo seine Vernunft (solange sie nicht in die Vernunft des Glaubens übergeht) schweigen muß, im Sinne des innerweltlichen Verstandes urteilt – also wenn es im Horizont der absoluten Negativität menschlichen

---

81 Im Blick auf die Begriffe der Identität als Begriffe der Sprache könnte man von verschiedenen Sinnebenen der für das Selbstverständnis relevanten Begriffe reden, die als Potentialitäten sprachlich gegeben sind und im Laufe der persönlichen Identitätsgeschichte der Subjekte aktualisiert werden. Im Laufe einer solchen Identitätsgeschichte können aber auch unterschiedliche Begriffskomplexe paradigmatisch oder entscheidend werden. Vielleicht kann man sagen, daß auf der Sinnebene, auf der die Identität des Subjekts vorausgesetzt wird, eher Begriffe einer offenen Zukunft, eines offenen Horizontes von Erkenntnis und Leben das Selbstverständnis leiten. Wird dieser Gesamtsinn reflektiert, werden es eher Begriffe der Reflexion und der Subjektivität sein, denen dann etwa die universelle Frage nach dem Sinn entspricht. In der Folge können dann religiöse oder metaphysische Begriffe des Ganzen leitend werden, die die Überwindung der Negativität thematisieren. Es ist aber eben auch denkbar, daß Ideologien das Selbstverständnis leiten, die die Wahrheit der Negativität verleugnen.
82 „Die Leute reden von der Vernunft, als wenn sie ein wirkliches Wesen wäre, und vom lieben Gott, als wenn selbiger nichts wie ein Begriff wäre … Weiß man erst, was Vernunft ist, so hört aller Zwiespalt mit der Offenbarung auf." Brief Hamanns an Jacobi vom 5.10.1786, H 7 (wie S. 32, Anm. 16), S. 26f.

Fürsichseins um eine Rechtfertigung des Lebens geht, um Sinn, um Gott.[83] Die Verkehrung liegt hier also darin, daß das Prinzip des Verstandes, im Verhältnis zum Anderen bzw. in der Erkenntnis der Gegenstände die Identität des Subjekts vorauszusetzen, einfach weitergilt. Das (innerweltlich notwendige) Prinzip der Selbstbestimmung im Verhältnis zum Anderen wird auf die Situation *coram deo*, auf die Situation der weltumfassenden Negativität des in sich reflektierten Fürsichseins übertragen und zur Funktion der Begriffe menschlicher Identität. Die behauptete vernünftige Allgemeingültigkeit dieser Begriffe aber ist dem Bereich des Verstandes und der rationalen Moral entlehnt.

Dabei kann der Anspruch, daß es vernünftig sei, sich auch in der Frage des Sinns, des Gottesverhältnisses selbst zu bestimmen, auf verschiedenen Reflexionsebenen erhoben werden. Wenn der Mensch auf vorwissenschaftlicher Ebene im Moment der Reflexion in sich, im Bewußtsein der Grenze (wo sich doch sein Wesen erst entscheidet!) einfach in die Identität innerweltlicher Selbstbestimmung im Verhältnis zu Menschen und Dingen zurückkehrt, so kann dem der banale allgemeine Rat entsprechen, daß es vernünftig sei nicht zu verzweifeln und sich im Krisenfall selbst einen Sinn, eine Identität vermittelnde Instanz zu suchen. Das Prinzip der Selbstbestimmung wird aber auch religiös und theologisch als vernünftig behauptet, also explizit als Selbstbestimmung *coram deo*. So hat etwa die Reformation dem Gedanken, daß Gerechtigkeit durch Werke erreicht wird, als einer Rationalität widersprochen, die im Verhältnis zur Welt notwendig ist, im Verhältnis zu Gott jedoch alles verkehrt. Wenn ich mich im Verhältnis zu Gott selbst bestimme, ist Gott zum Götzen geworden.

Die Frage, inwiefern die methodisch ausgebildete, philosophische Vernunft, wenn sie (wie im Prinzip seit Kant) ihr kritisches Geschäft geleistet hat, den daraus folgenden Nihilismus des absoluten Aufsichselbstgestelltsein des Menschen aushält oder (wie zuerst bei Nietzsche) seine Überwindung durch absolute Selbstbestimmung, durch die Selbstschöpfung des Menschen beansprucht oder die Suche nach nicht funktionaler, einheitlicher Wahrheit (und damit sich selbst) aufgibt – diese Frage soll hier offen bleiben.

II. Der Prozeß theologischer Erkenntnis

Leitthema 2
Der Glaube, in dem ein Mensch sich in der alle Wirklichkeit umfassenden Kommunikation Gottes versteht, beginnt mit dem Ereignis dieser Kommunikation. Er beginnt also mit der verstandenen und das Selbstverhältnis bestimmenden Predigt, daß Gott sich in der Nichtigkeit des menschlichen Fürsichseins mit dem Menschen vereint und so offenbart hat, und daß sich diese Gemeinschaft durch Predigt und Glauben auch vollzieht.
Aber um seiner eigenen Wahrheit und Wirklichkeit willen bleibt der Glaube nicht bei seinem unmittelbaren Verständnis dieser

---

[83] Inbegriff des Sündenfalls ist für Luther eine ratio, die sich untersteht, *de verbo et deo* [...] *per se iudicare* [...] *sine verbo*: WA 42, S. 116,18f. Insofern ist die ratio *fons fontium omnium malorum* (WA 40 I, S. 365,5ff.).

Kommunikation stehen. Vielmehr muß er sich selbstkritisch bilden. Diese kritische Bildung ist die Aufgabe der Theologie. Sie ist insbesondere deshalb notwendig, weil ständig mit einer Tendenz zur Perversion und zum Sprachverlust des Glaubens zu rechnen ist. Deshalb muß sich der Glaube im Prozeß theologischer Erkenntnis seine eigene Wahrheit als Wahrheitskriterium gegenübersetzen. Dieses Wahrheitskriterium erscheint als ein doppeltes. Zum einen ist die Bibel das Wahrheitskriterium, also diejenigen schriftlich festgehaltenen Glaubenszeugnisse oder Predigten der Kommunikation Gottes, um die herum sich ursprünglich die Gemeinschaft der Glaubenden (die Kirche) bildete. Zum anderen ist diese Kommunikation selbst das Wahrheitskriterium, also inhaltlich Christus als Gegenstand der Bibel und des Glaubens, und formal die Einheit von biblischem Zeugnis und gegenwärtigen Verständnis. Das heißt, das aktuelle Verständnis des Glaubens muß sich an Hand der historisch, philologisch und kritisch immer wieder neu zu entdeckenden Bibel prüfen und bilden – zugleich aber muß die historisch kritische Interpretation, indem sie den Inhalt verstehen will, auf ein gegenwärtiges Verständnis der Kommunikation Gottes mit dem Menschen zielen, das sich auch vernünftig denken läßt.

Um diesen doppelten Verstehensprozeß von der Gegenwart zur Bibel und von der Bibel zur Gegenwart zu leisten, ist ein Verständnis der dazwischen liegenden Theologiegeschichte notwendig. Die kirchlichen Bekenntnisse bieten dabei eine vorläufige Orientierung, da sie zwar auch eine Theologie ‚dazwischen' sind, aber eine solche, durch die sich die gegenwärtige Kirche bereits im Sinne jener Kriterien, also selbstkritisch definierte.

Die Theologie erfüllt ihre eine Aufgabe arbeitsteilig in vier oder fünf Disziplinen: die historisch-kritische Erschließung des Alten und des Neuen Testament, die kritische Erschließung der Theologie- und Kirchengeschichte, die systematische Theologie, und die praktische Theologie einschließlich der Religionspädagogik. Jede Disziplin in ihren spezifischen wissenschaftlich Methoden ist aber nur theologisch, indem sie zugleich die Aufgabe der Theologie im Ganzen reflektiert.

1. Der Gegenstand der Theologie: Offenbarung, Wort Gottes, Verkündigung, Glaube

Theologische Erkenntnis bedeutet, daß der Mensch den kommunikativen Vollzug des Glaubens unterbricht und als Glaubender seinen Wahrheitsanspruch klärt. Er bildet kritisch das Selbst-, Welt- und Gottesverständnis aus, in dem der Glaube sich bewegt, und versucht die Kommunikation Gottes mit dem Menschen in Bezug auf die Vernunft des auf sich selbst gestellten Menschen zu denken.

Der Gegenstand der Theologie ist nicht Gott in dem Sinne, daß er als Gegenstand vorläge. Gott ist nicht an sich, sondern im Anspruch seiner Kommunikation mit dem Menschen zu bedenken. Aber auch seine Kommunikation liegt nicht einfach vor – sie ist nur darin als Wirklichkeit zu denken, daß sich der Mensch in ihr versteht, also glaubt. Denn die Kommunikation Gottes mit dem Menschen ist zwar Gegenstand der Verkündigung – dies aber nur so, daß zugleich der Anspruch ist, daß sie sich durch die Verkündigung (als Verkündigung des Wortes Gottes) sowie den entsprechenden Glauben verwirklicht.[84]

---

[84] Die Verkündigung verkündigt sich also insofern auch selber, und der Glaube glaubt sich insofern auch selber.

Kann nun die Kommunikation Gottes mit dem Menschen als Gegenstand der Verkündigung auch Offenbarung Gottes heißen, so bedeutet das für die Theologie als Wissenschaft: weder Gott noch seine Offenbarung ist unmittelbar Gegenstand der Theologie. Gegenstand der Theologie ist die Offenbarung als Gegenstand von Verkündigung und Glauben. Dieses Verhältnis ist zunächst zu betrachten.

Obwohl der Begriff Offenbarung als Oberbegriff für religiöse Offenbarungen überhaupt erscheinen kann, wird er im folgenden vom Anspruch der Offenbarung Gottes in Christus her gedacht – Gott offenbart sich selbst in seiner vollkommenen Gemeinschaft mit dem Menschen. Diese Gemeinschaft gilt als Inbegriff der Offenbarung Gottes, da Gott selbst diese Gemeinschaft ist und vollzieht.

Was Offenbarung ist, läßt sich theologisch nicht abstrakt, sondern nur vom konkreten Offenbarungsanspruch her denken. Dieser Offenbarungsanspruch kann und muß sich dann freilich auch zu anderen oder früheren Offenbarungsansprüchen ins Verhältnis setzen (dazu 3,II.1.).

Der Anspruch der Verkündigung einer Offenbarung Gottes ist, daß Gott von sich selbst her dem Menschen mitteilt, wer er ist. Indem er sich als unser Schöpfer mitteilt, ist dies zugleich die Offenbarung, wer wir sind und was der Sinn der Welt ist. Die Offenbarung besagt, wer Gott für uns ist und wer wir für ihn sind. Die Offenbarung verwirklicht sich durch ihre sprachliche Verkündigung, die sie als ihren Inhalt von sich unterscheidet.

Offenbarung als Selbstmitteilung, Selbstoffenbarung impliziert zweierlei. Zunächst impliziert sie den Begriff einer durch Kommunikation gegebenen Erkenntnis Gottes, die zugleich ursprüngliche Selbsterkenntnis und ein ursprüngliches Verständnis der Welt bedeutet. Sie ist also keine Wissensmitteilung, bedeutet aber auch nicht nur Selbsterkenntnis und Weltverständnis im theoretischen Sinn. Daß sich in der notwendigen Negativität des menschlichen Fürsichseins, an der Grenze des verstandesmäßigen Erkennens und Daseins, die das Fürsichsein bedeutet, Gott offenbart, bedeutet für den Menschen auch ein neues Verhältnis zu sich selbst und zur Welt – schafft also eine neue Identität (ein neues Leben) in der Gemeinschaft.

Weiter impliziert Offenbarung als Selbstmitteilung eine Kondeszendenz Gottes zum Menschen. Schon zwischenmenschlich impliziert eine wesentliche Selbstmitteilung, daß sich der sich Mitteilende auf den Anderen zu bewegt und seine Sprache spricht, daß er sich in ihn hinein versetzt – eine Entäußerung oder Bestimmung der eigenen Identität zur Gemeinschaft.

Beide Implikationen von Offenbarung als Selbstmitteilung sind christlich so zu verstehen, daß jede Offenbarung Gottes auf die Gemeinschaft zielt, die Christus ist – also auch etwa die alttestamentlich verstandene Offenbarung des Gesetzes, das Gemeinschaft fordert. Inbegriff der Offenbarung Gottes ist seine Offenbarung in Christus, d.h. eben in völliger Kondeszendenz und Gemeinschaft mit dem Menschen. Daß Gott sich auf den Menschen zu bewegt, daß er seine Sprache spricht, bedeutet hier die Einheit von Gott und Mensch, von Offenbarer und Offenbarungsempfänger, die sich in der Auferstehung des Gekreuzigten erweist (vgl. Phil. 2,6–10).

Von daher erweist sich Gottes Offenbarung als welttranszendenter Gott und Schöpfer, als Mensch, und als der Geist, in dem sich die Gemeinschaft von Gott und Mensch in menschlicher Kommunikation verwirklicht, im Ursprung als dieselbe.[85] Gott offenbart sich dem Menschen als Gott, gerade indem er nicht einfach Gott als absolut Anderer ist, sondern zugleich in die Gemeinschaft mit dem Menschen kondeszendiert, indem er also schließlich selbst zugleich die eschatologische Einheit von Gott und Mensch ist, und indem es sein Geist ist, in dem diese sich zwischenmenschlich durch Verkündigung und Glauben verwirklicht. In der Offenbarung, daß Gott in der Gemeinschaft mit dem Menschen er selbst sein will, ist also zugleich die Bestimmung des Menschen und der Sinn seiner Schöpfung erschlossen. Das ist nur trinitarisch zu denken. Daß Gott sich in seiner Einheit mit dem Menschen offenbart, impliziert seine Selbstunterscheidung. Gott ist in Einheit mit dem Menschen und ihm zugleich als Schöpfer absolut gegenüber, indem er sich selbst unterscheidet und darin seine lebendige Einheit vollzieht.

Nun ist das Verhältnis von Offenbarung und sprachlicher Verkündigung näher zu betrachten. Problematisch ist dieses Verhältnis auf den ersten Blick weniger dort, wo behauptet wird, daß Gott als Mensch redet, sondern insbesondere im Hinblick auf das biblisch zugleich erzählte Wunder der Offenbarung Gottes. Denn dieses ist zwar Gegenstand der Verkündigung, den Angesprochenen bleibt jedoch die verkündigte Erfahrung des Wunders selber verschlossen – zum Beispiel: Gott zeigt sich in einer Wolkensäule; das anbrechende Reich Gottes offenbart sich in Jesu Wundertaten; zentral aber: der Auferstandene erscheint den Jüngern. Doch auf historische „Nachrichten von Wundern" kann der Glaube nicht gegründet sein.[86] Was also ist die ursprüngliche Wirklichkeit der Offenbarung?

Offenbarung ist Selbstmitteilung in Kommunikation. Das heißt: Gott offenbart sich darin, daß er die weltumfassende Negativität des menschlichen Fürsichseins im Ereignis seiner Gemeinschaft überwindet. In welchem Medium der Kommunikation ereignet sich diese Gemeinschaft? Ist eine ursprüngliche Offenbarung denkbar, die nicht im Gespräch geschieht – ein übernatürlich objektives Sich-Zeigen, eine subjektive Vision, eine mystisch unmittelbare Schau?

Daß Gott sich unmittelbar sinnlich oder überhaupt in einer nichtsprachlichen Unmittelbarkeit als Gott zeigt, ist nicht denkbar. Denn Gott als Gott zu verstehen setzt eben voraus, daß der Mensch aus der sprachlichen Wahrnehmung und verstandesmäßigen Erkenntnis der Welt sowie der selbstverständlichen Gemeinschaft des zwischenmenschlichen Gespräches in sich als Fürsichsein reflektiert ist (und sei es auch intuitiv). Gottes Offenbarung, das Ereignis seiner Kommunikation vermittelt sich also nicht nur deshalb in sprachlicher Verkündigung, weil überhaupt das menschliche Fürsichsein und Selbstverhältnis sprachlich ist, sondern weil diese Kommunikation als neuer Sinn voraussetzt, daß das Fürsichsein als vorgängiger Sinn alles – sprachlichen – Verstehens, Kommunizierens, Erkennens realisiert ist.

---

85 Entsprechend gilt nach Augustin: *opera trinitatis ad extra sunt indivisa*.
86 Insoweit hat Lessing Recht: „Über den Beweis des Geistes und der Kraft" (1770), in: Die Erziehung des Menschengeschlechts und andere Schriften, Stuttgart 1982, vgl. S. 32f. 34f.

Die im Blick auf den christlichen Glauben konkrete, entscheidende Frage ist, wie sich das menschliche Wort, das Christus als Gemeinschaft von Gott und Mensch verkündigt, zum geschichtlichen Gekommensein Christi als Gegenstand der Verkündigung verhält. Das schließt die Frage ein, wie sich Jesu Verkündigung des Reiches Gottes zu Jesus Christus als Inkarnation des Logos Gottes und als in die Ewigkeit Gottes auferstandener Sohn verhält.

Die Antwort ist bereits in dem übergreifenden Sinn der Kommunikation Gottes angezeigt, in dem nicht nur die Verkündigung Christi Wort Gottes genannt wird, sondern in dem auch Christus als der Gegenstand der Verkündigung selbst Wort Gottes genannt werden kann – und zwar so, daß dieses Wort zugleich das Wort der Schöpfung durch das Wort ist, also der Sinn von Gottes Äußerung der Welt.

Wenn das, was theologisch Wort, Wort Gottes heißt, sowohl die sprachliche Verkündigung als auch ihren Gegenstand und auch noch den Sinn der Welt umfaßt, dann ist in diesem umfassenden Sinn von Wort auch erst der (theologische) Sinn dessen begründet, was zwischenmenschlich Wort bzw. Gespräch heißt und was innerweltlich Gegenstand heißt.

Die Verkündigung der Offenbarung Gottes in Christus (also in der Gemeinschaft mit dem Menschen) unterscheidet zunächst von sich als Verkündigung ihren Gegenstand: etwa der Sohn als Inkarnierter, Jesus als Auferstandener. Doch ist der Gegenstand der Verkündigung nur so vom Wort der Verkündigung unterschieden, wie Christus, also der als Mensch offenbare Gott, von dem Geist Gottes unterschieden ist, in dem Christus verkündigt und geglaubt wird. Der Geist der Kommunikation Gottes mit dem Menschen unterscheidet sich sozusagen selbst in Christus als Gegenstand der Verkündigung und die Verkündigung – nur so, in diesem Verhältnis von Verkündigung und Verkündigtem ist er wirklich.

Dem entspricht, daß zuvor schon Jesus selbst, indem er die kommende Gottesgemeinschaft verkündigte, sich als Mensch vom unmittelbar nahen, kommenden Gott als dem Vater unterschied – nicht nur in seinem Reden, sondern definitiv in seinem Sterben als der einsame, verlorene Mensch. Nur so, indem er für sich Mensch war, konnte er für uns in seinem Verkündigen und Sterben zu Christus werden, zur Offenbarung Gottes in seiner eschatologischen Gemeinschaft mit dem Menschen. So daß sich sagen läßt: Der Geist der Gemeinschaft Gottes mit dem Menschen begründet eben darin die ursprüngliche Offenbarung, daß er sich unterscheidet in das Sichbeziehen Jesu auf Gott (indem dieser Gottes Kommen verkündigt und sein Fürsichsein hingibt) und das mit der Auferstehung allen Menschen zu verkündigende Sichbeziehen Gottes auf Jesus, das seine ewige Gemeinschaft mit ihm besagt. Der Geist der Kommunikation Gottes schafft so Leben aus dem Tod des Fürsichseins: an Jesus, der nun als Christus verkündigt wird, und an uns.

Die verkündigte Offenbarung Gottes in Christus ist die Gemeinschaft Gottes mit dem Menschen, die sich durch die Verkündigung für uns verwirklicht. Offenbarung ist also nie ein bloß mitgeteiltes wunderbares Ereignis in der Vergangenheit. Offenbarung Gottes in der Gemeinschaft ereignet sich zugleich in der Gegenwart – indem sich in der Verkündigung der Gemeinschaft ihr Geist vermittelt.

Dem gegebenen Verständnis des Verhältnisses von Verkündigung und Verkündigtem entspricht die Darstellung der neutestamentlich zentralen Offenbarung des ewigen Gottes in der Gemeinschaft mit dem für sich toten Menschen – nämlich in Jesu Tod und Auferstehung. Denn Gott offenbart sich genau genommen nicht in der Auferstehung an sich, sondern in der Verkündigung der Auferstehung bzw. in der Begegnung des Auferstandenen, die wesentlich Ereignis im Gespräch ist.

Die Begegnung des in seinem Fürsichsein in das ewige Leben Gottes aufgehobenen Menschen ist die entscheidende Theophanie. Sie bedeutet das entscheidende Kommen Gottes in die Gemeinschaft zunächst mit den Anhängern Jesu, die in seinem Tod aus der Reich-Gottes-Erwartung auf ihr Fürsichsein zurückgeworfen sind. Diese ursprüngliche Offenbarung als Begegnung geschieht also nicht unmittelbar, sondern ist im Medium des leiblichen Daseins und vor allem der Predigt des irdischen Jesus vermittelt, an die sich die Jünger erinnern – und zwar so, daß diese Offenbarung als durch den Tod hindurch erst bewährter und erfüllter Sinn des Predigens Jesu von der kommenden Gemeinschaft Gottes sowie als erfüllter Sinn des Handelns Jesu im Namen dieser Gemeinschaft erscheint.

Daß die Begegnung des Auferstandenen, die die Gemeinschaft Gottes mit dem Gekreuzigten offenbart, ursprünglich sprachlich ist und die Erinnerung des Gespräches mit dem irdischen Jesus voraussetzt – das drückt sich im Neuen Testament vielfältig aus. Bei Markus, Matthäus und auch Lukas verkündigt ursprünglich ein Engel, ein göttlicher Bote die Auferstehung (Mk. 16,5f.; Mt. 28,5–7; Lk. 24,4–7). Bei Matthäus begegnet der Auferstandene, indem er anspricht (28,9). Bei Lukas erkennen die Emmausjünger den Auferstandenen erst, als er ihnen die Schrift auslegt, die Notwendigkeit seines Todesleidens um der Erlösung willen darlegt, und mit ihnen in die Gemeinschaft des Abendmahls tritt (24,13ff.) Auch bei Johannes identifiziert Maria von Magdala Jesus, der bei ihr steht, erst, als er sie beim Namen nennt (20,14–17).[87]

Selbst wenn das Gesehenwordensein des Auferstandenen massiv an den Anfang gestellt wird (vgl. etwa 1. Kor. 15,3–8), ist doch Sehen nicht einfach optisches Sehen im Gegensatz zum Vernehmen des Wortes, sondern Begegnung des ganzen Menschen in der Ewigkeit Gottes. Ihn sehen bedeutet: der gekreuzigte und in das ewige Leben Gottes aufgehobene Jesus begegnet denen, die ihn in seinem leiblichen Leben, Sterben und in seiner Verheißung des Reiches Gottes erinnern.

Die Einheit von Verkündigung und Verkündigtem kann sich im Neuen Testament (insbesondere im Prolog des Johannesevangeliums) wie gesagt darin aus-

---

[87] Allerdings gibt es auch Passagen, die im Unterschied dazu massiv die Leiblichkeit der Begegnung des Auferstandenen betonen – vgl. etwa Lk. 24,36ff. oder Joh. 20,19ff. 24ff. Hier ist eine antidoketische Absicht und Tendenz offensichtlich: es wird betont, daß es der wirkliche Jesus ist, der im Leben Gottes verewigt ist bzw. daß der ewige Sohn wirklich mit dem leiblichen, sterblichen Menschen Jesus eins ist. Aber selbst, wenn dies bei der Begegnung des Auferstandenen betont wird, gehört doch zum Sehen Jesu das von ihm Angesprochenwerden hinzu. Und es wird betont, daß der Glauben der Gemeinde selber des Sehens nicht bedarf.

drücken, daß das Wort der Verkündigung Christus selbst als Mensch gewordenes Wort Gottes verkündigt. Warum heißt Christus selbst Wort Gottes? Zunächst deshalb, weil sich das Verkündigte durch das verkündigende Wort verwirklicht: die vollendete Kommunikation oder Gemeinschaft Gottes mit dem Menschen. Das schließt ein, daß Christus auch deshalb selbst das Wort heißen kann, weil seine Gemeinschaft der ursprüngliche Sinn der Welt als Äußerung Gottes ist – das Wort, durch das die Welt geschaffen ist. Das heißt, mit seiner Menschwerdung kommt der Sinn der Welt als Äußerung Gottes authentisch zur Sprache und verwirklicht sich, indem er zur Sprache kommt: eben die Gemeinschaft Gottes mit dem Menschen. Der die Welt äußert, interpretiert sie selbst in seiner Gemeinschaft mit dem Menschen.

Das Gesagte wird aber von einem dritten Sinn umfaßt, in dem Christus als Gegenstand der Verkündigung selbst Wort Gottes heißt. Christus heißt Wort Gottes, weil Gott, wenn er in Christus selbst seine vollendete Kommunikation (Gemeinschaft) mit dem Menschen ist, darin auch in sich eine Äußerung ist, durch die er mit sich kommuniziert. Darin liegt wieder der Gedanke der Trinität. Gott selbst ist oder wird sich darin ein Anderer, unterscheidet sich von sich darin, daß er die Gemeinschaft mit dem Menschen eingeht[88]: Gott der Sohn in Unterscheidung von Gott dem Vater. In dieser Selbstunterscheidung aber vollzieht er sein ewiges Leben, seine ewige Einheit oder Kommunikation mit sich: Gott als Geist. Daß Gott als Geist eben diese mit Christus in die Welt gekommene (offenbare und verkündigte) Gemeinschaft mit dem Menschen verwirklicht, heißt dann nichts anderes, als daß er die Menschen an dem Vollzug seiner ewigen Einheit oder Kommunikation teilhaben läßt. In diesem Sinn erkennt der Glaube an das verkündigte Wort Gottes Gott selbst.

Indem Gott in seiner Selbstunterscheidung um der Gemeinschaft mit dem Menschen willen zugleich seine ewige Einheit oder Kommunikation mit sich vollzieht, kann das Gespräch das zentrale Paradigma auch für das im Wort Gottes liegende Verstehen des Lebens Gottes werden. Christus als das ewige Wort Gottes zu verstehen, führt dann dazu, das trinitarische Leben Gottes selbst als Gespräch aufzufassen: Der Sprecher ist der Vater, das Wort ist der Sohn, der Geist ist das Hören oder der Hörer „des Sprechers und des gesprochenen Wortes", und alle drei sind Gott selbst.[89] Gottes trinitarische Selbstunterscheidung ist ein Gespräch, das er mit sich selber hat.[90] Indem dieses Gespräch dann auch den Sinn menschlichen Werdens und Kommunizierens sowie den Sinn der Welt als Äußerung Gottes umfaßt, wird das Gespräch zum zentralen theologischen Paradigma für die wahre Wirklichkeit überhaupt.

---

88 Zur Unterscheidung von immanenter und ökonomischer Trinität vgl. unten den „Vierten Kreis".
89 Vgl. Luther, WA 46, S. 59f.
90 „Das aber Gott ein Wort redet oder Gott ein Gesprech mit sich selber hat, will nimand in kopff gehen, […] weil es die vernunfft nicht kann begreiffen". WA 46, S. 547.

2. Die theologische Aufgabe und die Bedeutung der Bibel (theologische Hermeneutik)

Der christliche Glaube bezieht sich ursprünglich auf das Evangelium nicht als Schrift, sondern als aktuelle Predigt Christi.[91] Das heißt, er bezieht sich, unter der Bedingung der Selbsterkenntnis im Fürsichsein vor Gott, auf die aktuelle Verkündigung der Gemeinschaft Gottes.

Im Glauben versteht der Mensch sich und die Welt in der Kommunikation Gottes, wie sie als Evangelium von Christus oder Wort Gottes verkündigt ist. Insofern setzt die Theologie, wenn sie das Verstehen des Glaubens wissenschaftlich bildet und systematisch denkt, voraus, daß sich im Glauben im Prinzip der Anspruch des Evangeliums verwirklicht – daß der Glaube das Evangelium im Prinzip richtig versteht. Diese Voraussetzung macht die verschiedenen wissenschaftlichen Arbeitsweisen der Theologie erst zur Theologie. Andererseits ist die Aufgabe der Theologie nicht nur historisch philologische Bildung und systematische Entfaltung – vielmehr ist auch jene Voraussetzung, daß es der faktische Glaube mit dem Wort Gottes zu tun hat, im Prozeß theologischer Erkenntnis kritisch zu prüfen.

Für eine theologische, evangelische Hermeneutik ist die reformatorische Einsicht grundlegend, daß das faktische Glaubensverständnis der Kirche bzw. ihre Verkündigung, und damit auch die faktische Kirche selbst, um der Wahrheit von Glauben bzw. Verkündigung willen und um des Wesens der Kirche willen eines Kriteriums bedarf, welches dem faktischen kirchlichen Verständnis immer auch gegenübersteht. Die Einsicht in diese Notwendigkeit drückt sich in den sog. reformatorischen Prinzipien aus. Besonders gilt das zum einen für den Grundsatz *sola scriptura*: allein die heilige Schrift ist das Kriterium der Wahrheit, nicht aber auch die kirchliche, theologische Tradition oder eine kirchlich-hierarchische Autorität, die beanspruchen könnte, als solche das Dogma des Glaubens festzulegen und die Schrift richtig auslegen. Zum anderen gilt das für den Grundsatz *solus Christus*: allein Christus ist der Inhalt des Evangeliums und des Glaubens, indem allein in ihm zwischen Gott und Mensch vermittelt ist, der Sinn von Welt und Geschichte erschlossen ist. Es ist also nicht die Kirche selbst, die die Gemeinschaft Gottes vermittelt, etwa indem sie sie (die Präsenz Christi) schon in ihren Ämtern darstellt. Theologische Hermeneutik, Lehre von der Kirche und Sündenlehre hängen hier unmittelbar zusammen.

Die Sündenlehre hat für das reformatorische Schriftprinzip und die theologische Hermeneutik überhaupt entscheidende Bedeutung – insbesondere ohne die Erbsünde ist es nach reformatorischem Verständnis „unmöglich, die heilige Schrift zu verstehen".[92] Begründet ist das in der Erfahrung, daß auch im Raum der faktischen Kirche bzw. nach der Taufe aufgrund des sich wiederherstellenden Fürsichseins die Erbsünde des mensch-

---

91 Luther redet von der *viva vox evangelii*. Vgl. J. Ringleben, Gott im Wort (wie S. 58, Anm. 73), S. 406ff.
92 *Iste [...] locus [...] est principialis locus nostrae Theologiae, sine quo impossibile est, Sacram scripturam intelligere*: Luther, WA 40 II, S. 385,4–10.

lichen Umsichselbstkreisens virulent ist und das Verstehen des Menschen zu okkupieren droht. Diese Tendenz ist umso größer, je weniger Kirche und Theologie sie reflektieren, und kann zu einer mehr oder weniger allgemeinen Perversion des Glaubensverständnisses, der Theologie und des kirchlichen Lebens führen. Deshalb ist nicht nur das *verbum externum* als Kriterium notwendig, sondern auch der Versuch, es zu verstehen, muß mit der Perversion rechnen.

Die kritische Frage ist dann zum einen, ob die absolute Negativität des menschlichen Fürsichseins thematisch bleibt, und zum anderen, was im Moment dieser Negativität zwischen Gott und Mensch vermittelt. Vereinfacht gesagt: insofern der Mensch selbst sein Gottesverhältnis zu vermitteln beansprucht (etwa im Sinne einer frommen Leistung) oder es als Eigenschaft beansprucht, läuft das auf eine Theologie hinaus, die mit der Negativität des menschlichen Fürsichseins auch das Kreuz Christi vergißt. Das Kriterium *solus Christus* ist also näher zu bestimmen: allein der Christus, der unser Kreuz erlitt, vermittelt zwischen Gott und Mensch. Und diese Gemeinschaft haben wir *sola fide*, im Glauben als sich von sich Abstoßen des Fürsichseins, nicht als Eigenschaft an uns selbst.

Daß die Kirche als „Leib Christi" die Gemeinschaft Gottes mit dem Menschen zur Sprache bringt und sie in der Kommunikation des Glaubens vollzieht – das ist zwar ihr wahres Wesen, es ist aber nicht als Wesen der kirchlichen Realität vorauszusetzen. Die Verkündigung und Lehre, die der Kirche wesentlich ist, bedarf gerade um ihrer Wahrheit willen notwendig des externen Kriteriums. Dieses Kriterium der Wahrheit setzt freilich die Wahrheit des Glaubens auch voraus. Damit sie zum hermeneutischen Prinzip der Theologie wird, das die Aufgabe des theologischen Verstehens umreißt, muß sie zu einem doppelten Kriterium werden: zum einen das Evangelium als ursprüngliches, schriftlich festgehaltenes Wort, zum anderen das sich im *solus Christus* ausdrückende Grundverständnis des Glaubens, der die in Christus identische Kommunikation Gottes mit dem Menschen als wahres Leben und als Gesamtsinn der Bibel versteht.[93] Die beiden Formen des Kriteriums bezeichnen die Pole des der Kirche und der wissenschaftlichen Theologie aufgegebenen Verstehensbewegung, sozusagen den Pol des geschichtlichen Ursprungs und den Pol des gegenwärtigen Verstehens. Zu Kriterien können sie nur werden, indem sie auseinandergehalten werden. Primär der Gegenwartspol bezeichnet aber zugleich auch die Voraussetzung einer Einheit von geschichtlichem Ursprung und Gegenwart und den Sinn dieser Verstehensbewegung: Das *solus Christus* bezeichnet also das Schon-verstanden-haben, das die Verstehensbewegung vorläufig Schon-vollzogen-haben, das die Bedingung für die Auffassung ihrer Aufgabe ist und sich nun selbstkritisch von sich distanziert. Das *solus Christus* als Kriterium oder Ausgangspol der Verstehensbewegung drückt in konzentrierter Konkretion das im theologischen Zirkel Stehen aus, was als solches nicht das Ergebnis einer wissenschaftlichen historischen Interpretation sein kann.[94]

---

93 *Scriptura est, non contra, sed pro Christo intelligenda, ideo ad eum referanda, vel pro vera Scriptura non habenda.* […] *Quod si adversarii scripturam urserint contra Christum, urgemus Christum contra scripturam.* Luther, Thesen De fide, 1535, WA 39 I, S. 47, Th. 41. 49.
94 Wie ausgeführt setzt das voraus, daß der Mensch als Verstehenssubjekt ganz in sich reflektiert ist. Entsprechend impliziert das im theologischen Zirkel Stehen eine Totalität des Ver-

Die systematische Theologie denkt den Wahrheitsanspruch des gegenwärtigen Glaubens. Dessen systematische Ausarbeitung setzt jedoch die Kritik seines Vorverständnisses voraus, indem es mit dem schriftlich festgehaltenen, ursprünglichen Zeugnis dieses Wahrheitsanspruchs konfrontiert wird – indem also die Bibel als geschichtlicher Text zum Gegenstand des der Theologie aufgegebenen Verstehens wird.

Die geschichtliche Ursprünglichkeit der Bibel ist freilich nicht einfach darin begründet, daß ihr Kanon die historisch ersten und deswegen unmittelbaren Zeugnisse der Offenbarung (des Gekommensein Gottes zum Menschen) darstellte. Ebensowenig ist sie einfach in der Autorität der ersten Zeugen (etwa der Apostel) begründet. Beides kann historisch im Einzelnen durchaus strittig sein. Die Bibel ist Kriterium, weil ihr Kanon diejenigen schriftlich festgehaltenen Zeugnisse der Verkündigung Christi enthält, in deren Gebrauch in Gottesdienst und Lehre die Kirche als Gemeinschaft der Gläubigen zuerst ausgebildet wurde. Der Kanon ist darin begründet, daß der Geist der Gemeinschaft Gottes in seinem kritischen Gebrauch ursprünglich die Kirche bildete – und auch heute bildet. Das schließt natürlich auch eine geschichtliche Ursprünglichkeit, eine Nähe zur Offenbarung als geschichtlichem Ursprung ein. Kriterium kann das Verständnis dieser Texte jedenfalls nur deshalb sein, weil ihr Kanon nicht Werk der Kirche ist, sondern umgekehrt die Kirche in gewisser Weise Werk dieser Texte ist.[95]

Durch die historisch-kritische Interpretation des Alten und des Neuen Testaments werden das gegenwärtige Verstehen des Glaubens und der geschichtliche Ursprung produktiv auseinandergehalten. Nur indem die Texte in ihrem vielfältigen Eigensinn wahrgenommen werden, können sie das Vorverständnis korrigieren. Die Wahrnehmung dieses Eigensinns geschieht methodisch mit Hilfe philologischer und historischer Analyse; sie setzt voraus, daß die Texte in ihrem eigenen geschichtlichen Kontext und im Zusammenhang ihrer Vorgeschichte verstanden werden. Das Historisieren der relevanten Texte ist notwendig, um sie zu verstehen – der ‚garstige Graben' der Geschichte ist nicht zu überdecken. Das Vorverständnis des Glaubens muß sich also im Sinne seiner notwendigen Selbstkritik der mehr oder weniger fremden historischen Wirklichkeit der schriftlichen Quellen aussetzen – aber nicht, um bei dieser Fremdheit stehenzubleiben, sondern um den Anspruch aus seiner ursprünglichen historischen Wirklichkeit heraus in die Gegenwart zu übersetzen. Historische Interpretation wäre nicht wirklich Verstehen, wenn sie nicht auf ein (systematisch explizierbares) Verstehen der Sache ihrer Texte zielte.[96]

---

stehens – es impliziert eine Ganzheit des Verständnisses der Wirklichkeit, der Geschichte, und dann auch der Bibel.
95 Vgl. auch W. Joest, Dogmatik Bd. 1, Die Wirklichkeit Gottes, 4. Aufl. Göttingen 1995, S. 57–62.
96 Schon Hegel polemisierte gegen eine ‚moderne' Aufklärungstheologie, die nicht mehr zu ihrem Gehalt kommt: Theologen, die „das Erkennen der Religion nur historisch" fassen, müssen wir „wie Kontorbediente eines Handelshauses ansehen, die nur über fremden Reichtum Buch und Rechnung führen". Vgl. Vorlesungen über die Philosophie der Religion I, SW 16, Frankfurt a.M. 1982, S. 48. Ähnlich Nietzsche in „Vom Nutzen und Nachteil der Historie für das Leben": Ein unbegrenzter Historismus, in dem die historischen Kenntnisse

II. Der Prozeß theologischer Erkenntnis 75

Dabei ist davon auszugehen, daß die Vielfalt der neutestamentlichen Texte, wenn sie differenziert in ihrer geschichtlichen Situation verstanden werden, ihren Zusammenhang als ursprünglich kirchenbildendes Zeugnis der Verkündigung Christi entdecken läßt. Darüber hinaus ist es besonders für das Verständnis der Evangelien wichtig, hinter die Endgestalt des Textes zurückzufragen und aus dem Text die Textgeschichte zu erheben. Das geschieht insbesondere dann im Dienst des Textsinns, wenn die Textgeschichte als implizite Offenbarungsgeschichte zu entdecken ist (etwa was das Verhältnis zwischen der Predigt des irdischen Jesus und und seiner Verkündigung als inkarnierter Christus betrifft: vgl. 3,II.2.).

Insgesamt aber ist es notwendig, daß die geschichtliche Verstehenssituation theologisch reflektiert wird: die vergangene Situation des Textes sowie die gegenwärtige. Das wiederum impliziert, daß die Geschichte der theologischen Verstehenssituation insgesamt den Horizont dieser Reflexionen bildet; systematisch kann sich das in einer Theologie der Geschichte ausdrücken.

Im Ganzen, was den Zusammenhang von historischer und systematischer Theologie angeht, ergibt sich eine doppelte Verstehensbewegung der Theologie, wobei die beiden Richtungen des Verstehens gegenläufig sind: vom ursprünglichen – in sich offenbarungsgeschichtlich differenzierten – Zeugnis der Offenbarung Gottes zur Gegenwart und von der Gegenwart zum ursprünglichen Zeugnis. Die Bibel als Text und Christus als Inhalt des heute gepredigten und geglaubten Evangeliums sind die beiden gleichursprünglichen Ausgangspole dieser Verstehensbewegung und zugleich wechselseitig Kriterium der beiden Bewegungsrichtungen.

Daß sich die Pole wechselseitig Kriterium sind, heißt: für die Bewegung vom gegenwärtigen Verständnis des Glaubens zum Verständnis der Bibel ist die Bibel Kriterium; für die Bewegung von der Bibel (deren historisch philologisches Verständnis schon ein Vorverständnis der Sache impliziert) zum Gegenwartspol aber ist der Gegenwartspol Kriterium, also das ausdrückliche Verstehen der Sache. Die doppelte Verstehensbewegung insgesamt hat die exegetisch dargestellte und systematisch ausgeführte Einheit von biblischem Textsinn und gegenwärtigem Verständnis zum idealen Ziel.[97]

Abgesehen vom supralapsarischen Ziel eines besseren, differenzierteren Verstehens liegt eine bleibende Notwendigkeit der kritischen Aufgabe, d.h. die Notwendigkeit, beide Pole stets wieder auseinandertreten zu lassen, in der bleibenden Möglichkeit und Wirklichkeit der Perversion des kirchlichen Glaubensverständnisses – sozusagen in der Wirklichkeit der Erbsünde. Die Einheit der Verstehensbewegung bzw. Pole, wie sie im *solus Christus* und zugleich in der Einsicht in den notwendigen Rückgang auf die heilige Schrift schon vorausgesetzt ist, ist zwar Gegenstand des Glaubens, aber dies so, daß die Theologie sich diese Einheit immer wieder erst zum Ziel ihres kritischen Verstehens machen muß.

---

nicht durch eine Horizont-Perspektive angeeignet sind, zerstört das Leben. In der neutestamentlichen Wissenschaft war es in erster Linie Bultmann, der entsprechend Konsequenzen für die theologische Hermeneutik zog.

97 Sowohl im Blick auf die Bibel als auch im Blick auf die Gegenwart kann diese Einheit nur in Gott, genauer: in der unendlich vielfältigen Geschichte seiner Kommunikation begründet sein; menschliches Verstehen kann sie nur im Grundzug realisieren.

3. Die Bedeutung der Theologiegeschichte sowie der kirchlichen Bekenntnisse

Ebenso wie das theologische Gespräch der Gegenwart können theologische Texte der Vergangenheit für die Bildung theologischer Erkenntnis relevant sein – wenn sie denn im Rahmen ihrer Geschichte sowie der Geschichte der Gegenwart verstanden werden. Sie zu interpretieren ist in der Regel umso relevanter, je mehr das theologische Denken ohnehin in ihrer Wirkungsgeschichte steht. Darüber hinaus kommt der Theologiegeschichte aber auch eine notwendige Bedeutung innerhalb der genannten, am Wahrheitskriterium orientierten Verstehensbewegung der Theologie im Ganzen zu.

Es ist eine allgemein hermeneutische, nicht erst theologische Regel für das Verstehen überlieferter Texte, daß dies auch bedingt, sowohl den Text als auch sich selbst aus der dazwischen liegenden Sprach-, Begriffs- oder Problemgeschichte zu verstehen. Sofern eine trotz aller Brüche und Revolutionen des Geistes kontinuierliche Gesprächsgeschichte vorliegt, wird schon implizit das Verstehen eines überlieferten, historischen Textes stets von der dazwischen liegenden Geschichte bestimmt. Auch implizit bestimmt das vergangene Gespräch, an dessen vorläufigem Ende wir stehen, unser Denken. Schon die Sprache selbst ist geschichtlich, Ergebnis des allgemeinen Gespräches der Sprachgemeinschaft. Um die eigene Gegenwart kritisch zu verstehen, müssen wir also die Gesprächsgeschichte verstehen, in der wir stehen – und um einen überlieferten Text gerade auch in seinem kritischen Eigensinn zu verstehen, ist zu reflektieren, inwiefern die dazwischen liegende Geschichte (einschließlich der Tradition möglicher Mißverständnisse und Fehlentwicklungen) unser Selbst-, Welt- und Gottesverständnis prägt.[98] Ein methodisches Verstehen erfordert, diese Bestimmtheit des Vorverständnisses zu explizieren. Um also den Anspruch eines überlieferten Textes ursprünglich und im Blick auf das Vorverständnis seines Gegenstandes selbstkritisch zu verstehen, gilt es, auch die dazwischen liegende Gesprächsgeschichte, die auch mehr oder weniger Wirkungs- oder Auslegungsgeschichte des Textes ist, kritisch zu verstehen.

Es läßt sich vermuten, daß dabei das Nachvollziehen der Geschichte des allgemeinen Gespräches, in dem wir stehen, auch einen Durchgang durch die Begriffs- und Identitätsschichten des eigenen Denkens bedeutet – gerade indem sich auf einer Begriffsebene, die für einen historischen Text vielleicht entscheidend war, gegenwärtig die Identität nicht mehr entscheidet.[99]

---

[98] Von besonderer Bedeutung ist dabei die Interpretation von Texten, in denen eben die Brüche oder Übergänge und Revolutionen des Denkens ausgetragen werden – also nach der Grundlegung im Neuen Testament z.B. Texte der altkirchlichen Auseinandersetzung mit der antiken Philosophie, Texte der Reformation, Texte der Aufklärungszeit.

[99] Die vereinfachte These ist: Spracherlernung (auch im Sinne geisteswissenschaftlicher Bildung), in der sich diese Schichtung von Begriffs- bzw. Identitätsebenen aufbaut, ist ontogenetischer Nachvollzug der Sprachgeschichte.

Für die Theologie bedeutet das insbesondere die Aufgabe, auch die zwischen jenen Polen liegende, sie sowohl verbindende als auch trennende Theologiegeschichte und auch überhaupt Sprach- und Begriffsgeschichte zu vergegenwärtigen – und zwar zunächst in der Interpretation der maßgeblichen Texte der christlichen Tradition. Diese sind zum einen im Kontext der Geschichte des innertheologischen Gespräches zu verstehen, die immer auch Auslegungsgeschichte der Bibel ist. Da zur Theologie von Anfang an und immer wieder auch die Auseinandersetzung mit der (mehr oder weniger reflektierten) Vernunft des Menschen für sich gehörte, sind ihre Texte aber auch im Kontext der (mehr oder weniger selbständigen) Philosophiegeschichte zu verstehen.

Außerdem sind sie natürlich in dem ihre Sprache und Begriffe bestimmenden Gesprächskontext der jeweiligen Zeit überhaupt zu verstehen, und auch in dem historischen Kontext insgesamt, soweit er sich nicht in diesem Gesprächskontext schon reflektiert: als politischer, sozialer, wirtschaftlicher Kontext usf.

Diese Interpretation der Theologie- und Kirchengeschichte dient insgesamt dazu, sowohl die ursprünglich festgehaltene Verkündigung der Offenbarung Gottes, in dessen Auslegungsgeschichte die Texte der christlichen Tradition stehen, als auch die Verstehenssituation der Gegenwart besser zu verstehen. Das wiederum geschieht, damit der Anspruch der Kommunikation Gottes mit dem Menschen so zur Sprache kommen kann, daß er möglichst alle Begriffsschichten kritisch durchdringt.

Im Gesamtprozeß der theologischen Erkenntnis bezieht sich die theologische Kritik nicht nur allgemein auf das jeweilige theologische Vorverständnis, sondern auch auf die Texte der theologischen Tradition selbst. Die Vergegenwärtigung der Theologiegeschichte muß als theologische auch sachkritisch sein. Sie muß im Blick auf einen theologischen Text auch die Möglichkeit des Irrtums in Betracht ziehen – im Bewußtsein der bleibenden Tendenz zur Verkehrung im Sinn der Erbsünde des menschlichen Umsichselbstkreisens.

Sie muß im Bewußtsein der zur betreffenden Zeit sprachlich und begriffsgeschichtlich möglichen Differenzierung der menschlichen Subjektivität unterscheiden, inwiefern ein Text mit der Negativität des menschlichen Fürsichseins die Kommunikation Gottes mit dem Menschen zur Sprache bringt und inwiefern er eine religiöse Verleugnung der Negativität darstellt.[100]

Eine Sonderstellung nehmen die kirchlichen Bekenntnisse ein. Einerseits unterliegen auch sie als Texte der Tradition im Prinzip der Möglichkeit der Kritik, andererseits geben sie dem theologischen Verstehen Orientierung. Denn die kirchlichen Bekenntnisse, also insbesondere das Apostolicum, das Nicaeno-

---

100 Dabei kann sich die Interpretation daran orientieren, ob und wie der Text in seiner Sprache diese Unterscheidung selbst trifft. Im Blick auf die Frage, in welcher Differenzierung die Unterscheidung zu seiner Zeit möglich war, ist er aber auch mit zeitgenössischen theologisch und philosophisch relevanten Texten zu vergleichen. – Vgl. insgesamt T. Kleffmann, Die Erbsündenlehre in sprachtheologischem Horizont (wie S. 58, Anm. 73), S. 321–325. 330–333.

Constantinopolitanum und die Confessio Augustana, stellen als systematische Darstellung des Glaubens bereits eine Anwendung des genannten doppelten Wahrheitskriteriums in der Kirchen- und Theologiegeschichte dar – und zwar eine solche Anwendung, in der sich die faktische Kirche selbstkritisch, d.h. mehr oder weniger reformatorisch definierte. Insofern kommt ihnen nicht die Geltung eines absoluten Kriteriums, wohl aber die Funktion einer im Rahmen der faktischen Kirche verbindlichen Orientierung in dem geschilderten Verstehensprozeß zu, Schrift und gegenwärtiges Verständnis zu vermitteln.

Sofern sich freilich in der Zwischenzeit die menschliche Subjektivität sprach- oder begriffsgeschichtlich grundsätzlich neu differenziert hat, entsteht die Aufgabe, ihre Wahrheit neu zu formulieren[101]; die orientierende Kraft ihres Wortlautes kann abnehmen. Sofern sie sich in Vorstellungen einer unmittelbaren, für Sinne und Verstand gegebenen Erscheinung des Göttlichen bewegen, die durch die methodische Reflexion des Verstandes im Zuge der Aufklärung problematisch geworden sind, ist – wie im Blick auf die Bibel selbst – die Aufgabe ihrer entsprechend grundsätzlichen Interpretation gestellt.[102]

Die selbstkritische Bildung des christlichen Wahrheitsanspruchs ist Aufgabe jedes Glaubenden. Sofern sie aber auf öffentliche Verbindlichkeit zielt, ist sie Aufgabe des theologischen Lehramtes.

Das theologische Lehramt ist entweder Funktion der Kirchenleitung und insofern in der Kirche im engeren Sinn angesiedelt. Oder es ist an der Universität angesiedelt und vollzieht insofern ohne den pragmatischen Kontext der Kirchenleitung die wissenschaftliche Ausbildung in Auseinandersetzung mit der Philologie, der Geschichtswissenschaft, der Philosophie, der Pädagogik überhaupt. In beiden Fällen aber besteht die Autorität des theologischen Lehramtes allein in der kritisch gebildeten Vernunft des Glaubens, die sich im theologischen Gespräch bewähren muß.[103]

Im Zuge der Aufklärung entwickelte sich eine dauerhafte Entzweiung in der allgemeinen Begriffs- und Sprachgeschichte. Das herrschende Selbst-, Welt- und zunächst auch Gottesverständnis reflektiert sich als autonom vernünftig und prägt damit die Begriffe menschlicher Identität (den Sprachgebrauch).[104] Die traditionellen Sprachformen des Gottesverhältnisses, aber auch seine Begriffe wie z.B. „Sünde" und „Heil" drohen tendenziell im Sinne einer biblisch-kirchlichen Sondersprache ausgegrenzt zu werden. Für die Theologie als Theologiegeschichte ergibt sich damit die erweiterte Aufgabe, nicht nur die theologische Tradition zwischen den ursprünglichen Zeugnissen des Christentums und der Gegenwart kritisch zu interpretieren, sondern auch die Zeugnisse der Geschichte des säkularen Selbstverständnisses. Denn zum einen ist die Kirchen- und Theologiegeschichte nur im universalen Zusammenhang der Geschichte überhaupt

---

101 Das gilt z.B. für das Verhältnis von Person und Natur im Blick auf die Lehre von den zwei Naturen Christi (vgl. CA 3).
102 Hier ist z.B. an die Vorstellung der Jungfrauengeburt zu denken, in der sich die Gewißheit dessen ausdrückt, daß Jesus nicht der Erbsünde unterlag.
103 Vgl. unten 3,IV.4.
104 Zur theologischen Einordnung der Aufklärung vgl. oben I.2.3. und 2.4.

zu verstehen. Zum anderen zielt gerade auch die historische Theologie auf die gegenwärtige Sprach- oder Gesprächsfähigkeit der Theologie.

Es ist erforderlich, nicht nur die Sprache der theologischen Tradition, sondern auch Denken und Sprache eines die Religion scheinbar ersetzenden säkularen, als autonom vernünftig auftretenden Selbstverständnisses durch geschichtliche Bildung zu beherrschen, um die Relevanz des christlichen Wahrheitsanspruchs darstellen zu können.

Und schließlich muß die Theologie als Denken einer alle Wirklichkeit bestimmenden Kommunikationsgeschichte ihren universalen Anspruch auch im Blick auf die faktische Unwirklichkeit dieser Kommunikation konkretisieren – sie muß auch die Unwirklichkeit im Rahmen dieser Geschichte interpretieren.

Auch hinsichtlich eines säkularen, als autonom vernünftig auftretenden Selbstverständnisses ist insbesondere zu unterscheiden, inwiefern es auf einer neuen sprachlichen Differenzierungsebene in der – sozusagen schöpfungsmäßigen – Funktion noch nicht in sich reflektierter menschlicher Identität steht und inwiefern es die Negativität des in sich reflektierten Fürsichseins verleugnet.

Es ist also erforderlich, die von der Gegenwart bis zur Aufklärung doppelte Begriffs- bzw. Sprachgeschichte theologisch kritisch zu bestimmen – wobei es besonders auf die Interpretation der Entzweiung selber, also die Interpretation der Aufklärung ankommt.

Insbesondere die evangelische Theologie ist dieser Aufgabe eher als andere christliche Konfessionen nachgekommen; deshalb hat sie auch besser als andere Konfessionen dem christlichen Glauben die Sprachfähigkeit bewahrt[105] – allerdings bisweilen um den Preis der größeren Gefahr, sich selbst aufzugeben.

4. Die eine Theologie und ihre fünf Disziplinen

Die Theologie insgesamt als Wissenschaft und Lehre hat die Aufgabe, das christliche Verständnis von Gott, Welt, Mensch, wahrem Leben usf. in seinem Anspruch auf Wahrheit kritisch zu bilden – und zwar auch im Blick auf die anschließende Aufgabe, diese kritische Bildung des Glaubens in die Kirche und die interessierte Öffentlichkeit hinein zu vermitteln, also als Ausbildung für den Beruf des Pfarramtes und des Lehramts an Schulen.

Die Aufgabe kritischer Bildung ist dem christlichen Glauben nicht fremd oder äußerlich. Vielmehr weiß er selbst um die Notwendigkeit seiner Selbstkritik. Er weiß um die Unselbstverständlichkeit seiner Wahrheit in Auseinandersetzung mit dem Verstand der sichtbaren Welt. Er weiß um die sich immer wieder einstellende Tendenz, sich in der Selbstverständlichkeit des Fürsichseins und dessen Verleugnung zu verlieren. Vor allem aber und in alledem weiß er um sein geschichtliches Wesen. Als Selbstbewußtsein hat er seinen Grund nicht in sich selbst. Er versteht sich darin, an der Kommunikation von Gott

---

[105] Vor allem in Deutschland beginnt sich dieser Unterschied im Verhältnis von evangelischer und katholischer Theologie im 20. Jahrhundert zu verwischen.

und Mensch teilzunehmen, die alle Wirklichkeit und Zeit umfaßt, und die er zwar gegenwärtig reflektiert, aber in dieser Reflexion nicht festhalten kann.

Wie sich nun die eine Aufgabe der Theologie im Zusammenhang philologischer, historischer Wissenschaft und systematischen Denkens darstellt, ergibt sich aus dem Gesagten. Der philologisch-historisch-systematischen Gesamtaufgabe entsprechen in relativer Arbeitsteilung die ersten drei oder vier Disziplinen der Theologie: Biblische Theologie (Altes Testament und Neues Testament), Kirchen- und Theologiegeschichte sowie systematische Theologie. Die praktische Theologie einschließlich Religionspädagogik reflektiert dann das Ganze der Theologie noch einmal im Hinblick auf die Berufspraxis.

Dabei ist es eine hermeneutische Notwendigkeit, die historisch-philologische Erforschung des Alten und des Neuen Testamentes, wenn sie denn eine konkret theologische sein soll, als zusammenhängende Aufgabe anzusehen – unbeschadet dessen, daß auch hier eine relative Arbeitsteilung sinnvoll ist. Denn diese historisch-philologische Erforschung ist nur dann eine christlich theologische, wenn sie im Horizont des Wahrheitsanspruchs des Neuen Testaments bzw. des christlichen Glaubens steht.[106] Das gilt auch für die Kirchen- und Theologiegeschichte – auch wenn dieser Horizont als solcher nicht in den historisch-philologischen Disziplinen, sondern in der systematischen Theologie entfaltet wird.

Freilich werden sich die philologisch-historisch forschenden Fächer der Theologie bei ihrer Arbeit in vollem Umfang der philologischen Wissenschaften, der Geschichtswissenschaft überhaupt sowie der Religionswissenschaft bedienen. Entsprechend bedient sich die praktische Theologie u.a. der allgemeinen Pädagogik, Linguistik, Psychologie und Soziologie als Funktionswissenschaften. Doch kann sich die Theologie von den positiven oder empirischen Wissenschaften nicht die identitätsmäßigen Grundbegriffe vorgeben lassen, die diese ihrerseits nur mehr oder weniger (meist weniger) philosophisch reflektiert voraussetzen können, die sie also nicht empirisch begründen können. So kann sich die Theologie von der Philologie nicht sagen lassen, was Sprache ist; von den Geschichtswissenschaften kann sie sich nicht sagen lassen, was Geschichte ist; von den Naturwissenschaften kann sie sich nicht sagen lassen, was die Natur ist; von der Psychologie kann sie sich nicht sagen lassen, was der Mensch ist; von den Gesellschaftswissenschaften kann sie sich nicht sagen lassen, was Gemeinschaft ist.[107]

Die biblische Theologie, die Kirchen- und Theologiegeschichte, die systematische Theologie und auch die praktische Theologie einschließlich Religionspädagogik reflektieren als theologische jeweils spezifisch das Ganze der Theologie, die theologische Gesamtaufgabe.

Die biblische Theologie enthält das Ganze, sofern sie es mit den ursprünglichen schriftlichen Zeugnissen des Anspruchs der Kommunikation Gottes mit dem Menschen zu tun hat. Auf diesen Anspruch bezieht sich alle Theologie, und das Verständnis seiner ursprünglichen Zeugnisse ist im Zweifel das Wahrheits-

---

106 Das Neue Testament interpretiert das Alte. Systematisch muß sich der Zusammenhang wie gesagt in einem Konzept von Offenbarungsgeschichte niederschlagen, also in einem Konzept der Geschichte der Kommunikation Gottes mit dem Menschen – vgl. 3,II.1.
107 Ähnliches behauptet M. Heidegger für die Philosophie: vgl. Was heißt Denken, Tübingen 4. Auflage 1984, S. 57.

kriterium auch des gegenwärtigen Glaubens. Die biblische Theologie reflektiert also das Ganze, sofern ihre Aufgabe auf ein gegenwärtiges Verständnis des im Evangelium begründeten Gottesverhältnisses zielt.

Die Kirchen- und Theologiegeschichte enthält das Ganze, sofern sich ihre Gegenstände (Texte und andere Quellen) auf den christlichen Wahrheitsanspruch beziehen und selber die Geschichte des im Evangelium begründeten Gottesverhältnisses reflektieren. Die Kirchen- und Theologiegeschichte reflektiert also ihrerseits das Ganze der Theologie, sofern ihre Interpretationen eben im Horizont dieser Geschichte stehen, und insbesondere, sofern sie dazu beitragen, zwischen der Sprache und Verstehenssituation der geschichtlich ursprünglichen Zeugnisse des Christentums und der Gegenwart zu vermitteln. Systematisch impliziert das eine Theologie der Geschichte.

Die systematische Theologie setzt die kritische historisch-philologische Arbeit voraus und entfaltet den Wahrheitsanspruch im Sinne der universalen Vernunft des Glaubens[108] für das Gespräch der Gegenwart – und zwar stets als Übergang des Denkens des Fürsichseins in das Denken der Kommunikation, deren Identität Christus ist. Dabei expliziert sie auch das Verhältnis der theologischen Disziplinen untereinander und die Gesamtaufgabe der Theologie.

Die Unterteilung der systematischen Theologie in Dogmatik als Systematik des Glaubens und Ethik kann im Sinne der Arbeitsteilung in Forschung und Lehre sinnvoll sein, ist aber nicht zwingend. Denn theologische Ethik ist nichts anderes als die Bestimmung des wahren Lebens im Sinne jener Kommunikation.[109] Wie die Systematik des Glaubens überhaupt steht auch die theologische Ethik überall in Auseinandersetzung mit dem Denken des Fürsichseins im Verhältnis zum Anderen; genau genommen ist sie nichts anderes als ein bestimmter Aspekt dieser Auseinandersetzung.

Für die Wissenschaftlichkeit der Theologie folgt aus dem Gesagten zweierlei. Zum einen beanspruchen ihre Disziplinen im vollen Umfang die Wissenschaftlichkeit und Methodik der historischen und philologischen Wissenschaften sowie der Kultur- bzw. Gesellschaftswissenschaften. Die kritische Forschung auf dem Boden der positiven Wissenschaften ist ein entscheidendes Medium ihrer eigenen kritischen Aufgabe.[110] Zum anderen stellt sich die Frage, ob darüber hinaus auch die systematische Theologie eine eigene Wissenschaftlichkeit beanspruchen kann, die zugleich die wissenschaftliche Theologie als Ganze von den entsprechenden positiven Fachwissenschaften unterscheidet.

Wenn die systematische Theologie den universalen Wahrheitsanspruch des Glaubens in Auseinandersetzung mit der Vernunft des „auf sich selbst gestellten" Menschen entfaltet[111], so entspricht ihre Wissenschaftlichkeit mindestens der

---

108 Vgl. oben I.3.4. und 3.5.
109 Zum Verhältnis von Dogmatik und Ethik vgl. 3,IV.3.4.
110 Im Übrigen hat die Theologie nicht selten die Methodik dieser Wissenschaften selbst begründet.
111 Zu den betr. Überlegungen Heideggers vgl. ders., Phänomenologie und Theologie, in: Wegmarken, Frankfurt a.M. 2. Aufl. 1978, S. 45–78, hier 53. 61f.

Wissenschaftlichkeit der Philosophie, die eben diese Vernunft systematisch entfaltet. Das heißt, die eigene Wissenschaftlichkeit der systematischen Theologie besteht in der Präzision des Sichabstoßens von der Philosophie des auf sich selbst gestellten bzw. sein Fürsichsein im Verhältnis zu aller Wirklichkeit reflektierenden Menschen. Diese Wissenschaftlichkeit bewährt sich in der Evidenz ihres Anspruchs auf die Wahrheit der Vernunft, auch wenn die Entscheidung für diese Wahrheit in der Praxis der Kommunikation liegt. Zwar unterbricht die systematische Theologie die Praxis des Glaubens, um seinen Wahrheitsanspruch kritisch zu entfalten. Als Wissenschaft kann die systematische Theologie diesen Wahrheitsanspruch gleichwohl nicht erheben, sondern nur denkend entfalten – eben weil er die Praxis, sich in der Kommunikation Gottes zu verstehen, voraussetzt.

Es ist es auch nicht ohne weiteres möglich, dieser Entfaltung des Wahrheitsanspruchs den Status einer wenigstens als Hypothese allgemein nachvollziehbaren Interpretation der Wirklichkeit zuzuschreiben (wie etwa W. Pannenberg vorschlägt). Diese Auffassung sieht vom Subjekt des Denkens ab. Das menschliche Denken steht entweder unter dem Gesetz des Fürsichseins (und vielleicht auch seiner Verleugnung), oder es ist, im Sichabstoßen davon, Denken jener Kommunikation. Ein Subjekt, das über diese beiden Möglichkeiten (als Hypothesen) erhaben wäre, so daß es sich zwischen ihnen entscheiden könnte, ist nicht denkbar. Die christliche Wahrheit als Hypothese zu verstehen, würde einschließen, daß sich auch das Subjekt des Verstehens anders versteht. Der Wahrheitsanspruch des christlichen Glaubens schließt ein verändertes Subjekt des Denkens oder Verstehens dieser Wahrheit ein; hier ist im Übergang vom Fürsichsein der Geist zu denken.[112]

---

[112] Vgl. ausführlicher T. Kleffmann, Systematische Theologie – zwischen Philosophie und historischer Wissenschaft. NZSTh 46, 2004, S. 207–225, besonders S. 221 ff.

Dritter Kreis: Gott und Mensch

I. Das unwahre Leben

1. Die Grund- oder Erbsünde

Leitthema 3
Der christliche Gedanke der Grund- oder Erbsünde behauptet eine allgemeine, geschichtlich gewordene und sozial vermittelte Verkehrtheit des menschlichen Fürsichseins. Behauptet wird, daß aller sichtbaren und unsichtbaren Verkehrtheit des Denkens, Kommunizierens und Handelns die Verkehrtheit des Subjekts selbst zu Grunde liegt – ein verkehrtes Prinzip seiner Identität.

Die Verkehrtheit besteht darin, daß der Mensch die weltumfassende Negativität seines erwachsenen Fürsichseins verleugnet und sich in ihr selbst bestimmt. Er erschafft sich seine Welt neu: seine positive Identität im Verhältnis zum Anderen wird zum Gesetz des Verstehens und Handelns. Er bestimmt Instanzen (man könnte sagen: Götter), die sein Leben positiv definieren, die ihm also, indem er sich an ihnen orientiert, im Verhältnis zu den anderen Menschen und zur Welt eine positive Identität, ein positives Selbstbewußtsein vermitteln.

In Wahrheit kreist so der Mensch in allen Verhältnissen nur um sich selbst. Die Verkehrtheit des Fürsichseins ist der Grund für die verbreitete Gleichgültigkeit dem anderen Menschen gegenüber, der nicht zum Kreis des Eigenen gehört, sowie der Grund für die Bereitschaft, den anderen Menschen zur Funktion der eigenen Identität zu machen. Und sie ist der Grund für die Unverantwortlichkeit, in der der Mensch die Welt, aus der er lebt, zum gleichgültigen Rohstoff seiner Kunstwelt macht. In allen Verhältnissen und in allem Eigentum bleibt er doch mit sich allein.

Das in dieser Verkehrtheit des Fürsichseins konstituierte Subjekt kann nicht auch Subjekt seiner Selbsterkenntnis sein, da sie die Vernichtung seiner Identität bedeutet. Selbsterkenntnis bedeutet hier, die positive Identität als Verleugnung der Negativität erkennen. Deshalb ist die Bedingung für die Selbsterkenntnis, daß der Identität im Verhältnis zum Anderen von außen widersprochen wird – indem sich die Fremdheit der Wirklichkeit als übermächtig erweist, oder schließlich durch den Anspruch Gottes als des wirklich Anderen. Doch flieht der Mensch, der in allen Verhältnissen um sich selbst kreist, Gott wie den Tod. Denn das Bewußtsein Gottes ist auch das Bewußtsein der Fremdheit, das Bewußtsein der Nichtigkeit des Fürsichseins.

Die Verkehrung als Verkehrung zu erkennen, setzt auch das Bewußtsein der Alternative voraus, daß der Mensch im Moment des Fürsichseins zum Gottesverhältnis bestimmt ist. Indem entsprechend die Verkündigung des Gesetzes Gottes die Gemeinschaft fordert, kann der Mensch erkennen, daß er sie in seinem Umsichselbstkreisen prinzipiell verfehlt: das Wort Gottes als konkreter Widerspruch. Diese Selbsterkenntnis aber wird vollendet durch das Evangelium, da in ihm die Getrenntheit von der in Christus geschenkten Gemeinschaft her verstanden wird.

Die Frage, ob das Wort Erbsünde oder das Wort Grundsünde treffender ist, mag offen bleiben.[1] Ein Problem des Wortes Erbsünde liegt in dem durch das Kompositum nahegelegten Mißverständnis, es handele sich lediglich um eine vererbte, allgemeine Tendenz zu verkehrten Taten, nicht aber um eine Konstitution des Subjekts. Ein weiteres Problem liegt darin, daß in der Neuzeit das Erbe fast unvermeidlich biologistisch mißverstanden wurde. Insofern kann der Ausdruck einer geschichtlich und sozial vermittelten Grund- oder Personsünde geschickter erscheinen.

Wenn aber der lebensfeindliche Klang beklagt wird, den die Wörter Erbsünde und Sünde für den allgemeinen Sprachgebrauch haben, so mag das nicht an den Worten, sondern an ihrem widerständigen, radikal kritischen Sinn liegen. Vielleicht ist die Tendenz zu ihrer sprachlichen Ausgrenzung ein Indiz der Dynamik des Erbes selbst.

Ein Vorteil des spätestens seit Anfang des 13. Jahrhunderts fest im deutschen Sprachbewußtsein verankerten Ausdrucks Erbsünde ist gerade darin zu sehen, daß er die Geschichtlichkeit und Kollektivität der Verkehrung betont und insofern doch auch anzeigen kann, daß es wesentlich um die allgemeine Konstitution des Subjektes geht und nicht um seine freie Entscheidung zu guten oder bösen Taten.[2]

Im Folgenden ist nach einer Einführung in den traditionellen (reformatorischen) Zusammenhang der Erbsündenlehre mit der Soteriologie zunächst die Verkehrtheit des Fürsichseins als solche zu bedenken und dann die Frage, wie ein verkehrtes Fürsichsein als sozial vermittelt zu verstehen ist.

1.1. Die systematische Bedeutung der Erbsündenlehre

Die christliche Lehre vom unwahren Leben bestimmt unmittelbar die Lehre vom wahren Leben und umgekehrt. Insbesondere gilt das für drei zentrale, schon im Neuen Testament gegebene Fragen nach dem wahren Leben, die auch untereinander einen Zusammenhang bilden: zum einen die Frage nach dem Verhältnis von Gesetz und Evangelium, dann die Frage nach der Rechtfertigung des Sünders bzw. die Frage, inwiefern der Sünder Tatsubjekt der Gottesgemeinschaft sein kann, und schließlich die Frage nach dem Verhältnis von Rechtfertigung und Heiligung bzw. die Frage nach dem Verhältnis zwischen dem Menschen für sich und dem Geist Gottes oder Christus als Subjekt des wahren Lebens in der Gemeinschaft.

Wird die Verkehrung im Sinne der Erbsünde vorausgesetzt, kann das Gesetz Gottes nur der Selbsterkenntnis des Sünders dienen[3], nicht aber dazu, daß er selbst die Sünde aufhebt. Die Predigt des Gesetzes, welches vom Sünder das wahre Leben fordert, reflektiert ihm die Gefangenschaft im Fürsichsein und

---

[1] In der gegenwärtigen Theologie ist Chr. Gestrich einer der wenigen, die am Wort „Erbsünde" festhalten. W. Joest z.B. (Dogmatik Bd. 2, 4. Aufl. Göttingen 1996, S. 405) plädiert für „Grundsünde".
[2] Zur Begriffsgeschichte vgl. T. Kleffmann, Die Erbsündenlehre in sprachtheologischem Horizont, Tübingen 1994, S. 26–37.
[3] Vgl. Röm. 3,20; 7,7ff.

spricht das vernichtende Urteil über ihn: die Wahrheit seines Lebens ist der Tod. Durch das Gesetz Gottes erkennt der Sünder sich selbst darin, daß er es – das doppelte Liebesgebot als Bestimmung wahren Lebens – nicht erfüllen kann.[4]

So ist mit der Erbsündenlehre auch die Frage nach dem Grund der Rechtfertigung des Sünders verbunden, also die Frage nach der Möglichkeit des Freispruchs, wenn der Mensch in der existentiellen Situation ist, im Sinne des göttlichen Gesetzes des wahren Lebens angeklagt zu sein. Wird wie bei Augustin das *peccatum originale* oder bei Luther die Erbsünde als Verkehrung in dem Selbstverhältnis verstanden, das allen Lebensverhältnissen zugrunde liegt, dann kann die Rechtfertigung vor Gott allein aus Gnade geschehen: der Sünder kann sich nicht selbst zu der Gemeinschaft bestimmen, in der die Gerechtigkeit besteht.

Im Prinzip liegt dieser Zusammenhang auch schon im Sündenverständnis z. B. von Ez. 11,19; 36,26; Jer. 31,31ff.; 32,39 oder erst recht im Sünden- und entsprechenden Gesetzes- und Gnadenverständnis des Paulus vor, ebenso im Gedanken von der Taufe als Wiedergeburt, die unmittelbar den Tod des alten Menschen voraussetzt.

Die Gottesgemeinschaft kommt dem Sünder allein in dem Glauben zu, in dem er im Tod Christi sein Fürsichsein, die Nichtigkeit der Identität, die er durch sich selbst hat, wiedererkennt und sich darauf verläßt, daß eben in dieser Nichtigkeit und Ohnmacht Gott mit ihm die Gemeinschaft eingegangen ist.

Der Skopus des Gedankens der Erbsünde, nämlich die Konstitution des Subjekts des Denkens, Wollens und Handelns, ist in der Theologiegeschichte über weite Strecken verfehlt worden. Wird Sünde überhaupt lediglich im Sinne eines verkehrten, das Gesetz übertretenden Akts des Subjekts verstanden und Erbsünde allenfalls als Schwächung der Freiheit der Selbstbestimmung zum Guten, so entspricht dem die Auffassung, daß dem Menschen für sich stets ein Rest an vernünftiger Gotteserkenntnis und freiem Entscheidungsvermögen verbleibt, durch die er bei seiner Rechtfertigung bzw. an seinem Gottesverhältnis mitwirken kann und muß.

Schließlich ist mit der Erbsündenlehre auch über die Frage nach dem Subjekt der Heiligung bzw. des wahren Lebens in der Gottesgemeinschaft sowie über das Verständnis der Kirche entschieden. Der Skopus der Erbsünden- und der Rechtfertigunglehre wird verfehlt oder sogar konterkariert, wenn die Gnade als eine dem Menschen für sich (substantiell) zukommende Eigenschaft verstanden wird, die ihn befähigt, sich selbst zur angebotenen Gemeinschaft zu bestimmen – etwa in der Annahme, daß das Sakrament der Taufe ihn von der Erbsünde als entscheidender Schwächung der möglichen Selbstbestimmung zum Guten befreit. Die konkrete Sünde betrifft so wiederum nicht die Konstitution des Subjekts, sondern besteht lediglich in seinen verkehrten Entscheidungen. Das aber heißt, daß die Rechtfertigung des Sünders nicht scharf von dem wahren Leben, das von ihm gefordert wird, zu unterscheiden ist. Der Mensch für sich muß bei

---

4 Nur sozusagen im Urstand konnte das Gebot zur Ordnung des wahren Lebens im Gottesverhältnis dienen; vgl. unten 2.1. – Zur Frage, inwiefern der Mensch überhaupt dazu kommt, daß die Predigt des Gesetzes Gottes für ihn relevant ist, und inwiefern es eine Selbsterkenntnis in der Grundsünde geben kann, wenn von Gott nicht die Rede ist, vgl. 1.2.6.

seiner Rechtfertigung durch Selbstbestimmung mitwirken und in dem Maß, in dem er gerechtfertigt ist, diese Rechtfertigung durch Taten der Liebe bewähren und steigern. Der Mensch für sich muß mit Hilfe der ihm übereigneten Gnade sein wahres Leben verwirklichen.[5]

Dagegen war es eine wesentliche Einsicht der lutherischen Reformation, daß auch der Gläubige nach der Taufe zwar im Glauben gerecht und mit Christus vereint, aber für sich Sünder ist.[6] Denn vor Gott ist das sich voraussetzende oder festhaltende Fürsichsein des Menschen prinzipiell als Ausdruck und Wirklichkeit der Erbsünde zu verstehen.

Außerdem stellt sich das geschöpfliche Fürsichsein auch im Gläubigen immer wieder her und unterliegt der erneuten Versuchung, seine Getrenntheit zu verleugnen und in das allgemeine Prinzip zu verfallen, sich aus diesem Nichts selbst eine positive Identität im Verhältnis zu Dingen, Menschen und Gott zu schaffen.

Insofern ist auch der Gläubige, in Reflexion auf sein bleibendes Fürsichsein, Sünder. Nach Luther ist die Taufe, das Sterben des Menschen für sich und das neue Leben in der Gemeinschaft Christi, täglich anzueignen.

Dem entspricht auch das Verständnis der realen Kirche in der reformatorischen Theologie: sie ist nicht nur im Glauben des Wortes Gottes Gemeinschaft der Heiligen, sondern immer auch Gesellschaft der Sünder und insofern fehlbar. Sie muß sich immer wieder reformieren und muß sich immer wieder ihrer eigenen Wahrheit als einem externen Wahrheitskriterium aussetzen.

Das wahre Leben in der Gottesgemeinschaft kommt nicht dem Menschen für sich zu, sondern gerade indem sich das Fürsichsein von sich abstößt – im Glauben, seine Wahrheit in Christus, in der die Menschen vereinenden Gemeinschaft Gottes zu finden: „Ich lebe, doch nun nicht ich, sondern Christus lebt in mir". Wird der Christ paränetisch auf das wahre Leben in der Hingabe des Fürsichseins angesprochen, so ist der Adressat nicht eigentlich der in seinem Fürsichsein gefangene, um sich selbst kreisende Mensch – aber natürlich auch nicht Christus oder der Geist „in" ihm. Angesprochen ist vielmehr der Mensch, der zum einen, indem er im Erleiden der Negativität des Fürsichseins zum Adressaten der Liebe Gottes geworden ist, sich selbst in dieser Gemeinschaft versteht, der aber zum anderen, indem sich im Verhältnis zum anderen Menschen das Moment des Fürsichseins wiederherstellt, dem Leben Christi in ihm durch Hingabe entsprechen soll.[7] So realisiert sich die in ihm lebendige, sein Selbstverhältnis bestimmende eschatologische Gemeinschaft Christi im Verhältnis zum anderen Menschen.

---

5 Überdies konnte sich im Katholizismus an dieses Verständnis von Gnade als geschenkter Eigenschaft des Menschen die weitere Vorstellung anknüpfen, daß das kirchliche Amt, indem ihm eine sakramentale Steigerung der Taufgnade im Sinne einer Hierarchie zukommt, als solches sündlos ist und so der einfachen Gemeinde gegenüber Christus verkörpert.
6 Vgl. unten IV.2.1.2. und zum *simul iustus et peccator* 2.1.3. – Alle hier angesprochenen soteriologischen Themen werden in Abschnitt IV. entfaltet.
7 Vgl. IV.3.2.

1.2. Die Verkehrtheit des Fürsichseins und ihre Erkenntnis
1.2.1. Verkehrtheit des Selbstverhältnisses

Die Grund- oder Erbsünde ist eine Verkehrtheit des Fürsichseins oder eine Verkehrtheit des Selbstverhältnisses. Die Aufhebung der Verkehrtheit setzt ihre Erkenntnis unmittelbar voraus.

Noch einmal ist an Gal. 2,19f. zu erinnern: „ich bin durchs Gesetz dem Gesetz gestorben, damit ich Gott lebe. Ich bin mit Christus gekreuzigt. Ich lebe, doch nun nicht ich, sondern Christus lebt in mir. Denn was ich jetzt lebe im Fleisch, das lebe ich im Glauben an den Sohn Gottes, der mich geliebt hat und sich selbst für mich dahingegeben."

Vom menschlichen Subjekt des Lebens ist hier mindestens in einem vierfachen Sinn die Rede. Zum einen ist von meinem Leben im Fleisch die Rede (und zwar so, daß es hier durch den Glauben bestimmt ist). Damit ist der Mensch als leibliches, selbstbewußtes Wesen im Ganzen gemeint. Schon indem sich das denkende Ich auf diese Ganzheit bezieht, realisiert es ein Selbstverhältnis. Das im Fleisch Leben heißt dann, daß der Mensch sich vorgegeben ist. Als jetzt denkendes (reflektierendes) Ich ist mir mein geschichtliches, endliches Leben im Ganzen bewußt. Das impliziert auch, daß ich mich von der gegenwärtigen Unmittelbarkeit des leiblichen Kommunizierens, indem ich mich darauf (als meines) beziehe, unterscheide. Der Mensch als leibliches, selbstbewußtes Wesen im Ganzen ist also zu unterscheiden von einem zweiten Sinn, in dem vom menschlichen Subjekt die Rede ist: eben das denkende Ich, das sein Leben im Ganzen reflektiert. Das ist das Selbstverhältnis zusammengefaßt als Selbstbewußtsein, das konkrete Fürsichsein.

Als Fürsichsein überhaupt ist es zunächst in einem supralapsarischen Sinn zu nehmen. Oben in 2,I.2. wurde gezeigt, wie dieses Fürsichsein als notwendige Reflexion in sich aus einer ursprünglichen Sinngemeinschaft zu verstehen ist, die als zwischenmenschliche Gemeinschaft und u.U. Gemeinschaft religiösen Sinns auch einen unmittelbaren Sinn der Dinge einschließt. Und es wurde gezeigt, daß das Fürsichsein als diese Reflexion in sich eine Negativität bedeutet, die die Sinnlosigkeit der Welt und der Verhältnisse in ihr umfaßt und als Wahrheit des Todes gelten kann, aber auch die absolute Grenze des Verstandes bezeichnet.

Erst die Reflexion des Menschen in sich als Fürsichsein bedeutet, daß der Mensch als er selbst nach Identität im Verhältnis zum Anderen fragen kann – nach einem durchgängigen Sinn seines Lebens, nach einem Sinn seiner Verhältnisse zum Anderen, in denen er sein Wesen finden muß. Nur durch die Negation selbstverständlicher Identität kann er seine wahre Identität erfahren. Seine wahre Identität ist nie natürlich gegeben, sondern muß in der umfassenden Nichtigkeit seines Verhältnisses zum anderen Menschen, zur Natur, und auch in der Krise des überlieferten Gottesverhältnisses vermittelt sein. Das gehört zum Geheimnis des menschlichen Wesens.

Der dritte Sinn, in dem vom menschlichen Subjekt die Rede ist, ist die Gemeinschaft mit Christus als neues Selbstverhältnis: „Christus lebt in mir". Indem sich der Mensch, wenn er die Nichtigkeit des in sich reflektierten Fürsichseins realisiert hat, darauf verläßt, daß Gott in dieser Nichtigkeit mit ihm eine Gemeinschaft eingegangen ist, hat er darin sein grundlegendes Selbstverhältnis. Auf dieser Ebene geht es also um das Prinzip der eigenen Identität unter der Bedingung der realisierten Negativität. Es geht um die Instanz, die im Moment der Nichtigkeit des in sich reflektierten Fürsichseins Identität vermittelt.[8]

Diesem dritten Sinn, in dem vom menschlichen Subjekt die Rede ist, war der vierte, der sich auf derselben Ebene befindet und auf den es hier nun ankommt, schon vorausgesetzt: „ich bin [...] gestorben"; „ich lebe, doch nun nicht ich". Diese Verneinung des Ich als Subjekt des Lebens betrifft offensichtlich nicht das denkende Ich als Moment eines Selbstverhältnisses überhaupt. Vielmehr impliziert dieses vormalige, jetzt negierte Ich auch ein bestimmtes Selbstverhältnis. Daß Christus in mir lebt, indem ich mich als geliebt glaube und weiß, daß er in mir lebt, setzt voraus, daß das Selbstverhältnis verneint ist, in dem sich das Ich als Subjekt des Lebens voraussetzt und selbst der Grund seiner positiven Identität im Verhältnis zum Anderen ist. Dieses Selbstverhältnis wird verneint, indem es zur Selbsterkenntnis vor Gott wird und sich in dem Fürsichsein konzentriert, das sich im Glauben an Christus von sich abstößt. Erst im Rückblick, aus der lebensgeschichtlichen Distanz seiner Christusgemeinschaft als des neuen Selbstverhältnisses kann der Mensch das alte Selbstverhältnis im Ganzen erkennen.

Daß das negierte Ich auch ein bestimmtes Selbstverhältnis impliziert, und zwar als Verhältnis zu einer Identität vermittelnden Instanz, ergibt sich hier aus der Bedeutung des Gesetzes in V. 16 und 19. „Ich bin [...] dem Gesetz gestorben", indem ich als Subjekt seiner Werke negiert bin. Diesem Subjekt entspricht das Selbstverständnis, durch das Tun der Werke gerecht zu werden. Dieses Selbstverständnis beansprucht also Selbstbestimmung in der Identität vor Gott als dem entscheidenden Anderen. Das denkende Ich verabsolutiert sich selbst. Eben diese Verabsolutierung ist negiert.

Negiert ist das denkende Ich also nur, insofern es in seinem Verstehen, Handeln und Kommunizieren seine Identität (die positive Bestimmung des Selbstbewußtseins im Verhältnis zum Anderen) voraussetzt bzw. als vorausgesetzte festhält. Das geschieht, indem auch hier sich das denkende Ich im vielfältigen Verhältnis zum Anderen auf eine einheitliche Instanz bezieht, die seine Identität vermittelt, also es als positives Selbstbewußtsein bestimmt. Hier ist dies der Gott der Tradition. Diese Vermittlung von Identität geschieht nun aber so, daß sich das denkende Ich im Verhältnis zum Anderen selbst bestimmt. Das bedeutet, daß es in Wahrheit selbst die Identität vermittelnde Instanz ist, auf die es sich in seinem Selbstbewußtsein und zugleich als äußere Realität bezieht. Es bezieht sich in Wahrheit nur auf sich selbst. Sein Gott ist nichts als sein eigenes Bild. Sein Verhältnis zu „Gott" ist ein verkehrtes Selbstverhältnis.

Diese Wahrheit, indem sie einen Selbstwiderspruch des entsprechenden Lebens (Kommunizierens) bedeutet, realisiert hier der Satz: „Ich bin [...] gestorben". Diese Selbsterkenntnis entspricht dem Urteil des Gesetzes Gottes als dem Anspruch des wahren Anderen, welches das wahre Leben in der Gemeinschaft fordert und so das Subjekt in seinem verkehrten Selbstverhältnis reflektiert und verneint: „ich bin durchs Gesetz dem Gesetz gestorben". Der Tod ist notwendig, indem das Subjekt in diesem Selbstverhältnis konstituiert ist. Das impliziert seine völlige Unfreiheit, sich selbst zur Gemeinschaft Gottes zu bestimmen und das Gesetz, das doppelte Liebesgebot zu erfüllen. – Soweit zu Gal. 2.

---

8 Vgl. oben 2,I.3.2.

1.2.2. Sich selbst vermittelnde Identität

Die Verkehrung des Selbstverhältnisses im Sinne der Erbsünde besteht darin, daß die Negativität des in sich reflektierten Fürsichseins verleugnet wird, d.h. zu dem Moment wird, in dem es sich selbst bestimmt, also selbst eine Identität gibt bzw. vermittelt.

Nichts anderes drücken schon die augustinischen Bestimmungen des *peccatum originale* wie Hochmut (*superbia*), selbst wie Gott sein wollen, Sichselbstzugekehrtsein, Nachsichselbstleben usf. aus – oder der lutherische Gedanke des Durchsichseins, Insichseins, Aussichseins.

Nun war aber schon der menschliche Leib als sich selbst vermittelnde, präreflexive Identität anzusprechen; die gemeinschaftliche und individuelle Selbstvermittlung seiner präreflexiven Identität ist theologisch eine Bestimmung der Geschöpflichkeit des Menschen.[9] Diese theologisch zur Geschöpflichkeit gehörige Selbstvermittlung präreflexiver Identität schließt beim Menschen ursprünglich auch die Verstandestätigkeit ein, also das Verstehen und Berechnen und Gebrauchen der Dinge zum Zweck der leiblichen Selbsterhaltung.

Dabei handelt es sich sozusagen um eine Selbstvermittlung der Identität im Verhältnis zur Welt (*coram mundo*), nicht im Verhältnis zu Gott (*coram Deo*). Es handelt sich um die verstandesgemäße Herrschaft über die Welt im Sinne von Gen. 1,28, durch die der Mensch sich die Möglichkeit seiner Geistigkeit erarbeitet.

Die (geschöpfliche) Selbstvermittlung präreflexiver Identität im Verhältnis zur Welt einschließlich der Verstandestätigkeit bedeutet auf der Ebene des Selbstbewußtseins, indem dieses noch nicht als Fürsichsein in sich reflektiert ist, eine unmittelbare, vorläufige Sinneinheit mit der Welt. Dagegen ist, wenn vom Wesen der Sünde als Selbstvermittlung der Identität die Rede ist, vorausgesetzt, daß der Mensch im Prinzip aus dieser unmittelbaren Sinneinheit mit dem Anderen in sich als Fürsichsein reflektiert ist. Es ist also vorausgesetzt, daß der Mensch ursprünglich nach einem Sinn im Ganzen für ihn fragt – auch wenn die allgemeine Realität der Sünde zugleich bedeutet, daß er dies nicht tut.

Vorausgesetzt ist also, daß der Mensch im Prinzip eben die Selbstvermittlung seiner präreflexiven Identität reflektiert und darin sein Fürsichsein realisiert; in dieser Reflexion liegt die notwendige Verneinung der selbstverständlichen Identität. Vorausgesetzt ist, daß er im Prinzip die verstandesmäßige Funktionalität seines Weltbildes und Handelns reflektiert.

Das heißt für das Wesen der Sünde: obwohl der Mensch die Leere, die reine Entfremdung des Fürsichseins realisiert, durch die er allererst vor Gott als dem Anderen steht – setzt er das Prinzip der Selbstvermittlung der Identität fort. Anders gesagt: Er läßt sich in es zurückfallen. Er verleugnet die Wahrheit des

---

9 Vgl. 2,I.2.1. – Entsprechend kann die Selbstvermittlung von Identität als vernünftige Definition des Lebendigen gelten: Leben ist Selbstorganisation und Selbstbewegung zum Zweck der kollektiven und individuellen Selbsterhaltung und Selbststeigerung im Verhältnis zum Anderen.

Fürsichseins, indem er in die Selbstverständlichkeit des Lebens zurückkehrt. Doch seine positive Identität im Verhältnis zur Welt der Gegenstände, im Verhältnis zum anderen Menschen sowie im Verhältnis zu „Gott" oder Götzen ist nun eine selbst *ex nihilo* geschaffene – und damit auch seine Welt.[10] Die neue Selbstverständlichkeit ist Schein. Ihr Abgrund ist die absolute Fremdheit, die Leere des zwischenmenschlichen Verhältnisses auf der Ebene des Fürsichseins, die Gottlosigkeit, der Tod.

1.2.3. Die Verkehrung im Verhältnis zur Natur und zum anderen Menschen

Alle drei Dimensionen des Lebens unterliegen demselben Prinzip der Identität: das Verhältnis zur Natur, das zwischenmenschliche Verhältnis, und der explizite Glaube an etwas, was Identität vermittelt.[11]

Die Natur wäre im Moment des aus aller Identitätsfunktion der Verstandeserkenntnis in sich reflektierten Fürsichseins als Äußerung des Anderen zu verstehen – wenn Gott als Mensch sie ihm als solche interpretierte. Doch der Mensch überträgt die Leere und Entfremdung des Fürsichseins von sich auf die Natur, indem er sie zur bloßen Materie seiner Schöpfung macht. Er mißbraucht sie, um sich aus dem Nichts seines Fürsichseins selbst eine positive Identität zu schaffen. Das geschieht schon darin, daß er sich über sein gegenständliches Eigentum bzw. über seine gegenständliche Macht identifiziert und die gegenständliche Welt zur Funktion dessen macht.

Dabei ist sowohl die Funktion des Eigentums als auch die Funktion gegenständlicher Macht stets auf soziale Anerkennung angewiesen – was bereits anzeigt, daß das zwischenmenschliche Verhältnis die übergreifende Identitätsdimension darstellt.

Und zugleich geschieht es darin, daß sich der Mensch eine Spielzeugwelt schafft, um seinem Handeln einen Sinn zu geben. Buntes Spielzeug dient dem Menschen zum einen dazu, sich zu beschäftigen und die Leere der Zeit zu verdrängen. Zum anderen dient seine Buntheit dazu, sich den Blick auf den Abgrund des wirklich Anderen und das eigene Nichts zu verstellen.

Die ursprüngliche Welt, statt sie als Äußerung und Eigentum Gottes zu verstehen, wird zum an sich gleichgültigen, bedeutungslosen Rohstoff menschlicher Schöpfung und damit zur Staffage einer kollektiven Lebenslüge. Die Fremdheit, die ihr im Moment des Fürsichsein zukommt und die zugleich die des Fürsichseins selbst ist, wird verleugnet und dadurch unendlich potenziert. Denn wenn ihre Fremdheit im Moment des Fürsichseins verleugnet wird, kann die Welt auch nicht mehr als Sprache des Anderen verstanden werden.

---

10 Insofern sagt Nietzsche zu Recht: „Wir erst haben die Welt, die den Menschen Etwas angeht, geschaffen!" (s.o. S. 37, Anm. 31).

11 Ohnehin spiegelt jede der Dimensionen auch die anderen beiden wieder; die Dimension des Glaubens ist allerdings nicht notwendig als eigene Dimension reflektiert: auch an Dinge oder andere Menschen kann in einem Identität vermittelnden Sinne geglaubt werden.

Der entsprechende Weltumgang weist eine geschichtliche Dynamik auf. So scheint, wie von J.G. Hamann prophezeit[12], eine allgemeine Entsprachlichung der Welt fortzuschreiten – jedenfalls sofern ihre Bedeutung unreflektiert von der Naturwissenschaft beherrscht ist. Denn hier wird schon die Wahrnehmung und Erkenntnis der Welt fortschreitend konstruktiv funktional, d.h. technologisch angelegt. Die Dinge verlieren ihre sprachliche Bedeutung als Teil der uns vorgegebenen Welt. Ihre Erkenntnis wird zur Technologie, zur Funktion eigener Schöpfung.

Auch gegenseitig mißbrauchen sich die Menschen, indem sich im Verhältnis zum Anderen wesentlich die eigene Identität vermittelt. Es sind Formen ursprünglicher Gemeinschaft, die dazu pervertieren, die Leere des Fürsichseins zu verleugnen. Im Verhältnis zwischen Einzelnen kann das heißen, daß der Eine den Anderen unmittelbar als Ding gebraucht. Er gebraucht ihn als Gegenstand der Macht, durch die er das Verhältnis so gestaltet, daß es ihn (sein Selbstbewußtsein) definiert. Oder der Eine gebraucht den Anderen dafür, daß er ihm das verschafft, was die Nichtigkeit des Fürsichseins verleugnet und so als Lebenssinn gilt. Dieser Gebrauch des Anderen ist entweder als asymmetrisches Machtverhältnis oder als Verhältnis der Gegenseitigkeit denkbar. Oder das Verhältnis zum anderen Menschen dient auf andere Weise im Selbstverständnis zur Selbstabgrenzung und Selbstbestätigung, in deren Positivität der Mensch die Nichtigkeit des Fürsichseins verleugnet.

Oder das Verhältnis zum anderen Menschen dient im Sinne einer Identifikation mit dem Anderen dazu, dem Fürsichsein (seiner Einsamkeit, seiner Frage, seinem Tod) zu entfliehen. Aber auch, daß der Einzelne sich so als Teil einer Gemeinschaft versteht, in der er seine Identität findet (etwa die Familie, die Partei, das Volk, auch die Kirche), bedeutet durchaus nicht, daß der Andere als Selbstzweck behandelt wird – wenn die Gemeinschaft mit dem Anderen wesentlich dazu dient, die Leere des Fürsichseins zu verleugnen (dazu gleich weiter in 1.2.4.).

In jedem Fall ist der andere Mensch dem Menschen wesentlich gleichgültig – statt im Anderen die eigene Wahrheit zu finden. Denn den Anderen verstehen hieße schließlich, die umfassende Einsamkeit seines Fürsichseins zu verstehen – als die eigene.

Auf der anderen Seite ist der Andere, auch wenn er gebraucht wird, um im Verhältnis die eigene Identität zu vermitteln, in dieser Funktion zwar austauschbar, aber doch wesentlich. Auch wenn es mir im Verhältnis zum Anderen um die eigene, vorausgesetzte Identität geht, bin ich darin auf ihn angewiesen – das ist der Selbstwiderspruch dieses Verhältnisses.

Inwiefern das allgemeine Gespräch die Verkehrung im Verhältnis zum anderen Menschen, zur Natur, zu Gott grundlegend zwischenmenschlich vermittelt (und eine gegenseitige Bestätigung in der Lebenslüge impliziert), dazu 3.

---

12 Vgl. 2,I.1.4.

1.2.4. Vergötterung und Selbstvergötterung

Die Erbsünde bedeutet insgesamt, daß sich der Mensch im Verhältnis zur Natur und im Verhältnis zum anderen Menschen selbst zu Gott macht.[13] Der Mensch gibt sich im Moment der Negativität des in sich reflektierten Fürsichseins selbst eine Identität im Verhältnis zum anderen Menschen, zum Eigentum – ein positives Selbstverständnis oder Selbstbewußtsein, einen Lebenssinn. Dieses Prinzip der Identität ist das Gesetz, unter dem er (sein Denken, Kommunizieren, Handeln) steht. Das aber heißt: Ich verhalte mich im Verhältnis zum anderen Menschen, im Verhältnis zur Natur, im Verhältnis zu „Gott", so zu mir selbst, wie ich mich in Wahrheit zu Gott verhalten müßte – oder anders gesagt: wie ich mich im christlichen Glauben zu Gott verhalten würde.

Diese Selbstvergötterung bedeutet aber nicht, daß sich der Mensch dazu bekennt, selbst Gott sein zu wollen. Denn das Selbstbewußtsein, selbst wie Gott zu sein, würde die weltumfassende Einsamkeit des Fürsichseins im Bewußtsein halten. Die Einsamkeit, selbst wie Gott zu sein, potenziert die Angst als ein ursprüngliches Motiv ihrer Verleugnung.[14]

Zugleich würde dieses Selbstbewußtsein einen reinen Widerspruch zwischen dem Lebenssubjekt und dem Subjekt der Selbsterkenntnis bedeuten: zum einen der Vollzug der positiven Identität im Verhältnis zu den Dingen, zum anderen Menschen – ein Vollzug, der immer auch ein bestimmtes Wollen, den Glauben an ein identitätbildendes Ziel impliziert. Zum anderen das Bewußtsein, diese Identität im Ganzen (einschließlich all ihrer Verhältnisse und ihres Glaubens) aus dem Nichts des Fürsichseins zu schaffen, also das Bewußtsein absoluter Negativität.

Deshalb werden weltliche Größen zu Göttern eingesetzt, d.h. zu Instanzen, die die Identität vermitteln, indem an sie geglaubt wird.[15] Sie differieren entsprechend dem Bildungsgrad der Reflexion in sich: je reflektierter das potentielle Bewußtsein der Negativität des Fürsichseins, desto größer der „Gott".

Individuell können dabei durchaus verschiedene Bestimmungen des Glaubens an eine Identität vermittelnde Instanz zusammenspielen. Insofern kann die positive Identität fragmentiert erscheinen. Verschiedene positive Identitäten (oder: identitätbildende Verhältnisse) spielen in der Lebensgeschichte bloß oberflächlich zusammen – jedoch stets auf dem verleugneten Hintergrund der durchgängigen Negativität des Fürsichseins. Gerade der Fragmentierung, der Vielheit kleiner Götter kann also im Blick auf die Funktion der Verleugnung der Negativität möglicherweise Methode unterstellt werden. Denn je

---

13 Für Nietzsche war das die Kehrseite seines Nihilismus: der Mensch ohne Gott muß sich selbst schaffen, muß sich selber Gott sein, sei es indem er sich grundsätzlich eine religiöse oder moralische Perspektive seines Handelns gibt, sei es indem er sein Leben frei entwirft, oder sei es auch nur indem er sich innerhalb eines kollektiv vorgegebenen Rahmens selbst bestimmt.
14 Die Redlichkeit, mit der Nietzsche die Einsamkeit des Menschen ohne Gott zu Ende dachte, ist das Seltenste; und auch er hielt diese Einsamkeit in gewisser Weise nicht aus, sondern entwarf sie in seiner Lehre von der ewigen Wiederkehr des Gleichen als ewige, d.h. alle Zeit und alle Gegenstände des Lebens umfassende Gemeinschaft mit sich.
15 Vgl. oben 2,I.3.1.

umfassender ein „Gott", desto präsenter ist auch die Universalität der Negativität, auf die sich der Glaube bezieht.

Schon Gegenstände der Selbstvermittlung präreflexiver, leiblicher Identität wie Essen und Trinken können solche Größen sein, die als Sinn des Lebens eingesetzt werden. Oder Macht, die den Einzelnen sozial definiert – etwa in Gestalt von Eigentum oder öffentlichem Ansehen. Oder auch abstrakte Ideen künftiger Macht und Erfüllung wie Wissenschaft, die ideale Gesellschaft, oder überhaupt Fortschritt werden zu Gegenständen des Glaubens. Oder der Gott der Tradition wird zur Funktion des Prinzips, sich seine positive Identität selbst zu vermitteln, indem er eine bestimmte Leistung fordert und heiligt.

Oder wie gesagt ein reales menschliches Kollektiv wird in dem Sinn vergöttert, daß sich das Fürsichsein für es hingibt. Die Form einer ursprünglichen (Fürsichsein erst ermöglichenden) zwischenmenschlichen Gemeinschaft wie die Familie, das Volk wird in ihrer Realität idealisiert und zu einem quasi religiösen, die Negativität des Fürsichseins überwindenden Sinn erhöht. Aber auch ein geschichtlich kontingentes Kollektiv, ein beliebiger Verein kann in dieser Funktion stehen, wenn er nur mächtig genug erscheint, das Leben gemeinschaftlich zu organisieren. Auch die faktische Kirche kann in ihrer menschlichen Faktizität vergöttert und damit verkehrt werden.

Es lassen sich also zwei Grundtypen der Selbstvergötterung in Bezug auf eine Identität vermittelnde Instanz unterscheiden, die aber sowohl im Individuum als auch in der Gesellschaft stets zusammenwirken. Entweder der Mensch behauptet seine positive Identität vor seinem „Gott" durch Leistung und Selbstbestimmung. Der Mensch glaubt hier immer auch und vor allem an sich selbst – an die eigene Fähigkeit, dem Prinzip seiner positiven Identität gerecht zu werden. Oder der Mensch flieht in seinen „Gott", in eine kollektive Identität (bzw. ihre Idee), für die er sein Fürsichsein einsetzt, indem er sich mit ihr identifiziert.[16] Doch in beiden Fällen verbirgt sich das Fürsichsein hinter den Göttern, die es selbst einsetzt. In beiden Fällen ist die Wahrheit der Götter, daß der Mensch im Verhältnis zu ihnen um sich selbst kreist.

Auch die scheinbar so gegensätzlichen Extreme von offensichtlicher Hybris[17] und offensichtlicher Selbstverleugnung und Selbstaufopferung für ein Kollektiv müssen als Gestalten desselben Umsichselbstkreisens angesehen werden. Auch der Mensch in der Hybris verleugnet die Leere seines Fürsichseins, wenn auch gerade durch sein positives Selbstbewußtsein in seiner Macht oder Leistung. Eben diese Verleugnung kann aber auch

---

16 Hier, im Blick auf die Sünde der Selbstverleugnung, liegt die particula veri des feministischen Ansatzes der Sündenlehre, der allerdings bisweilen den theologischen Skopus des Sündenbegriffs verfehlt, von einer Verkehrung im Selbstverhältnis *coram deo* zu reden. – Auch schon Kierkegaard hat in der „Krankheit zum Tode" (1849) nicht nur von der Sünde des verzweifelt man selbst sein Wollens, sondern auch von der des verzweifelt nicht man selbst sein Wollens gesprochen.
17 Dafür steht der Typ des skrupellosen Machtmenschen oder in der Sphäre der Religion die offensichtliche Selbstgerechtigkeit des Pharisäers.

die Gestalt der Selbstaufopferung für ein reales Kollektiv annehmen, indem dieses als solches die Negativität des Fürsichseins nicht kennt.

Im Unterschied zum Ernst der Hybris und der Selbstaufopferung kann sich die Flucht vor sich selbst (und vor Gott) allerdings auch in einer durchgängigen Haltung der Zerstreuung darstellen, die sich einer im Grunde zynischen Ideologie des Spaßes bedient. Die Fragmentierung ist hier Programm; sozusagen handelt es sich bei den Göttern des Lebens um extrem viele und extrem kleine Götter. Doch auch in diesem Fliehen aller Sammlung und Reflexion in sich bildet insgeheim das Fürsichsein (das bereits zu sich Gekommensein) den Grund der Flucht.

1.2.5. Verkehrte Leidenschaft (Konkupiszenz)

Die Leidenschaft für das, mit dem das in sich reflektierte Fürsichsein seine Leere füllt, gleicht einer Sucht, der das denkende Ich unterliegt. Die traditionelle christliche Sündenlehre redet in diesem Zusammenhang von der verkehrten Begierde (Konkupiszenz), die sich z.B. als Habgier oder Machtgier zeigt.

Schon Augustin diagnostiziert, daß der primär geistigen Sünde des Hochmuts (*superbia*), der verkehrten Selbstliebe, die Verselbständigung des Fleisches gegenüber dem am Gesetz Gottes orientierten Geist entspricht: Das Fleisch bezwingt den Geist, d.h. es bringt ihn zur Übertretung des Gesetzes. Das heißt, das Prinzip der Selbstvermittlung präreflexiver Identität bestimmt nun auch den Geist.

Für die Confessio Augustana von 1530 entspricht der Bestimmung der Erbsünde als Unglaube (bzw. als fehlende Gottesfurcht und fehlendes Vertrauen zu Gott) auf der Seite der positiven Bestimmtheit des Lebens die Konkupiszenz.[18]

Das Prinzip der Selbstvermittlung der Identität erscheint als die Sucht einer verkehrten Leidenschaft, deren innere Notwendigkeit es ist, die Leere des Fürsichseins zu füllen. Die Leere wird durch das gefüllt, was begehrt wird, um es zu genießen. Als Begehrtes aber gibt es Sinn und Identität – sei es, daß der Gegenstand der Leidenschaft selbst als ein Gott fungiert, sei es, daß er nur als vorläufige Erscheinung dessen fungiert, was Identität gibt.

Die Leidenschaft muß, um die Leere des Fürsichseins zu füllen, das Andere (das Begehrte) aneignen, einverleiben.[19] Damit ist aber ein Selbstwiderspruch verbunden: Zum einen braucht das Selbst den begehrten Gegenstand, um die innere Leere zu füllen und so in der Befriedigung des Begehrens mit sich eins zu sein und sein Leben zu spüren. Zum anderen braucht es die Spannung des Begehrens und vielleicht auch die ekstatische Unmittelbarkeit (den Rausch) der Erfüllung, um die Wahrheit seiner selbst gerade nicht zu spüren. Denn mit der Vollendung der Erfüllung muß das Fürsichsein realisieren, daß es keine Gemeinschaft hat; die im Verhältnis zum Begehrten aufgespannte Identität erweist sich als leer.

---

18 In der lateinischen Version von Art. II ist davon die Rede, daß alle Menschen, die natürlich geboren werden, mit Sünde geboren werden, *hoc est, sine metu Dei, sine fiducia erga Deum et cum concupiscentia* (BSLK S. 53).

19 Hier ist P. Tillichs Verständnis der Konkupiszenz zu vgl.: Systematische Theologie II, S. 60–64. Tillich versteht die Konkupiszenz als pervertierten „Wunsch, mit dem Ganzen wiedervereinigt zu werden" (S. 60).

I. Das unwahre Leben 95

Damit ist eine spezifische Gestalt des Momentes der Reflexion in sich bezeichnet, der sogleich zum Moment der Verleugnung wird. Der Suchtcharakter liegt darin, daß es im Moment der Reflexion notwendig ist, erneut in die Spannung des Begehrens zu fliehen, indem erneut der Gegenstand der Leidenschaft in die Zukunft projeziert und indem erneut das Außersichsein gesucht wird – das hier aber nur ein verkehrtes Beisichsein, das Fliehen des Fürsichseins ist. Dies kann auch die Notwendigkeit implizieren, die Intensität der Leidenschaft zu steigern, um die Erinnerung der Reflexion in sich zu übertönen.

Die suchtmäßige Notwendigkeit dieses Verhaltens gleicht der Notwendigkeit, mit der sich die präreflexive Identität des Leibes vermittelt, indem der Mensch atmet, ißt, sich paart usf. – nur daß die Notwendigkeit nun nicht auf die Möglichkeit des Fürsichseins, sondern auf seine Verleugnung zielt.

Festzuhalten ist, daß trotz dieser Dynamik der Konkupiszenz das denkende Ich auch in seiner Leidenschaft seine positive Identität vollzieht. Es steht selbst hinter dem Gegenstand seiner Leidenschaft; im Verhältnis zu ihm vollzieht es sein Selbstverhältnis. Zwar kann es sein, daß sich der Mensch, der insgesamt nicht Herr über das Prinzip seiner Identität ist, auch im Besonderen, wenn etwa Habgier oder Machtgier sein Leben bestimmen, dieser Leidenschaft nicht enthalten kann. Doch erfährt der Mensch den Suchtcharakter der Konkupiszenz nicht ohne weiteres als solchen, d.h. als prinzipielle Unfreiheit. Denn das setzt voraus, daß das Fürsichsein in seiner Leidenschaft nicht aufgeht, sondern prinzipiell gegenüber der Leidenschaft präsent bleibt (was dem Begriff der Leidenschaft widerspricht). Sofern aber in der Tat eine positive Identität der Leidenschaft gegenüber als durchgängiges Selbstbewußtsein oder Selbstverständnis präsent bleibt, bedeutet das, daß durch den Ausgleich verschiedener Leidenschaften der rationale Schein und auch das Selbstverständnis eines sich in der freien Mitte erhaltenden Subjekts in der Regel bewahrt werden kann. Das heißt, die Leidenschaften werden in der Regel so ausbalanciert, daß ihre Dynamik das positive Selbstverständnis nicht zerstört.[20]

Zum vollen Widerspruch zwischen dem denkenden Ich und dem Prinzip der Konkupiszenz als eines verkehrten, unfrei machenden Begehrens kommt es erst, indem der Mensch die Forderung des wahren, gemeinschaftlichen Lebens verinnerlicht, die als Gesetz Gottes dem Gesetz der Sünde widerspricht (vgl. Röm. 7).

Die so verstandene Konkupiszenz ist nicht nur von den Strukturen der Selbstvermittlung der präreflexiven Identität zu unterscheiden, die als solche zur Geschöpflichkeit gehören (die Notwendigkeit des Essens, des Geschlechtslebens usf.), sondern auch von körperlicher Sucht.

Ihr Gegensatz aber ist die Leidenschaft der Liebe, deren Bild künftiger Gemeinschaft mit Christus gegeben ist und deren Freiheit, das Fürsichsein hinzugeben, die Fülle des Geliebtseins ist. Diese Leidenschaft nimmt alle Dimensionen der menschlichen Sinnlichkeit in Anspruch und verwandelt die Strukturen, in denen sich die leibliche Identität im Ver-

---

20 Das Selbstverständnis bleibt entsprechend oberflächlich. Vgl. das oben zur Fragmentierung Gesagte.

hältnis zum Anderen selbst vermittelt, in Strukturen der Liebe.[21] Das kann freilich auch einen Konflikt zwischen einem präreflexiven Begehren und der christlich begründeten Liebe bedeuten. Hier schließt die Frage nach dem *tertius usus legis* an.[22]

1.2.6. Erkenntnis der Sünde

Zur Frage nach der Erkenntnis der Sünde reicht nun weitgehend eine Zusammenfassung.

Ausgehen läßt sich von der paulinisch-lutherischen Lehre, daß das Gesetz Gottes zur Selbsterkenntnis in der Sünde als allgemeiner Macht führt. Diese Selbsterkenntnis realisiert die Gefangenschaft des Menschen in sich selbst und den Tod als ihre Wahrheit.

Die rationale Einsicht in eine allgemeine menschliche Amoralität ist nicht schon Sündenerkenntnis. Denn Sünde ist wesentlich ein Begriff des menschlichen Gottesverhältnisses.

Die Grundsünde besteht darin, daß der Mensch die alle Wirklichkeit umfassende Negativität seines Fürsichseins verleugnet und sich in ihr selbst eine positive Identität verschafft. Ihre Erkenntnis bedeutet also, daß der Mensch die Nichtigkeit seiner positiven Identität im Verhältnis zur Welt, zu den anderen Menschen, zu seinem Gott realisiert – also die Leere seines Selbstverhältnisses darin. Da er in seinem positiven Selbstbewußtsein nicht Subjekt dieser Selbsterkenntnis sein kann, setzt sie voraus, daß der wirklich Andere widerspricht. Das unwahre Leben wird als solches erkannt, indem das Wort Gottes etwa im doppelten Liebesgebot das wahre Leben fordert.[23] Fordert die Gemeinschaft, die das wahre Leben vollzieht, das Sichverlassen und die Hingabe des Fürsichseins, so schließt das die Verneinung der Identität ein, die es durch sich selbst hat.

Diese Selbsterkenntnis durch die Konfrontation mit dem Gesetz des wahren Lebens ist einerseits die Bedingung dafür, daß das Evangelium für einen Menschen überhaupt von Bedeutung ist. Nur indem die Negativität des Fürsichseins *coram Deo* realisiert ist, kann das Evangelium, das dem Menschen im Moment dieser Negativität das Geschenk der Gemeinschaft zuspricht, eine lebensentscheidende Bedeutung entfalten. Andererseits wird die Erkenntnis des unwahren Lebens, des Umsichselbstkreisens in allen Verhältnissen erst im Selbstbewußtsein der verwirklichten Alternative vollendet – also auf dem Boden des wahren Lebens in der Gemeinschaft des Gottes, der sich mit dem Menschen in der Verlorenheit seines Fürsichseins identifiziert hat.[24]

---

21 Einen solchen positiven Begriff von Leidenschaft hat zuerst – gegen Kant – Hamann entwickelt. Vgl. vom Vf., Hamanns Begriff der Leidenschaft. In: Die Gegenwärtigkeit Johann Georg Hamanns, hg. von B. Gajek, Frankfurt a.M. u.a. 2005, S. 161–178.
22 Vgl. IV.2.1.2 und 2.1.3. sowie IV.3.
23 Luther beschreibt die entsprechende Selbsterkenntnis oft als Angst und Verzweiflung: Ich verzweifele an mir selbst und an meinem Leben, ich spüre die Angst des verfehlten, verrinnenden Lebens; die ganze Welt wird mir zu eng. Vgl. z.B. in der „Freiheit eines Christenmenschen" von 1520 die Thesen 6ff.
24 Dieser Aspekt wird heute z.B. von Theologen wie Gestrich oder Jüngel betont: erst von der Vergebung her ist die Sünde ganz zu erkennen, erst vom wahren das unwahre Leben. Aber

I. Das unwahre Leben

Daß das Gesetz Gottes zur Selbsterkenntnis in der Sünde führt, ist nun aber bereits ein immanent christlicher Zusammenhang. Das Verhältnis von Gesetz und Evangelium bezeichnet ursprünglich die Grunddynamik christlicher Predigt.

Vielleicht läßt sich sogar zuspitzen: der Sitz im Leben dieser Unterscheidung ist die Selbsterkenntnis des Christen in der wiederkehrenden Sünde.

Daß das Gesetz Gottes zur Selbsterkenntnis in der Sünde führt, setzt ja nicht nur voraus, daß ein menschliches Wort als Wort Gottes anerkannt wird – sondern daß das Gesetz Gottes Gemeinschaft fordert, ist konkreter als Kehrseite einer vorgängigen Gemeinschaft zu verstehen, in der Gott sich bereits als der offenbarte, im Verhältnis zu dem sich die Wahrheit des Lebens entscheidet.[25]

Unter der neuzeitlichen Bedingung, daß die christliche Rede von Gott ausdrücklich nicht selbstverständlich ist, ergibt sich nun die Frage, ob sich nicht auch an eine vernünftige Selbsterkenntnis des Menschen anknüpfen läßt, um mit dem christlichen Anspruch auf das wahre Leben bzw. auf Erlösung überhaupt verstanden zu werden und so auch die Relevanz der christlichen Rede von Gott neu zu erschließen.

Um die Frage zu beantworten, ist noch einmal klar zu unterscheiden: Die Erkenntnis der Grund- oder Erbsünde enthält als Selbsterkenntnis vor Gott zwei Momente. Das eine Moment besteht darin, daß das denkende Ich sein Selbstverhältnis im Verhältnis zur Welt, zum anderen Menschen, zu Gott realisiert. Damit ist der positive Vollzug des Selbstverhältnisses, also die Vermittlung der positiven Identität abgebrochen. Die Selbsterkenntnis ist also eine Krise der sich selbst vermittelnden Identität; sie ist keine Wahrheit, die das Subjekt in seine Identität integrieren kann. Es realisiert die Bedeutungslosigkeit seines Verhältnisses zum Anderen. Es realisiert sein absolutes Fürsichsein bzw. dessen Negativität. Das heißt, die verleugnete Negativität, in der sich die positive Identität im Sinne einer verkehrten Überwindung vermittelt, wird als Wahrheit dieser Identität realisiert. In diesem Sinn können z.B. Tauler, Luther oder Hamann von der Höllenfahrt der Selbsterkenntnis reden.

Wie in 2,I.2. dargestellt, ist dieses Moment der Selbsterkenntnis auch als autonome, vernünftige (philosophische) Selbsterkenntnis möglich.

---

auch schon Luther meint, daß das Evangelium den Sinn des Wortes Gottes als Gesetz und Evangelium umgreift: schon daß Gott post lapsum überhaupt mit dem Menschen spricht, deutet auf Gottes Gemeinschaftswillen, auf Christus hin: *Summa enim gratia est, quod post peccatum Adae Deus non tacet, sed quod loquitur.* Das wissen wir allerdings erst vom Evangelium her; und daß das Evangelium den Sinn des Gesetzes übergreift, setzt das wirkliche Gericht voraus. Umgekehrt aber gilt: wenn das Gericht Gottes nicht in die Verheißung der Gemeinschaft (und die entsprechende Selbstoffenbarung Gottes) übergeht, kann der Mensch es (die Wahrheit seiner Nichtigkeit) nicht aushalten, wie die Entschuldigung Adams und Evas in Gen. 3 zeigt. Vgl. in der Genesisvorlesung WA 42, S. 129ff., insbesondere S. 135.

25 Vgl. II.1.

Freilich ist die Selbsterkenntnis, auch sofern sie von Gott absieht und nur die Selbstvermittlung der Identität (und nicht auch das Gottesverhältnis) betrifft, zugleich heteronom. Die Selbsterkenntnis in der Selbstvermittlung der Identität bedeutet deren Krise und ist in einer Übermacht des Anderen begründet. Es ist die sich elementar z.B. im Todesbewußtsein ausdrückende Erfahrung der abgrundtiefen Selbständigkeit des Anderen, das Medium der Vermittlung der eigenen Identität ist, die den Menschen zu Selbsterkenntnis zwingen kann.

Außerdem liegt eine allgemeine Möglichkeit einer vernünftigen Selbstreflexion des Menschen darin, daß sich mit einer neuen geistesgeschichtlichen Generation auch die Notwendigkeit erneuert, daß sich menschliches Fürsichsein realisiert. Dieses erneute Zusichkommenmüssen des Subjekts des Lebens, Denkens, Handelns enthält auch ein Potential zur Kritik gegenüber einer älteren, sprachbestimmenden Verleugnung des Fürsichseins.

Andererseits liegt in der erneuten Realisierung des Fürsichseins und seiner Negativität auch die Versuchung zur erneuten Verleugnung und der Ansatzpunkt für die Macht ihres allgemeinen Erbes. Jedenfalls ist die Frage, was hier, außer der Wahrheit als solcher, das Motiv sein kann, die Negativität auszuhalten.

Das zweite Moment der Erkenntnis der Grundsünde setzt das erste unmittelbar voraus. Erst im Sinn dieses zweiten Momentes wird die Sünde als Sünde erkannt. Es besteht darin, die Selbstvermittlung der Identität bzw. jenes Selbstverhältnis im Horizont des Gottesverhältnisses als Verkehrung zu verstehen.

Die autonome Selbsterkenntnis in der Selbstvermittlung der Identität kann zwar die Bereitschaft für eine ganz neue, religiöse Interpretation von Welt und Leben bedeuten. Doch bedeutet sie durchaus nicht, daß der Mensch sich vor Gott erkennt. Insofern ist diese Selbsterkenntnis auch noch keine Sündenerkenntnis. Dann aber ist sie auch noch keine wahre Selbsterkenntnis – wenn denn der Mensch nur vor Gott wahrhaft er selbst ist: indem er versteht, wozu er bestimmt ist.

Jenes Selbstverhältnis im Horizont des Gottesverhältnisses als Verkehrung zu verstehen, kann bedeuten, daß die Predigt eine autonome Selbsterkenntnis im Sinne des Gesetzes Gottes in Anspruch nimmt. Das heißt, daß die Leere jenes Selbstverhältnisses (die Nichtigkeit der selbst geschaffenen Identität) für das denkende Ich durch den Widerspruch des einen Anderen bestimmt wird – der als Wahrheit des menschlichen Lebens die Gemeinschaft fordert. In dieser Präsenz des Anderen bzw. in dem von außen andringenden Widerspruch liegt dann die Notwendigkeit, die Negativität auszuhalten. Die positive Möglichkeit sie auszuhalten liegt in der Verheißung, die dem Anspruch des Gesetzes korrespondiert, nämlich daß Gott „ein neues Herz und einen neuen Geist in euch geben wird" (Hes. 36,26).

Deshalb ist die Erkenntnis der Erbsünde auch nur insofern vollendet, als diese in der Gemeinschaft Christi aufgehoben ist. Denn das im Sinne jenes verkehrten Selbstverhältnisses konstituierte Subjekt kann allenfalls dessen absolute (alles positive Verhältnis zum Anderen einschließende) Negativität realisieren, es kann aber nicht auch Subjekt der Erkenntnis der Verkehrtheit sein.

2. Ursprüngliche Gemeinschaft und ursprüngliche Versuchung

Leitthema 4
Der theologische Sinn der Paradieserzählung liegt zum einen in dem Gedanken, daß eine ursprüngliche Gottesgemeinschaft zugleich eine allgemeine zwischenmenschliche Gemeinschaft und eine Sinngemeinschaft mit der Schöpfung bedeutet. Indem so das ganze Leben des Menschen von der Gemeinschaft Gottes durchdrungen wird, ist es noch nicht von der Angst des Todes beherrscht. Zum anderen liegt der theologische Sinn der Paradieserzählung in dem Gedanken, daß die allgemeine Verkehrung geschichtlich geworden ist und als solche durch den Menschen selber nicht umkehrbar ist.

Konkret wäre die Ursprünglichkeit einer geschichtlichen, menschlichen Gottesgemeinschaft vielleicht so zu verstehen, daß sich die Verkehrung des Fürsichseins, mit deren kontingenten Auftreten von Anfang an zu rechnen ist, noch nicht allgemein durchgesetzt hat. Das heißt, die Gottesgemeinschaft bestimmt die allgemein gültigen Begriffe der Identität – den Sinn des Fürsichseins, der menschlichen Gemeinschaft, der Dinge.

Als Versuchung zur Verkehrung des Fürsichseins lassen sich seine ursprüngliche, d.h. ursprünglich zur Gottesgemeinschaft gehörige Angst und Lust verstehen. Wenn die Angst die Nichtigkeit des Fürsichseins, die den Menschen vor Gott stellt, verleugnet, pervertiert die Lust der verstandesmäßigen Macht über die Dinge zur Lust, selbst wie Gott zu sein.

2.1. Die ursprüngliche Gemeinschaft

Die Erzählung von Paradies und Sündenfall in Gen. 2,4b–3,24 ist kein historischer Bericht, sondern reflektiert in mythischer Gestalt das alttestamentliche Bewußtsein von Gottesgemeinschaft, Gebot und Sünde im Blick auf die grundlegende Frage nach ursprünglicher Gemeinschaft und ursprünglicher Versuchung. Von Anfang an hat der christliche Glaube seinen Wahrheitsanspruch darauf bezogen[26]; sein Sünden- und Erlösungsverständnis war stets auch Interpretation dieses Textes. Im Folgenden seien zunächst kurz die relevanten Grundbestimmungen genannt – um dann zu sehen, in welcher Weise sie sich im gegebenen Konzept der christlichen Wahrheit wiederfinden lassen.

Zunächst ist theologisch festzuhalten, daß dem Zusammenhang von ursprünglicher Gemeinschaft, ihrer inneren Grenze und der Versuchung sie zu überschreiten, eine die Menschheit als solche betreffende Relevanz zugesprochen wird. Weiter ist der Gedanke aufgegeben, daß, ausgehend von einer ursprünglichen Gemeinschaft im Gottesverhältnis, der allgemeine Unheilszusammenhang der Sünde geschichtlich geworden ist. Sodann, daß auch die ursprüngliche Gemeinschaft von Gott und Mensch als Gemeinschaft im Gespräch zu verstehen ist: Gott, der Schöpfer, läßt sich zum Menschen herab, um mit ihm menschlich zu reden.

Als Inhalt der Rede Gottes erscheint das Gebot, das die Grenze des wahren Lebens bezeichnet und den Tod als Konsequenz ihrer Überschreitung ausspricht (Gen. 2,16ff.). Insofern bedeutet die ursprüngliche Gottesgemeinschaft auf der Seite des Menschen, daß er im Bewußtsein der Grenze gehorsam ist – weil er der Güte Gottes vertraut.

---
[26] Zur offenbarungsgeschichtlichen Logik dessen vgl. unten II.1.2.

Das Gebot, das die Grenze des wahren Lebens bezeichnet, besagt, daß der Mensch *coram deo* nicht für sich die Entscheidung über gut und böse, über gutes und verkehrtes Leben beanspruchen darf. Tut er es, indem er sich der Gemeinschaft als in sich reflektiertes Subjekt voraussetzt, dann ist die Entscheidung schon gefallen – also auch schon, indem er in dem Gespräch, in dem sich die Versuchung verwirklicht, an der Bedeutung des Gebotes zweifelt (Gen. 3,1–5).

Das Gebot und seine Thematisierung des Todes – beides ist auch Gegenstand des Gespräches der Versuchung – bedeutet aber auch, daß die ursprüngliche Gottesgemeinschaft dem Menschen das Moment des Fürsichseins gewährt. Das Paradies, die ursprüngliche Gottesgemeinschaft meint keine Unmittelbarkeit, in der der Mensch noch nicht bei sich ist.

Schließlich ist der Gedanke festzuhalten, daß die ursprüngliche Gemeinschaft von Gott und Mensch zugleich ein nicht in Gewalt und Herrschaft entfremdetes zwischenmenschliches Verhältnis und ein nicht entfremdetes Verhältnis zu Gottes Schöpfung als Lebenswelt bedeutet. Insgesamt bedeutet das ein Leben, das noch nicht vom Tod beherrscht ist – denn der Tod, vor dem der Mensch Angst hat, ist die Wahrheit des sich verabsolutierenden Fürsichseins.

Den genannten Bestimmungen der ursprünglichen Gemeinschaft korrespondieren die Bestimmungen der ursprünglichen Verkehrung. Die ursprüngliche Gemeinschaft im Gottesverhältnis verkehrt sich zur Lust des selbst wie Gott sein Wollens. Dem Gedanken der ursprünglichen Gemeinschaft im Gespräch entspricht die Einsicht, daß sich auch der Prozeß des Falls in einem Gespräch vermittelt, im Verlauf dessen sich die Menschen gegenseitig über die Wahrheit ihrer Selbstbestimmung belügen.[27] Und dem Zusammenhang zwischen Gottesverhältnis, zwischenmenschlichem Verhältnis und Verhältnis zur Schöpfung entspricht, daß aus dem selbst wie Gott Sein die zwischenmenschliche Entfremdung und die Entfremdung zur Natur folgt.[28]

Systematisch theologisch ist nun vor allem die Frage zu diskutieren, ob eine ursprüngliche paradiesische Gemeinschaft und ihre Verkehrung als geschichtliche Realität zu denken ist. Erst ist die Denkmöglichkeit überhaupt systematisch durchzuspielen, und zwar auf Grundlage der hier vorgeschlagenen Anthropologie. Dann ist zu überlegen, wie sich eine solche Denkmöglichkeit auf konkrete geschichtliche Wirklichkeit beziehen läßt.

Das schließt die (in 2.2. und 3. weiter zu diskutierende) Frage ein, wie auch abgesehen von der mythischen Voraussetzung der Einheit der Menschheit in Adam die behauptete Allgemeinheit sowohl der ursprünglichen Gemeinschaft als auch der Grundsünde konkret zu denken ist.

Auf den ersten Blick scheint es abstrakt systematisch zwei Möglichkeiten zu geben. Entweder eine allgemeine Grund- oder Erbsünde ist geschichtlich ursprünglich als Verkehrung des Fürsichseins in einem vorgängigen ursprüng-

---

27 Vgl. Gen. 3,1–6.17 – der Betrug der Schlange verwirklicht sich zwischenmenschlich.
28 Vgl. das Verhältnis zwischen Adam und Eva vor und nach dem Sündenfall, Gen. 4 (Kain und Abel), sowie den Unterschied zwischen dem paradiesischen Leben im Garten, in dem Gott wandelt, und dem Leben auf dem verfluchten Acker, der mit Mühe zu bearbeiten ist.

lichen Gottesverhältnis zu denken. Oder für den gedachten Augenblick, in dem der Mensch sich geschichtlich erstmals als Fürsichsein realisiert[29], ist sowohl ein ursprüngliches Gottesverhältnis als auch die Verkehrung bzw. Verabsolutierung des Fürsichseins im Prinzip als gleich kontingent anzunehmen.

Fest steht, daß die Verkehrung des Fürsichseins nicht von seiner Genese her (also theologisch: qua Schöpfung) notwendig sein kann. Zwar wäre vermutlich die Verleugnung der Negativität des Fürsichseins, die sich selbst vermittelnde Identität, die *coram deo* als Verkehrung gilt, ohne die Möglichkeit des Gottesverhältnisses notwendig. Aber ohne diese Möglichkeit wäre sie eben nicht als Verkehrung zu denken.

Ebenfalls steht fest, daß auch ein Gottesverhältnis des Menschen nicht ursprünglich, quasi als eine geschöpfliche Eigenschaft gegeben sein kann. Es setzt ebenso das im Verhältnis zur Welt in sich reflektierte Fürsichsein voraus, auf das sich der Anspruch der Kommunikation Gottes bezieht. Aus der Genese des Fürsichseins kommt dem Gottesverhältnis keine Notwendigkeit zu.[30]

Daß umkehrt die Reflexion in sich auch wiederum eine ursprüngliche Gemeinschaft voraussetzt (2,I.2.), ist kein Einwand dagegen. Denn die Gemeinschaft, aus dem das menschliche Fürsichsein (und damit der Mensch als Mensch) insgesamt zuerst durch Reflexion in sich hervorgeht, ist aus dem genannten Grund nicht als Gottesverhältnis zu denken. Vielmehr ist sie als präreflexive (sozusagen geistlose, tierische) Gemeinschaft zu denken: zum einen als Gemeinschaft in der Funktion der Arterhaltung (was Verhaltensweisen wie Konkurrenz, Gewalt, Kampf ebenso wie natürliche Gruppensolidarität einschließt), zum anderen als entsprechende, unmittelbare Funktionseinheit mit der Umwelt.

Eine Phase phylogenetisch ursprünglicher Menschwerdung, in der der Mensch beginnt, sich als Fürsichsein zu reflektieren und insofern allererst nach einem Sinn jenseits des gegebenen (natürlichen) Prinzips der Selbstvermittlung der Identität zu fragen, ist dann näher als Phase der eigentlichen Sprachwerdung zu verstehen – also als Phase, in der sich ein Selbstbewußtsein im Verhältnis von Ich und Du sowie im Verhältnis zu einer Welt, die Gegenstand des Gespräches ist, herausbildet.

Für einen theoretisch anzunehmenden Augenblick ersten Fürsichseins heißt das, daß in der Tat ein ursprüngliches Gottesverhältnis und eine ursprüngliche Verkehrung des Fürsichseins als gleichursprünglich möglich zu denken sind – vorausgesetzt, daß Gott sich vom Menschen in der weltumfassenden Negativität seines Fürsichseins erkennen läßt.

Die Voraussetzung, daß Gott sich von Beginn der eigentlichen Menschheitsgeschichte an erkennen läßt, impliziert auch Gen. 2f. Ihr Gedanke ist aber auch im Anspruch der Offenbarung Gottes in Christus enthalten, wenn sie die Gemeinschaft Gottes mit dem Menschen als Sinn der Schöpfung überhaupt versteht.

Freilich handelt es sich, wenn hier im Blick auf eine Urgeschichte der Menschheit von „Gott" die Rede ist, zunächst um eine theologische Abstraktion. Die Möglichkeit, daß

---

29 Dieser Augenblick kann auch für verschiedene menschliche Gesellschaften an verschiedenen Orten zu verschiedenen Zeiten angenommen werden.
30 Das schließt nicht aus, daß ihm unter der Voraussetzung des Fürsichseins eine göttliche Notwendigkeit zukommt.

es der „Gott" und Schöpfer ist, der sich als Mensch offenbart, der sich auch in früheren, archaischen Religionsformen außerhalb des jüdisch-christlichen Zusammenhangs bezeugt, ist im Sinne eines erweiterten Begriffs von Offenbarungsgeschichte erst noch plausibel zu machen.

Auch unter der Voraussetzung, daß Gott sich von Beginn der Menschheitsgeschichte an erkennen läßt, ließe sich aber die gleichursprüngliche Möglichkeit der Verkehrung des menschlichen Fürsichseins annehmen. Sie würde dann bedeuten, daß es sich schon ursprünglich der Gegenwart des Anderen als möglichem Anspruch Gottes entzieht und sich selbst verabsolutiert. Wird dagegen mit Gen. 2f. von einem der ursprünglichen menschlichen Gemeinschaft auch faktisch zukommenden Gottesverhältnis ausgegangen, so ist die ursprüngliche Verkehrung (der Sündenfall) als Möglichkeit zu denken, die mit der immer wieder notwendigen Reflexion aus dieser Gemeinschaft in sich als Fürsichsein gegeben ist.

Was das auf dem Felde der realen Menschheits- und Religionsgeschichte konkreter bedeuten könnte, ist hier nur anzudeuten.[31] Es wäre eine geschichtliche Phase anzunehmen, in der sich die Grundsünde in einer bestimmten Gesellschaft erstmals als allgemeines Prinzip durchsetzt.[32] Es wäre also anzunehmen, daß die Verkehrung des Fürsichseins zunächst nur in Einzelfällen auftritt.

Oder, sofern eine gegenseitige Bestätigung in der Verleugnung der Wahrheit des Fürsichseins konstitutiv ist, wäre anzunehmen, daß sie zunächst in einzelnen Gruppen auftritt.

Daß die Verkehrung zunächst nur in Einzelfällen auftritt, heißt auf der anderen Seite, daß die gegebene Religion die allgemein gültigen Begriffe der menschlichen Identität bestimmt.

So etwas wie eine paradiesische Gemeinschaft wäre also konkreter so zu verstehen, daß ein ursprüngliches Gottesverhältnis, indem ihm zwischenmenschliche Gemeinschaft und ein ursprünglicher Sinn der Dinge entspricht, den Grundsinn des allgemeinen Selbst-, Welt- und Gottesverständnisses bestimmt.

Natürlich wäre diese Gemeinschaft als geschichtliche und sich entwickelnde zu denken – was sie als paradiesisch kennzeichnet, wäre, daß die Verkehrung und die entsprechende zwischenmenschliche Entfremdung und Entfremdung von der Natur noch nicht allgemein bestimmt sind.

Zwar wäre, weil die Sünde eben das Prinzip der Identität betrifft, auch weiter anzunehmen, daß sie zuerst als Perversion der Religion bei Einzelnen oder einzelnen Gruppen erscheint.[33] Andererseits könnte auch angenommen werden, daß die Religion selber, sofern die Verkehrung nicht allgemein ist, die Grenze

---

31 Weitere Überlegungen finden sich im Abschnitt über die Verkehrtheit als allgemeines Erbe (3.).
32 Als geschichtlich konkrete theologische Darstellung einer solchen Phase lassen sich vielleicht die Gerichtsworte der alttestamentlichen Schriftpropheten seit dem 8. vorchristlichen Jahrhundert verstehen – vgl. dazu II.1.2.
33 Alttestamentlich stellt z.B. der Kult vom goldenen Kalb nach Ex. 32 eine solche Perversion dar. Vgl. unten S. 114 f.127.

des wahren Lebens im Gebot reflektiert. Die Verkehrung einschließlich der Verleugnung ihrer Wahrheit ist noch nicht selbstverständlich, vielmehr ist ihrem kontingenten Auftreten durch die Gemeinschaft des Gottesverhältnisses widersprochen.

Erst wenn nicht mehr das ursprüngliche Gottesverhältnis, sondern das Prinzip der Verkehrung die allgemeinen Begriffe der menschlichen Identität bestimmt, wäre der allgemeine Sündenfall im Sinne von Gen. 3 abgeschlossen. Denn die allgemeine Selbstverständlichkeit der Struktur der Selbstvermittlung der Identität ist konstitutiv für die dauerhafte Verleugnung ihrer Wahrheit.

2.2. Die Versuchung in Angst und Lust und der Prozeß der Verkehrung

Die Versuchung zur Verkehrung liegt im menschlichen Zu-sich-Kommen als Fürsichsein – im Verhältnis zur menschlichen Gemeinschaft, im Verhältnis zur gegenständlichen Welt und übergreifend im Verhältnis zur überlieferten Religion. Sie gehört also zur schöpfungsmäßigen Bestimmung des Menschen. Die Theologie der Versuchung beschreibt die Motive des Übergangs ins unwahre Leben, ohne seine Notwendigkeit zu behaupten.

Die vorliegende Interpretation knüpft nur locker an Gen. 3,1–5 an – vor allem an den Gedanken des wie Gott sein Wollens sowie an die Bedeutung des Todes.

Zum einen bezeichnet das Zu-sich-Kommen als Fürsichsein die Versuchung, insofern der Mensch die zunächst präreflexive Selbstvermittlung seiner Identität im Verhältnis zum Anderen, zu der auch sein verstandesmäßiges Welterkennen gehört, als seine Freiheit vom Anderen oder Macht reflektiert. Dieses Bewußtsein der verstandesmäßigen Macht über die Umwelt markiert das freie menschliche Selbstbewußtseins im Verhältnis zur Welt.

Zum anderen liegt die Versuchung zur Verkehrung im Moment der Reflexion aus der sozialen und religiösen Gemeinschaft in sich als Fürsichsein. Die Situation der Versuchung besteht hier darin, daß die Realisierung des Fürsichseins für es eine Krise darstellt: die ursprüngliche Gemeinschaft verliert ihren selbstverständlichen Sinn.

Von einer Versuchung zur Verkehrung zu reden, setzt wie gesagt voraus, daß die zwischenmenschliche Gemeinschaft (und zugleich auch das kollektive Weltverhältnis) durch ein allgemeines Gottesverhältnis bestimmt ist. Das heißt analog zum christlichen Verhältnis von Geist und Fürsichsein: es ist der Geist dieser Gemeinschaft selbst, der das Fürsichsein frei entläßt, um an ihm seine ursprünglich Wahrheit zu erweisen.[34] Nur das aus aller Selbstverständlichkeit in sich reflektierte Fürsichsein kann sie aneignen.[35]

---

34 In diesem Sinn gehört nach Luther (in seiner Genesisvorlesung) die Versuchung zum Urstand. Sich in ihr bewähren bedeutet, das Wort Gottes zu üben (vgl. WA 42, S. 109,15–17). Die Anrufung Gottes *contra tentationem* ist Teil des ursprünglichen Gottesdienstes (vgl. ebd. S. 72,21–23).
35 Wenn der Geist Gottes als Geist der Gemeinschaft kontinuierlich Fürsichsein frei entläßt, so liegt darin auch der Gedanke einer fortlaufenden Schöpfung des Menschen (*creatio continua*) im Geist der Gemeinschaft.

Die Bedeutung der Versuchung für den Übergang in das unwahre Leben ist nun folgendermaßen zu verstehen. Das eine Moment der Verkehrung ist die Verleugnung der Negativität des Fürsichseins. Der Verleugnung entspricht das Motiv der Angst dieser Negativität, der Angst vor der Nichtigkeit.[36] Die Angst des Fürsichseins als Krise der ursprünglichen Gemeinschaft ist die Versuchung, die Wahrheit des Fürsichseins und die Krise zu verleugnen.

Die Angst ist das unmittelbare Selbstbewußtsein in der Einsamkeit des in sich reflektierten Fürsichseins. Die gegenständliche Welt ist ihm sinnlos geworden, das Verhältnis zum anderen Menschen leer. Der Fremdheit der Welt entspricht das unmittelbare Selbstbewußtsein in der Notwendigkeit des Todes. Und im Verhältnis zum überlieferten Gott ist die Angst des aus der Gemeinschaft in sich reflektierten Fürsichseins das unmittelbare Selbstbewußtsein in der reinen, vernichtenden Andersheit oder auch Fraglichkeit Gottes.

Dabei ist zu unterscheiden. Als Motiv der ursprünglichen Versuchung bezeichnet die Angst den Augenblick der Offenheit im Verlust der unmittelbaren Gemeinschaft. Bestimmt dagegen die Verleugnung und Verkehrung (sozusagen *post lapsum*) das Leben, so vergegenwärtigt die Angst die Nichtigkeit als seine Wahrheit.

Der Angst der Nichtigkeit kommt nun die Lust der Selbstbestimmung entgegen. Ihr entspricht das zweite Moment der Verkehrung: sich in der Negativität selbst eine positive Identität im Verhältnis zum Anderen zu geben, also das präreflexive Prinzip der Selbstvermittlung der Identität auf das Gebiet des Geistes zu übertragen. Angst und Lust sind Motive oder Gegenstände der Versuchung in gleichursprünglichem Zusammenspiel. Die Angst ist der unmittelbare Impuls zur Flucht zurück in die Unmittelbarkeit der Gemeinschaft und die unmittelbare Sinnhaftigkeit der Welt, die im Fürsichsein zu Grunde gegangen ist. Die tatsächliche Verkehrung bedeutet dann: Die Angst als Impuls, die Wahrheit der Nichtigkeit des Fürsichseins zu verleugnen, schlägt um in die Vermittlung einer positiven Identität in dieser Nichtigkeit. Doch die Vermittlung positiver Identität im Moment der Krise ist in Wahrheit eine Schöpfung. Die Welt positiven Sinns, in die der Mensch zurückzukehren scheint, wird in Wahrheit neu erfunden. Auch wenn sich der Mensch auf den Gott der Tradition oder andere Instanzen gemeinschaftlich unmittelbarer Identität wie z.B. die Familie bezieht, sind diese zu Funktionen der Selbstbestimmung geworden, also zu Götzen, die die Leere der Selbstbestimmung maskieren.

Der Umschlag in die Schöpfung positiver Identität impliziert aber schon das Zusammenspiel mit dem zweiten Motiv der Versuchung: auch die Lust der Macht über die Welt ist unmittelbares Selbstbewußtsein. Während Angst

---

36 Die für die theologische und philosophische Anthropologie zentrale Bedeutung der Angst wurde nach Luther zuerst wohl von Schelling gesehen: vgl. „Philosophische Untersuchungen über das Wesen der menschlichen Freiheit" (1809), hg. von Th. Buchheim, Hamburg 1997, S. 53,25ff.: „Die Angst des Lebens selbst treibt den Menschen aus dem Centrum, in das er erschaffen worden"; im Anschluß vgl. Kierkegaard, „Der Begriff Angst" (1844). Im 20. Jahrhundert greifen Heidegger (vgl. zur Angst als „Grunderfahrung des Nichts" „Was ist Metaphysik", [1929], in: Wegmarken, Frankfurt.a.M. 2. Aufl. 1978, S. 109 und ff.) und Tillich diese Überlegungen auf.

I. Das unwahre Leben 105

das unmittelbare Selbstbewußtsein des Fürsichseins in seiner weltumfassenden Negativität ist, also vor Gott (*coram Deo*), ist die Lust der Macht ursprünglich das unmittelbare Selbstbewußtsein des Fürsichseins, wenn es in den Dingen (indem es sie erkennt) seine Freiheit erfährt – also unmittelbares Selbstbewußtsein im Verhältnis zur Welt (*coram mundo*).[37] Das Zusammenspiel mit der Angst aber besteht darin, daß die Verleugnung der Angst der Macht ihre wahre Bestimmung nimmt. So pervertiert ihre Lust zu der Lust, durch sich selbst bzw. durch den Verstand Herr und Gott der gegenständlichen Welt, Herr des Verhältnisses zum anderen (dadurch seinerseits vergegenständlichten) Menschen und insgesamt Herr des eigenen Lebens zu sein.

Das ist die Lust oder der Hoch-Mut (*superbia*) einer im Prinzip grenzenlosen Selbstbestimmung, die als Macht über Menschen, Macht der Technologie und auch als Macht über Gott erscheinen kann.[38] Entsprechend dem, was oben in 1.2.4. im Blick auf eine verkehrte Selbstaufopferung gesagt wurde, kann dies aber ebenso die Lust bedeuten, als Individuum an einer kollektiven Selbstvergötterung des Menschen teilzuhaben – sozusagen die Lust, Teil einer mächtigen Gemeinschaft zu sein. Die Bedeutung der Angst des Fürsichseins ist dieselbe.

3. Die Verkehrtheit als allgemeines Erbe

Leitthema 5
Die Allgemeinheit der Verkehrtheit des Selbstverhältnisses ist in der allgemeinen, zwischenmenschlichen Vermittlung ihres Prinzips begründet. Das Medium dieser allgemeinen Vermittlung ihres Prinzips, also auch das Medium ihrer Vererbung zwischen den Generationen, ist das Medium des menschlichen Selbstbewußtseins und Selbstverhältnisses und seiner sozialen Vermitteltheit überhaupt. Es ist also dasselbe wie das Medium der Gemeinschaft mit Gott in Christus: die Sprache bzw. das Gespräch.

Im Folgenden ist noch einmal die Frage nach dem Medium aufzugreifen, in dem sich die grundsätzliche Struktur (das Prinzip) der Verkehrtheit des Fürsichseins konstituiert und zugleich zwischenmenschlich vermittelt.[39] Nur wenn die zwischenmenschliche Vermittlung des Prinzips der Verkehrtheit als eine Weise dessen plausibel ist, wie sich überhaupt menschliche, geistige Identität zwischenmenschlich vermittelt, kann konkret von einer geschichtlichen Allgemeinheit des unwahren Lebens als der Erbsünde die Rede sein und sie also auch als sich zwischen den Generationen vermittelnd gedacht werden.

---

37 In der Gottesgemeinschaft entspricht dieser Lust das Selbstgefühl, welches die Erfüllung des Fürsichseins im Geliebtsein und in eigener Liebe bedeutet. Für diese Lust steht traditionell der Ausdruck Seligkeit.
38 Hier ist etwa an die kultische Macht der Priester zu denken, den Gott (Götzen) gnädig zu stimmen.
39 Vgl. oben 2,I.2.1. und 2.2. sowie 3.2. und 3.3.

Mit dem Verständnis der Weitergabe durch die konkupiszente Zeugung, welche die Verkehrung als Defekt der menschlichen Natur überträgt und der die Geburt in Sünde entspricht, ist diese Bedingung nicht erfüllt.[40]

Das Medium des Geistes ist die Sprache. Das heißt, daß sich der Mensch im Verhältnis zum Anderen zu sich selbst verhält (und sei es auch, daß die Gemeinschaft dieses Selbstverhältnis bestimmt), ist nur im Medium der Sprache möglich, die mich, den oder die Anderen und das Andere umfaßt. Wesentlich sprachlich, also in gedachten oder gesprochenen Sätzen, bezieht sich der Mensch als er selbst (als „ich") auf sich und auf ein Du und auf die Welt. Also ist die gemeinsame Sprache auch das Medium, in dem sich die Verkehrtheit des Selbstverhältnisses bzw. des Fürsichseins konstituiert und zugleich als Prinzip zwischenmenschlich vermittelt.

Dieser Ansatz läßt sich als Konsequenz der Wort-Gottes-Theologie verstehen: die Vermittlung des unwahren Lebens ist analog zur Vermittlung des wahren Lebens durch das Wort der Predigt zu verstehen. Wie sich durch die Predigt (und ihren Glauben) der Geist vermittelt und Christus das Selbstverhältnis bestimmt, zugleich der Sinn der Schöpfung und die Freiheit zwischenmenschlicher Liebe erschlossen ist, so ist analog auch das verkehrte Selbstverhältnis, welches ein verkehrtes Verhältnis zur Schöpfung und zum anderen Menschen einschließt, primär sprachlich vermittelt – auch wenn hier die Sprache ihre Wahrheit gerade verleugnet und ihr Sinn, Gemeinschaft zu schaffen, konterkariert ist.

Sprache ist das allgemeine Gespräch. Das Gespräch ist möglich, weil es eine Sprachgemeinschaft gibt – eine Gemeinschaft, die gemeinsame Begriffe hat. Wenn sich der Mensch sprachlich auf sich selbst, auf den anderen Menschen, auf die Welt bezieht, sind Denken und Gespräch durch Begriffe bestimmt, die mit der gemeinsamen Sprache vorgegeben sind. Relevant sind dabei insbesondere Begriffe, die das Verhältnis zu sich und zum Anderen als solches reflektieren. In ihnen, indem sie im allgemeinen Gespräch selbstverständlich sind, aktualisiert oder materialisiert sich eine allgemeine Struktur des menschlichen Selbstverhältnisses und Verhältnisses zum Anderen.

Insofern wurden sie oben als Begriffe der Identität oder identitätsbildende Begriffe bezeichnet.[41] Der Mensch hat seine Identität im Verhältnis zum Anderen in einem sprachlichen Selbst- und Welt- und vielleicht auch Gottesverständnis, dessen allgemeine Identitätsfunktion schon in den Begriffen enthalten ist, in denen es sich bewegt – also in ihrem Bedeutungsgefüge. Das heißt für die Grund- oder Erbsünde des verkehrten Selbstverhältnisses: Die allgemeine Identitätsfunktion z.B. der Begriffe von Freiheit, Gerechtigkeit,

---

40 Dieses Verständnis war seit Augustin verbreitet – erst mit der Ende des 18. Jahrhunderts aufkommenden Einsicht, daß sich das menschliche Subjekt wesentlich in seiner Geschichte bzw. Kommunikation konstituiert, wurde es unmöglich. Dieser Einsicht entsprach die Entwicklung von einer Anthropologie, die den Menschen primär substanzhaft (etwa als Seele und Körper) und erst dann zu geistigen Beziehungen fähig beschrieb, zu einer relationalen Anthropologie, die sein Wesen z.B. als Bewußtsein und Selbstbewußtsein im Verhältnis zum Anderen beschreibt.
41 Wie gesagt sind alle Begriffe der Sprache Begriffe der Identität, sie reflektieren ihre Identitätsfunktion aber in unterschiedlichem Umfang. S.o. z.B. S. 14f. und S. 62ff.

Natur, wie sie im Gespräch selbstverständlich sind, besteht darin, daß der Mensch sich seine Identität selbst gibt.[42]

Hinsichtlich der Frage nach der Allgemeinheit des verkehrten Selbstverhältnisses und damit des verkehrten Prinzips, wie sich Identität im Verhältnis zum Anderen vermittelt, ist zunächst die immanente Notwendigkeit des verkehrten Selbstverhältnisses von der Verwirklichung seiner zwischenmenschlichen Allgemeinheit zu unterscheiden.

Die Selbstvermittlung der Identität im Verhältnis zum Anderen impliziert an sich schon eine immanente Notwendigkeit für ihr Subjekt. Einmal gegeben, ist sie notwendig, solange ihr nicht von außen zwingend widersprochen ist. Das heißt, das identische Subjekt kann über das Prinzip seiner Identität nicht entscheiden, es unterliegt ihm. Es gibt nicht so etwas wie ein zweites Subjekt darüber, welches die Freiheit hätte, sich gegen das Prinzip seiner Identität zu entscheiden.[43] Allenfalls kann es das Prinzip erkennen – was im Fall der Erbsünde die Krise der Identität bedeutet, für den Glauben dagegen konstitutiv ist.

Die Tatsache, daß die geistige Identität des Menschen einem Prinzip gehorcht, gilt zwar auch für den Glauben, in dem der Mensch seine Identität in Christus findet – also in einer Gemeinschaft, die zugleich als offene Kommunikation erst vollzogen wird. Doch bedeutet hier die Beständigkeit gerade nicht eine immanente Notwendigkeit, sondern ist im Geist der Gemeinschaft begründet, in der Verläßlichkeit des Anderen (also Gottes).

Allerdings ist gerade das, was für den Einzelnen eine immanente Notwendigkeit des einmal gegebenen, verkehrten Selbstverhältnisses bedeutet, zugleich als allgemeines Prinzip zwischenmenschlich vermittelt.

Zunächst ist hier auf den Gedanken eines Übergangs aus einer ursprünglichen Gemeinschaft des Gottesverhältnisses zurückzukommen: damit der Sündenfall allgemein wirklich wird, muß er die gemeinschaftliche Tat wenigstens einer sich abgrenzenden Gruppe sein. Da der Mensch notwendig im Gespräch mit Anderen steht, muß die verkehrte Funktion der Begriffe seiner Identität auch im Gespräch gegeben sein; insbesondere die Verleugnung der Negativität muß auch im Gespräch – gegenseitig – funktionieren. Im Grundsinn der Begriffe der Identität muß sich die Sprachgemeinschaft untereinander bestätigen.

---

42 Es gibt Ansätze insbesondere in der Sündenlehre des Worttheologen Luthers, die der These, daß sich die Erbsünde wesentlich als verkehrtes Selbst-, Welt- und Gottesverständnis äußert, nahekommen. So kann sich seine immer wieder geäußerte Ansicht, daß Erbsünde wesentlich Unglauben ist, zu der Annahme eines in diesem Sinne zu verstehenden Lügenglaubens konkretisieren. Außerdem findet sich in der Genesisvorlesung im Anschluß an Gen. 6,5f. und 8,21 der Ansatz, daß die die Erbsünde darstellende Bosheit des Herzens wesentlich in einem *figmentum cogitationum cordis* besteht, also wiederum eben in einem verkehrten Selbst-, Welt und Gottesverständnis. Dazu ist die schon genannte Einsicht Luthers in Beziehung zu setzen, daß der alte Mensch den Unglauben insbesondere in dem Anspruch vollzieht, selbst über das Gottesverhältnis zu urteilen. Vgl. die ausführliche Darstellung in „Die Erbsündenlehre in sprachtheologischem Horizont" (wie S. 30, Anm. 12), S. 107ff.

43 Ein Subjekt, das sich entscheiden könnte, grundsätzlich anders zu sein, wäre schon anders. – Zur Unfreiheit des Willens vgl. unten S. 195f.

Wie aber ist zu denken, daß das verkehrte Prinzip der Identität nicht nur eine Gruppe bestimmt, sondern sich allgemein durchsetzt?[44] Wie also ist zu denken, daß die entsprechenden Begriffe der Identität nicht nur in einer Gruppe gelten, sondern sich in der Sprachgemeinschaft (und schließlich auch zwischen Sprachgemeinschaften) durchsetzen?

Wenn wirklich von einer ursprünglichen Gemeinschaft im Gottesverhältnis auszugehen ist, dann ist dieser Prozeß nicht als notwendig, sondern als geschichtlich kontingent zu denken – wie die Verkehrung im Moment der Versuchung des Fürsichseins überhaupt.

Die Kontingenz dessen, daß sich die Verkehrung allgemein durchsetzt, ist auch dann festzuhalten, wenn z.b. anzunehmen wäre, daß gerade eine Gruppe religiöser Funktionäre, als Avantgarde religiöser Reflexion, der potenzierten Versuchung religiöser Macht oder auch der Angst im Moment des Zweifels unterliegt. Zwar könnte weiter angenommen werden, daß eine solche Gruppe in ausgezeichneter Weise die Begriffe der Identität ausbildet. Andererseits kann, wenn wirklich eine menschliche Gemeinschaft im Gottesverhältnis zu denken ist, die Gemeinde gegenüber den Funktionären etwa von Gottesdienst oder Kult nicht nur die Masse der Betrogenen sein.

Freilich ist in der Auseinandersetzung auch mit einem Faktor jenseits allen Gespräches zu rechnen: die gemeinschaftliche Tat der Verkehrung entgrenzt die Möglichkeiten des Handelns, sofern die ursprüngliche gemeinschaftliche Verantwortung entfällt. Eine entsprechend bestimmte Gruppe wird also in der Auseinandersetzung religiöser Kulturen vielleicht eher zur Gewalt neigen und deshalb obsiegen.[45] Potenziert wird dieser Faktor durch den technischen Erfolg einer entgrenzten Funktionalisierung auch der Schöpfung, der nicht nur die Möglichkeit der zwischenmenschlichen Gewalt steigert, sondern auch die Versuchung der Macht für Andere potenziert.

Jedenfalls ist die Verkehrung dann allgemein, wenn die Verleugnung der Negativität des Fürsichseins und die Selbstvermittlung von Identität zur Funktion der allgemeinen Begriffe der Identität geworden ist. Die zwischenmenschliche Vermittlung des Prinzips geschieht also in dem allgemeinen Gespräch, in dem die Menschen die selbstverständliche Gültigkeit der Begriffe der Identität gegenseitig anerkennen.[46]

---

44 Vgl. zum Folgenden „Die Erbsündenlehre in sprachtheologischem Horizont" (wie S. 30 f. Anm. 12), S. 335 ff.

45 Hier wäre die Geschichte von Kain und Abel in Gen. 4 und z.B. ihre Interpretation durch Augustin zu vergleichen, der Kain und Abel in De civitate Dei (Buch XV) als Ursprung und Archetyp zweier kämpfender Gesellschaften versteht.

46 Auch die normative, rationale Allgemeingültigkeit beanspruchende Formulierung von Kategorien des Denkens oder formalen Gesetzen der Erkenntnis kann, indem ihre auf den Bereich der Gegenstandserkenntnis begrenzte, funktionale Gültigkeit nicht reflektiert ist, dazu dienen, das Prinzip der Selbstvermittlung der Identität (und zugleich ihrer Verleugnung) zu sichern. Das zeigt z.B. der Widerspruch Luthers gegen die unkritische Gültigkeit rationaler Denkkategorien coram deo, also wenn es um Gott, den Menschen, und ihr Verhältnis geht. So ist es etwa im Blick auf das Kategorienpaar Substanz und Relation verkehrt, wenn der Mensch als dem Gottesverhältnis substantiell vorausgesetztes Insich- oder Ansichsein verstanden wird; seine wahre Identität findet er in der Relation zu Gott, die in Christus, also im Anderen identisch ist. Ähnliches gilt für den Gebrauch der mathematischen Logik. Vgl. wiederum „Die Erbsündenlehre in sprachtheologischem Horizont" (wie S. 30, Anm. 12), S. 211–225.

Das Erbe der Verkehrung ist dann lediglich ein besonderer Aspekt dieser zwischenmenschlichen Vermittlung des verkehrten Prinzips der Identität – eben seine Weitergabe zwischen den Generationen. Sie geschieht in dem allgemeinen Gespräch zwischen Eltern und Kindern, in dem diese die Sprache erlernen. Mit der Sprache, d. h. mit dem allgemeinen Bedeutungsgefüge der Begriffe, in denen sich das erwachsene Selbstverständnis bewegt, erbt jede Generation auch das allgemeine Prinzip der Identität im Verhältnis zum Anderen.

Zwar wird das allgemeine Gespräch mehr oder weniger auch durch das Verständnis notwendiger Gemeinschaft (und den entsprechenden sittlichen Anspruch) bestimmt – etwa die Familie oder Gruppensolidarität betreffend. Doch ohne Begründung im Gottesverhältnis ist die Gemeinschaft wie gezeigt entweder nur als Bedingung für die Ontogenese von Fürsichsein zu reflektieren oder ihre Ideologie unterliegt bereits dem verkehrten Prinzip der Identität, indem sie dazu dient, die Negativität des Fürsichseins zu verleugnen.

Im Blick auf die christliche Gemeinde kann sich nun die Frage stellen, ob hier die zwischenmenschliche Vermittlung des verkehrten Prinzips der Identität unterbrochen ist. Das schließt die Frage ein, ob im Zusammenhang einer christlichen Erziehung die Vererbung zwischen den Generationen aufgehoben ist.

Insofern das Gesetz und das Evangelium des wahren Lebens in der Gemeinschaft Gottes das Gespräch bestimmen, ist dem allgemeinen Umsichselbstkreisen widersprochen.

Und daß durch das entsprechende Gespräch zwischen Eltern und Kindern auch seine Weitergabe zwischen den Generationen aufgehoben ist, ist als Ideal einer wirklichen Volkskirche denkbar. Doch dies durch eine Abschottung der Kirche – des binnenkirchlichen Gespräches – vom Gespräch der ‚Welt' zu erreichen, ist weder möglich noch erstrebenswert. Die reformatorische Erfahrung lehrt, daß die Grundsünde auch im Raum der Kirche bzw. nach der Taufe zu allen Zeiten auftritt. Auch wenn ihrer Herrschaft widersprochen ist, bleibt ihr allgemeines Erbe mächtig.

II. Die Offenbarung Gottes als Mensch

1. Die Offenbarung Gottes in Christus und ihre Vorgeschichte

Leitthema 6
Daß Gott sich offenbart, bedeutet daß er sich dem Menschen gegenüber mitteilt – im Moment der weltumfassenden Negativität des Fürsichseins erfährt der Mensch die Gemeinschaft Gottes als wahres Leben.

Die Offenbarung in Christus erfüllt den Sinn seiner Offenbarung überhaupt und kann insofern vollkommene Offenbarung heißen. Denn Christus ist Gott selbst in seiner Ge-

meinschaft mit dem Menschen – und darin Grund der Schöpfung und Ziel der Geschichte. Daß die Offenbarung in Christus den Sinn der Offenbarung Gottes überhaupt erfüllt, bedeutet aber auch: Sie steht in der Mitte einer Offenbarungsgeschichte, die zu ihr gehört. Das heißt zunächst, sie setzt die Offenbarung Gottes als Gegenüber voraus.

Konkret setzt das Erscheinen Christi in der Geschichte zunächst die alttestamentliche Offenbarung des zum Bund erwählenden Gottes und Schöpfers der Welt voraus, der als solcher die Wahrheit des Lebens grundlegt. Unter der Bedingung der allgemeinen Verkehrung (Sünde) setzt das Erscheinen Christi zum einen die alttestamentliche Verkündigung des Gerichtes Gottes über die Verkehrung voraus, das Urteil der Nichtigkeit, zum anderen die Verheißung einer universalen, eschatologischen Gemeinschaft Gottes mit dem Menschen, in der Gott selbst die Verkehrung überwindet. Indem nun das Kreuz Jesu das Gericht so erfüllt, daß Gott selbst die Nichtigkeit des menschlichen Fürsichseins auf sich nimmt, bedeutet seine Auferstehung die Offenbarung Gottes in der eschatologischen Gemeinschaft mit dem Menschen.

Da sich dieser Anspruch der Verkündigung Christi auf die Menschheit überhaupt bezieht, ist über den alttestamentlichen Zusammenhang hinaus zu fragen, ob auch andere Religionen in der Offenbarungsgeschichte stehen. Grundsätzlich erschließt die Offenbarung Gottes in Christus einen Gemeinschaftswillen, der sich auf die Menschheit und ihre Geschichte insgesamt bezieht. Aber auch wenn grundsätzlich denkbar ist, daß die Wahrheit Gottes in außerbiblischen Religionen vorkommt, so ist doch ebenso mit der Möglichkeit und Wirklichkeit ihrer Verkehrung in den Religionen zu rechnen. Im Neuen Testament findet sich sowohl der Widerspruch gegen die Perversion als auch die Anknüpfung an eine ursprüngliche Wahrheit, die aber in Christus als vollkommener Offenbarung überboten ist.

Zu den Bedingungen der Ausbreitung des Christentums gehört von Anfang an auch eine autonome, philosophische Realisierung der Negativität des menschlichen Fürsichseins – zuerst in Gestalt der griechischsprachigen Vernunft, etwa indem sie den polytheistischen Mythos kritisiert und nach dem Einen fragt. Gleichwohl gehört die entsprechende Philosphiegeschichte nicht direkt zur Offenbarungsgeschichte. Die vernünftige Idee des Einen bleibt zweideutig. Indem die Vernunft aber (insbesondere in Gestalt der Skepsis) die weltumfassende Einheit des Subjekts reflektiert, erneuert sie die schöpfungsmäßige Voraussetzung der Offenbarung Gottes.

1.1. Der Anspruch vollkommener Offenbarung

Kann die Offenbarung Gottes[47] in Christus seine vollkommene Offenbarung in der Geschichte heißen? Kann ein absoluter Wahrheitsanspruch erhoben werden? In der herrschenden systematischen Theologie wird diese Frage oft verneint. Ist also vielmehr von einer Gleichwertigkeit aller religiösen Offenbarungsansprüche auszugehen (J. Hick, P. Knitter)? Die These dagegen ist: Der Wahrheitsanspruch der Offenbarung Gottes in Christus läßt sich überhaupt nicht denken, ohne sie als vollkommene Offenbarung zu denken. Dann aber ist die Bereitschaft, sie als vollkommene Offenbarung zu vertreten, sogar Bedingung eines echten Dialoges mit anderen Religionen.

Die neutestamentliche Verkündigung Christi tritt mit dem Anspruch der Überbietung und Erfüllung auf. Freilich scheint sich dieser Anspruch zunächst nur auf das Alte Testament zu beziehen. Von Christus her erweist sich hier die Geschichte der Selbstoffenbarung Gottes als Zusammenhang, der in Christus, also seiner vollkommenen Gemeinschaft mit dem Menschen, vollendet ist. Wenn also die Offenbarung Gottes in der vollkommenen Gemeinschaft mit dem Menschen seine Offenbarung als Gegenüber des Menschen voraussetzt, so heißt das: Gott selbst setzt sie voraus, indem er selbst als ein Mensch erscheinen

---

47 Der Begriff Offenbarung wurde oben in 2,II.1. (sowie 2,I.3.4.) vorläufig geklärt.

will. Und indem seine konkrete Offenbarung als Gegenüber immer bereits auch das Moment der Kondeszendenz zum Menschen enthält, ist der Sinn dieser Kondeszendenz in Christus vollendet. Das heißt in Christus ist der Sinn der Offenbarung Gottes überhaupt erschienen.

Konkretes Gegenüber ist Gott als der zum Bund erwählende Schöpfer, als Gesetzgeber und Richter der Sünde, aber dann auch als der, der dem Sünder die Verheißung seines endgültigen Kommens gibt und vorläufig den Bund durch die Möglichkeit erneuert, mittels eines stellvertretenden Opfers Sühne zu erlangen.

Zugespitzt gilt dann: der alttestamentliche Zusammenhang, wie Jesus ihn in seiner Predigt von der bevorstehenden Gottesherrschaft zur Entscheidung brachte, war die Voraussetzung für die Offenbarung Gottes in Kreuz und Auferstehung: Er war die Voraussetzung dafür, daß das Kreuz Jesu als stellvertretende Hingabe (entsündigendes Opfer) des Menschen für sich in der Situation universalen eschatologischen Gerichts verstanden werden konnte. Und er war die Voraussetzung dafür, daß Jesu Auferstehung als Offenbarung dessen verstanden werden konnte, daß Gott selber das Opfer vollbringt, indem er die Nichtigkeit des menschlichen Fürsichseins auf sich nimmt und so die Verheißung seines eschatologischen Kommens erfüllt.

Im Grunde ist diese Voraussetzung nicht nur einfach als Tat Gottes zu verstehen, sondern als zum Wesen Gottes gehörig – und das wiederum so, daß es sich in der menschlichen Geschichte darstellt. Das geschichtliche Verhältnis der Offenbarung Gottes als Schöpfer, zum Bund Erwählender, Richter usf. zu seiner Offenbarung in Christus realisiert in der menschlichen Geschichte eben die Selbstunterscheidung, in der Gott in Christus selbst seine Gemeinschaft mit dem Menschen ist, also die Selbstunterscheidung in den Vater und den Sohn.[48] In gewisser Weise gehört dieses geschichtliche Verhältnis also mit zur Menschwerdung.

Auch schon im Alten Testament offenbart sich also christlich verstanden der dreieinige Gott. Das bedeutet auch: Vom Verständnis der Offenbarung Gottes in Christus her, indem sie frühere Offenbarung voraussetzt, ist diese unvollkommen – zu ihrer Zeit aber nur, sofern sie selbst auf eine künftige Erfüllung verweist. Ansonsten gilt, daß für ihre Zeit auch die frühere Offenbarung vollkommen ist – nämlich als Offenbarung Gottes überhaupt gegenüber dem in sich reflektierten menschlichen Selbstbewußtsein in seiner damaligen Gestalt und Sprache.

Aber ist ein entsprechender, christlicher Anspruch der definitiven Überbietung und Erfüllung auch außerhalb des Zusammenhangs der biblischen Offenbarungsgeschichte sinnvoll? Dieser Sinn wäre nur gegeben, sofern sich der offenbarungsgeschichtliche Zusammenhang der Rede von Christus entsprechend erweitert, sofern sich also die Offenbarung Gottes in Christus konkret auf eine

---

[48] Doch realisiert sich das trinitarische Leben Gottes, in der er seine Einheit mit sich vollzieht, nicht nur in der so bestimmten Offenbarungsgeschichte. Auch schon die Schöpfung selbst, das Werdenlassen menschlichen Fürsichseins ist als Moment dieser Bewegung zu verstehen.

erweiterte Vorgeschichte bezieht oder beziehen läßt.[49] Das ist in den Abschnitten 1.3.–1.4. zu prüfen.

Vielleicht ist der Anspruch, daß die Offenbarung Gottes in Christus seine vollkommene Offenbarung ist, aber vorläufig auch abgesehen von einer konkreten Darstellung des offenbarungsgeschichtlichen Zusammenhangs von Überbietung und Erfüllung verständlich zu machen – sofern sich nämlich die Vollkommenheit auf Gott selbst bezieht.

Auch das setzt freilich voraus, daß bereits von einem Verhältnis zwischen dem gegenüber der vielfältigen Welt transzendenten, einzigen Gott und dem Menschen die Rede ist.

Die Offenbarung Gottes in Christus kann seine vollkommene Offenbarung heißen, weil sie darin besteht, daß Gott selbst seine Gemeinschaft mit dem Menschen ist und diese Gemeinschaft den Sinn der Schöpfung und der Geschichte umfaßt. Die Offenbarung Gottes im Menschen Christus ist vollkommen, weil Gott selbst diese Offenbarung ist; Gott und seine Offenbarung sind identisch. Denn Gott offenbart sich in Christus, indem sich in dem Gegenüber von Gott und Mensch, das die Welt umfaßt, also in der Gottlosigkeit des menschlichen Fürsichseins überhaupt, die Gemeinschaft ereignet, die Gott selbst ist. Die Vollkommenheit besteht aber nicht nur darin, daß hier Gott und seine Offenbarung identisch sind, sondern zugleich darin, daß Gott selbst der Geist der Kommunikation ist, durch die sich die Gemeinschaft zeitlich verwirklicht.

Das ist nur trinitarisch zu denken: Daß Gott mit dem Menschen in der weltumfassenden Nichtigkeit seines Fürsichseins eine Gemeinschaft eingeht und ihn so in sein Leben hinein nimmt, impliziert seine Selbstunterscheidung, in der er seine lebendige Einheit mit sich vollzieht: Er unterscheidet sich in sich als das ewige Gegenüber und in den, als der er seine ewige Gemeinschaft mit dem Menschen ist. Und als Einheit dieser Selbstunterscheidung ist er auch selbst der Geist, in dem sich seine Gemeinschaft mit dem Menschen in zeitlicher Kommunikation verwirklicht.

Die Offenbarung Gottes in Christus bedeutet und vollzieht also die eschatologische, d.h. den Sinn der Zeit erfüllende, zu Gottes Ewigkeit gehörige Gemeinschaft mit dem Menschen, die in der Zeit erscheint, um sich (indem sie Gegenstand von Verkündigung und Glauben ist) als Wahrheit des menschlichen Lebens zu verwirklichen. Dann aber ist ihre Vollkommenheit letztlich die Vollkommenheit des Eschaton selbst, die Gemeinschaft von Gott und Mensch im ewigen Leben Gottes.

1.2. Die vorbereitende Offenbarungsgeschichte im Alten Testament: Gott als Herr des Bundes, Richter, Schöpfer

Grob gesagt ist das Evangelium von Christus im Rückblick auf die Geschichte des alttestamentlich bezeugten Gottesverhältnisses primär als universale, eschatologische Vollendung des ursprünglichen Bundes Gottes mit dem Volk Israel

---

[49] Zu klären ist z.B., inwiefern der Monotheismus Israels eine notwendige, zugleich religiöse und die Entwicklung des menschlichen Selbstbewußtseins im Verhältnis zu Welt betreffende Vorgeschichte hat, zu der es Parallelen in anderen Kulturen gibt.

zu verstehen. Denn zum einen bedeutet der (insofern als Inbegriff seines Lebens zu verstehende) Tod Jesu die Erfüllung des dem Bund entsprechenden Gesetzes, also die Hingabe des Fürsichseins durch den Menschen. Zum anderen bedeutet er die Offenbarung des Sünders vor Gott, also das universale Gericht: die Nichtigkeit des sich festhaltenden (eine positive Identität gebenden) Fürsichseins wird an Jesus, der sich in dieser Nichtigkeit mit den Sündern identifiziert, vollzogen. Dabei sind aber die Bedeutung des Kreuzes und die Bedeutung der Auferstehung nicht zu trennen: Eine positive, universale und einmalige Bedeutung gewinnt diese stellvertretende Hingabe des Fürsichseins, indem die Auferstehung offenbart, daß Gott selbst die Nichtigkeit des menschlichen Fürsichseins auf sich genommen hat – und sich in diesem Geist die Verheißung der endgültigen, umfassenden Gemeinschaft erfüllt.

Die Offenbarung Gottes in der Gemeinschaft mit Jesus setzt voraus, daß sich Jesus selbst von Gott unterscheidet. Indem er sich auf ihn bezieht, unterscheidet sich der irdische Mensch Jesus in seiner Predigt und in seinem Gebet von dem Gott, der durch die Erwählung im Exodus, das mosaische Gesetz, das Gerichts- und Verheißungswort der Propheten usf. als Gegenüber bekannt ist. Zwar drückt sich gerade in der Weise, in der sich Jesus als Kind Gottes von seinem Vater unterscheidet[50], das entscheidend Neue aus: Indem er im Verhältnis zum Vater nichts für sich beansprucht, bedeuten sein Predigen und Handeln, daß Gott durch ihn beginnt, sein eschatologisches, Gesetz und Verheißung erfüllendes Reich aufzurichten. Durch ihn ruft Gott zu einem neuen Leben aus der bevorstehenden Gemeinschaft Gottes. Aber sowohl Jesu Leben und Predigen in Vollmacht als auch die Offenbarung Gottes in der eschatologischen Gemeinschaft mit dem Gekreuzigten setzen Gott als konkretes Gegenüber der Welt und des geschichtlichen Menschen voraus.

Eben die Offenbarung Gottes als Gegenüber der Welt und der Geschichte ist es, was die im Alten Testament bezeugte Geschichte des Gottesverhältnisses wesentlich von den anderen Religionen unterscheidet. Dabei entsprechen sich die Einzigkeit Gottes, seine Welttranszendenz, und die wesentlich kritische Bestimmung seines Verhältnisses zum Menschen. Zwar zielt auch die Offenbarung Gottes als freies Gegenüber der Welt und der Geschichte auf ein Verhältnis, eine Gemeinschaft. Doch ist das Gottesverhältnis Israels von Anfang an, schon vom Exodus her, ein kritisches Gottesverhältnis.[51] Gott affirmiert nicht das Selbstverständliche. Vielmehr offenbart er sich in der Krise der kollektiven oder individuellen Identität, die der Mensch durch sich selbst hat: Israel weiß sich in der Situation ausweglosen Leidens, ausgloser Ohnmacht von dem unsichtbaren, freien Gott erwählt, der der Herr der allgemeinen Geschichte und zugleich der eine Schöpfer von Himmel und Erde ist. Der Gott, der der Welt frei gegenüber

---

50 Theologisch reflektiert erscheint Jesu Selbstunterscheidung vom Vater besonders im Johannesevangelium – vgl. etwa Joh. 5,19–24 und ff.; 7,16–18.28f.; 14,1–14; das hohepriesterliche Gebet in Joh. 17 u.ö.
51 Jedenfalls ist das die Perspektive des Alten Testaments. Historisch hat sich der kritische Monotheismus im 8. Jahrhundert v. Ch. durchgesetzt.

ist, erwählt Israel grundlos, d.h. ohne eigenes Verdienst zum Leben im Bund. Dieses Leben in der Gegenwart Gottes bedeutet Rettung, wahre Orientierung und Zukunft. Die Erwählung zum Bund bedeutet aber sogleich auch Verantwortung – zum einen dafür, diesem einzigen Gott treu zu bleiben, und zum anderen für das Leben in Gerechtigkeit und Liebe, welches der Bund Gottes mit dem Volk für das Verhältnis der Angehörigen des Volkes untereinander bedeutet. Diese Verantwortung drückt sich im Gebot des Herrn des Bundes aus. Der Erwählung zum Bund entspricht also auch der Horizont des Gerichtes Gottes, und in Bezug darauf die Vorläufigkeit der Gegenwart.[52]

Ursprünglich ist das dem Exodusbund entsprechende Gebot heilsame Lebensregel oder Weisung (Tora)[53], gilt also als erfüllbar und wird nur im Einzelfall übertreten. Das heißt, der Bund, den Gott eingeht, geht dem Gebot voraus: das Gebot ist die Regel des dem Bund entsprechenden Lebens.

Anders als im paulinischen oder dann im lutherischen Sinn ist das Gesetz in seiner theologischen Bedeutung nicht auf die Funktion beschränkt, die Sünde zu offenbaren und den Menschen in seiner kollektiven Verkehrtheit zu verurteilen. Die Voraussetzung dessen, die dann zur Erbsündenlehre führt, wird noch nicht geteilt – nämlich daß der Mensch aus sich selber das Gesetz nicht erfüllen kann, weil schon das Subjekt des Handelns verkehrt ist.

Später, etwa im literarischen Zusammenhang des Sinaibundes, erscheint die Gemeinschaft des Bundes von vornherein bedingt – sie besteht in der Gabe des Gesetzes und dem Versprechen seiner Erfüllung durch die Menschen.[54] Indem damit gerechnet wird, daß das Bundesvolk das entsprechende Leben (die Gebote) verfehlt, ist der Bund nun bereits infrage gestellt.

In der deuteronomistischen Theologie kann dann das Verhältnis von Bund und Gebot sogar umgekehrt werden: dann, wenn das Volk die Gesetze hält, wird auch Gott den Bund halten.[55]

Die Gnade der Gemeinschaft des Bundes und seines Gebotes aber verkehrt sich dann zum allgemeinen Gericht über das Bundesvolk, wenn die Sünde nun im Sinne eines kollektiven Sündenfalls zu verstehen ist, der nicht mehr nur einzelne Taten betrifft, sondern zunehmend eine Verkehrung der Tatsubjekte selbst bedeutet.

Die Grundfigur der geschichtlichen Konkretion eines solchen allgemeinen Sündenfalls und Gerichts beschreibt Ex. 32.[56] Das Volk, wenn es sich angesichts

---

52 Im Einzelnen ist die alttestamentliche Theologie des Bundes vielfältig. Sie ist hier nicht historisch philologisch aufzuarbeiten, sondern kann nur in grob systematisierenden Zügen dargestellt werden.
53 Das ist auch der Sinn des paradiesischen Gebotes in Gen. 2,16f. Vermutlich auch noch in der vorexilischen deuteronomistischen Theologie hat das Gebot diese Bedeutung.
54 Vgl. Ex. 24,3ff. und Ex. 34.
55 Vgl. etwa in Bezug auf den Väterbund Dtn. 7,9.12.
56 Daß der Text jedoch nicht nur typologisch zu verstehen ist, sondern auch eine zeitgeschichtliche, kultkritische Bedeutung hatte, zeigt die Parallele in 1. Kö. 12,26–32, in der von den goldenen Kälbern Jerobeams die Rede ist.

der Entzogenheit Gottes auf sich selbst zurückgeworfen findet, verläßt sich auf einen selbstgemachten, unmittelbar präsenten Götzen und findet darin das neue, kollektive Prinzip seiner Identität.[57]

In der Geschichte Israels, wie sie sich aus dem Alten Testament entnehmen läßt, erscheint eine in dem Sinn allgemeine Sünde, daß das Tatsubjekt selber kollektiv verkehrt ist, erstmals in der Kritik der prophetischen Gerichtsworte.

Hier ist z.b. schon der Anfang des Jesajabuches (1,1ff.) zu vergleichen, der auf die Mitte des 8. Jahrhunderts v.Chr. zurückgeht: das Volk im Ganzen ist abgefallen und verdorben; Haupt und Herz sind verkehrt, nicht einzelne Taten, und auch der Opferkult ist in die Verkehrung einbezogen. Lediglich ein kleiner Rest ist im Bund Gottes verblieben.

Oft kommt in den Texten aber auch zum Ausdruck, daß die kollektive Verkehrung des Tatsubjekts noch nicht das Volk im Ganzen, sondern zunächst seine Führer umfaßt, die Starken, Großen, Reichen – und auch die Priester (vgl. z.B. Hos. 4). Entsprechend ist es auch in Ex. 32 von Bedeutung, daß von einer Perversion zugleich des Volkes und seines Priestertums (in Gestalt des Aaron) die Rede ist.

Eine Erneuerung des Bundes, eine erneute Offenbarung des Gemeinschaftswillens Gottes muß dann zunächst eben diese allgemeine Sünde zum Gegenstand haben. Das kollektiv verhärtete Herz, der um sich selbst kreisende Geist des Menschen muß in seiner Wahrheit vor Gott offenbart werden, seine Nichtigkeit muß realisiert werden. Bleibt der Gemeinschaftswillen Gottes bestehen, so teilt sich durch die Sünde die ursprüngliche Offenbarung Gottes in der Gemeinschaft des Bundes zum einen in das verurteilende Gesetz bzw. Gerichtswort und zum anderen in die Verheißung einer endgültigen Überwindung der Sünde durch Gott selbst.

Das stellt sich so dar: Das verurteilende Gesetz Gottes ist nun als Kehrseite der vorgängigen Gemeinschaft Gottes mit dem Volk zu verstehen. Die Gemeinschaft Gottes, der zwischenmenschliche Gerechtigkeit entspricht, ist im Gerichtswort nur noch präsent als das Gesetz Gottes, das der Mensch kollektiv übertreten hat und, sofern das Herz verkehrt ist, auch nicht halten kann. Das Gericht der Sünde offenbart ihre Wahrheit und vollzieht die Nichtigkeit. Auf der anderen Seite offenbart Gott die Beständigkeit seiner grundlosen Liebe gerade im Moment des Gerichtes, also im Moment der offenbaren Nichtigkeit vor Gott.

Gerade wenn das Gericht über die Sünde des Volkes, das die Prophetie vor allem im babylonischen Exil erkennt, die abgründige Ferne Gottes bedeutet, offenbare Gottverlassenheit, dann offenbart sich Gott dem Propheten in der Verheißung, selbst dem Volk „ein neues Herz und einen neuen Geist" zu geben und an Stelle des verhärteten Herzens seinen eigenen Geist zu setzen.[58]

---

57 Dieselbe Verkehrung aber bedeutet es, wenn die in der deuternomistischen Theologie bezeugte Umkehrung im Verhältnis von Bund und Gebot auf das Selbstverständnis hinausläuft, daß die Gemeinschaft des Bundes durch menschliche Leistung, eben die Erfüllung des Gesetzes erreicht wird: Gott wird zum Götzen in der Funktion, das eigene Tun zu affirmieren; die eigentliche Forderung des Gesetzes wird verkannt.
58 Ez. 36,26f.; vgl. 11,19 und schon früher Jer. 31,33.

Die verheißene Erneuerung des Bundes bedeutet, daß Gottes Geist selber zum Menschen kommt – sie ist also eschatologisch. Indem aber schon der ursprüngliche Bund mit dem Volk konzentriert ist im Bund mit dem gesalbten König, kann seiner eschatologischen Erneuerung auch die Verheißung entsprechen, daß Gott durch einen kommenden gesalbten König des Heils sein Reich, die ewige Herrschaft der Gottesgemeinschaft, der Gerechtigkeit und des Friedens verwirklichen wird[59] – und zwar nun für alle Völker.[60] Das ist die Ansage des Advents, als deren Erfüllung das Neue Testament das Evangelium versteht.

Doch gibt es zwischen der eschatologischen Verheißung und ihrer Erfüllung noch einen offenbarungsgeschichtlichen Vermittlungspunkt. Die in der Krise des Exils verheißene eschatologische Gemeinschaft findet schon alttestamentlich ihre Vorwegnahme in der zeitlichen Gegenwart – darauf bezieht sich das Neue Testament im Anspruch der eschatologischen Überbietung. Die exilisch-nachexilische, das Gericht bereits voraussetzende Priestertheologie versteht den Bund, wie er von ihr literarisch etwa im Abrahamsbund und Noahbund abgebildet wird[61], als unbedingt: Er bedeutet die Gnade erneuter Gemeinschaft nach der Übertretung des Gesetzes. Konkret besteht diese Gnade darin, daß Gott die Möglichkeit der Sühne durch das stellvertretende Blutopfer im Tempel gibt.[62] Gottes Präsenz in der Mitte des Volkes bedeutet, daß er dem seine Todesschuld bekennenden und sich insofern mit dem Opfertier identifizierenden Sünder die Möglichkeit gibt, Vergebung und neues Leben zu erlangen.

Liegt hier die Überbietung durch das Evangelium darin, daß am Kreuz Christus zugleich Priester und selbst stellvertretendes Opfer ist, in dessen Gestalt Gott selber die Todessituation des Sünders auf sich nimmt, so ist damit auch an die teils verheißene, teils als bereits geheimnisvoll gegenwärtig verkündigte Gestalt des auserwählten Gottesknechts im späteren Jesajabuch angeknüpft. Indem er stellvertretend leidet und das Gericht über die allgemeine Sünde trägt, sein Leben als Schuldopfer gibt, ist in ihm die Verheißung des eschatologischen Königs mit einer eschatologischen, universalen (die Menschheit einschließenden) Überbietung des priesterlichen Opfers als Selbstopfer verbunden.[63]

Abschließend ist zu fragen, was der neutestamentliche Erfüllungs-, Überbietungs- und Universalitätsanspruch für den Anspruch der Erwählung Israels als Bundesvolk bedeutet.

Die Beantwortung der Frage liegt darin, was unter Erwählung und Offenbarung Gottes verstanden wird. Hier könnte es als Alternative erscheinen, daß die Offenbarung Gottes entweder (z.B. im Sinne Karl Barths) als kontingente, nur in Gott begründete Tat ver-

---

59 Vgl. Jes. 9,1–6; Jes. 11; Micha 5; Jer. 23,5f.; Sacharja betont spätexilisch die Niedrigkeit des kommenden Gerechten (vgl. 9,9f.).
60 Die Universalisierung findet sich besonders deutlich bei Sacharja und später im 2. Jahrhundert v. Ch. bei Daniel (vgl. Dan. 7).
61 Vgl. Gen. 15.17 bzw. Gen. 9,9–17.
62 Archetypisch zeigen das die priesterschriftlichen Passagen in der Darstellung des Sinaibundes – vgl. (in grober Zuordnung) Ex. 24,15ff. – Ex. 31.35–40 und weiter Lev. 1ff., besonders Lev. 16f.
63 Vgl. Jes. 42,1–4; 49,1–6; 50,4–9; und besonders 52,13–53,12. Dazu auch unten S. 138.

standen wird oder aber (im Sinne idealistischer Religionsphilosophie) als etwas, was prinzipiell der Menschheit bzw. ihren Religionen insgesamt zukommt – etwa weil im Moment der Reflexion in sich und Negativität des menschlichen Fürsichseins notwendig ein Gottesbewußtsein entspringt.

Doch diese Alternative führt in die Irre. Im Sinne der Notwendigkeit und Zufälligkeit als Kategorien des auf weltliche Zusammenhänge gerichteten Verstandes ist die Offenbarung Gottes weder als notwendig noch überhaupt als sinnvoll zu denken. Eine Offenbarung Gottes ist nur als Tat oder Wirklichkeit des Anderen, als Ereignis der Kommunikation im Moment absoluter Negativität des menschlichen Fürsichseins zu denken. Als solche ist sie sprachlich und steht als sprachliche in einer konkreten Geschichte[64] – ist also nie abstrakt allgemein. Dann aber liegt die Alternative nicht im eben Gesagten, sondern nur in der Frage, ob der wirkliche Offenbarungsanspruch so zu verstehen und zu denken ist, daß er einen zum Wesen Gottes gehörigen und insofern allgemeinen Offenbarungswillen impliziert (der als solcher zugleich das Wesen des Menschen definiert) oder nicht. Auch dieser allgemeine Offenbarungswillen wäre nur in Gott begründet. Wenn dagegen die theologisch behauptete freie Kontingenz der Offenbarung Gottes nur der Gegensatz zur verstandesmäßig gedachten Notwendigkeit ist, verfehlt ihr Gedanke die Vernunft des Glaubens ebenso wie der Gedanke der Notwendigkeit.

Wenn sich in Christus Gott selbst in seiner Gemeinschaft mit dem Menschen offenbart und diese Gemeinschaft als der Sinn menschlichen Fürsichseins überhaupt zu verstehen ist, dann bedeutet dies auch, daß sich Gottes Gemeinschaftswillen auf die Menschheit insgesamt erstreckt. Eine Notwendigkeit der Offenbarung, die als allgemeines Prinzip und Kriterium der Religionsgeschichte gelten könnte, ist entsprechend als Implikat der geschichtlichen Offenbarung selber zu denken. Sie besteht in der Verläßlichkeit der Liebe Gottes, die schon Grund der Schöpfung ist, und ist in der Einheit des Lebens Gottes begründet, wie er es in Schöpfung, Menschwerdung und heiligem Geist offenbart und vollzieht.

Auch wenn gemäß dem allgemeinen Offenbarungswillen Gottes auch bei anderen Völkern oder Kulturen eine spezifische Offenbarung denkbar ist, der dann auch sozusagen eine spezifische Erwählung entspräche[65], so liegt doch die besondere Erwählung Israels (die geschichtlich faktische Exklusivität seines Bundes) darin, daß exklusiv Israel es beständig mit dem einen Gott zu tun hatte, der als Gott des Bundes doch freies Gegenüber blieb.

Dabei entspricht wie gesagt der Tatsache, daß das Gottesverhältnis kritisch ist, die Transzendenz Gottes gegenüber der Welt – der wiederum die Einzigkeit Gottes entspricht.

Doch wenn die Erwählung Israels seine Sendung für die Menschheit ist, so ist ihre Exklusivität aufgehoben, indem sich (wie Barth formuliert) die Sendung in

---

64 Im Sinne dieser Geschichtlichkeit wäre die Exklusivität des Gottesverhältnisses Israels vielleicht so zu interpretieren, daß das kollektive Selbstbewußtsein Israels die weltumfassende Negativität der in sich reflektierten Subjektivität (und damit die anthropologische Möglichkeit des Monotheismus) früher realisiert als andere Völker und Sprachen. Oder sie wäre so zu interpretieren, daß Israel im Unterschied zur Umwelt die Transzendenz Gottes, das kritische Gottesverhältnis bewahrt.
65 Eine solche spezifische Offenbarung oder Erwählung würde aber auch bedeuten, daß sie auf eine allgemeine Offenbarungsgeschichte bezogen ist. Davon handeln die nächsten Abschnitte.

Christus erfüllt: Im Kreuz Jesu erfahren Gesetz und Gericht ihre menschheitliche Erfüllung, und in der Offenbarung seiner ewigen Gemeinschaft mit dem Vater, die sich durch ihre Verkündigung als Geist ihrer Kommunikation verwirklicht, erfahren der Bund sowie die eschatologische Verheißung ihre menschheitliche Erfüllung.[66]

1.3. Die Vorgeschichte der Ausbreitung des Christentums und die Frage einer Offenbarungsgeschichte im Christentum

Die Offenbarung in Christus kann vollkommen heißen, indem sie Offenbarung Gottes in seiner eschatologischen Gemeinschaft mit dem Menschen ist. Diese Gemeinschaft schließt die Menschheit antizipatorisch ein. Zugleich aber ist ihre geschichtliche, sprachliche Wirklichkeit und damit die geschichtliche Wirklichkeit ihrer Universalität auch in der menschlichen Geschichte bedingt. Das gilt schon für die ursprüngliche Verkündigung; es gilt aber auch für die missionarische Ausbreitung dieser Verkündigung und auch noch für ihre gegenwärtige Aneignung.

Nun ist bereits im Blick auf die früheste Sprachgestalt der christlichen Verkündigung festzustellen, daß sie nicht nur einfach im jüdischen, sondern in einem jüdisch-hellenistischen Sprachraum zur Sprache kam, und dies wiederum unter der Bedingung des römischen Weltreiches. Das läßt sich so verstehen, daß die Offenbarung Gottes in Christus deshalb in ihrem Universalitätsanspruch wirklich wurde, weil sich im Schnittpunkt von jüdischem, griechischem und römischem Denken erwies, daß sie für den Menschen überhaupt relevant ist. So wie sie ursprünglich im Traditionsraum des Alten Testamentes von des einzigen Gottes Bund, Gesetz und Verheißung erschien, zugleich aber griechisch spricht und damit im Kontext vor allem des Anspruchs einer allgemeinen Vernunft steht, und nahezu zeitgleich in die lateinische Sprache einer weltumspannend allgemeinen und als solche profanen menschlichen Gesellschaft übersetzt wird, spricht sie den Menschen überhaupt an. In diesem Schnittpunkt kam Gott in seiner Gemeinschaft mit dem Menschen auch wirklich zur Sprache des Menschen und nicht nur zur Sprache eines bestimmten Volkes. Die zugespitzte These ist also, daß die Denkweisen, die diesen drei Sprachräumen entsprechen, für das menschliche Fürsichsein überhaupt paradigmatisch waren und sind. Darin liegt dann auch erst die Möglichkeit der Inkulturation des christlichen Glaubens in andere Kulturen, in die Sprachgeschichten anderer Völker.

Der Beitrag des griechischen und römischen Denkens liegt aber nicht in einer eigenen, positiven Gotteserkenntnis, die den Anspruch der Menschwerdung Gottes im gekreuzigten und auferstandenen Christus ergänzen würde. Vielmehr liegt ihre Bedeutung darin, daß sie die Negativität des in sich reflektierten menschlichen Fürsichseins in einer ergänzenden Weise paradigmatisch

---

66 Vgl. vor allem Röm. 9–11; ferner K. Barth, Dogmatik im Grundriß, Zürich 8. Aufl. 1998, § 11, S. 84–95.

II. Die Offenbarung Gottes als Mensch

zu Sprache brachten – also sozusagen gerade seine Gottlosigkeit.[67] Das ist der Kontext, in dem sich die Verkündigung Christi in ihrem universalen Anspruch ursprünglich verwirklichen konnte.[68]

Eine solche sprachprägende, das Denken und seine Kultur allgemein durchdringende Realisierung von Negativität wurde philosophisch etwa in der Skepsis, also in der Einsicht in die Notwendigkeit des Nichtwissen reflektiert – aber auch in der Kritik der Vielheit und unmittelbaren Diesseitigkeit der Götter, der dann der Gedanke der Ferne des einen Gottes entspricht. Und schließlich ist die Verzweiflung an einem Kosmos zu nennen, der für das Subjekt seiner Erkenntnis keine Bedeutung (keinen Sinn) hat. Dabei erfüllt auch der Kontext des römischen Weltreichs eine spezifische Funktion der Universalität: zum Beispiel wurde der Zweifel an den Göttern in ihrer vielfältigen, partikular diesseitigen Bestimmtheit und regionalen kultischen Präsenz nicht zuletzt durch die Erfahrung der realen Macht einer universalen und als solche profanen Gesellschaft hervorgerufen.

Daß die universale Bedeutung der Verkündigung Christi nur in diesem Kontext wirklich werden konnte, heißt aber noch nicht, daß deshalb die griechische und die römische Geistesgeschichte als Elemente einer universalen, auf die Menschwerdung Gottes zielenden Offenbarungsgeschichte zu verstehen sind. Denn das setzte voraus, daß jene Realisierungen von Negativität auch (analog zum alttestamentlichen Gerichtswort) als Ausdruck einer Offenbarung des christlich verstandenen Gottes identifizierbar wären. Ob dieser Gedanke möglich ist, wird in 1.4. untersucht. Zunächst läßt sich davon ausgehen, daß es sich um schöpfungsmäßig autonome Reflexionen des menschlichen Fürsichseins handelt, die insofern als *opus alienum dei* gelten können.

Freilich ist das Verhältnis zwischen dem jüdischen Glauben an den einen Schöpfer, seinen Bund und sein Gericht einerseits und der griechischsprachigen Vernunftreflexion sowie dem römischen Kontext einer real universalen, aber als solche profanen Gesellschaft andererseits nicht additiv zu verstehen. Vielmehr sind die griechischen und die lateinischen Reflexionsgestalten der grundsätzlichen Negativität nur insofern als Bedingung der universalen Verkündigung Gottes in

---

67 Allerdings konnte die hellenistische Inkulturation (etwa was den Kyriostitel Christi oder die Abendmahlsfeier angeht) bekanntlich auch auf bestimmte Analogien z.B. in Mysterienkulten zurückgreifen.

68 Bei Tillich findet sich diese These in etwas anderer Akzentuierung schon in seiner Marburger Dogmatik ausgebaut. Im Anschluß an Gal. 4,4–7 redet er vom „Kairos" oder der „Zeitenfülle", worin die vorbereitende Offenbarungsgeschichte vollendet ist (vgl. insgesamt „Dogmatik. Marburger Vorlesungen von 1925", hg. von W. Schüßler, Düsseldorf 1986, S. 259ff.; §§ 46ff.). Dreierlei trifft nach Tillich zusammen. 1. aus dem Griechentum der „Sinnverlust", die „Verzweiflung am Sinn" einer profanen Welt. 2. aus dem Heidentum die „Verzweiflung [...] an den Göttern", sofern sie eine menschliche Vereinnahmung des Göttlichen als sakramental gegenwärtig und verfügbar bedeuteten (S. 267f.). 3. aus dem gegenüber der sakramentalen Vereinnahmung des Göttlichen bereits radikal kritischen Judentum das „Schuldbewußtsein" gegenüber dem weltjenseitigen Gott, also die „Verzweiflung am Heil", sofern es im Tun des Gesetzes liegt. Diese Spannungsebenen sind nach Tillich historisch, aber auch typisch, d.h. sie sind sozusagen auch archetypische Gestalten der Spannung unseres Bewußtseins. Die Spannung aber ist die Voraussetzung des „Durchbruchs der vollkommenen Offenbarung" (§ 51, S. 294–296). Vgl. auch den Abschnitt über „Offenbarungsgeschichte" in „Systematische Theologie" I, S. 164–172. Auch der Jasperssche Begriff der Achsenzeit wäre zu bedenken.

der Gemeinschaft mit dem Menschen zu verstehen, als sie sich mit den Grundbestimmungen des jüdischen Glaubens durchdringen – was bereits im Palästina der Zeit Jesu der Fall war.[69] Diese Durchdringung ist aber asymmetrisch.[70] Gerade für die frühe christliche Verkündigung bietet sich die These an, daß nicht nur die jüdisch verstandene Weltjenseitigkeit des einen Schöpfers überhaupt, sondern überdies die jüdisch gedachte Gottverlassenheit des gerichteten Sünders die Skepsis der Vernunft und die Verzweiflung an der Profanität (an einer gottlosen Welt) umfaßt und neu interpretiert. Am Kreuz erkannte sie die Nichtigkeit des Menschen für sich überhaupt. In diesem Sinn betont das Johannesevangelium, daß die Aufschrift des Kreuzes in hebräischer, lateinischer und griechischer Sprache geschrieben war (Joh. 19,20). Zugespitzt läßt sich sagen: Christus am Kreuz verkörpert wirklich die Einheit der Menschheit vor Gott.

Wenn aber die Reflexion der Vernunft und die Frage nach dem Sinn menschlicher Gesellschaft für das menschliche Fürsichsein überhaupt paradigmatisch sind und nun durch das Gegenüber zu dem einen Gott interpretiert werden, dann heißt das: Die wesentlichen Weisen, in denen das in sich reflektierte Fürsichsein auch heute seine Wahrheit realisiert oder realisieren müßte, bestimmten schon den jüdisch-hellenistisch-römischen Gesprächskontext der ursprünglichen Verkündigung. Nicht nur das Gericht über die Sünde bedeutet, daß der Mensch vor dem Gott steht, der sich in Christus offenbart hat, sondern auch das Nichtwissen der Vernunft und die Sinnlosigkeit der Welt sowie die Leere der zwischenmenschlichen Verhältnisse, die die Reflexion in sich impliziert, sind so in Anspruch genommen. Entsprechend sind sie von Verkündigung und Theologie in ihrem Zusammenhang auszuarbeiten.

Nun ist noch die Frage zu stellen, inwiefern sich die Offenbarung Gottes in Christus (in dem Gott selbst seine Gemeinschaft mit dem Menschen ist) in der Geschichte des Christentums verwirklicht.

Darin liegt die z.B. in der altprotestantischen Orthodoxie traktierte Frage nach dem Verhältnis zwischen der unmittelbaren, in der heiligen Schrift gegebenen Offenbarung (*revelatio immediata*) und der mittelbaren Offenbarung (*revelatio mediata*), die in allen Zeiten der Kirchengeschichte zum Glauben führt und sich in ihrer Gestalt verändert. Tillich redet von originaler und abhängiger Offenbarung.

Eigentlich setzt die Diskussion dieser Frage die ausgeführte Christologie voraus. Sie wird hier jedoch vorgezogen, um den Zusammenhang der Überlegungen zur Offenbarungsgeschichte nicht zu unterbrechen.

Im Grunde ist die Offenbarung, christlich verstanden, das Ereignis der Gemeinschaft Gottes im Moment der Negativität des Fürsichseins. Also ist auch die Tatsache, daß die Verkündigung der Gemeinschaft Gottes Glauben findet, Offenbarung. Denn primär im Zusammenhang von Verkündigung und Glauben

---

69 Nicht nur die griechische Sprache, auch griechische Bildung und Erziehung war im palästinensischen Judentum schon seit langer Zeit präsent.
70 Allerdings läßt sich z.B. Kohelet (Pred. Sal.) als frühes Beispiel einer Synthese von griechischer Skepsis und einem jüdischen Zweifel am Heil des Bundesgottes verstehen. Vgl. M. Hengel, Judentum und Hellenismus, 2. Aufl. Tübingen 1973, S. 210ff.

II. Die Offenbarung Gottes als Mensch

(oder konkreter paulinisch: im Zusammenhang von Sündenerkenntnis und Sündenvergebung) vollzieht sich die Gemeinschaft, die verkündigt wird, in der Zeit.[71] Bedeutet das, daß sich die Wahrheit der Offenbarung im Verlauf der Geschichte ihrer Verkündigung und theologischen Reflexion verändert, ja perfektioniert? Kommt ihre Wahrheit im Zuge des philosophisch-theologischen Fortschritts oder in Gestalt der kirchlichen Lehrbildung weiter zu sich? Läßt sich eine fortschreitende Selbstverwirklichung des Eschaton in der Kirchen- und Theologiegeschichte verifizieren – die fortschreitende Selbstverwirklichung der in Jesus Christus erschienenen, zum Gegenstand der Verkündigung gewordenen Gemeinschaft Gottes mit dem Menschen?

Festzuhalten ist zunächst, daß sich im weiteren Prozeß der Übersetzung der Verkündigung in neue Sprachen und Kulturen (Inkulturation) die Universalität der Offenbarung Gottes in Christus nicht nur erweist, sondern verwirklicht – also der Anspruch, daß sie den Menschen überhaupt angeht. Und da Gespräch und erst recht Übersetzung ein Hineinversetzen in den Anderen implizieren, bedeutet dies auch auf der missionierenden Seite eine Erweiterung und Differenzierung des Denkens.

Außerdem ist in der Geschichte einer Sprache bzw. Kultur infolge der immer wieder notwendigen Reflexion der menschlichen Subjektivität in sich mit einer fortschreitenden Differenzierung der Begriffe zu rechnen, in denen sich allgemein die menschliche Identität konstituiert.[72] Das erfordert auch eine entsprechend differenzierte und verständliche Darstellung des christlichen Wahrheitsanspruchs.

Wenn aber die Offenbarung in Christus bedeutet, daß Gott selber in seiner Gemeinschaft mit dem Menschen erscheint und zur Sprache kommt, dann ist dies zwar von jeder Generation neu, in ihrer Sprache anzueignen, aber in seiner Wahrheit nicht zu steigern. Denn diese Wahrheit ist Gott selbst in seiner eschatologischen, die Geschichte umfassenden Gemeinschaft, die sich in der Gegenwart erst noch vollzieht, indem sie verkündigt und geglaubt wird.

Zudem ist die Geschichte der Aneignung zweideutig. Die Erfahrung zeigt, daß auch in der Kirchengeschichte nicht nur mit der faktischen Verkehrung im Sinne der Grundsünde, sondern sogar mit der Möglichkeit ihrer erneuten Ausbreitung zu rechnen ist. Der Geist Gottes zwingt nicht.

Gleichwohl gibt es nicht nur die Möglichkeit und Wirklichkeit einer echten Ausbreitung des Christentums, sondern auch die Möglichkeit und Wirklichkeit einer reineren Aneignung seiner Wahrheit. Hier ist es insbesondere die Aufgabe der Theologie, angesichts der bleibenden Tendenz zur Verkehrung die kirchliche Lehre kritisch auszubilden. Die Frage ist, ob die Theologie auch abgesehen von dieser kritischen Aufgabe zu einer reineren Aneignung führen kann, indem

---

71 S.o. 2,II.1.
72 Eine solche Differenzierung bringt auch neue Begriffe hervor. Zum Beispiel wurde die Rede von der Seele in neuer Differenzierung durch die Begriffe Bewußtsein, Selbstbewußtsein, Fürsichsein usw. interpretiert.

sie zum einen die Vernunft des Glaubens ausbildet und zum anderen die Bibel besser zu verstehen lernt.[73]

Die epochale, allgemeine Reflexion des menschlichen Erkennens in sich, wie sie die Zeit der Aufklärung bestimmte und zusammen mit einer neuen Differenzierung der Welterkenntnis des Verstandes zu einer umwälzenden Differenzierung der Begriffe der Identität führt, kann auf längere Sicht ebenso der erneuten Aneignung der christlichen Wahrheit dienen wie sie zu einer potenzierten, allgemeinen Selbstvergottung führen kann.

Die Frage, inwiefern die Aufklärung einer reineren Aneignung des Evangeliums dienen kann, kann konkret z. B. als Frage nach der Entmythologisierung und nach der Vernünftigkeit des Glaubens gestellt werden. Ist Christus reiner gedacht oder sogar präsenter, wenn die Gemeinschaft Gottes mit dem Menschen nicht in Bildern und Geschichten von Wundern vorgestellt wird, sondern rein in ihrem Anspruch an das Subjekt verstanden wird? Aber worin bestünde die Reinheit dieses Anspruchs?[74] Muß sich das Denken der Einheit von Gott und Mensch am Ende von der religiösen ‚Sprache der Vorstellung' abstoßen – weil in ihr die Versöhnung von Gott und Mensch nur in Jesus Christus vorgestellt wird, während ihr reines Denken die Versöhnung, also die Selbstvermittlung des absoluten Geistes im Menschen, an sich vollzieht (vgl. zu Hegel 2,I.1.6.)?

Zur sog. Entmythologisierung der christlichen Verkündigung ist zu sagen, daß sie in der Tat für diejenige Generation als Forderung einer reineren Aneignung des christlichen Wahrheitsanspruchs gilt, die sich in den Begriffen der aufgeklärten Vernunft versteht – wenn also das Fürsichsein durch die Reflexion der Vernunft, und zwar unter Voraussetzung des kritischen Verstandes, gebildet wird. Sofern sich in der biblischen Tradition die Gemeinschaft Gottes mit dem Menschen in der sinnlichen Unmittelbarkeit vielfältiger Wunder darstellt, so bezieht sich das zunächst nicht auf die Reflexion in sich bzw. Negativität dieses Fürsichseins. Wenn nun die Theologie dieses Problem der Aneignung löst, indem sie die Vernunft des Glaubens ausarbeitet, bedeutet das zwar für diese Bildungsgeneration die Möglichkeit einer reineren oder klareren Aneignung. Das schließt aber nicht schon das Urteil ein, daß damit die Gemeinschaft Gottes mit dem Menschen gesteigert sei, weil ihr Geist als solcher reiner zur Sprache käme – im Sinne eines Fortschritts der Offenbarungsgeschichte insgesamt. Abgesehen von der aufgrund der Tendenz zur Verkehrung notwendigen theologischen Selbstkritik der Lehre ist ein solches Urteil prinzipiell unmöglich. Wer sollte es fällen? – sein Subjekt müßte außerhalb der Geschichte stehen, in der sich der Geist der Gemeinschaft Gottes verwirklicht. Was den Ansatz Hegels angeht, so ist daran zu erinnern, daß das Denken die Gemeinschaft von Gott und Mensch nicht in eine reine Geistigkeit aufheben kann, die die Kommunikation (das wirkliche Gespräch, einschließlich der Wahrnehmung der Schöpfung als Äußerung Gottes) prinzipiell hinter sich hat. Das menschliche Denken der Kommunikation Gottes ersetzt nicht ihren Vollzug am sich immer wieder neu herstellenden Moment des Fürsichseins.

Eine spätere Epoche ist, nur weil sie später ist, nicht näher am Reiche Gottes – weder weil sozusagen die Zeit bis zur Ewigkeit abliefe noch weil es einen notwendigen geschichtlichen Fortschritt einer geistigeren Aneignung gäbe. Im Blick auf die Möglichkeit und Wirklichkeit der Sünde in der geschichtlichen Kirche bedeutet der Glaube, für den Gott zum Menschen gekommen ist, freilich auch,

---

73 Vgl. zu diesem Komplex oben 2,I.3.4. und 2,II.2.–4.; zum folgenden 2,I.2.4. sowie 2,I.3.5. und 3.6.
74 Hier wäre der Ansatz R. Bultmanns zu diskutieren.

daß er seine Gemeinde nicht verlassen wird. Die vollendete eschatologische Gemeinschaft mit Gott aber ist nicht als Vollendung der Weltgeschichte in der Zeit aufzufassen, sondern als Wahrheit der Geschichte in der Ewigkeit Gottes. Zwar gehört die Geschichte des Glaubens und Denkens, welches die eschatologische Gemeinschaft antizipiert, zu deren eigener Geschichte. Doch ist es Gott selbst in seiner Ewigkeit, der die Vollendung im Ganzen wirklich vollzieht (dazu IV.5.).

1.4. Gibt es eine universale Offenbarungsgeschichte? Das Verhältnis der Offenbarung Gottes in Christus zu anderen Religionen

Wenn christlich verstanden die Gemeinschaft von Gott und Mensch der Sinn des menschlichen Fürsichseins überhaupt ist, dann ist wie gesagt anzunehmen, daß Gottes Offenbarungswillen sich schon ursprünglich (und nicht erst im Zusammenhang christlicher Mission) auf die Menschheit insgesamt bezieht, in der ganzen Vielheit menschlicher Sprachen und Kulturen. Vorläufig wäre weiter anzunehmen, daß seine Offenbarung der Sprachgestalt der in einer bestimmten Kultur möglichen Reflexion in sich entspricht.

Der in 2,I.2.4. gegebene Religionsbegriff ist entsprechend zu erweitern. Das schließt vor allem eine Erweiterung des dort gebrauchten Begriffs der Vernunft ein. Auch wenn in bestimmten Kulturen Verstand und Vernunft sowie der entsprechende Begriff der Welt als Gegenstand der Erkenntnis nicht im Sinne der europäischen Geistesgeschichte ausgebildet sind, ist von der geschilderten grundlegenden Dynamik selbstbewußten Lebens auszugehen. Entscheidend ist, daß Religion die Reflexion in sich voraussetzt, in der der Mensch die umfassende Negativität seines Fürsichseins realisiert – kollektiv oder individuell. Diese Reflexion in sich, in der der Mensch sich selbst als Grenze seiner Erkenntnis, seines Kommunizierens, seines Lebens realisiert, kann in einem weiten, elementaren Sinn vernünftig heißen. Das heißt, daß der Mensch, wenn er im Sinne einer elementaren Vernunft sich selbst als Grenze seiner Erkenntnis und seines Kommunizierens realisiert, für den Anspruch des Anderen und damit für einen religiösen Sinn des Ganzen offen ist.

Das schließt die Möglichkeit ein, daß aus unserer Perspektive in einer bestimmten Religion Welterkenntnis und Religion noch nicht sprachlich und methodisch streng unterschieden sind, daß also die Erkenntnis des Wirklichen selber mehr oder weniger religiös dialogisch erscheint.

In der Geschichte einer Kultur oder Sprachgemeinschaft ist aber die Reflexion in sich aus der vorgängigen Sinngemeinschaft, um das Fürsichsein zu realisieren, immer wieder notwendig. Sofern die erneute Reflexion in sich gegenüber der vorgängigen Sinngemeinschaft kritisch ist, liegt darin ein Prinzip der Veränderung von Religion. Konkret kann diese Kritik nicht zuletzt in der methodischen Ausbildung des Verstandes liegen, also im Fortschritt der gegenüber einer unmittelbaren Präsenz des Göttlichen kritischen Welterkenntnis. Allgemein kann dann folgender religionsgeschichtlicher Zusammenhang gelten: Erst wenn sich die Reflexion, die das Fürsichsein realisiert, auf die Welt als insgesamt erkennbare bezieht, kann sich Gott als das eine Gegenüber der Welt, als der eine Schöpfer der Welt offenbaren.

Der Transzendenz des einen Gottes gegenüber der gegenständlichen Welt entspricht die menschliche Reflexion in sich aus der Vielheit der gegenständlichen Welt. Dem Gegenüber des einzigen Gottes zur vielfältigen Welt entspricht das Gegenüber einer in sich reflektierten menschlichen Subjektivität zu einer Welt, die nicht mehr Ort unmittelbar vielfältiger Göttlichkeit ist. – Daß dieses Verhältnis nicht einfach allgemeinmenschlich gegeben, sondern Ergebnis einer Geschichte ist, ist eine wesentliche Einsicht neuzeitlicher Religionswissenschaft.

Es stellt sich nun die Frage, ob dann auch außerbiblische und nicht monotheistische Religionen im Sinne einer allgemeinen, die Menschheit umfassenden Offenbarungsgeschichte zu verstehen sind. Und zuvor noch stellt sich die Frage, ob und wie entsprechende Offenbarungen Gottes konkret zu identifizieren und evtl. auch von ihrer religiösen Verkehrung zu unterscheiden wären. Lassen sich religiöse Wahrheitsansprüche, deren Bezugsrahmen nicht die biblische Offenbarungsgeschichte ist, von der Offenbarung Gottes in Christus her so verstehen, daß sie als Offenbarung anzuerkennen sind? Schlösse diese Möglichkeit auch henotheistische und polytheistische Religionen sowie Geisterglauben, Ahnenglauben, Animismus usf. ein?

Ließen sich vielleicht sogar Religionen im Sinne einer ursprünglichen Gemeinschaft vor einem allgemeinen Sündenfall (vgl. oben I.2.) identifizieren? Oder ließen sich andere Religionen als Erlösungsreligionen verstehen, in denen es wirklich zur Befreiung von einer mehr oder weniger allgemeinen Herrschaft unwahren Lebens kommt – und wie verhielte sich dazu der Anspruch der vollkommenen Offenbarung Gottes in Christus? Eine Hauptfrage ist, inwiefern solche Erörterungen überhaupt die Übersetzbarkeit der dabei gebrauchten Begriffe von Leben, Sünde, Wahrheit, Gott usf. voraussetzen können.

Der Standpunkt zur Beantwortung dieser Fragen kann keiner oberhalb des Denkens eines wirklichen Gottesverhältnisses sein. So notwendig und hilfreich z.B. ein religionskundlicher Vergleich zwischen dem Christentum und anderen Religionen hier ist, so kann er doch die Frage nach der Anerkennung religiöser Wahrheitsansprüche, die außerhalb des Bezugsrahmens der biblischen Offenbarungsgeschichte stehen, nicht beantworten. Da der Wahrheitsanspruch der Offenbarung Gottes in Christus universal ist und ein konkretes Gesamtverständnis von Welt, Geschichte und auch Denken und Subjektivität umfaßt, ist kein Standpunkt denkbar, der neutral vergleichend über das Verhältnis dieser Wahrheit zu anderen Wahrheitsansprüchen urteilen könnte. Die Beantwortung der Frage kann also nur darin liegen, wie sich ihre Verkündigung selber in dem Gespräch mit anderen Religionen zu deren Wahrheitsanspruch verhält. Zugespitzt läßt sich sagen: Es ist das geschichtliche Missionsgespräch zu analysieren – oder, im Blick auf die Gegenwart: es ist seine konkrete Möglichkeit auszuloten. Die Integration von Religionen in eine universale Offenbarungsgeschichte kann nur die wirkliche, kritische Geschichte ihres Gespräches abbilden.

Ein grundsätzliches Problem des hermeneutischen Verfahrens liegt hier allerdings darin, daß in der wirklichen Missionsgeschichte das christliche Ideal des herrschaftsfreien, ergebnisoffenen Gespräches allein um der Wahrheit und Gemeinschaft willen, das ein Sichhineinversetzen in den Anderen impliziert, oft kaum verwirklicht wurde. Auch die Interpretation der Missionsgeschichte muß stets kritisch sein.

Zunächst ist zu prüfen, wie sich die Verkündigung Christi in der ursprünglichen Heidenmission zur griechischen, zur römischen Religiosität verhält. Das stellt sich im Neuen Testament selber dar. Dann ist weiter fragen: Wie verhält sich der Wahrheitsanspruch der Offenbarung Gottes in Christus im Zuge der Christianisierung etwa der germanischen Völker zu deren überlieferter Religiosität? Widerspricht er nur oder knüpft er auch an? Knüpft er nur an ihren Selbstwiderspruch oder Zweifel an[75] oder bestätigt er auch ein Wahrheitsmoment an dem, was dieser Religiosität heilig war? Auch bei der weiteren Christianisierung und jeweiligen Inkulturation stellt sich die entsprechende Frage. Und weiter: Wenn es zu einer Anknüpfung oder Adaptation kommt, besteht sie zu Recht, oder ist sie als mangelhafte Aneignung zu kritisieren?[76]

Die Prüfung anhand einer kritisch interpretierten Missionsgeschichte ist hier nicht im Einzelnen durchzuführen. Hier sind zunächst die neutestamentlichen Texte zu interpretieren, die als ursprüngliches Zeugnis der Verkündigung selber diese Frage behandeln. Es ist zu sehen, inwiefern sich dabei eine paradigmatische Gestalt des Verhältnisses zu anderen Religionen ergeben kann.

Im Blick auf die wenigen einschlägigen neutestamentlichen Texte zeigt sich jeweils erst eine lockere Anknüpfung an eine frühere Offenbarung oder Präsenz Gottes, dann der Widerspruch gegen deren Verkehrung zum Götzendienst, sowie die Verkündigung der vollkommenen Offenbarung in Christus. Der Widerspruch wiederholt dabei die alttestamentliche Kritik der Religionen der Völker.

Gemäß Apg. 14,8–18 werden Paulus und Barnabas, die in einer Stadt im griechischen Kleinasien als Wundertäter und Prediger auftreten, vom Volk als kondeszendierende Götter angesehen, als Zeus und Hermes. Dem wird widersprochen und zur Bekehrung „von diesen falschen Göttern zu dem lebendigen Gott" aufgerufen. Zugleich kommt es aber auch zu einer Anknüpfung: Dieser Gott habe „sich selbst nicht unbezeugt gelassen, hat viel Gutes getan, [...] euch ernährt und eure Herzen mit Freude erfüllt."

Nach Apg. 17,16–34 predigt Paulus auf dem Areopag in Athen. Nach dieser Darstellung knüpft er an die hellenistische Verehrung des unbekannten Gottes an und kann sie offenbar als religiöse Skepsis gegenüber dem Polytheismus verstehen – in dem Sinne, daß die Unbekanntheit dieses Gottes eine Unbekanntheit der einen, wahren Gottheit überhaupt bedeutet. Als unbekannter ist der eine Gott doch bewußt. Gott schuf die Menschen, „damit sie Gott suchen sollen. [...] Und fürwahr, er ist nicht fern von einem jeden unter uns. Denn in ihm leben, weben und sind wir; wie auch einige Dichter bei euch gesagt haben:

---

75 Im Hinblick auf die Germanenmission ließe sich hier z.B. an den Gedanken der geschichtlichen Endlichkeit der Götter (die Götterdämmerung) denken.
76 Das könnte z.B. der Fall sein, wenn sich in Legenden und Kulten von Heiligen oder auch in manchen Marienkulten Züge heidnischer Götter wiederfinden.

Wir sind seines Geschlechts."[77] Zugleich aber widerspricht Paulus der Verehrung des unbekannten Gottes. Zwar hat sie es mit dem wahren Gott zu tun. Doch der Schöpfer der Welt „wohnt nicht in Tempeln" und der Opferdienst bewirkt nichts. Eben dieser Gott, von dem einige Dichter wußten, verlangt nun, indem er sich im Menschen Jesus offenbarte, von allen Menschen Umkehr: er bietet ihnen „durch die Auferweckung Jesu den Glauben", also ein neues Leben in der eschatologischen Gemeinschaft mit ihm an.

Der älteste Text ist Röm. 1,19–32; 2,2–16. Der Kontext ist der Gedanke, daß ein Gericht Gottes über die Menschheit insgesamt nur sinnvoll ist, wenn dies eine allgemeine Offenbarung Gottes voraussetzt. Einem allgemeinen Gericht und einer allgemeinen Sünde, von der wir in Christus erlöst werden, muß auch ein allgemeines ursprüngliches Gottesverhältnis oder ein allgemeines, ursprünglich erfüllbares Gesetz Gottes vorausgehen. Daß Gott den Menschen verkehrt geschaffen hat, wäre ein sinnloser Gedanke. So geht Paulus davon aus, daß Gott sich auch den Völkern außerhalb Israels offenbart hat. Diese Offenbarung bedeutet zum einen, daß seine „ewige Kraft und Gottheit seit der Schöpfung der Welt ersehen wird aus seinen Werken, wenn man sie vernünftig wahrnimmt". Zum anderen entspricht der allgemeinen Offenbarung, daß die „Völker, die das Gesetz nicht haben, [...] sich selbst Gesetz sind". Das Gesetz „ist in ihre Herzen geschrieben", und Einzelne handeln auch danach. Es liegt dann nahe, das entsprechende „Gewissen" (Syneidesis) mit dem Offenbarsein der Kraft und Gottheit Gottes in Zusammenhang zu bringen – auch wenn Paulus das nicht ausdrücklich tut. Andererseits wurde und wird die gegebene Gotteserkenntnis von den Völkern im Ganzen faktisch verfehlt. Die Menschen hielten sich nicht an den wahren Gott, sondern vertauschten ihn mit dem Götzenbild.

Die Passagen der Apostelgeschichte lassen sich so zusammenfassen, daß christlich auch Offenbarungen Gottes außerhalb des offenbarungsgeschichtlichen Zusammenhangs von Altem Testament und Evangelium zu identifizieren sind. Wenn alle Menschen Gott suchen sollten und er ihnen nicht fern war (Apg. 17,27), so hat er sich auch finden lassen. Andererseits kann von einem konkreten Kommen Gottes aus seiner welttranszendenten Einheit nicht die Rede sein, so daß insofern eine bewußte, intensive Gemeinschaft kaum gegeben war (vgl. Apg. 14,16). Wenigstens die Darstellung der Areopagrede scheint aber davon auszugehen, daß sich Gott auch hinter einer tendenziell henotheistischen Göttergestalt verbergen kann. Hier (und nur hier) wird auch eine ihn offenbarende Präsenz Gottes bei den Heiden vorausgesetzt: Wenn heidnische Dichter die unmittelbare Nähe des wahren Gottes aussagten und entsprechend von einer dem Menschen wesentlichen Zugehörigkeit zu Gott wußten (Apg. 17,26), dann mußte Gott in dieser Nähe auch erfahrbar sein.

Darüber hinaus zeigt sich in Apg. 14,8ff., daß die Predigt Christi an den gewohnten Gedanken einer möglichen Kondeszendenz des Göttlichen anknüpfen konnte – auch wenn es sich bei den Göttern um Nichtige handelte.

Nach Paulus bezeugt Gott sich allgemein in den Werken der Schöpfung und Erhaltung. Er ist dabei nicht passiver Gegenstand einer monologischen Ver-

---

77 Das Zitat stammt von Aratus aus Zilizien – es geht ursprünglich um Zeus als Vater der Menschheit. Der allgemeinere Kontext ist stoisch. Die Kommentare zitieren auch Parallelstellen zur Nähe der Gottheit etwa bei Seneca.

nunfterkenntnis, die von der Welt auf eine erste Ursache schließt, sondern er teilt sich mit. Die Werke der Schöpfung sind als seine Äußerung wahrzunehmen (Röm.1,19f.).

Das setzt freilich das Bewußtsein voraus, daß die sichtbare Welt selber nicht göttlich oder Ort unmittelbarer göttlicher Präsenz Gottes, sondern Gott gegenüber ist.[78]

Doch auch wenn Gott sich den Völkern in seiner Schöpfergüte offenbarte, in seiner „Kraft und Gottheit", auch als Autor des in das Herz geschriebenen Gesetzes, bleibt er selbst (wie ja auch im alten Bund) jenseitig. Hier setzt der Anspruch der Überbietung an. Indem Gott sich durch die Auferstehung Jesu, die ihn als Sohn Gottes zeigt (vgl. Röm. 1,4), in seiner Gemeinschaft mit diesem Menschen offenbart, vollzieht er seinen der ganzen Menschheit geltenden, eschatologischen Gerichts- und Gemeinschaftswillen. Mit dieser Botschaft knüpft Paulus in Röm. 1f. also nicht nur im Sinne einer Überbietung an eine Offenbarung Gottes bei den Völkern an. Der Anknüpfung korreliert vielmehr zugleich eine fundamentale Kritik. Zu widersprechen ist der Verkehrung der früheren Offenbarung Gottes, die darin besteht, daß der Mensch sie mit einem eigenen Götterbild (analog zum goldenen Kalb in Ex. 32) vertauschte.

An die Stelle des welttranszendenten, unverfügbaren Anderen, dessen Bewußtsein Paulus voraussetzt, trat eine selbst konstruierte Gestalt, deren Dienst oder Kult das wahre vor Gott Stehen verleugnet und das Leben verkehrt (Röm. 1,21ff.). So muß der universalen Offenbarung Gottes in Christus das ebenso universale Gericht vorausgehen, welches die Verkehrung ausspricht (Röm. 1,18f.: die Offenbarung des Zornes Gottes).

Eine über Paulus hinausgehende Frage ist dann, ob der Polytheismus schon als solcher diese Verkehrung darstellt, oder ob es theologisch denkbar ist, daß sich ursprünglich auch hinter dem mythischen Zusammenhang und Kult der Götter eine vorläufige Kondeszendenz des Gottes verbirgt, der sich in Christus offenbart. Darauf ist gleich zurückzukommen.

In der Geschichte der christlichen Theologie finden sich die neutestamentlichen Ansätze zur kritischen Anknüpfung an außerbiblische Wahrheitsansprüche vor allem im missionarischen und apologetischen Kontext ausgebaut – freilich stets mit dem Anspruch der entscheidenden Überbietung. Erst die pluralistische Theologie der Religionen stellt diesen Anspruch seit dem späten 20. Jahrhundert in Frage.

Die Geschichte dieser theologischen Auseinandersetzung ist hier nicht im Einzelnen zu bestimmen; lediglich grundlegende Alternativen der Anknüpfung sind kurz anzudeuten. Lassen sich bestimmte Wahrheitsmomente heidnischer Philosophie oder Religionen identifizieren, so besteht eine Möglichkeit darin, sie als vorläufige geschichtliche Verwirklichung des Geistes oder Logos Gottes zu verstehen. Eine andere Möglichkeit besteht darin, solche Wahrheitsmomente als Ausdruck einer ungeschichtlichen allgemeinen Offenbarung zu verstehen. Das

---

[78] Eben darin besteht vielleicht die vernünftige oder verständige Wahrnehmung nach Röm. 1,20.

heißt es wird (wie bei Paulus) ein dem Menschen als solchem gegebenes Gottesbewußtsein vorausgesetzt.

In diesem Sinn redete im 20. Jahrhundert z.B. P. Althaus von einer allgemeinen „Uroffenbarung" oder K. Rahner von einem „anonymen Christentum", das auch in nichtchristlichen Religionen oder Philosophien möglich ist und sich vor allem in der Hingabe des Fürsichseins äußert. Darauf soll hier nicht weiter eingegangen werden.

Paradigmatisch für die erste Möglichkeit, die auch eine christliche Deutung der vielfältigen vorchristlichen Geistes- und Religionsgeschichte einschließt, ist gleich zu Anfang der Theologiegeschichte Justins[79] Lehre vom göttlichen „logos spermatikos", an dem auch Philosophen, Dichter und Geschichtsschreiber der Heiden Anteil gehabt hätten. Der Gedanke ist also, daß der göttliche Logos, das ewige Wort Gottes, welches dann in Christus selbst ganz Mensch wurde (Joh. 1), auch vorher schon bei den Heiden keimhaft präsent war. Denn die Wahrheit bestimmter heidnischer Lehren und Sprüche ist offensichtlich wie ein Samen, der dann in Christus seine volle Gestalt findet. Damit meint Justin konkret aber weniger eine Wahrheit des mythischen Götterglaubens als vielmehr eine bereits tendenziell mythenkritische, philosophisch die Einheit der Gottheit betonende Gotteslehre, wie sie sich schon bei den Vorsokratikern[80] und dann durchgearbeitet bei Platon und in der Stoa findet.[81] Dieser Ansatz Justins findet sich am wirkungsmächtigsten dann bei Augustin und dem christlichen Platonismus ausgebaut.[82]

Einen Gegenentwurf, auch wenn er ebenfalls auf ein universalisiertes Verständnis der Offenbarungsgeschichte hinausläuft, bietet hier J.G. Hamann. Sein Kontext ist die Auseinandersetzung mit der sich in der Neuzeit durchsetzenden Religionskritik im Namen der Vernunft. Für Hamann liegt der Anknüpfungspunkt gerade nicht bei der griechischen Philosophie, sondern in der vorphilosophischen antiken Mythologie.

Während sie für den Gedanken einer Kondeszendenz der Gottheit offen ist, stellt für die philosophische Vernunft die Einheit von Gott und Mensch in Christus einen Widerspruch dar. Sie widerspricht dem rationalen Grundsatz der Identität, der Gott und Mensch, Unendlichkeit und Endlichkeit prinzipiell auseinanderhält. In diesem Sinn setzt die kritische Philosophie der Antike ebenso wie in Hamanns Gegenwart die Aufklärung anstelle des sich *sub contrario* mitteilenden Gottes die ratio als Ursprung der Erkenntnis.[83]

---

79 Justin starb ungefähr im Jahr 165 als Märtyrer.
80 Hier wäre vor allem an Xenophanes zu denken; Justin nennt z.B. Heraklit.
81 Vgl. vor allem Justin, Apol. II, 13, 2–6.
82 Weiter zu fragen wäre, ob nicht die heidnische, philosophische Gotteslehre die mythische Theologie, die sie kritisiert, zugleich voraussetzt – indem sie nämlich von ihr den Gedanken der Gottheit übernimmt – oder ob es eine genuin philosophische Gotteserkenntnis unabhängig von der Religion gibt. Oder gibt es ein genuin philosophisches Bewußtsein des Einen, das als Offenbarung anzusprechen ist?
83 „Die Heyden waren durch die klugen Fabeln ihrer Dichter an dergleichen Wiedersprüchen gewohnt; bis ihre Sophisten, wie unsere, solche als einen Vatermord verdammten, den man

II. Die Offenbarung Gottes als Mensch 129

Für Hamann hatte die vorchristliche Mythologie eine Vorstellung von der Kondeszendenz des Göttlichen zum Menschen, die auf die Kondeszendenz Gottes in Christus vorausdeutet. Während die heidnische Philosophie lediglich einen abstrakten Begriff von Gottes Allmacht oder Güte Gottes hervorbringt, aber nichts weiß von der „Demuth seiner Menschenliebe", hat die heidnische Mythologie davon „ein Wörtchen [...] vernommen".[84] Präfiguriert also etwa die mythisch dichterische Gestalt des zum Menschen kommenden Jupiter die Menschwerdung Gottes in Christus?[85] Die Grundlage für diese Möglichkeit ist für Hamann die Annahme einer allgemeinen geschichtlichen, schon mit der Schöpfung beginnenden Anrede des Menschen durch Gott, die als solche eine Kondeszendenz Gottes ist:

Gott redete „durch Natur und Schrift, durch Geschöpfe und Seher, [...] durch Poeten und Propheten" – schließlich aber „durch seinen Sohn".[86]

Aber wie verhält sich die mythische Vorstellung von einer Kondeszendenz des Göttlichen zur geschichtlichen, im Blick auf einen geschichtlichen Menschen beanspruchte Kondeszendenz Gottes, wie sie Gegenstand des Evangeliums ist? Wie kann im Zusammenhang der mythischen Vorstellung von einer Kondeszendenz eine geschichtlich wirkliche Kondeszendenz Gottes identifiziert werden?[87]

---

an den ersten Grundsätzen der menschlichen Erkenntnis begeht": N 2, S. 68 (Sokratische Denkwürdigkeiten von 1759).

84 Diese Opposition erinnert nicht zufällig an Luthers Kreuzestheologie. Das Zitat lautet: „Freylich schuf er uns nach Seinem Bilde – weil wir dies verloren, nahm er unser eigen B i l d an [...] lernte w e i n e n – lallen – reden – lesen – d i c h t e n wie ein wahrer Menschensohn; [...] Auch die Heyden hatten ein Wörtchen von diesen Geheimnißen, in ihre Mythologie einzuflechten, vernommen. Jupiter verwandelte sich um die Gunstbezeugungen seiner rechtmäßigen Gemalinn zu genüßen, in einen [...] halbtodten Guckuck [...] Der Heyde, der Philosoph erkennt die Allmacht, die Güte Gottes; aber von der Demuth seiner Menschenliebe weiß er nichts. Als ein schöner Stier, als ein Adler, Schwan und güldener Regen theilte sich Jupiter seinen Bulerinnen mit." (Brief an Lindner vom 9.8.1759, H1, S. 394,6–19)

85 Auch Odysseus oder Narziß können bei Hamann als Präfiguration Christi erscheinen.

86 N 2, S. 213 (Aesthetica in nuce von 1762; dort findet sich auch der Bezug auf Odysseus).

87 Dieselbe Frage stellt sich z.B. auch angesichts der zuletzt von J. Ringleben untersuchten, verblüffenden Parallele zwischen dem neutestamentlichen Philipper-Hymnus und dem von Pindar ungefähr im Jahr 444 v. Chr. bearbeiteten Dioskurenmythos: Von den Zwillingsbrüdern Kastor und Polydeukes entäußert sich der eine, nämlich Polydeukes als Sohn des Zeus, seiner Göttlichkeit und wird ganz Mensch, um das Leben des andern, des sterbenden, nach Erlösung schreienden Kastor zu retten. Dabei wird die Liebe des Gottessohnes zu seinem menschlichen Bruder umgriffen von der Liebe des Zeus zu seinem Sohn. – Ringleben sieht Pindar hier als mythischen Propheten: der Hymnus sei zwar „selber unmittelbar keine eigentliche Offenbarung", doch „Ausdruck eines Wissens davon, wie eine erlösende Offenbarung aussehen müßte, wenn sie wirklich einträte". Pindar „prophezeit [...] in Wahrheit – ohne es wissen zu können – eine zukünftige neue Religion". Wenn aber diese mythische Prophezeiung der erlösenden Menschwerdung Gottes eben noch nicht diese selbst ist, aber auch nicht eine bloße Erfindung des Menschen, so bleibt die Frage, was sie als Prophezeiung mit dem zum wirklichen Menschen kondeszendierenden Gott zu tun hat. Vgl. J. Ringleben, Pindars Siegesfeier. Eine Interpretation der zehnten Nemeischen Ode. In: Nachrichten der

Hamann beantwortet die Frage nicht. Er geht aber offensichtlich davon aus, daß der Gott, der sich in der Gemeinschaft mit dem wirklichen, geschichtlichen Menschen offenbart hat, vorläufig auch „durch Poeten" bzw. ihre Göttermythen redete – ohne daß für uns die mythisch-polytheistische Gestalt dieser Rede ohne weiteres mit ihrer Wahrheit, nämlich daß Gott im Menschen redet, in Übereinstimmung ist.

Eine wirklich universale Systematik der Religionen und allgemeinen Religionsgeschichte, die konkret deren Zeugnisse interpretiert, hat Hegel in seiner Philosophie der Religion gegeben. Sie besagt, daß sich im Christentum (in der Verkündigung der Menschwerdung Gottes) die Wahrheit aller Religion offenbart. Denn in der Religion stellt der Mensch in unterschiedlicher Klarheit sein Wesen vor: das Absolute, indem es sich in der menschlichen Geistesgeschichte, im religiösen Bewußtsein und Selbstbewußtsein des Menschen als solches realisiert.[88] Gott ist also nicht einfach als ungeschichtlich sichselbstgleiches Gegenüber des Menschen und seiner Welt vorausgesetzt, um dann nach der Geschichte seiner Offenbarung zu fragen. Vielmehr ist die Geschichte der menschlichen Religion seine eigene Geschichte, in der er sich als die eine Wahrheit des Ganzen in stufenweise fortschreitender Klarheit vollzieht. Dieser Prozeß umfaßt als seine Voraussetzung aber auch die Entwicklung der menschlichen Subjektivität im Verhältnis zur erkannten Welt und in ihrer Sittlichkeit. Daraus bestimmt sich für Hegel die Vielfalt der Religionen als Stufen der allgemeinen Religionsgeschichte.

Das Problem dieser Philosophie der Religion ist nicht ihr Versuch der Universalität, auch wenn seine Interpretationen der geschichtlichen Religionen im Einzelnen fraglich sein müssen. Das Problem liegt darin, daß das Denken der Selbstvermittlung des Absoluten die Wirklichkeit des menschlichen Fürsichseins prinzipiell hinter sich gelassen (aufgehoben) hat und sich insofern nicht mehr als Wahrheit einer Kommunikation reflektiert.

Zu dem Versuch, den universalen Wahrheitsanspruch der Offenbarung Gottes in seiner Menschwerdung (bzw. in Kreuz und Auferstehung) zu denken, gehört durchaus die Aufgabe einer allgemeinen Religionsgeschichte in christlicher Perspektive. Jedenfalls gilt das unter zwei Voraussetzungen. Erstens unter der Voraussetzung, daß es der Sinn des in sich reflektierten menschlichen Fürsichseins ist, daß sich ihm in seiner Sprache der Andere mitteilt. Zweitens unter der Voraussetzung, daß es ein Gespräch mit den Religionen über die Wahrheit gibt. In diesem Gespräch muß sich der christliche Wahrheitsanspruch konkretisieren. Die konkrete Bestimmung einer allgemeinen, kritischen Religionsgeschichte kann nur eine Reflexion dieses Gesprächs mit den Religionen über die Wahrheit sein – denn nur in diesen Gespräch können sie verstanden werden.[89]

Akademie der Wissenschaften zu Göttingen. I. Philologisch-historische Klasse, Jg. 2002, Nr. 2, Göttingen 2002, S. 123–169; hier S. 146f. 155. 161f.

88 Vgl. oben 2,I.1.6.

89 Der Islam nimmt hier eine Sonderstellung ein, da er sich selbst auf das Alte und das Neue Testament und ihren offenbarungsgeschichtlichen Zusammenhang bezieht. Die zugespitzte These lautet: Er holt zwar für seine ursprünglichen Kulturen und ihren Polytheismus den alttestamentlichen Glauben an den welttranszendenten Schöpfer und Richter nach. Doch fällt er hinter die Radikalität des alttestamentlichen Gerichts zurück und verkennt somit

2. Jesus Christus im Neuen Testament

Leitthema 7
In Christus kommt Gott zum Menschen und befreit ihn aus der Einsamkeit und dem Tod seines Umsichselbstkreisens zum zeitlichen und ewigen Leben in der Gemeinschaft mit ihm. Das heißt Christus als Gemeinschaft Gottes mit dem Menschen wird ursprünglich in der Verkündigung verstanden, durch die sich diese Gemeinschaft gegenwärtig an mir verwirklicht. Der ursprüngliche Gegenstand der Verkündigung aber ist der in die Ewigkeit Gottes auferstandene Jesus. So wie überhaupt der verkündigte Christus von seiner Gegenwart her verstanden wird, so wird schon im Neuen Testament der geschichtliche Jesus von seiner Auferstehung als Gekreuzigter her verstanden. Gleichwohl ist, um besser zu verstehen, zurückzufragen: das Vorverständnis des Christus praesens ist am Neuen Testament zu überprüfen, und die neutestamentliche Verkündigung des auferstandenen Herrn und der Heilsbedeutung des Kreuzes, der nun die Verkündigung der Menschwerdung des Wortes oder der Sendung des Sohnes entspricht, ist im Blick auf den geschichtlichen Jesus zu konkretisieren.

Gottes Offenbarung in seiner Gemeinschaft mit dem Menschen ist als Kommen in diese Gemeinschaft zu verstehen, als Ereignis der Kommunikation für das in sich reflektierte Fürsichsein. Zwar läßt sich auch fragen, wie das im Blick auf Jesus zu verstehen ist – wie sich dieses Ereignis in seinem Leben konkretisiert. Doch allein entscheidend ist, wie das Kommen Gottes, seine Kommunikation für alle Anderen (für uns) wirklich wird. Der Menschheit begegnet es zunächst in der Predigt Jesu, indem er es – das Reich Gottes – in Vollmacht ankündigt: und zwar so, daß diese Ankündigung den Anfang des Angekündigten vorwegnimmt, sein unmittelbarer Vorschein ist. Das Kommen Gottes setzt sein Wort voraus. Das definitive Eintreten der eschatologischen Gemeinschaft Gottes mit dem Menschen wurde zuerst mit der Erscheinung des in die Ewigkeit Gottes auferstandenen Gekreuzigten verkündigt. So wie das Kreuz deshalb die Einsamkeit des Fürsichseins und den Tod des Sünders überhaupt bedeutet, weil Jesus sein Fürsichsein für die Gemeinschaft mit den Menschen hingab, so umfaßt die Gemeinschaft Gottes mit dem Auferstandenen alle Menschen, die diesen Tod (die Nichtigkeit des Fürsichseins) an sich selbst nachvollziehen, indem sie an die Gemeinschaft glauben.

Wenn aber Jesu Predigt des eschatologischen Kommens Gottes sowie seine entsprechend vollmächtige Sündenvergebung unmittelbarer Vorschein der in seinem Tod und seiner Auferstehung eintretenden Gemeinschaft ist, dann besagt das auch, daß schon im Predigen und Handeln des irdischen Jesus Gott selbst begegnete. Das Leben Jesu, sein Tod und sein Erscheinen als Auferweckter zusammen ist das Kommen Gottes zum Menschen – sein Leben aus der anbrechenden Gemeinschaft, die Hingabe seines Fürsichseins

---

auch die Verheißung des kommenden Gottes. Die Notwendigkeit der Erlösung, die Verkehrtheit des Fürsichseins als der eine Grund der Sünde ist unbekannt. So kann am Kreuz weder die Wahrheit des Menschen erkannt werden noch die Liebe Gottes, der zu ihm gekommen ist. Das Verhältnis Gottes des ‚Vaters' zu Christus wird geistlos mißverstanden (vgl. Sure 2,117). Auf der einen Seite verharrt Gott in einem abstrakten Jenseits (dem auch eine abstrakte, die Vielheit des Anderen bloß negierende Auffassung seiner Einheit entspricht), auf der anderen Seite ist es der Mensch für sich, der sein Gottesverhältnis durch seine Werke zu bestimmen scheint. Denn es ist nicht Gott selbst, der Geist seiner Kondeszendenz, der zwischen ihm und dem Menschen vermittelt: Glaube gilt als Unterwerfung unter das dem Gesandten buchstäblich mitgeteilte Wort. Diesem Verständnis ist die Ausbreitung des Islams durch kriegerische Gewalt durchaus kompatibel (vgl. Sure 61) – während der Kreuzzug offensichtlich im Widerspruch zum Geist und Wortlaut des Evangeliums steht.

am Kreuz, in der sich mit dem gerichteten Sünder in seiner Gottverlassenheit identifiziert, und die abschließende Offenbarung des gekommenen Gottes in der Gemeinschaft des Gekreuzigten. Nur durch die Hingabe seines zeitlichen Fürsichseins konnte in ihm Christus, Gott selbst in seiner Gemeinschaft mit dem Menschen erkannt werden.

Damit ist aber auch Gott selbst neu zu verstehen: Wenn der erhöhte Jesus der ewige Herr (Kyrios) ist, wenn der zur eschatologischen Erfüllung des Bundes verheißene Messias Gott selber in seiner Gemeinschaft mit dem Menschen ist und in dieser Gemeinschaft schon der Sinn der Schöpfung menschlichen Selbst- oder Fürsichseins liegt, so bedeutet das, daß Gott sich selbst in den „Vater" und den „Sohn" unterscheidet – und zwar nicht nur, indem er im gekommenen Christus selbst seine Gemeinschaft mit dem Menschen ist, sondern in Ewigkeit. Der „eingeborene Sohn" (Joh. 1,14) ist in Jesus erschienen – und damit der Sinn (Logos) der Schöpfung: eben die ewige Gemeinschaft (oder: Identität) seiner Kommunikation mit dem Menschen.

So wie diese Wahrheit Jesu Christi erst mit seiner Auferstehung erkannt wurde, so ist auch für die, die an Christus glauben, ihre ewige Gemeinschaft mit Gott als gegenwärtige zugleich erst Zukunft: sie ist ihre jetzt schon in Gott verborgene Wahrheit (ihre Teilhabe an Christus), auf die sie zugleich (als die Wiederkunft Christi) im zeitlichen Leben zugehen, indem sie glauben und lieben.

2.1. Die Frage nach dem Verhältnis von irdischem Jesus und offenbarem Christus

Im Neuen Testament erscheint diese Frage immer schon beantwortet, da der irdische Jesus von vornherein als offenbarer Christus verstanden wird.

Wie sich dies im Einzelnen darstellt, ist in 2.3. und 2.4. zu zeigen. Zu beachten ist, daß der sich schon im Neuen Testament herausbildende zusammenfassende Sinn, in dem „Christus" die Offenbarung Gottes als Mensch bedeutet, von dem früheren, begrenzteren Sinn zu unterscheiden ist, in dem „Christus" die griechische Übersetzung von „Messias", Gesalbter Gottes ist.[90]

Zwar gibt es in den Evangelien klare Hinweise, daß erst die Erscheinungen des auferweckten Gekreuzigten die Verkündigung begründete, daß in Jesus Gott selber zur Menschheit gekommen ist. So zeigt die historisch-kritische Exegese, daß sich die Titel des (exklusiven) Sohnes Gottes, des Kyrios und auch des Messias oder Christus nicht als Selbstzuschreibung des irdischen Jesus finden, sondern als nachösterliche Interpretation. Sollte es entsprechende Zuschreibungen durch Jünger gegeben haben, wurden sie durch den Tod Jesu negiert. Dem entspricht die neutestamentliche Reflexion, daß die Einsicht der Gemeinde in die Notwendigkeit der Hingabe des zeitlichen Fürsichseins für die Offenbarung Gottes durch den Sohn erst mit der Auferstehung gegeben ist: Bei Mk. verbietet Jesus das Christus-Bekenntnis bis zur Auferstehung (zum sog. Messiasgeheimnis vgl. etwa Mk. 9,9; 8,29f.), bei Joh. ist der Tod (das Weggehen) Jesu die Bedingung dessen, daß der Geist der Wahrheit gesandt wird – der Tröster (Paraklet), der in

---

90 Erst in den letzten beiden Jahrhunderten vor Christus verbanden sich die Vorstellungen des gesalbten Königs mit der Erwartung eines endzeitlichen Erlösers, der auch Züge des priesterlichen oder prophetischen Gesalbten anziehen konnte (vgl. aus den Pseudepigraphen des Alten Testaments Ps.Sal. 17; 18,1–9).

Ewigkeit bleibt und die Einheit von Vater und Sohn offenbart (vgl. Joh. 14,16–20; 15,26f.; 16,7–14).[91] Doch auch wenn die Darstellung Jesu, die ihn von Anfang an als gesandten Retter (vgl. z.B. Lk. 2,11) oder Sohn Gottes versteht, offensichtlich nachösterlich formuliert wurde, bestimmt sie nun eben das neutestamentliche Gesamtverständnis. Das gilt auch und insbesondere für die sich bei Mt. und Lk. (nicht aber bei Mk. oder Paulus) findende Weihnachtsgeschichte und für die Verkündigung der Präexistenz des gekommenen Christus oder Kyrios als des eingeborenen Sohns, also für die Verkündigung seiner ewigen, sein Kommen begründenden Wirklichkeit als Gott oder in Gott oder bei Gott selbst (vgl. etwa Gal. 4,4f.; Phil. 2,5–11; Joh. 1,1–18).

Von daher konnte sich das spätere kirchliche Bekenntnis völlig auf das Gekommensein des Sohnes sowie den Zusammenhang von Kreuz und Auferstehung konzentrieren.

Drastisch zeigt sich das etwa im Apostolischen Glaubensbekenntnis. Von Jesus Christus ist nur gesagt, daß er eingeborener Sohn Gottes ist (empfangen durch den heiligen Geist, geboren von der Jungfrau Maria), daß er gelitten hat, gekreuzigt wurde und starb, aber auferstand und bei Gott dem Vater lebt und kommen wird. Vom irdischen Jesus scheinen nur Leiden und Tod relevant.

In anderer Weise gilt diese Konzentration auch schon für Paulus: „auch wenn wir Christus gekannt haben nach dem Fleisch, so kennen wir ihn so doch jetzt nicht mehr" – entscheidend ist, daß Gott, indem er in Christus war und dieser für alle gestorben ist, die Menschheit mit sich versöhnte und wir im Glauben wie Christus unser Fürsichsein hingeben, um in ihm eine neue Kreatur zu sein (2. Kor. 5,14–20).

Der theologiegeschichtliche Ursprung der neuen, kritischen Frage nach dem Verhältnis von irdischem oder historischem Jesus und nachösterlich offenbarem Christus lag in einem lang anhaltenden, aber letztlich produktiven Mißverständnis. Nicht die reine historische Wahrheit, sondern ein prinzipielles Unverständnis der (noch im Prozeß der kritischen Reflexion begriffenen)[92] Vernunft der Aufklärung gegenüber dem Kern der Verkündigung brachte große Teile der Theologie dieser Zeit dazu, im Blick auf das Neue Testament zwischen der historischen Realität Jesu und dem Christusdogma der Kirche zu unterscheiden.

Dabei stand a priori fest, daß Jesus nur mehr als besonderer Mensch, als herausragender moralischer Lehrer verständlich ist; der Gedanke der Inkarnation oder Offenbarung Gottes im Zuge der Auferstehung Jesu schien widervernünftig.[93] Das heißt, es wurde zwar die Aufgabe gesehen, durch historisch-kritische Forschung den historischen Jesus hinter der kirchlichen Verkündigung zu entdecken. Aber die Relevanz dieses aus den Evangelien

---

91 Vgl. ferner Lk. 24,26.
92 Vgl. oben 2,I.2.
93 Vgl. z.B. 1778 Hermann Samuel Reimarus, „Von dem Zwecke Jesu und seiner Jünger", in: G.E. Lessing, Werke und Briefe Bd. 9, hg. von K. Bohnen und A. Schilson, Frankfurt a.M. 1993, S. 214–340.

zu rekonstruierenden historischen Jesus konnte nur in einer Moral oder auch Metaphysik liegen, die als vernünftige ohnehin einsichtig ist.[94]

Dagegen stellte schon Albert Schweitzer in seiner „Geschichte der Leben Jesu Forschung" (1906/1913)[95] fest, daß sowohl die Rekonstruktion der historischen Realität Jesu diesseits des geglaubten Christus als auch die Möglichkeit einer rationalen Rekonstruktion seiner Lehre eine Fiktion ist. Der irdische Jesus als solcher kann einen gegenwärtigen Glauben oder auch eine gegenwärtige Ethik nicht binden. Schweitzer schließt sich hier teilweise an Überlegungen in Martin Kählers epochemachendem Werk „Der sog. historische Jesus und der biblische geschichtliche Christus" (1892) an: das Neue Testament will in allen seinen Schichten kein historischer Bericht sein, sondern ist insgesamt Ausdruck des ältesten Glaubens an Jesus Christus. Das heißt, es ist die im Glauben bestehende Gottesgemeinschaft seiner Schriftsteller, die sich dadurch ausweist oder vergewissert, daß sie sich zentral auf Jesu Leben, Sterben und Auferstehen zurückführt.[96] Sich im Blick auf das Neue Testament auf eine Rekonstruktion des historischen Jesus zu beschränken, geht also an der Sache, um die es geht, vorbei.[97]

Obwohl also der Ursprung der kritischen Frage nach dem historischen Jesus ein Mißverständnis war, eröffnete sie die Möglichkeit eines tieferen Verständnisses. Gerade indem die Differenz zwischen Jesu Ankündigung der eschatologischen Gottesgemeinschaft und der nachösterlichen Verkündigung ihres Eingetretenseins herausgestellt wird, ergibt sich die Möglichkeit, theologisch zu verstehen, wie sich die nachösterliche Christus-Verkündigung auf das Reden, Handeln und Sterben Jesu als ihre notwendige Voraussetzung bezieht.[98] Das umfaßt etwa folgende Fragen: Beanspruchte Jesus die angekündigte Gottesgemeinschaft für sich? Wenn er sich auf den kommenden Gott als seinen Vater bezieht – was bedeutet das? Wie verstanden die Jünger sein Gottesverhältnis? Erwartete Jesus selber das endgültige Eintreten des angekündigten Reiches Gottes mit seinem Tod?

2.2. Jesu Predigt vom Reich Gottes, seine Vergebung der Sünde in Vollmacht des Vaters und die Frage seines Selbstverständnisses

Die exegetische Begründung für die Unterscheidung der nachösterlichen Verkündigung Christi von ihrem Bezug auf den irdischen Jesus ist hier nicht im Einzelnen nachzuvollziehen. Auch wenn diese Unterscheidung im Einzelnen durchaus strittig sein kann, reicht es für die Darstellung des Wesentlichen aus, von dem auszugehen, was weitgehend Konsens ist.

---

94 Als philosophische Protagonisten nach Reimarus sind hier im 18. Jahrhundert vor allem Lessing und Kant zu nennen. Ihnen widerspricht Hamann.

95 Die erste Auflage erschien 1906 unter dem Titel „Von Reimarus zu Wrede", die zweite 1913 unter dem o.g. Titel.

96 Da es um Verkündigung geht, gibt es hier kein Verstehen ohne ein Verhältnis zur behaupteten Gottesgemeinschaft selbst. Zur hermeneutischen Gesamtaufgabe vgl. oben 2,II.

97 Die Diskussion prägt die Theologiegeschichte des ganzen 20. Jahrhunderts. Eine kurze Einführung findet sich in G. Theissen / A. Merz, Der historische Jesus. Ein Lehrbuch. 3. Aufl. Göttingen 2001, S. 21–29.

98 Hier wäre die vor allem auf E. Käsemann zurückgehende sog. neue Frage nach dem historischen Jesus seit den 50er Jahren des 20. Jahrhunderts zu vergleichen.

II. Die Offenbarung Gottes als Mensch 135

Jesus predigte den Anbruch, die unmittelbare Nähe der verheißenen Gottesherrschaft. Daß Gott zu den Menschen kommt und durch seine Gemeinschaft ihr Leben radikal und endgültig erneuert, steht unmittelbar bevor. Das schließt ein Gericht über das alte Leben ein – aber so, daß die Hörer des Evangeliums, indem sie es annehmen und umkehren, schon durch das Gericht hindurch sind.

„Jesus kam nach Galiläa und predigte das Evangelium Gottes und sprach: Die Zeit ist erfüllt, und das Reich Gottes ist herbeigekommen. Tut Buße und glaubt an das Evangelium!" (Mk. 1,14f.)

In gewisser Weise antizipiert die Predigt des irdischen Jesus selber die Unterscheidung zwischen ihm und dem erhöhten Christus – und zugleich den notwendigen Zusammenhang. Zu fragen ist, wie das unmittelbare Bevorstehen zu verstehen ist, wie sich also die Gegenwart und die Zukunft des Reiches Gottes zueinander verhalten und welche Bedeutung Jesu Predigen und Handeln selbst dabei hat.

Jesus predigt die Gottesherrschaft als die, die (deren Seligkeit) mit dieser Predigt anzubrechen beginnt (vgl. Mt. 13,16f.; Lk. 10,23f.). Indem das Reich Gottes gepredigt wird, kann es eingenommen werden (vgl. Mt. 11,12; Lk. 16,16). Und indem Jesus die bösen Geister als Inbegriff der alten Herrschaft der Gottesferne durch den Geist oder Finger Gottes austreibt, bedeutet das, daß „das Reich Gottes zu euch gekommen ist" (Mt. 12,28; Lk. 11,20). So kann er sagen: „Siehe, das Reich Gottes ist mitten unter euch" (Lk. 17,21). Aber indem es so erst im Wirkungskreis Jesu gegenwärtig ist, muß es zugleich seine volle, universale, offensichtliche Endgestalt noch erreichen (vgl. die sog. Wachstumsgleichnisse und das Bild der ausstehenden Ernte Mk. 4,26–29; Lk. 13,18ff.). Gleichwohl lebt und redet Jesus in der unmittelbaren Gewißheit, daß nun das Böse und damit die Verlorenheit des Menschen endgültig besiegt ist.

„Er sprach aber zu ihnen: Ich sah den Satan vom Himmel stürzen wie einen Blitz" (Lk 10,18). Dieses Sehen läßt sich so verstehen, daß es Jesu Predigt vom Kommen der Gottesherrschaft für ihn selbst begründet und autorisiert – also als Berufung.[99] Sein Leben, sein Reden und Handeln ist völlig durch die Ankunft der Gottesherrschaft bestimmt.

Wenn er das Reich Gottes in dem Sinn predigt, daß es sich durch sein Predigen und Handeln zu vollziehen beginnt, so schließt dies das Gericht ein: für die Einen bewirkt seine Predigt Umkehr, für die Anderen nicht. Doch ist das Kommen eben nicht abgeschlossen. So ist der futurische Sinn zu verstehen, in dem Jesus die Nähe oder das Kommen der Gottesherrschaft ankündigt. Das Reich Gottes ist noch nicht eingetreten, zum einen sofern die Hörer noch in der alten Gottesferne leben: die Predigt seines Kommens wird zum Gericht für den, der ihm nicht durch Umkehr entspricht (vgl. Lk. 14,16–24; Mt. 22,1–14; Mt. 18,23ff.).

---

99 Vgl. die in die Tiefe gehende Interpretation bei J. Ringleben, Jesus. Ein Versuch, ihn zu begreifen. Tübingen 2008, S. 60–75.

Dabei bedeutet Umkehr das Aufgeben der Identität, die der Mensch durch sich selbst hat (vgl. die sog. Einlaßworte z.B. Mt. 7,21; Mk. 9,43ff.; 10,15.23), aber zugleich auch das kindliche Sichbeschenkenlassen durch das Reich Gottes.

Das Ausstehen des Reiches Gottes entspricht aber zum anderen auch einfach der begrenzten Wirksamkeit Jesu als eines einzelnen Menschen – der so selber mit seinen Jüngern das allgemeine Kommen des Reich Gottes erbittet (Mt. 6,10).

Das Reich Gottes im Ganzen ist nahe, steht aber noch aus (vgl. Mk. 9,1) – ebenso wie das implizierte universale Gericht (vgl. Mt. 8,11f.; Lk. 13,28f.).

Doch predigt Jesus das Reich Gottes eben so, daß alles, was es bedeutet, durch dieses Predigen und das entsprechende Handeln für die, die es erreicht, schon Wirklichkeit wird: die Seligkeit, die bedingungslose Vergebung Gottes, die auch zur zwischenmenschlichen Vergebung führt (vgl. Mt. 18,23ff.; Lk. 15,11ff.; Mt. 6,12; 7,1), die Freiheit von der Sorge um sich selbst (vgl. in der Bergpredigt Mt. 6,25.33), die Aufnahme der Armen, Schwachen und bekennenden Sünder in die Gemeinschaft (vgl. Mt. 21,28-32; Mt. 5,3ff. par.), und insgesamt das Beschenktwerden mit dem Reich Gottes wie mit einer unerwarteten Perle (vgl. Mt. 13,44-46). Er predigt nicht nur die anbrechende Gottesherrschaft, in der Gott die Sünden vergibt, sondern vergibt sie selber in Vollmacht – was die Gegner als angemaßte Göttlichkeit reflektieren (vgl. z.B. Mk. 2,3-7).[100] Und in seinem Zusammenleben mit den Jüngern verkörpert er selbst die geschenkte Freiheit und Freude, die der kommende Gott bedeutet.

„Und Jesus sprach zu ihnen: Wie können die Hochzeitsgäste fasten, während der Bräutigam bei ihnen ist? Solange der Bräutigam bei ihnen ist, können sie nicht fasten" (Mk. 2,19).

Die Vollmacht Jesu besteht eben darin, daß Gott durch sein Predigen und Handeln seine Herrschaft anbrechen läßt. Dabei schließt seine vollmächtige Predigt (vgl. Mk. 1,27; Lk. 4,32) auch ein neues Verständnis des vorgegebenen Wortes Gottes, also des Bundes und Gesetzes ein. Jesus versteht die Tora so, daß sich ihr Sinn als Forderung des wahren Lebens angesichts der kommenden Gottesherrschaft in der Gegenwart – durch seine Predigt – entscheidet.[101] So wird das 1. Gebot zu einer gegenwärtigen Entscheidung des Lebens: „Niemand kann zwei Herren dienen. [...] Ihr könnt nicht Gott dienen und dem Mammon" (Mt. 6,24). Und die Forderung zwischenmenschlicher Gemeinschaft wird radikalisiert (vgl. Mt. 5,22.28) und entgrenzt (erstreckt sich auch auf Feinde, Fremde und Sünder: Mt. 5,43 par.; Lk. 7,36-50; 10,25-37). Demgegenüber erweist sich die förmliche Gesetzeserfüllung als Äußerlichkeit. Die Notwendigkeit, das Leben (die Seele) zu retten, relativiert das Sabbatgebot (Mk. 3,4; 2,23ff.; 1,21ff.), und die Versöhnung mit dem Nächsten steht über dem kultisch gebotenen Opfer im Tempel (vgl.

---

100 Nicht nur hier ist die Sündenvergebung eng mit den berichteten Heilungen verbunden.
101 Dem entspricht auch die Konzentration des ganzen Gesetzes auf das doppelte Liebesgebot (vgl. Mk. 12,28ff.).

Mt. 5,23f.). Dabei konzentriert der Horizont der Gottesherrschaft den Blick auf die innere Wahrheit oder Unwahrheit des Lebens – also auf die Frage, worin ein Mensch sein Wesen findet, oder anders gesagt: auf die Bestimmung des Fürsichseins.

Im Blick auf die Reinheitsgebote heißt es Mk. 7,15: „Es gibt nichts, was von außen in den Menschen hineingeht, das ihn unrein machen könnte; sondern was aus dem Menschen herauskommt, das ist es, was den Menschen unrein macht." Diese innere Unreinheit und damit die Notwendigkeit der Umkehr aber betrifft ebenso die im äußeren Sinn Gesetzestreuen.

Aber gerade in dem Bewußtsein dieser Vollmacht, gerade in dem Bewußtsein, daß sich durch sein Predigen und Handeln die Gottesherrschaft zu verwirklichen beginnt, und obwohl die Gegner dies als messianischen Anspruch verstanden und sicher auch die Jünger und das Volk dies als endzeitliche Messianität reflektieren konnten, hat Jesus sich selbst höchstwahrscheinlich nur als Menschensohn bezeichnet (vgl. Mk. 2,10.28; Mt. 8,20; 11,19; Lk. 7,34; 9,58 u.ö.) – nicht wie die nachösterliche Gemeinde als Messias oder Christus oder Herr (Kyrios) oder göttlicher Sohn. Darin liegt durchaus eine theologische Notwendigkeit. Zum einen widerspricht Jesus der Erwartung eines mit königlichen Attributen auftretenden und so die Gottesherrschaft aufrichtenden Messias.[102] Es ist ein einfacher Mensch, durch dessen Reden und Handeln sich das Kommen der Gottesherrschaft vollzieht. Dazu gehört nicht nur, daß er eine Gemeinschaft mit den Verachteten und Sündern eingeht. Sondern zu seinem Selbstverständnis als einfacher Mensch gehört auch, daß er die Jünger in seine Sendung, das Kommen der Gottesherrschaft zu repräsentieren, einbeziehen kann (Lk. 22,28–30; vgl. Mt. 19,28). Für die Vollmacht seiner Predigt vom Reich Gottes gibt es kein Zeichen, „außer das Zeichen des Propheten Jona" (Mt. 12,38f.): die Predigt eines Menschen, die Glauben findet.

Entscheidend ist, daß Jesus, indem er ganz aus dem Kommen Gottes lebt, ganz für das Kommen Gottes lebt, nichts für sich beansprucht. Zwar hat er das Selbstverständnis, als Menschensohn Sohn Gottes zu sein[103] – indem er ihn mit „Vater" anredet (Mk. 14,36; Lk. 10,21 ff.). Aber dieses Selbstverständnis bedeutet nicht, daß er auf eine bestimmte Göttlichkeit reflektiert, die ihm an sich und für sich zukäme. Er beansprucht auch eine solche Göttlichkeit nicht für sich – eben das wäre ja gerade ein potenzierter Ausdruck des alten und verkehrten Lebens. Gerade so kommt Gott durch ihn, daß er nichts als Mensch ist und als Mensch vor Gott nicht auf seine Identität für sich reflektiert.

In diesem Zusammenhang ist nun noch das Bewußtsein der Vorläufigkeit näherzubestimmen, mit dem Jesus darum weiß, daß die endgültige, allgemeine Gottesherrschaft aussteht. Dieses Ausstehen meint nicht nur eine sozusagen quantitative Unvollkommenheit, sondern die Notwendigkeit einer letzten Krisis,

---

102 Vgl. die redaktionell bearbeiteten Passagen Mk. 8,29ff.; 14,61ff.
103 Vgl. J. Ringleben a.a.O. (wie S. 135, Anm. 99), S. 328–332.

durch die die mit Jesu Predigen und Handeln angebrochene Gottesherrschaft offensichtlich und allgemein wird.

Daß die Differenz zwischen dem Angebrochensein und seiner Vollendung zugleich bedeutet, daß das Angebrochensein die Vollendung vorwegnimmt, drückt sich in Jesu Rede von sich als dem kommenden Menschensohn aus: der Menschensohn, durch dessen Predigen und Handeln jetzt das Reich Gottes anbricht, ist der kommende Menschensohn (Mk. 8,38; Lk. 12,8f.)[104], der in der Herrlichkeit des Vaters erscheint (Mt. 16,27f.), also als Menschensohn die allgemeine Offenbarung der Herrlichkeit des Vaters ist.

Dieses endgültige Eintreten des Reiches Gottes scheint Jesus durch seinen Tod hindurch erwartet zu haben.

Das gilt jedenfalls im Kontext des letzten Aufenthalts in Jerusalem, wenn er am Vorabend des Todes bei der Vorwegnahme des eschatologischen Gemeinschaftsmahles sagt: „Wahrlich ich sage euch, daß ich nicht mehr trinken werde vom Gewächs des Weinstocks bis an den Tag, an dem ich aufs Neue davon trinke im Reich Gottes" (Mk. 14,25).[105]

Der bevorstehende Tod Jesu entspricht präzise der Differenz zwischen dem irdischen und dem kommenden Menschensohn. Für die Frage, wie der irdische Jesus seinen kommenden Tod verstand, ist das Verständnis des letzten Mahles entscheidend.[106]

Das Deutewort beim Austeilen des Brotes könnte ursprünglich gelautet haben: „Das ist mein Leib für euch"; das sog. Becherwort: „Dies ist mein Blut des Bundes für die Vielen", oder nur: „Dies ist der neue Bund".[107] Jesus beruft sich also auf den etwa in Jer. 31,31–35 verheißenen eschatologischen Bund Gottes mit seinem Volk. Zugleich bezieht sich die Bedeutung seiner Hingabe für Viele auf das Gottesknechtslied von Jes. 53,1–11.[108]

„er ist um unsrer Missetat willen verwundet und um unsrer Sünde willen zerschlagen. […] Als er gemartert ward, litt er doch willig und tat seinen Mund nicht auf wie ein Lamm, das zur Schlachtbank geführt wird; […] Wenn er sein Leben zum Schuldopfer gegeben hat, wird er Nachkommen haben und in die Länge leben, und des Herrn Plan wird durch seine Hand gelingen. […] Und durch seine Erkenntnis wird er, mein Knecht, der Gerechte, den Vielen Gerechtigkeit schaffen; denn er trägt ihre Sünden" (Jer. 53,5–11).

---

104 Vgl. ferner Lk. 17,24.30; Mt. 10,23 u. ö. – Damit ist auf Dan. 7,13f angespielt, wo von einem Menschensohn die Rede ist, der in der Endzeit herrscht und der schließlich Gott die Herrschaft übergibt – vgl. etwa noch Mk. 13,26; 14,62.
105 Schon der Einzug nach Jerusalem bedeutete eine Zuspitzung der eschatologischen Situation: die Tempelreinigung (Mk. 11,15–18) vollzieht zeichenhaft den Beginn der Gottesherrschaft als Ende des Tempelkultes. Vgl. U. Kühn, Christologie, S. 115.
106 Vgl. Mt. 26,26–28; Mk. 14,22–25; Lk. 22,15–20; 1. Kor. 11,23–25. Ein einführender Überblick findet sich in G. Theissen / A. Merz, Der historische Jesus, wie Anm. 97, S. 366–369. – Allerdings kann insbesondere hier jeder Versuch, das Selbstverständnis Jesu von der österlichen Verkündigung abzuheben, nur mehr oder weniger Wahrscheinlichkeit beanspruchen.
107 Vgl. J. Roloff, Jesus, München 2000, S. 111; einen Überblick über die Rekonstruktionsversuche gibt G. Theissen / A. Merz, Der historische Jesus, wie S. 134, Anm. 97, S. 371–373.
108 Darauf bezieht sich auch Lk. 24,26f.

Jesus nimmt seinen Tod in der Bedeutung vorweg, daß er sich (seinen Leib im Sinne seines Lebens) für die Vielen hingibt. Das geschieht, damit sich der neue Bund – die mit dem Erscheinen des Menschensohns in der Herrlichkeit Gottes verbundene Endgültigkeit der Gottesherrschaft – verwirklicht. Es handelt sich also um die vorweggenommene Feier der eschatologischen Gottesgemeinschaft – als Gemeinschaft mit Jesus und zugleich als Gemeinschaft der Jünger untereinander. Der Zusammenhang zwischen der Hingabe Jesu und dem allgemeinen neuem Bund ist als stellvertretendes Erleiden des allgemeinen Gerichts zu verstehen – Jesus nimmt den Tod, der die Wahrheit aller Sünder ist, auf sich. Sofern die Nennung des Blutes ursprünglich ist, ist diese Hingabe als Opfer zu verstehen, welches das Sühnopfer im Tempel ein für alle Mal ersetzt[109] – hierfür spricht auch der Kontext der Tempelreinigung.[110]

Der sog. Wiederholungsbefehl, wie er sich bei Paulus 1. Kor. 11,23–25 findet, setzt dann schon voraus, daß sich die Grundsituation der zeitlichen Vorwegnahme der ewigen Gottesgemeinschaft nach dem Ende der Erscheinungen des Auferstandenen nun für die Gemeinde wiederholt.

2.3. Kreuz und Auferstehung – und die Erkenntnis Jesu als des Christus

Im Grunde ist alles, was im Neuen Testament von Jesus gesagt wird, von seiner Auferstehung als alles entscheidender Theophanie her verstanden. Wie auch immer Jesus seinen bevorstehenden Tod verstanden hat – für die Jünger bedeutete seine Kreuzigung zunächst die völlige Verneinung seiner Gottesgemeinschaft und löste Entsetzen und Verzweiflung aus. Es war die Begegnung mit dem Auferweckten, die dagegen als rückwirkend endgültige Bestätigung und Offenbarung seiner Gottesgemeinschaft verstanden wurde. Sie bedeutete nichts weniger als die Erscheinung Gottes in der Gemeinschaft mit dem Menschen – entsprechend wurde die Gottesanrede „Kyrios", also „Herr", auf Jesus im Zusammenhang der Auferstehung übertragen (vgl. Röm. 10,9; Lk. 24,34 u.ö.; auch Joh. 20,28).[111]

Zwar gehörte die Hoffnung einer allgemeinen, endzeitlichen Totenauferweckung durchaus zum jüdischen Glauben der Zeit, auch wenn z.B. die Sadduzäer dies nicht teilten. Die Botschaft vom auferweckten Jesus aber bedeutet: Da an diesem Menschen die eschatologische Auferweckung bereits in der Zeit Wirklichkeit geworden ist, hat sich seine Vollmacht, in der er die Gottesherrschaft ankündigte und im Namen Gottes Sünden vergab, darin erfüllt, daß er selbst

---

109 Vgl. Ex. 24,8. – Ob das letzte Mahl auch historisch als Passamahl zu verstehen ist, wie es bei Mk. und Mt. erscheint, hängt von der Chronologie ab und ist umstritten. Der Form nach ist auch an ein vorweggenommenes Dankopfer, welches für die Errettung aus dem Tod dankt, zu denken (H. Gese).
110 Vgl. S. 138, Anm. 105.
111 Der Kyrios ist der Herr über Geschichte und Kosmos. In der griechischen Übersetzung des Alten Testaments, der Septuaginta, ist Kyrios bisweilen Gottesname. Sofern in der Umwelt Kyrios auch als Titel des Göttlichkeit beanspruchenden Kaisers erscheint, hat die Bezeichnung Jesu als des Kyrios auch einen polemisch kritischen Zug.

der Kyrios und als solcher auch der Messias oder Christus ist. Er ist der in der Herrlichkeit des Vaters erscheinende Sohn. Als Kyrios ist er bei seiner Gemeinde „alle Tage bis an der Welt Ende" (Mt. 28,20).

Zum einen finden sich vor allem in der älteren Briefliteratur kurze, geprägte Osterbekenntnisse, die die Auferweckung Jesu, des Kyrios, als Kern des Glaubens ausdrücken: vgl. Röm. 4,24f.; 8,11; 10,9; 1.Kor. 6,14; 15,3ff.; 2. Kor. 4,14 u.ö.

Zum anderen gibt es die Berichte von den Erscheinungen des Auferstandenen teils in Galiläa (vgl. Mk. 16,7; Mt. 28,16ff.), teils in Jerusalem (etwa Mt 28,9f.). Die staunende, unsichere Weise, in der in den Evangelien von der Begegnung des Auferstandenen geredet wird, wurde bereits im Zusammenhang des Offenbarungsbegriffs thematisiert[112]: es handelt sich um Begegnungen, die primär durch Anrede im Gespräch, nicht primär als optisches Sehen geschehen. So etwas wie Berichte von der Auferweckung selbst fehlen.

Schließlich gibt es die Berichte vom leeren Grab (Mk 16,1-8 par.). In den ältesten Stücken des Neuen Testaments (bei Paulus) fehlen sie, was aber kein Argument gegen ihre geschichtliche Ursprünglichkeit ist.[113] Ohne den Kontext der Verkündigung der Erscheinung des Auferweckten als Theophanie haben sie keine Bedeutung. Ihre Bedeutung liegt vielmehr darin, die Wirklichkeit des Auferweckten und damit auch das Wesen seines von Gott Aufgenommenseins zu qualifizieren. Das wirkliche, leibliche Leben Jesu, wie es als definitiv vergangenes sein Leichnam dokumentierte, erscheint in seiner Gottesgemeinschaft – freilich ohne daß dies als Wiederbelebung der Leiche zu verstehen wäre. Bedeutet die Offenbarung Gottes in seiner Einheit mit dem gekreuzigten Jesus notwendig, daß dessen Leichnam der zeitlichen Realität entzogen ist? Bedeutet die Offenbarung der Zugehörigkeit seines Lebens zum ewigen Leben Gottes, indem diese Offenbarung in der Zeit geschieht, daß sein Leben in derselben Zeit als vergangenes nicht mehr ist? Ich lasse die Frage offen. Zur Frage der Wirklichkeit oder Historizität der Auferstehung s.u. 2.4.

Daß Jesus als Auferweckter selbst der Kyrios ist, der nun unsere Gottesgemeinschaft vermittelt – das setzt das Kreuz als endgültige Hingabe seines sich in seiner leiblichen Existenz darstellenden Fürsichseins voraus. Darin ist seine Hingabe an den Willen des Vaters und seine Liebe zu den Menschen zusammengefaßt und vollendet – und zwar nun bestimmt als der Gehorsam, in dem Jesus die Wahrheit der allgemeinen Sünde erleidet. In seinem Kreuz wird die Wahrheit der allgemeinen Sünde offenbar, deren eschatologische Überwindung er angekündigt hatte. Zum einen ist die Sünde offenbar als Sünde der Welt, die ihn tötet, weil sie die andrängende Wahrheit der Gottesherrschaft, den Widerspruch nicht erträgt. So wird das Kreuz im Sinn des Motivs der Verfolgung des Gerechten bzw. des gottgesandten Propheten verstanden (vgl. Mt. 23,37) – er provoziert die Feindschaft der gefallenen Menschheit, die ihre eigene Wahrheit nicht erkennen will. Zum anderen aber – und das ist entscheidend – erleidet Jesus selbst am Kreuz die Wahrheit des Sünders.

---

[112] 2,II.1.; S. 70.
[113] Wäre der Leichnam Jesu im Grab gewesen, wären jene Berichte leicht zu widerlegen gewesen. In Mt. 27,64 wird berichtet, das Grab sei bewacht worden, eben weil es den Verdacht eines Betruges durch die Jünger gab.

Entsprechend wird gerade im Kontext der mit der Auferweckung gegebenen Gewißheit, daß Jesus Sohn Gottes war, die Wirklichkeit des Leidens Jesu betont (also daß er nicht nur scheinbar litt) und daß es ein gottgewollter Weg ist, den Jesus gehorsam übernimmt: vgl. neben Röm. 8,32 etwa Hebr. 5,7–9: „So hat er, obwohl er Gottes Sohn war, doch an dem, was er litt, Gehorsam gelernt. Und als er vollendet war, ist er für alle, die ihm gehorsam sind, der Urheber des ewigen Heils geworden."

Dabei ist die Zuspitzung des Leidens bis hin zur Gottverlassenheit, in der Jesus die Wahrheit des Sünders durchleidet, mit der Verbundenheit zum Vater zusammenzudenken. Jesu Ruf der Gottverlassenheit[114] ist zugleich eine Anrufung Gottes, nämlich Gebet mit den Worten von Ps. 22. Die Gottverlassenheit ist nicht Ausdruck der Sünde als einer eigenen Trennung von Gott, sondern Inbegriff des im Leid konzentrierten, sich hingebenden Fürsichseins, das rein vor Gott steht und darin die Wahrheit des Sünders vollzieht.

Die Bedeutung der Auferweckung des Gekreuzigten führt zuerst Paulus theologisch aus. Nach 1. Kor. 15,1–28 begründet die Auferstehung Jesu (als des „Erstlings") in das ewige Leben Gottes unsere künftige Auferstehung (V.22: „wie sie in Adam alle sterben, so werden sie in Christus alle lebendig gemacht werden"). In seiner Auferweckung ist die endgültige Auferweckung aller ihm Zugehörigen in die ewige Gemeinschaft Gottes vorweggenommen. In ihm ist Gott selbst in seiner Gemeinschaft mit ihnen offenbar.

Doch setzt unsere Auferweckung „in Christus" die Hingabe des Fürsichseins im Glauben voraus. Insofern ist das in der Taufe zeichenhaft vollzogene Mitsterben mit Christus im Bewußtsein der Sünde die Bedingung der Teilhabe an der ewigen Gottesgemeinschaft, die Christus ist – nur der Glaube als ein Leben in Christus oder als das Leben Christi in mir nimmt sie vorweg (vgl. Röm. 6,3–11; 7,4; 2. Kor. 5,14f.; Gal. 2,19f.). Beides zusammen aber, die vorweggenommene Auferstehung aller in Christus und ihre Gegenwart in Taufe und Glaube, bedeutet (ohne daß Paulus das reflektiert) die Erfüllung von Jesu Ankündigung des Reiches Gottes. Zwar wiederholt sich die vorösterliche Situation der Vorwegnahme nachösterlich für alle – nun aber unter der Voraussetzung, daß die ewige Gottesgemeinschaft des Menschen als solche erschienen ist.

Gleichursprünglich ist die Bedeutung der Sündenvergebung. Unbeschadet dessen, daß der irdische Jesus persönlich in Vollmacht Gottes Sünden vergab und die Gemeinschaft Gottes zusprach, ist die allgemeine, uns betreffende Sündenvergebung erst mit der Auferstehungsbotschaft gegeben.[115] So wie Kreuz und Tod die Wahrheit der Sünde bedeuten, die nach der Verheißung von Jes. 53,12[116] der Gerechte für uns trägt (vgl. auch Röm. 4,25), so bedeutet die Auferstehung für die Glaubenden die Sündenvergebung. Denn wenn die Auferweckung offen-

---

114 Vgl. Mk. 15,34: „Jesus rief laut: Eli, Eli, lama asabtani? Das heißt übersetzt: Mein Gott, mein Gott, warum hast du mich verlassen?" Es gibt auch Argumente für die Übersetzung „wozu hast du mich verlassen" – vgl. P.-G. Klumbies, Der Mythos bei Markus, Berlin, New York 2001, S. 271.
115 1. Kor. 15,14: „Ist Christus aber nicht auferstanden, so ist euer Glaube nichtig, so seid ihr noch in euren Sünden".
116 1. Kor. 15,4: „nach der Schrift".

bart, daß Gott in Jesus war, so bedeutet das Kreuz, daß Gott in ihm Einsamkeit und Tod als Wahrheit der Sünde erleidet – daß also Gott selber die Getrenntheit in der Gemeinschaft aufhebt.

Hier erfüllt sich also, daß Gott, indem er sich selbst unterscheidet, als Vater den Sohn ‚zur Sünde macht', also sich als Sohn mit der menschlichen Getrenntheit identifiziert. Daß „Gott in Christus war und die Welt mit sich selber versöhnte" und daß Gott „den, der von keiner Sünde wußte, für uns zur Sünde gemacht" hat, ist ein Zusammenhang (2. Kor. 5,19.21). Wenn die Auferstehung Jesus als den ewigen Sohn Gottes offenbart (vgl. Röm. 1,4: Jesus Christus ist „in Kraft durch die Auferstehung von den Toten zum Sohn Gottes eingesetzt"), so bedeutet das, daß am Kreuz Gott als Sohn unsere Getrenntheit überwand.[117] Christus oder der Sohn ist Gott selbst als seine mit dem Auferweckten vorweg erschienene ewige Gemeinschaft mit allen Menschen, die sich mit Gott versöhnen lassen (2. Kor. 5,20).

Die Auferstehung bedeutet also, daß in der Hingabe Jesu die Hingabe Gottes erscheint und als Hingabe des Sohnes zur Versöhnung der Welt verstanden werden kann.[118]

So wie der Glaubende am Kreuz die Wahrheit seines isolierten Fürsichseins erkennt und also mitstirbt, so hat er, indem er sich auf das Wort vom gekreuzigten Christus verläßt (1. Kor. 1,18 ff.), Teil an seiner ewigen Gottesgemeinschaft. So ergibt sich aus der Auferstehungsbotschaft auch unmittelbar der Sinn der Taufe.[119]

Jesus erlitt am Kreuz für uns (also stellvertretend) die Wahrheit der Sünde, um uns von ihr zu befreien. Insgesamt wird das häufig als sühnende Hingabe (Opfer) verstanden, also als stellvertretende Übernahme des Urteils über die Sünde – so etwa auch, wenn es 1. Kor. 15,3 heißt, daß „Christus für unsere Sünden nach der Schrift gestorben" ist. Entscheidend ist dabei die Frage, was es bedeutet, daß es Jesus als Sohn Gottes oder Christus ist, der sich opfert.

Das Kreuz wird bis in die Gegenwart hinein immer dann mißverstanden, wenn dieser theologische Skopus nicht beachtet wird – Gott erscheint dann als zorniger, ja sadistischer Vater, der durch das blutige Opfer seines Sohnes zu besänftigen ist.[120] Die entscheidende Frage ist, wer sich wem hingibt.

Das Verständnis, daß der Tod Jesu stellvertretend unsere Sünde sühnt, bezieht sich in erster Linie auf die kultische Sühne im Tempel. Im Sinne der kultischen Sühne erscheint hier der Kreuzestod als ein für alle Mal gültiges Opfer zur Entsündigung:

---

117 Auch wenn Paulus zum Beispiel in 1.Kor. 1,18 ff. nur von der Heilsbedeutung des Kreuzes zu reden scheint, ist die Auferweckung, die Zugehörigkeit Jesu zu Gott stets mitgedacht.
118 Entsprechend redet auch das johanneische Motiv, den Kreuzestod als Hingabe für die Seinen zu verstehen (vgl. z.B. Joh. 15,13: „Niemand hat größere Liebe als die, daß er sein Leben läßt für seine Freunde"), zugleich von der Hingabe Jesu und der Hingabe Gottes als Sohn.
119 Vgl. neben Mt. 28,18–20 z.B. Apg. 2,36–38 und Röm. 6,3 ff.
120 Vgl. z.B. J. Hopkins, Feministische Theologie. Wie Frauen heute von Jesus reden können. Mainz 1996, S. 63 f.

II. Die Offenbarung Gottes als Mensch 143

Vgl. vor allem Röm 3,25f.: „Den hat Gott für den Glauben hingestellt [oder: eingesetzt] als Sühne [Sühnemittel] in seinem Blut zum Erweis seiner Gerechtigkeit, indem er die Sünden vergibt".[121]

Wie gesagt hat vielleicht Jesus selbst im Zusammenhang des Abendmahls seinen Tod als Opfer verstanden, durch das sich die einbrechende Gottesherrschaft endgültig durchsetzt.

Vorausgesetzt ist die Vorstellung der in Lev. 16 berichteten sühnenden Versprengung des Opferblutes im Tempel am Versöhnungstag. Dem Sünder, der seine Todesschuld bekennt und sich mit dem an seiner Stelle den Tod erleidenden Opfertier identifiziert, wurde so von Gott die Möglichkeit gegeben, Vergebung und neues Leben zu erlangen.[122] Dieses Verständnis einer Versöhnung, die durch das vom Priester dargebrachte stellvertretende Opfer vermittelt ist, ist nun, indem es neutestamentlich aufgegriffen wird, zugleich absolut überboten. Denn Gott selbst gibt sich als Mensch den Menschen hin und vollzieht so die Versöhnung ein für alle Mal.

Diese Überbietung der alttestamentlichen Sühnevorstellung ist wohl am deutlichsten im Hebräerbrief ausgesprochen. Der ewige Sohn und Schöpfungsmittler selbst (1,2ff.) ist als Mensch der wahre Hohepriester vor Gott, der die Sünden des Volkes durch das Opfer sühnt (2,17). Als Sohn Gottes vermittelt er zwischen uns und Gott, weil sein Leiden bedeutet, daß er mit uns leidet (4,14ff.). Er opfert sich ein für alle Mal, um die Sünden der Vielen wegzunehmen (vgl. 9,22–28).

Die Bewegungsrichtung des versöhnenden Opfers wird neutestamentlich geradezu umgekehrt. Zwar ist Gott nach wie vor Richter: die Wahrheit der Sünde – genauer: des Sünders – muß offenbar werden. Der Tod als Wahrheit des Sünders, seine totale Getrenntheit, muß stellvertretend vollzogen werden, damit diese Wahrheit durch ihre Predigt zum Gegenstand einer allgemeinen Selbsterkenntnis werden kann. Doch Gott selber als Mensch gibt sich (zum Opfer) hin, damit dies geschieht. Das heißt, bevor wir uns im Glauben mit dem stellvertretend Gekreuzigten identifizieren (so daß die Versöhnung uns einbezieht), hat sich am Kreuz Gott selbst mit uns identifiziert. Gott selbst gibt sich in die tödliche Getrenntheit des Sünders, um sie, indem dies gepredigt und geglaubt wird, durch seine Gemeinschaft aufzuheben. Nicht eine menschliche Sühneleistung schafft das neue Gottesverhältnis (in der Sprache des Paulus: Gerechtigkeit vor Gott), sondern Gottes Selbsthingabe als Sohn – im Tod schenkt sie dem Menschen das neue Leben der Gemeinschaft.

Auch in den Passagen, die das Kreuz als stellvertretende Sühne verstehen, ohne daß diese Vorstellung unmittelbar vom Opferkult bestimmt ist, ist der Skopus, daß der Sohn sich opfert (auch wenn seine Einheit mit dem Vater erst mit der Auferstehung offenbar geworden ist). Wenn es etwa in Gal. 3,13 heißt, „Christus aber hat uns erlöst von dem Fluch des Gesetzes, da er zum Fluch wurde für uns", er also stellvertretend für die Menschheit

---

121 Davon, daß Jesus stellvertretend für unsere Sünden gestorben ist, ist aber z.B. auch Röm.5,8; 1. Petr.3,18ff. die Rede. Auch das Verständnis Jesu als Lamm Gottes (vgl. Joh. 1,29) ist hier einzuordnen.
122 Vgl. oben in I.2. S. 116.

das vernichtende Urteil des Gesetzes auf sich nimmt, dann meint Christus hier keinen anderen als den „Sohn Gottes, der mich geliebt hat und sich selbst für mich dahingegeben" (2,20). Und wenn nach Kol. 1,14 Christus am Kreuz „den Schuldbrief getilgt hat, der mit seinen Forderungen gegen uns war", so war in ihm eben „die Fülle der Gottheit" (V.9).

Zwar ist Jesus erst Ostern, indem er in der Gemeinschaft Gottes erscheint (oder Gott in der Gemeinschaft mit ihm), in einem exklusiven Sinn als Sohn offenbar. Doch gerade die Offenbarung der Sohnschaft durch die Auferstehung bedeutet auch, daß der Tod Jesu Bedingung dieser Offenbarung ist. Nur durch seinen Tod, also die völlige Hingabe des in seiner leiblichen Existenz erscheinenden Fürsichseins, konnte der Gott, dessen Herrschaft durch ihn kommen sollte, zur Menschheit insgesamt kommen.

Wenn nach dem Hebräerbrief der göttliche Sohn selbst opfert und das Opfer ist[123], so ist die Versöhnung durch das Opfer, die Hingabe des Opfers eigentlich das endgültige Kommen Gottes zu uns. Gott selbst als Sohn ist der, der sich hingibt, um zwischen Gott und Mensch zu vermitteln; das Opfer ist die Selbsthingabe seiner Göttlichkeit, um die Gemeinschaft mit dem Menschen in der tödlichen Einsamkeit seines Fürsichseins, die die Wahrheit des Sünders ist, einzugehen.

Das bedeutet zunächst die Einsicht, daß schon der Gekreuzigte der (sich opfernde) Sohn war, ohne schon mit seiner eschatologischen Gestalt und Wahrheit in der Einheit mit Gott identisch zu sein. Ohne daß Jesus das für sich beanspruchte, war sein Predigen des kommenden Gottes und sein Handeln, in dem er sich mit dem Verlorenen identifiziert, schon Wirklichkeit des kommenden und darin sich hingebenden Gottes selbst. Im Weiteren aber ergibt sich aus dem Glauben, daß Gott sich opfert, indem er sich mit dem Menschen vereint, der Gedanke der sog. Präexistenz des Sohnes. Das heißt, die Gemeinschaft Gottes mit dem Menschen, wie sie durch Jesu Leben, Reden, Handeln und Opfertod geschichtlich wirklich wurde, gehört zu Gottes ewigem Wesen. Die geschichtliche Wirklichkeit Jesu als des Christus oder des Sohnes ist ganz in Gott begründet. Dann aber fallen die Sendung des Sohnes in die menschliche Existenz und seine Hingabe am Kreuz in eins. Insbesondere der Philipperhymnus (Phil. 2,5–11) versteht zugleich die Menschengestalt Jesu und den Kreuzestod als Selbsthingabe des göttlichen Christus und Kyrios.

Und entsprechend erscheint in den johanneischen Schriften Jesus als der einziggeborene, mit dem Vater eine Einheit bildende Gottessohn, dessen Sendung in die Welt bedeutet, daß ihn der Vater aus Liebe zur Welt hingibt. Kreuz und Auferstehung sind dann nur mehr als Rückkehr zum Vater zu verstehen, um ‚alle nachzuziehen' (vgl. nur Joh. 3,16; 12,32). Auch in den Weihnachtsgeschichten von Mt. und Lk. wird der Hingabecharakter in die Niedrigkeit zugleich von Krippe und Kreuz betont.

---

123 Dabei umfaßt auch im Hebräerbrief das Versöhnungsgeschehen Kreuz und Auferstehung. Daß der Sohn als der wahre Hohepriester gekommen ist, wird dabei vorausgesetzt. Der Sohn als der Erhöhte nimmt das im Kreuzestod versammelte menschliche Leiden mit zum Vater und vertritt uns darin auch jetzt, vermittelt auch jetzt seine Liebe bzw. Gnade.

Da die Präexistenz des sich hingebenden Sohnes Gottes Selbstunterscheidung in den Vater und den Sohn impliziert, kann Gott als Vater allerdings formal auch als Empfänger des Opfers erscheinen (vgl. Eph. 5,2). Im Grunde ist dieses Empfangen des Opfers nichts anderes als die Erhöhung oder Rückkehr des Sohnes.

Der ganze Sinn der stellvertretenden Hingabe, die in Jesu Kreuz geschehen ist, ist dem Glauben an die Inkarnation gleichursprünglich: in Jesu Kreuz hat Gott für uns gelitten, indem er Mensch geworden ist und sich in ihm ein für allemal mit dem wirklichen Menschen vereint hat – mit seinem Leid, seiner Angst, seiner Einsamkeit und insgesamt mit der Verlorenheit, in der er die verleugnete Getrenntheit seines Fürsichseins erkennen muß.

Auf der anderen Seite setzt der Zusammenhang, daß sich durch die Auferstehungserscheinung die Selbsthingabe Gottes im Kreuz des Menschen Jesus offenbart, voraus, daß sich Jesus im Namen des kommenden Gottes als Mensch für die Menschen hingab – daß er also sein Fürsichsein in der Hingabe verwirklichte.

Im Blick auf seinen Tod mag das durchaus das Selbstverständnis einschließen, daß im Sinne von Jes. 53 der Gerechte, der ganz aus dem Kommen und für das Kommen der Gottesherrschaft lebt, die Sünde aller trägt und sein Fürsichsein (seine psyche: vgl. Mk. 10,45) hingeben muß, damit sich die Predigt der durch ihn kommenden Gottesherrschaft für alle erfüllt.

Gerade indem er sich als Mensch für die Sünder opfert, weil er sich mit ihnen identifiziert, kann wirklich werden, daß dieses Opfer das Opfer Gottes war, ein Mensch zu werden. Erst seine Hingabe macht den irdischen Menschensohn zum ewigen Christus, in dem Gott zu uns allen kommt. Erst dadurch wird offenbar, daß Christus Gott selber in seiner Gemeinschaft mit dem Menschen ist.

2.4. Die Wirklichkeit der Auferstehung

Wird nun noch nach der Wirklichkeit oder Historizität der Auferstehung gefragt, so ist zunächst zu betonen, daß hier der Gegenstand der Verkündigung nicht von seiner Bedeutung für die, die sie hören, zu trennen ist. Diese Bedeutung liegt nicht einfach in einem bestimmten, vergangenen Ereignis an einem bestimmten Ort. Bloß als Ereignis in Jerusalem vor etwa 2000 Jahren ginge sie uns nichts an – noch abgesehen von der Frage, inwiefern ein solches Ereignis für uns denkbar ist. Die Bedeutung der Verkündigung der Auferstehung liegt vielmehr darin, daß sich in einem geschichtlichen Moment, nämlich mit dem gekreuzigten Jesus, das Wesen Gottes neu erschließt – nämlich im Ereignis seiner Gemeinschaft mit dem Menschen, die ihn aus seinem tödlichen, weltumfassenden Umsichselbstkreisen befreit. Der auf innerweltliche Zusammenhänge gerichtete Verstand versteht hier nichts und kann die Begegnungen des Auferstandenen nur (wie Reimarus) als Erfindungen[124] oder wie D.F. Strauß als subjektive Visionen der Jünger erklären. Die Vernunft, so Luther, „mus sagen, es sey nichts dran"[125] – ein

---

124 H.S. Reimarus, Von dem Zwecke Jesu und seiner Jünger, wie oben S. 133, Anm. 93.
125 WA 36, S. 493,25f. (Predigt von 1532 zu 1. Kor. 15).

Unverständnis, welches sich mit gleichem Recht und gleicher Notwendigkeit auf die Verkündigung der Menschwerdung und auch der Schöpfung und der Rechtfertigung des Sünders erstreckt.

Die Auferstehung Jesu ist nur verstanden, wenn dieses Verstehen selber ein Auferstehen aus dem Tod, d.h. aus der Beziehungslosigkeit des in sich reflektierten Fürsichseins und seiner Angst in die Gemeinschaft Gottes vollzieht. Es setzt also voraus, daß der Verstehende im Kreuz Jesu sich selbst in der Nichtigkeit seines Fürsichseins erkennt. Im Moment dieses „mit ihm gekreuzigt" Seins (vgl. Röm. 6,3–11) wird die Auferstehung verstanden, indem die Gegenwart oder Gemeinschaft Christi erfahren wird, also Gott selbst in seiner Gemeinschaft mit dem Menschen. Das geschieht eben darin, daß sich der Verstehende darauf verläßt, daß Gott den Menschen am Kreuz in die Gemeinschaft seines ewigen Lebens aufgenommen hat.

Dieses Auferstehen aus dem Tod des in sich reflektierten Fürsichseins nimmt seine das ganze zeitlich-leibliche Leben umfassende Vollendung im ewigen Leben Gottes selber vorweg.[126] Das Geschehen dieser Vorwegnahme als solches, als Gegenstand des Glaubens, bedeutet die Taufe.

Daß Christus gegenwärtig ist, heißt: Durch Verkündigung und Glauben verwirklicht sich als Kommunikation, was Christus ist – Gott selbst in seiner Gemeinschaft mit dem Menschen. Kurz: die Auferstehung ist im Sinne ihrer Verkündigung nur dann verstanden, wenn das Verstehen die Gewißheit der Teilhabe am Leben Christi einschließt – ein Verstehen, welches der Geist der Gemeinschaft Gottes mit dem Menschen bestimmt.[127]

Wie ist auf dieser Grundlage die Auferweckung Jesu als ursprüngliches Ereignis zu verstehen? Gegenstand der Verkündigung ist hier zunächst die Auferweckung des Gekreuzigten in das ewige Leben Gottes. Das Leben des Auferstandenen ist also das ewige Leben in Gott, das für die Glaubenden in der Zeit Zukunft ist. Genauer: das Leben des Auferstandenen bedeutet in seiner zeitlichen Erscheinung insofern eine Vorwegnahme, als es auch uns (die Glaubenden) einschließt. Der ewige Christus ist nicht einfach der verewigte Jesus als solcher, sondern Gott selbst in seiner Gemeinschaft mit dem Menschen – mit Jesus und allen anderen Menschen.[128]

Die Ewigkeit Gottes, das ewige Leben Gottes aber ist die verborgene Wahrheit aller zeitlichen Gegenwart, d.h. sie versammelt für uns vergangene und zukünftige Gegenwart in seine einzige Gegenwart. Das heißt nun: durch die Auferstehung Jesu nimmt sich die ewige Gemeinschaft Gottes in der Zeit vorweg – und zwar so, daß sie für die, denen sie durch Verkündigung und Taufe zugeeignet wird, das Leben in der Kommunikation des Glaubens und der Liebe als Zugehen auf die eigene Wahrheit bestimmt.

---

126 Zu diesem Zusammenhang s.u. IV.5.
127 Zum Begriff des Geistes s.u. IV.1.
128 Der Gedanke, daß Christus Gott selbst in seiner Gemeinschaft mit allen Menschen ist, ist ursprünglich vermittelt in der Vorstellung, daß der erhöhte Jesus uns jederzeit vor Gott, im inneren Lebenszusammenhang Gottes (oder: im Himmel) vertritt.

Bei der Verkündigung der Auferweckung Jesu oder des Auferstandenen geht es also darum, daß sich in der Zeit der ewige Gott selbst in der Gemeinschaft mit dem Menschen offenbart. Der eigentliche geschichtliche Gegenstand der Verkündigung ist nicht die Auferweckung an sich als Ereignis in der Zeit, sondern das vollkommen singuläre Ereignis dieser Offenbarung des ewigen Gottes in der Zeit – eine Theophanie in der vollkommenen Gemeinschaft mit dem Menschen, in der Tod und Sünde überwunden sind. Man könnte also zuspitzen: das ursprüngliche Ereignis in der Zeit sind hier die Erscheinungen des Auferstandenen als Theophanie. Indem der Auferstandene begegnet, begegnet der ewige Gott – und sagt seine Gemeinschaft als das wahre Leben zu. Die Voraussetzung auf der Seite derer, denen er begegnet, aber ist das in der Gottesferne des Kreuzes konzentrierte Stehen in der Offenbarungsgeschichte, als deren Schlüssel sich der Auferstandene zu verstehen gibt.

3. Wie ist die Gemeinschaft von Gott und Mensch zu denken?
Zur Entwicklung der Lehre von Christus im Bekenntnis und in der Theologiegeschichte

Das in den letzten Abschnitten gegebene Verständnis Christi kann nur durch eine kritische Darstellung der zwischen dem Neuen Testament und der Gegenwart liegenden, sie zugleich trennenden und verbindenden Theologiegeschichte als ausdrücklich bewährt gelten (s.o. 2,II.). Das ist aber in einem Grundriß nicht zu leisten. Hier sind lediglich einige Grundentscheidungen in der Geschichte der Lehre von Christus und ihre theologischen Konsequenzen anzudeuten.

Dabei ist auch zu sehen, wie das, was zu einer bestimmten Zeit eine notwendige Entwicklung war, später ein ursprüngliches Verständnis erschweren kann.

Leitthema 8
Die Grundfragen lauten: Wie ist die Gemeinschaft Gottes mit dem Menschen zu denken – im irdischen Jesus, im gegenwärtigen Christus, und in uns, sofern wir im Glauben des verkündigten Christus an seiner Gemeinschaft Anteil haben? Und wie sind von dieser Gemeinschaft aus Gott sowie die Schöpfung und insbesondere der Mensch als Geschöpf zu denken?

Schon im Neuen Testament zeigt sich, daß von der Erscheinung Gottes im Gekreuzigten her das Wesen Gottes neu verstanden wird. Und von daher wird nicht nur der irdische Jesus, sondern die alttestamentliche Geschichte Gottes mit dem Menschen und sogar die Schöpfung neu als Vorgeschichte oder Voraussetzung dieser in der Zeit Wirklichkeit gewordenen Gemeinschaft Gottes mit dem Menschen verstanden: In Jesus Christus, der Inkarnation des ewigen Sohnes oder Logos Gottes, erfüllen sich nicht nur Bund und Verheißung, sondern der ursprüngliche Sinn der Schöpfung.

Aber erst im 4. Jahrhundert kam die von Christus ausgehende Bestimmung des Wesens Gottes zu ihrer bis heute verbindlichen, trinitarischen Formulierung. In Jesus Christus ist der eingeborene Sohn, wahrer Gott aus wahrem Gott, zu uns gekommen und inkarniert. Gott unterscheidet sich in Ewigkeit selbst und geht als Sohn mit der Menschheit eine Gemeinschaft ein. In ihm ist Gott selbst seine Gemeinschaft mit dem Menschen, die er als

Geist vollzieht. Er selbst ist der Geist, in dem er die lebendige Einheit der Liebe zwischen Vater und Sohn vollzieht und sich mit dem Menschen vereint.

Von der so vorausgesetzten Gottheit Christi her wurde dann im 5. und 6. Jahrhundert deren Verhältnis zur Menschheit in einer bis in die Aufklärungszeit maßgeblichen Weise bestimmt: In Jesus Christus sind in einer Person die göttliche und die menschliche Natur vereint. So ist Christus auch mit unserer Menschlichkeit wesenseins.

In der lutherischen Reformation des 16. Jahrhunderts mit ihrer Konzentration auf die Bedeutung Christi für uns kam es zu einer Konkretisierung der Zweinaturenlehre, die vielleicht auch schon den Ansatz zur Überwindung ihrer Begrifflichkeit enthält: Die Lehre von der Kommunikation der Eigenschaften der göttlichen und der menschlichen Natur in Christus wird in dem Sinne ausgebaut, daß sich mit dieser Kommunikation das Wesen Gottes selber zur Gemeinschaft mit dem endlichen menschlichen Leben bestimmt hat. Das wiederum verwirklicht sich in der Kommunikation (dem „fröhlichen Wechsel"), die die Wahrheit von Verkündigung und Glauben ist: Christus gibt dem Sünder seine Gemeinschaft und nimmt die Getrenntheit und Angst des Sünders auf sich. Den Zusammenhang von Christusgeschehen und subjektivem Erlösungsgeschehen spitzte Luther also kreuzestheologisch zu: Christus zu verstehen, also Gottes Erscheinen unter dem Gegenteil seiner Gottheit, im menschlichen Leiden, setzt voraus, daß der Mensch Leiden und Kreuz als seine eigene Wahrheit realisiert.

Erst mit der Theologie der Aufklärungszeit wurde der Ansatz, Jesus Christus von Gott her zu denken und seine göttliche Natur vorauszusetzen, in Frage gestellt. Letztlich ist das darin begründet, daß die erneute, allgemeine methodische Reflexion des menschlichen Bewußtseins aus der überlieferten christlichen Sinngemeinschaft in sich (2,I.2.), die sich in der Kritik der Aufklärung vollzieht, die selbstverständliche Voraussetzung Gottes überhaupt verneint. Am Ende bedeutet diese Reflexion, daß der Mensch in seinem Fürsichsein Gott erneut aus seiner Welt ausschließt.

Dies zwang die Theologie (und idealistische Philosophie) des 19. und 20. Jahrhunderts, sofern ihr der Gedanke des Mensch gewordenen, dreieinigen Gottes erneut aufgegeben war, diesen Gedanken und damit Gott, Mensch und Welt überhaupt neu zu fassen. Es stellte sich schließlich die Aufgabe heraus, den überlieferten Anspruch so zu verstehen und zu formulieren, daß er sich auf den Menschen gerade in seinem gottlosen, die von ihm erkannte und konstruierte Welt mit umfassenden Fürsichsein bezieht. Dieses Fürsichsein muß das Wort Gottes ansprechen.

Wenn Gott sich in der Gemeinschaft mit dem Gekreuzigten offenbart, ist er ganz neu zu verstehen. Und von diesem neuen Verständnis Gottes (in der Unterscheidung und Einheit von Vater und Sohn) aus ist das Predigen, Handeln und vor allem das Kreuz des irdischen Jesus neu zu verstehen. Diese doppelte Verstehensbewegung von Kreuz und Auferstehung zum sich darin offenbarenden Gott und von Gott zu Jesus Christus ist die Grundtatsache des Neuen Testaments und wird in der Theologiegeschichte der ersten Jahrhunderte wiederholt und grundlegend ausgearbeitet.

Das Verständnis Christi, das die Offenbarung seiner Gottheit voraussetzt und insofern „von oben" beginnt[129], findet sich im Neuen Testament wie gesagt vor allem im Gedanken

---

129 Es war P. Althaus, der zuerst die Alternative einer Christologie ‚von oben' oder ‚von unten' formuliert hat (vgl. Die christliche Wahrheit [1947], 3. Aufl. Gütersloh 1952, S. 424). In der ersteren wird der Anfang mit dem dreieinigen Gott bzw. mit der Gottheit Christi als

II. Die Offenbarung Gottes als Mensch 149

von der Sendung des ewigen Sohnes. Im Philipperhymnus (Phil. 2,6–11) wird die Annahme der menschliche Knechtsgestalt als Selbstentäußerung der Gottheit Christi verstanden. Auch schon die Weihnachtsgeschichten im Mt. und Lk.-Evangelium setzen die Gottheit Christi voraus, wenn sie von der Jungfrauengeburt, d.h. von der Empfängnis Marias durch den Geist Gottes reden. Der Johannesprolog und die Lehre von der Schöpfungsmittlerschaft Christi verstehen dies so, daß sich durch die Inkarnation des ewigen göttlichen Wortes (Logos), durch den alles geschaffen ist, bzw. durch die Sendung des ewigen Sohnes die Kommunikation erfüllt, die der Sinn der Schöpfung ist – die Gemeinschaft Gottes mit dem Menschen. Ergänzt wird das durch ein neues Verständnis der Geschichte: Auch der Glauben, daß der universale, alttestamentlich bezeugte Heilsplan oder Gemeinschaftswille Gottes in Christus an sein Ziel kommt, setzt schon voraus, daß die irdische Wirklichkeit Christi ganz in Gott selbst begründet ist.

Ab dem 2. Jahrhundert kam es zur grundsätzlichen Auseinandersetzung um die Frage, was Inkarnation, Tod und Auferstehung Christi für Gott bedeuten. Das ist nichts anderes als die Frage, wie die ewige Sohnschaft oder Gottheit Christi zu denken ist. Jeder möglich erscheinende Denkweg wurde konsequent expliziert. Dieser Streit um die Wahrheit war notwendig, um das Verhältnis der Möglichkeiten ein für alle Mal kritisch zu prüfen.[130] Im Zusammenhang des Glaubensbekenntnisses von Nicäa im Jahr 325 und seiner Fortentwicklung im Glaubensbekenntnis von Konstantinopel 381 kam es zu einer bis heute maßgeblichen Lehrentscheidung. Von Christus heißt es gemäß des griechischen Urtextes:

„Wir glauben […] an einen Herrn Jesus Christus, Gottes eingeborenen", d.h. in Ewigkeit einzigen „Sohn, aus dem Vater gezeugt [nach der lateinischen Übersetzung: „aus dem Vater geboren"] vor allen Zeiten, Licht aus Licht, wahren Gott aus wahrem Gott, gezeugt, nicht geschaffen, wesenseins mit dem Vater, durch den alles geworden ist […], der wegen uns Menschen herabgekommen ist aus den Himmeln und Fleisch geworden ist aus heiligem Geist und Maria, der Jungfrau. Und er ist Mensch geworden, wurde für uns gekreuzigt […] und er ist auferstanden […] und sitzt zur Rechten des Vaters. Und er kommt wieder in Herrlichkeit, zu richten Lebende und Tote; sein Reich wird kein Ende haben".[131]

Um klarzustellen, daß mit Christus wirklich Gott zum Menschen gekommen ist und seinen Tod, seine Sünde auf sich genommen hat, wird die ewige, völlige Gottheit Christi betont. Damit werden verschiedene frühere Versuche, die Ge-

---

der ewigen Selbstunterscheidung Gottes gemacht und von dort „deduktiv" fortgeschritten, letztere macht mit der Geschichte des Menschen Jesus den Anfang.

130 Vgl. zur detaillierten Einführung A.M. Ritter, Dogma und Lehre in der alten Kirche, in: W.-D. Hauschild (Hg.), Lehrbuch der Kirchen- und Dogmengeschichte I, Göttingen 1982, S. 99–221.

131 Maßgeblich ist der ausgearbeitete Text von 381. Vgl. TRE 24, S. 445–447, oder DH Nr. 150 (H. Denzinger, Enchiridion symbolorum et declarationum / Kompendium der Glaubensbekenntnisse und kirchlichen Lehrentscheidungen, lateinisch-deutsche Ausgabe, Freiburg 38. Aufl. 1999, S. 83–85). Ausführlich R. Staats, Das Glaubensbekenntnis von Nizäa-Konstantinopel. Historische und theologische Grundlagen. Darmstadt 2. Aufl. 1999 (Text und eine textkritische Einordnung S. 19–33). R. Leonhardt, Grundinformation Dogmatik, 4. Aufl. Göttingen 2009, S. 223f. gibt eine Synopse beider Texte.

meinschaft Gottes mit dem Menschen zu denken, ausgeschlossen. Zugleich wird das Wahrheitsmoment der jeweiligen Intention bewahrt.

Die ausgeschlossenen Denkversuche haben eine gemeinsame Wurzel. Zum einen wird der sog. Modalismus ausgeschlossen, zu dessen Hauptvertretern zuerst Sabellius (Anfang des 3. Jahrhunderts) gehörte. Hier wird um der Einheit Gottes willen der Sohn als bloßer Modus oder Gestalt, also als Erscheinungsweise Gottes verstanden. Dann aber ist die Frage, ob sich nicht im Leiden des Kreuzestodes Gott selbst als solcher aufgibt – oder, wenn dies nicht gedacht werden kann, ob er nur zum Schein Mensch wird (Doketismus). Jedenfalls wird eine echte Menschwerdung Gottes nicht gedacht. Dagegen wird jetzt betont, daß Christus Gott von Gott und als solcher Mensch geworden ist. Es wird also eine echte Selbstunterscheidung Gottes gedacht, in der er mit sich eins ist – freilich mit der Asymmetrie, daß Gott der Sohn (als aus dem Vater gezeugter) die Selbstunterscheidung Gottes des Vaters darstellt.

Zugleich wird dadurch auch endgültig der sog. Adoptianismus überwunden, also die Auffassung, Gott habe Jesus erst in der Taufe durch Geistmitteilung zu seinem Sohn gemacht (adoptiert).[132]

Und schließlich wird der Arianismus überwunden[133], der ebenfalls um der Einheit Gottes willen den Logos bzw. Sohn nicht als Gott, sondern als erstes Geschöpf verstand. Damit knüpft der Arianismus an eine ältere Interpretation der neutestamentlichen Auffassung von der Menschwerdung des Wortes (Logos) Gottes an, nach der das Wort oder der Sohn zwar göttlich, aber dem Vater untergeordnet ist – der sog. Subordinatianismus.

Stets handelt es sich um ein Mißverständnis der Einheit Gottes, die Christus vorausgesetzt wird, statt sie als sich durch ihn (bzw. im Verhältnis von Vater und Sohn) vollziehende zu denken.

Christus ist aber erst dann wirklich als Selbstunterscheidung Gottes gedacht, die Selbstunterscheidung ist erst dann wirklich als Einheit gedacht, wenn zugleich Gott als heiliger Geist so gedacht ist, daß er die Einheit von Vater und Sohn vollzieht – die Liebe zwischen Vater und Sohn, wie Augustin sagt.[134] Das aber heißt, daß der Geist nicht nur, wie es 381 heißt, „aus dem Vater hervorgeht", sondern auch aus dem Sohn. Entsprechend wurde seit dem 6. Jahrhundert in den westlichen Teilen des Reiches das Bekenntnis von 381 durch den Zusatz, daß der Geist „aus dem Vater und dem Sohn [filioque] hervorgeht", ergänzt. Nur so ist auch konsequent gedacht, daß die Gottesgemeinschaft der Gemeinde als Wirklichkeit des heiligen Geistes in Christus begründet und konzentriert ist – daß also der Mensch gewordene Christus Gott selbst in seiner alle Zeiten umfassenden Gemeinschaft

---

132 Ein Vertreter dieser Richtung war der 262 in Antiochia exkommunizierte Paul von Samosata.
133 Die Bezeichnung geht auf den alexandrinischen Presbyter Arius zurück, der 336 starb. Seine Lehre wurde 325 in Nicäa verurteilt; die Auseinandersetzung ging aber weiter. Spätere Vertreter der Lehre waren z.B. Aetius und Eunomius. Zwar wurde der theologische Streit 381 entschieden; die christlichen Germanenstämme jedoch blieben teilweise bis zum Ende des 6. Jahrhunderts Arianer.
134 Vgl. Augustin, De trinitate (entstanden 399–419) 6,5,7; zum Hervorgehen des Geistes auch aus dem Sohn 15,26,47.

mit dem Menschen ist. Andernfalls wäre eine Geistpräsenz Gottes auch ohne Bezug auf Christus, den Sohn zu denken.

Wird nun Christus, der ewige Sohn, als Selbstunterscheidung Gottes verstanden, so ist von daher die Menschwerdung des ‚wahren Gottes von wahrem Gott' näher zu bestimmen, also das Verhältnis von Gott und Mensch in Jesus Christus. Im Credo des Konzils von Chalkedon 451, mit dem es zu einem ersten Abschluß der altkirchlichen Lehre von Christus kam, heißt es,

> daß der Herr Jesus Christus „wahrhaft Gott und wahrhaft Mensch aus vernünftiger Seele und Leib" ist; „derselbe ist der Gottheit nach dem Vater wesenseins [gr. homoousios] und der Menschheit nach uns wesenseins [...] Derselbe wurde der Gottheit nach vor den Zeiten aus dem Vater gezeugt, der Menschheit nach in den letzten Tagen unseretwegen und um unseres Heils wegen aus Maria, der Jungfrau Gottesgebärerin, geboren; ein und derselbe ist Christus, der einziggeborene Sohn und Herr, der in zwei Naturen unvermischt, unveränderlich, ungetrennt und unteilbar erkannt wird, wobei [...] die Eigentümlichkeit jeder der Naturen gewahrt bleibt und sich in einer Person und Hypostase vereinigt; der einziggeborene Sohn [...] ist nicht in zwei Personen geteilt und getrennt".[135]

Daß Christus von uns Menschen als Gott oder Sohn Gottes verstanden wird, hat seinen ursprünglichen Sinn darin, daß zugleich seine Gemeinschaft mit dem Menschen ausgesprochen wird, auf die die Selbstunterscheidung Gottes zielt: Christus ist „der Menschheit nach uns wesenseins". Das impliziert freilich die Frage, wie sich in Jesus Christus Gott und Mensch zueinander verhalten – genauer: die Frage, wie der ewige, mit dem Vater der Gottheit nach wesensgleiche Sohn sich in Jesus zu seiner Menschheit verhält. Dieses Verhältnis wird als Verhältnis der zwei Naturen verstanden, d.h. die Präsenz Gottes wird den geschichtlichen Verhältnissen, in denen die Person Christi steht, als göttliche Natur vorausgesetzt. Das Credo von Chalcedon bestimmt das Verhältnis zunächst nur negativ: die göttliche und die menschliche Natur sind nicht vermischt und nicht getrennt, vereint in einer Person.

Vorausgegangen war der sog. nestorianische Streit. Nestorius, Patriarch von Konstantinopel (451 gestorben), betonte die Unterscheidung der Naturen: Maria gebar den Menschen Jesus, mit dem der Logos eine Gemeinschaft einging, nicht aber Gott. Sie ist nicht „Gottesgebärerin". Noch abgesehen von der Frage, wie die Gemeinschaft Gottes mit dem Menschen zu denken ist, liegt hier der Skopus darin, daß diese Gemeinschaft nicht den Menschen als Menschen umfaßt. Dagegen betont die Entscheidung von 451 (im Anschluß an den Hauptgegner des Nestorius, Kyrill von Alexandrien), daß in Christus göttliche und menschliche Natur nicht zu trennen sind: Zur Gemeinschaft der Naturen und Einheit des Sohnes gehört, daß „Maria Gottesgebärerin" ist.

Wie aber ist die Einheit der Person Christi im Verhältnis der zwei Naturen zu denken? Ist sie überhaupt in diesem Verhältnis zu denken? Nach dem Chalcedonense wurde das vor allem im griechischen Osten des Reiches von den sog. Monophysiten bezweifelt: Für sie impliziert die Einheit der Person Christi auch

---

135 DH, Nr. 301 f. (wie S. 149, Anm. 131), vgl. Nr. 300–303 (S. 141–143).

die Einheit der Natur Christi; die menschliche Natur wird von der göttlichen absorbiert. Wenn aber in der Gemeinschaft Gottes mit dem Menschen, also in Christus, Gott und Mensch nicht auch unterschieden sind, ist fraglich, ob sich der Mensch, dem Christus verkündigt ist, noch in ihm wiederfinden kann. Das heißt, es scheint nicht mehr denkbar, daß in Christus Gott auch zu uns kam und unser menschliches Leiden auf sich genommen hat.

Das Konzil von Konstantinopel 553 versuchte, die chalcedonensische Formel von den unvermischten und ungetrennten göttlichen und menschlichen Naturen mit dem Anliegen zu verbinden, die wirkliche, einheitliche Person Christi konsequenter zu denken. Es konnte dabei auf den Gedanken des Leontius von Byzanz von der Enhypostasie der menschlichen Natur Christi im Logos zurückgreifen. Enhypostasie besagt, daß der menschlichen Natur Christi keine eigenständige Existenz zukommt, also keine eigene Hypostase, kein eigenes Sein als Person – vielmehr kommt sie nur durch den göttlichen Logos zu einer persönlichen Existenz. Die menschliche Natur Christi ist also in die ewige Person des Sohnes aufgenommen, aber nicht in die göttliche Natur hinein aufgehoben. Der Unterschied der zwei Naturen bleibt gewahrt.[136]

Zu den weiteren Versuchen im 7. Jahrhundert, die Personeinheit Christi konkreter zu denken, zählt vor allem die Diskussion, ob Christus nur durch den Willen des Logos bestimmt ist oder ob sich nicht (wie das Konzil von Konstantinopel 680/681 festhielt) in Jesus Christus gerade der menschliche Willen als solcher dem göttlichen Willen unterordnet.[137]

Ein Ansatz, die Personeinheit Christi im Blick auf die zwei Naturen nicht nur zu konkretisieren, sondern womöglich die problematische Voraussetzung einer göttlichen und einer menschlichen Natur ganz zu überwinden, liegt in der Lehre von der *communicatio idiomatum*, also der Kommunikation der Eigenschaften der Naturen in Christus.

Zunächst meint die Lehre von der *communicatio idiomatum*, daß die Eigenschaften sowohl der göttlichen als auch der menschlichen Natur, obwohl sie unvermischt bleiben, gleichwohl jeweils für die ganze Person Jesu Christi auszusagen sind. In der Person Christi kommen der menschlichen Natur auch die Eigenschaften der göttlichen Natur zu und umgekehrt.[138]

Schon im 4. Jahrhundert Gregor von Nazianz und dann, in ausgearbeiteter Form, Johannes von Damaskus im 8. Jahrhundert verstanden das in einem weitergehenden Sinn –

---

136 Trotz dieser Kompromißversuche kam es zur Gründung eigenständiger ‚monophysitischer' Nationalkirchen, die bis heute bestehen – wie z.B. die Kirche der Kopten oder Chaldäer.
137 Vgl. zur Diskussion nach 553 einführend A.M. Ritter, wie S. 149, Anm. 130, S. 279–283.
138 Die altprotestantische Orthodoxie, die drei Arten der Mitteilung der Eigenschaften unterschied, nannte dies das *genus idiomaticum*: jedes idiom wird der Person Christi insgesamt beigelegt. Die gegenseitige Mitteilung der Eigenschaften der göttlichen und der menschlichen Natur ist ein Ausdruck der Personeinheit. Das *genus apotelesmaticum* meint dagegen das Zusammenwirken der beiden Naturen im Heilswirken Christi. Zum Beispiel nimmt die göttliche Natur auch die leiblichen Handlungen Christi (etwa: das Sterben) in Anspruch, um das göttliche Werk zu tun. Zum *genus maiestaticum* s. die übernächste Anm.

II. Die Offenbarung Gottes als Mensch 153

nämlich so, daß sich in Christus die Eigenschaften der Naturen auch gegenseitig durchdringen. Die Eigenschaften der göttlichen und der menschlichen Natur kommunizieren in ihm, d.h.: die Naturen geben aneinander Anteil, ohne sich zu vermischen. So ist Leiden ein Idiom der menschlichen Natur. Daraus folgt nach dem Grundsatz der *communicatio idiomatum*: auch Christus, die Gemeinschaft Gottes mit dem Menschen in Person, hat gelitten – und nicht nur der Mensch, seine menschliche Natur. Auch umgekehrt gilt die *communicatio idiomatum*. So ist Schaffen ein idiom der göttlichen Natur. Dann folgt aus der *communicatio idiomatum* in Christus: durch Christus, also Gott selbst in seiner personalen Gemeinschaft mit dem Menschen, ist alles geschaffen. Das heißt auch: Der ewige Sohn antizipiert als solcher seine Menschwerdung. Und schon die Schöpfung zielt auf die Menschwerdung.

Diese Lehre so weiter zu entwickeln, daß konsequent das Gekommensein Gottes zum (leidenden) Menschen gedacht ist, statt auch in Christus Gott und Mensch auseinanderzuhalten – dies war das wichtigste Anliegen Luthers in der Lehre von Christus. Er hält nicht nur um des Heils willen fest, daß Christus in Person, also als wahrer Gott, das menschliche Leiden (das menschliche Fürsichsein als Getrenntheit) auf sich genommen hat.[139] Sondern in Christus hat mit der Person auch die menschliche Natur Anteil an den Eigenschaften der göttlichen Natur.[140] Das gilt insbesondere für die Allgegenwart.[141] Überall wo Gott ist, ist Christus, der sich ‚als göttliche Person' mit der Menschheit vereint hat.[142] Das heißt, Gott ist ganz von der Menschwerdung her zu verstehen – sie gehört zu seinem Wesen. In Christus hat sich der allmächtige und allgegenwärtige Gott selbst mit dem leidenden Menschen und Sünder vereint.

---

139 „wenn ich das gleube, das allein die menschliche natur fur mich gelidden hat, so ist mir der Christus ein schlechter heiland [...] weil Gottheit und menschheit ynn Christo eine person ist, so gibt die schrifft umb solcher personlicher einickeit willen auch der Gottheit alles, was der menschheit widderferet und widderumb, Und ist auch also ynn der warheit. Denn das mustu ia sagen: Die person (zeige Christum) leidet, stirbet, Nu ist die person warhafftiger Gott, drumb ists recht gered: Gottes son leidet." Vom Abendmahl Christi. Bekenntnis (1528), WA 26, S. 319,37f.; 321,21–26.
140 Die altprotestantische Orthodoxie nannte dies das *genus maiestaticum* der Idiomenkommunikation. Da dies nach ihrer Auffassung nicht auch umgekehrt gelten kann (anders sah es P. Althaus), besteht hier eine Asymmetrie in der *communicatio idiomatum*. – Calvin und die ihm nachfolgende Theologie lehnte das *genus maiestaticum* ab und betonte die Unterscheidung der Naturen in Christus (vgl. Institutio II 13,4).
141 Das ist für die Abendmahlslehre von Bedeutung, weil Luther von daher die wirkliche, leibliche Präsenz Christi im Abendmahl versteht. Das Abendmahl realisiert die Allgegenwart auch der menschlichen Natur Christi an dem konkreten Ort, an dem im Sinn der Einsetzungsworte Abendmahl gefeiert wird.
142 Vgl. Vom Abendmahl Christi. Bekenntnis (1528), WA 26, S. 333,2–6: „es solt mir ein schlechter Christus bleiben, der nicht mehr denn an einem eintzelnen ort zu gleich eine Göttliche und menschliche person were, Und an allen andern orten muste er allein ein blosser abgesonderter Gott und Gottliche person sein on menscheit."

„wo du einen ort zeigen wurdest, da Gott were und nicht der mensch, so were die person [Christi] schoen zurtrennet, weil ich als denn mit der warheit kund sagen: Hie ist Gott, der nicht mensch ist und noch nie mensch ward".[143]

Die Menschwerdung Gottes (oder: Gott selbst in seiner Gemeinschaft mit dem Menschen) nach gegenwärtigem Verständnis konkret zu denken, ist freilich kaum möglich, wenn der Ausgang von der göttlichen und der menschlichen Natur genommen wird.[144] Das gilt spätestens, seit der Mensch (wie etwa bei Herder und Hegel) als sich wesentlich im – sprachlichen, geschichtlichen – Verhältnis zum Anderen entwickelnde Subjektivität verstanden wird, und so schließlich als Fürsichsein oder Selbstverhältnis im Verhältnis zum Anderen.

Denn nicht nur abstrahiert der ältere Begriff der menschlichen Natur von der geschichtlichen Wirklichkeit des Menschen, also eben von seiner wesentlichen Kommunikation und Reflexion in sich, vom Sichfinden im Gespräch, vom Selbstsein im Verhältnis zum Anderen. Sondern die Annahme einer Präsenz der göttlichen Natur (oder auch ihrer Kommunikation mit der menschlichen) kann auch die Wirklichkeit Gottes nicht konkret in Bezug auf dieses Selbst- oder Fürsichsein denken. Man könnte auch sagen: im Blick auf Gott und Mensch lassen sich Natur und Person nicht trennen; das Personsein (und zwar im Verhältnis zum Anderen) gehört zur Natur.

Das Entscheidende, das Gekommensein Gottes zum Menschen wird bei der Annahme der zwei Naturen Christi bloß vorausgesetzt, statt es als Vereinigung mit dem Menschen in der Negativität seines in sich reflektierten, erwachsenen Fürsichseins zu denken. Das gilt auch für eine isolierte Verkündigung der Menschwerdung des präexistenten Sohnes bereits mit Marias Empfängnis – also sofern nicht reflektiert wird, daß eben der Geist Gottes, der nach den synoptischen Evangelien die Sohnschaft bewirkt, auch der Geist ist, der durch das Predigen und Handeln Jesu wirkt, und der Jesus nach Röm. 1,3f. ursprünglich kraft der Auferstehung als Sohn Gottes einsetzt.[145] Vom Predigen, Handeln und Sterben Jesu sowie von der Begegnung des Auferstandenen darf nicht abstrahiert werden, um die Menschwerdung Gottes zu verstehen.

Andererseits war und ist es wie gesagt eine theologische Notwendigkeit, von Kreuz und Auferstehung her Gott neu zu verstehen – und von da aus wiederum den irdischen Jesus zu verstehen. Gottes Gemeinschaft mit dem Menschen impliziert seine Selbstunterscheidung, die als ewige Voraussetzung der geschichtlichen Menschwerdung zu formulieren ist und als solche auch den Sinn der Schöpfung erschließt. Eine sog. Christologie ‚von unten', die den Anfang nicht mit der Gottheit Christi, sondern mit der Geschichte des Menschen Jesus macht, in dessen Leben, Predigen, Kreuz und Auferstehung Gott sich erst offenbart, darf nicht vor der Frage Halt machen, was das Kommen Gottes zum Menschen für den ewigen Gott selber bedeutet (eben die Unterscheidung von Vater und Sohn) und was dies

---

143 Vom Abendmahl Christi. Bekenntnis (1528), WA 26, S. 332,33–35.
144 Die Schwierigkeit bestand aber schon früher. So bedurfte es im Blick auf den irdischen Jesus der theologischen Reflexion, daß er (im sog. *status exinanitionis*, dem Stand der Entäußerung) auf die volle Verwirklichung seiner Teilhabe an der göttlichen Natur verzichtet.
145 Vgl. unten IV.1.

wiederum für den Sinn der Schöpfung durch den Vater bedeutet (die Schöpfungsmittlerschaft des Sohnes.[146]

Der Mangel der Lehre von den zwei Naturen, daß sie das Entscheidende abstrakt voraussetzt, umfaßt aber auch noch einen weiteren Aspekt. Ihm entspricht die prinzipielle Trennung der theologischen Reflexion, wer Christus ist (*de persona Christi*), von der Frage, was Christus für uns bedeutet oder wirkt (*de officio Christi*). Die Gemeinschaft von Gott und Mensch gilt als in Christus sozusagen objektiv gegeben, so daß erst in einem zweiten Schritt nach der Bedeutung Christi (und insbesondere seines Kreuzestodes) für uns zu fragen ist. Nur im Blick auf die Gemeinde wird nach der konkreten Verwirklichung der Gemeinschaft im Gottesverhältnis des Menschen, in Bezug auf sein Fürsichsein Gott gegenüber, gefragt. Demgegenüber entdeckte die reformatorische Theologie (aber auch schon die sog. Mystik) die neutestamentliche Einheit beider Fragestellungen wieder: Christus wird nur erkannt, indem sich seine Gottesgemeinschaft durch ihre Verkündigung am Erkennenden selbst vollzieht – an dem, der die Wahrheit seines Fürsichseins am Kreuz erkennt.

Ein Christus an sich oder auch der bloß historische Jesus geht uns nichts an – so der berühmte Satz des Melanchthon in den „Loci communes" von 1521, der ersten systematischen Theologie der Reformation: *hoc est Christum cognoscere beneficia eius cognoscere, non [...] eius naturas, modus incarnationis contueri.* „Christus erkennen, das heißt, seine Wohltaten erkennen, nicht [...] seine Naturen, die Weisen der Menschwerdung betrachten." Und weiter heißt es: „Wenn man nicht weiß, zu welchem Nutzen Christus das Fleisch annahm und ans Kreuz geschlagen wurde, was nützt es, seine Historie zu kennen?"[147]

Melanchthon folgt hier der Argumentation in Luthers kurz zuvor erschienener Schrift „Von der Freiheit eines Christenmenschen". Wenn nach These 12 der Glaube die Seele mit Christus vereinigt, so daß der „frölich wechßel" zwischen der Sünde des Sünders und der Gerechtigkeit Christi geschieht, so ist daraus in These 18 zu lernen, „das es nit gnug sey gepredigt, Wen man Christus leben und werck oben hin und nur als eine histori [...] predigt [...] er soll und muß alßo predigt sein, das mir und dir der glaub drauß erwachß und erhalten werd. Wilcher glaub da durch erwechst und erhalten wirt, Wen mir gesagt wirt, Warumb Christus kummen sey, wie man sein brauchen und nießen soll, was er mir bracht und geben hat".[148]

Insbesondere in der kreuzestheologischen Zuspitzung der reformatorischen Lehre von Christus ist der genannte Mangel im Prinzip überwunden: in Christus ist Gott zu erkennen, indem er unter dem Gegenteil seiner Gottheit erscheint – im leidenden, ohnmächtigen, nichtwissenden, gottverlassenen (und sich gleich-

---

[146] Wenn z.B. A. von Harnack als Vertreter der sog. liberalen Theologie in seiner Berliner Vorlesung „Das Wesen des Christentums" (1900) dogmenkritisch den irdischen, auf den Vater verweisenden Jesus gegen das Dogma vom Sohn Gottes ausspielt, ist das eine Verkürzung (vgl. die von Cl.-D. Osthövener hg. Ausgabe, Tübingen 2012).
[147] Vgl. in der von H.-G. Pöhlmann hg. und übersetzten lateinisch-deutschen Ausgabe, Gütersloh 2. Auflage 1997, S. 22f.
[148] WA 7, S. 25,26ff.; 29,7–16.

wohl im Wort Gottes verstehenden) Menschen.[149] Das heißt, Gott ist gerade darin zum Menschen gekommen, daß Jesus die Situation unseres Fürsichseins teilte und sich von ihm als dem Vater unterschied. Aber auch wenn Luther im Zuge seiner undogmatisch lernbereiten Exegese des Neuen Testaments bisweilen herausstellen kann, daß Jesus sich etwa im Gebet ganz als Mensch auf Gott als den Vater bezieht (und gerade so in ihm Gott zu uns redet), führte dieser Ansatz doch nicht zu einer grundsätzlichen Überwindung der Zweinaturenlehre. Im Allgemeinen wurde das einseitige und daher abstrakte Verständnis Jesu ‚von oben' beibehalten. Erst die Kritik des christologischen und trinitarischen Dogmas in der Philosophie und theistischen Theologie der Aufklärung war ein in dem Sinn produktives Mißverständnis[150], daß es im 20. Jahrhundert die Möglichkeit einer Konkretisierung der Lehre von Christus und damit auch die Möglichkeit einer Konkretisierung der Gotteslehre eröffnete – auf der Grundlage der exegetischen Differenzierung zwischen dem Predigen und Handeln Jesu und dem nachösterlichen Christusglauben, und vermittelt in der philosophischen Reformulierung von Christologie und Trinität insbesondere bei Hegel.

Den kreuzestheologischen Skopus, durch den die Situation des neuzeitlichen Atheismus neu theologisch in Anspruch zu nehmen ist, verdeutlicht besonders E. Jüngel. Indem sich Jesus mit denen identifiziert, denen er das Kommen Gottes predigt, konzentriert sich seine Lebensgeschichte im gottverlassenen Fürsichsein des Menschen am Kreuz. Das ist der ursprüngliche Ort, an dem sich die eschatologische Identifikation Gottes mit dem Menschen ereignet und von dem aus – als ihre zeitlich vorauslaufende Konkretion – das Leben und Predigen Jesu zu verstehen ist.[151]

Für die Frage, inwiefern dann der irdische Jesus als der gesandte Sohn oder als der Mensch gewordene Gott (Logos) zu verstehen ist, bedeutet das: Gerade das Kommen Gottes zum Menschen, wie es sich mit der Auferstehung des Gekreuzigten darstellte, setzt voraus, daß sich der irdische Jesus in seinem Predigen und Handeln vom kommenden Gott als dem Vater unterschied.

Dieser Gedanke impliziert freilich, daß die Inkarnation nicht schon mit Maria Empfängnis gegeben ist, sondern sich (so W. Pannenberg) in der „Geschichte Jesu" verwirklicht – die Menschwerdung „des ewigen Sohnes" ist „vermittelt durch das Verhältnis Jesu zum Vater".[152] J. Ringleben denkt dieses Verhältnis als Sichhervorbringen Gottes im Sprechen des Wortes.[153]

Erst im Ausgang von der Verkündigung der Auferweckung des Gekreuzigten, in dem der ewige Gott selber seine Gemeinschaft mit dem Menschen ist, ist

---

149 Vgl. vor allem die Heidelberger Disputation von 1518, WA 1, S. 361–365.
150 S.o. 2.1., S. 133f.
151 E. Jüngel, Gott als Geheimnis der Welt. Zur Begründung der Theologie des Gekreuzigten im Streit zwischen Theismus und Atheismus (1977), 8. Aufl. Tübingen 2010, besonders S. 204ff.; 409ff. Zur Einführung vgl. T. Kleffmann, Eberhard Jüngel: Gott als Geheimnis der Welt. In: Chr. Danz (Hg.), Kanon der Theologie, 2. Aufl. Darmstadt 2010, S. 310–318.
152 Vgl. W. Pannenberg, Systematische Theologie 2, Göttingen 1991, S. 431f.; 428.
153 Vgl. J. Ringleben, Jesus, Tübingen 2008, besonders das Schlußkapitel S. 652ff.

zu verstehen, daß sich das Kommen Gottes schon im geschichtlichen Leben Jesu vollzog und in seinem Tod vollendete – also eben darin, daß er sich in seinem Predigen und Handeln im Namen des Kommens Gottes ganz für dieses Kommen Gottes und die entsprechende menschliche Gemeinschaft hingab. Im Sichbeziehen Jesu auf den kommenden Gott war Gott sich selbst gegenüber und vollzog eben darin seine Einheit mit sich als sein Kommen.

Gott selber setzt seiner ewigen Gemeinschaft mit dem Menschen in dessen zeitlichen Leben das (im Moment des Fürsichseins konzentrierte) Gegenüber voraus, an dem sich die Gemeinschaft als Kommunikation von Wort und Glauben vollzieht. Der Unterschied zwischen Jesus und uns liegt hier darin, daß sein Leben diese Kommunikation ist, und daß er durch Kreuz und Auferstehung selber das Wort ist – die Gemeinschaft, die sich mitteilt.

Daß Gott das Anderssein voraussetzt, dessen Sinn der Logos, der Vollzug der Gemeinschaft ist, beginnt aber schon mit der Schöpfung.

III. Der Sinn der Welt als Äußerung Gottes

1. Die Naturwissenschaft als Herausforderung des christlichen Schöpfungsbegriffs

Leitthema 9
Die Erkenntnis der Wirklichkeit durch den wissenschaftlichen Verstand kann das Verständnis der Welt als Äußerung Gottes nicht prinzipiell in Frage stellen. Hier einen prinzipiellen Widerspruch anzunehmen, wäre ein Mißverständnis des Verhältnisses von Verstand und christlichem Glauben und insofern erkenntnistheoretisch unvernünftig. Denn das Verständnis der Welt als Äußerung Gottes setzt (wie die Rede von Gott überhaupt) voraus, daß der Mensch sich selber als absolute Grenze seiner Verstandeserkenntnis realisiert. Erst wenn der Mensch realisiert, daß sein gegenständliches Erkennen Funktion seiner Identität ist, ist der Anspruch Gottes relevant.

Allerdings kann es die Erkenntnis der Wirklichkeit durch den wissenschaftlichen Verstand erfordern, daß die Interpretation derselben Wirklichkeit als Äußerung Gottes neu differenziert wird. Denn zum Beispiel scheint die unermeßliche Weite des Kosmos dem Verständnis des Menschen als Zielpunkt der Schöpfung zu widersprechen. Das Ver-

hältnis von Chaos und Selbstorganisation in der kosmischen Naturgeschichte scheint der Annahme eines übergeordneten Sinns zu widersprechen. Und im Blick auf die Evolution des Lebens scheint die natürliche Notwendigkeit von Konkurrenz, Leid und Tod der Güte der Schöpfung und des Schöpfers zu widersprechen.

Zwar ist auf der Ebene gegenständlicher Verstandeserkenntnis eine Apologie des Schöpfungsglaubens weder möglich noch nötig. Der Sinn der Welt ist nicht an den Dingen abzulesen, wie sie dem Verstand vorliegen. Diesen Sinn erschließt erst die authentische Interpretation der Welt im Geist der Gemeinschaft Gottes mit dem Menschen. Doch gehört es zur Vernunft des Glaubens, darzulegen, daß jene Widersprüche nur scheinbar bestehen und daß die Welt, auch wie sie der wissenschaftliche Verstand vorstellt, für das Verständnis der Welt als Äußerung Gottes offen ist. Denn das Verständnis der Welt im Ganzen als Äußerung Gottes, indem es einen einheitlichen Sinn der Welt behauptet, bestimmt den

Einheitsgrund der Welt, wie sie dem Verstand erscheint. Es bestimmt die Einheit der Welt, die dem Verstand zwar verborgen ist, nach der die vernünftige Reflexion seiner Grenze jedoch fragt.

Es gehört dann aber auch zur Vernunft des Glaubens und zu seiner notwendigen Sprachmächtigkeit, die Schöpfung Gottes so zu denken, daß dabei von der Natur und dem natürlichen Leben die Rede ist, wie sie wirklich erkannt werden. Das heißt z. B.: Die Schöpfung der Welt durch Gott ist nicht als einmaliges ins Werk Setzen einer Welt fertiger substantieller Gegenstände zu verstehen, sondern als ein Werden-lassen, das auf selbständiges Sein, auf Leben, auf Fürsichsein zielt. Beschreibt der naturwissenschaftliche Verstand eine Einheitlichkeit des Naturgeschehens, in deren Rahmen jedoch Kontingenz Bedingung physikalischer und biologischer Selbstorganisation ist, so läßt sich das theologisch als schöpferische Selbstentäußerung der Einzigkeit Gottes interpretieren.

Das schließt ein, Konkurrenz, Leid und Tod der Individuen als notwendige Funktionen des Werdens selbstbewußten Lebens zu verstehen. Erst der seiner selbst bewußte Mensch ist zur Gemeinschaft mit Gott und zur Liebe bestimmt.

Das christliche Verständnis der Welt als Schöpfung Gottes bezieht den Sinn der Welt auf den Menschen. Denn der seiner selbst bewußte, die Welt erkennende und notwendig über seine Welterkenntnis hinausfragende Mensch versteht sich hier als Gegenüber Gottes. Auf ihn zielt im christlichen (aber auch schon alttestamentlich-jüdischen) Sinne die ganze Schöpfung. In ihm entscheidet sich ihr Sinn.

Wenn dieses Verständnis behauptet wird, ohne daß das Verhältnis von Verstand, Vernunft und Glaube geklärt ist, dann scheint es von den neueren Perspektiven und Grundeinsichten der Naturwissenschaft völlig in Frage gestellt zu werden. Genannt seien zwei Aspekte: die Weite des Kosmos, in der der Mensch zu verschwinden scheint, und dann die Prinzipien der physikalischen und biologischen Entwicklung.

Angesichts einer unermeßlichen, der Existenz des Menschen gegenüber gleichgültigen Weite der Wirklichkeit im Ganzen scheint es unsinnig, einen auf den Menschen zielenden objektiven Sinn des Kosmos anzunehmen. Das irdische und menschliche Leben sowie schon seine Bedingungen wie die Temperatur, die Athmosphäre, das Magnetfeld der Erde können als singulärer Zufall erscheinen. Die im Verhältnis zum Lebensraum der Erde sinnlose, chaotische Weite des Kosmos, das ungeheure Überwiegen der anorganischen und im Blick auf das irdische Leben zerstörerischen Kräfte im Ganzen lassen zweifeln, ob denkbar ist, daß die Welt einen Sinn hat, weil sie von einem Schöpfer geschaffen ist – und zwar einen Sinn, der sich in uns Menschen verwirklicht.

Diesem Verschwinden des Menschen im erkannten Kosmos entspricht, daß die naturwissenschaftliche Erkenntnis des Kosmos fortschreitend der Anthropozentrik zu widersprechen scheint, in denen unser Alltagsbewußtsein und auch die tradierten Schöpfungsvorstellungen die Welt sehen, in der wir leben. Was sich vom Kosmos und seiner Geschichte fortschreitend beobachten und errechnen läßt, läßt die gewohnten Anschauungsformen, Vorstellungen und Begriffe der gegenständlichen Welt als solche erscheinen, die nur einen ganz geringen Ausschnitt der Wirklichkeit wiedergeben und darin Funktion des ursprünglichen menschlichen Lebens auf der Erde sind. Das betrifft etwa die Vorstellungen von Himmel und Erde, Tag und Nacht, von substanziellen Dingen und Bewegung, oder auch Raum und Zeit als Vorstellungsform. Freilich kehrt sich diese Kritik auch gegen sich selbst. Denn nicht nur die gewohnte Sprache der Welt, die auch die Sprache des tradierten Schöpfungsglaubens ist, erscheint naiv anthropozentrisch. Sondern fortschreitend zeigt sich, daß ebenso auch die wissenschaftlichen Modellvorstellungen der gegenständlichen Wirklichkeit, die aus den Ergebnissen bisheriger Analysen die Rahmenbedingungen künftiger Erkenntnis konstruieren, prinzipiell nur die Gültigkeit einer funktionalen Perspektive beanspruchen können. Ihre Wahrheit ist nicht mehr und nicht weniger, als daß ihre Konstruktion theoretisch und auch praktisch (d.h. als Grundlage technischen Handelns) funktioniert. Ihre Funktionalität ist zugleich ihre Grenze. Die zu erforschende Wirklichkeit selber überholt alle Modelle.

Zum Beispiel stellt sich heraus, daß das Modell der chemischen Elemente nicht für die Geschichte des Kosmos insgesamt gilt, sondern sozusagen nur eine kosmische Momentaufnahme darstellt. Das Modell funktioniert, aber nur für einen perspektivischen Ausschnitt der Wirklichkeit. Ähnliches gilt für das Atommodell, das darüber hinaus durch die Relativitätstheorie prinzipiell in seiner Gültigkeit eingeschränkt wird. Und insbesondere wenn die Physik in den Bereich unterhalb der Ebene, die das Atommodell beschreibt, vorstößt, wird sie gezwungen zu realisieren, daß sie die Wirklichkeit nicht abgesehen von der Perspektivität des menschlichen Betrachters erkennen kann.

Wenn aber die Wirklichkeit selbst immer neu die funktionale Begrenztheit der Modelle ihrer Erkenntnis aufweist, so deutet sich darin die prinzipielle Grenze menschlicher, gegenständlicher Erkenntnis an: Jede naturwissenschaftliche Theorie der Wirklichkeit bleibt – gerade auch in der beabsichtigten Objektivität – eine Funktion menschlichen Denkens und des denkenden Subjekts.
So liegt es eigentlich auch nicht an neuen wissenschaftlichen Erkenntnissen, daß der Verstand keinen Sinn oder Plan feststellen kann. Vielmehr kann der wissenschaftliche Verstand prinzipiell, also a priori keinen auf den Menschen bezogenen Sinn des Kosmos, keinen Plan seiner Entwicklung erkennen. Ein Sinn, den wir nicht erfinden, sondern der uns zu verstehen gegeben ist, kann nur der Äußerung oder Handlung eines Anderen zukommen, z.B. einer Rede oder einem Gegenstand als Zeichen. Sinn ist ursprünglich eine Kategorie, die sich auf die Kommunikation von Subjekten bezieht.[154] Dagegen ist die Methode des wissenschaftlichen Verstandes gerade darin begründet, daß das Erkenntnissubjekt sich auf das Messen, Berechnen und theoretische Konstruieren der Objekte und objektiven Verhältnisse als solcher beschränkt und dies von der Dimension des Sinns und der Kommunikation unterscheidet. Gleichwohl ist eben auch diese Objektivität nur eine Funktion für das menschliche Erkenntnissubjekt, das

---

154 In einem schwächeren Gebrauch des Wortes kann Sinn auch nur die funktionale Bedeutung eines Gegenstandes für ein Subjekt betreffen. Danach ist hier aber nicht gefragt.

sich damit von der unmittelbaren Sinndimension seines sprachlichen Denkens distanziert.[155] Auch die Objektivität gehört zur Funktion theoretischer und praktischer Identität des Menschen im Verhältnis zum Anderen.

Das Verständnis der Welt im Ganzen als Äußerung Gottes aber stellt keine vorwissenschaftliche Unmittelbarkeit des Denkens dar. Es setzt vielmehr das (wenn nicht reflexiv explizite so doch wenigstens intuitive) Bewußtsein der Funktionalität und Grenze der Verstandeserkenntnis voraus, mit dem das Subjekt die Negativität des Fürsichseins realisiert, die die erkannte Welt umfaßt.

Doch auch wenn der wissenschaftliche Verstand a priori keinen Sinn der Wirklichkeit feststellen kann, so bleibt doch die Frage, ob die Annahme eines solchen Sinns wenigstens mit Naturwissenschaft vereinbar sei. Ist es z.B. mit Naturwissenschaft vereinbar, einen göttlichen Sinn aller Wirklichkeit auf das Leben des selbstbewußten Menschen zu beziehen – wenn doch in der unermeßlichen räumlichen und zeitlichen Quantität des Kosmos Leben nur als marginaler Zufall gelten kann?

Wird die Frage nach der Vereinbarkeit so gestellt, bezeichnet sie eher ein Scheinproblem. Denn Aussagen darüber, ob in der Welt als Ganzer Leben notwendig oder zufällig ist, sind naturwissenschaftlich sinnlos. Naturwissenschaftliche Aussagen über die Zufälligkeit der Entwicklung des Lebens im Kosmos gelten nur lokal, also in Bezug auf feststellbare Kausalzusammenhänge in abgegrenzten Systemen (wie z.B. die Erde oder das Sonnensystem). Die Welt als Ganze, d.h. wie sie abgesehen von allen theoretischen Konstruktionen und Modellen an sich selbst ist, läßt sich naturwissenschaftlich nicht beschreiben. Mehr, als daß Leben wirklich und deshalb aufs Ganze gesehen möglich ist, läßt sich hier nicht sagen.

Und eine andere Welt als die, in der es wirklich Leben und menschliches Leben gibt, ist naturwissenschaftlich nicht zu erkennen. Es sind z.B. keine Experimente oder Modellrechnungen möglich, die untersuchen, ob Leben auch in einem weniger komplexen oder kleineren Kosmos möglich wäre.

Auf der anderen Seite ist für die Möglichkeit, die Welt als eine Äußerung der Liebe Gottes zu verstehen, die auf den Menschen als sein Gegenüber zielt, auf der Ebene des Verstandes die Faktizität der Welt und unseres Lebens darin die völlig hinreichende Bedingung.

Die Annahme der Notwendigkeit des Lebens im theologischen Sinn behauptet ja nicht, daß eine kausale Notwendigkeit der Entstehung des Lebens im Zusammenhang der Dinge feststellbar wäre. Vielmehr interpretiert sie die Welt in ihrem Einheitsgrund als Selbstentäußerung der Einzigkeit Gottes, die auf selbständiges anderes Sein, auf Leben und schließlich auf Fürsichsein zielt. Die Notwendigkeit des menschlichen Lebens im Zusammenhang

---

155 Zur Sprache gehört ursprünglich die Dimension des Sinns, also der Bedeutung für das Subjekt. Entsprechend erscheint in der Alltagssprache auch die Natur zunächst in einem unmittelbar kommunikativen Sinn – also so, als übten hier Subjekte Tätigkeiten aus, die eine Bedeutung für uns haben. Zur anthropologischen Notwendigkeit, sich von dieser Unmittelbarkeit zu distanzieren, s.o. 2, I.2.

der Welt bedeutet also theologisch nichts anderes, als daß Gottes Liebe zum Anderen der Grund seiner Selbstentäußerung ist.

Da diese Interpretation der Welt im Ganzen den Einheitsgrund der dem Verstand erscheinenden Welt bestimmt (also die Möglichkeit dessen, daß wir sie einheitlich erkennen können), muß die Welt, wie sie dem Verstand erscheint, für diese Interpretation mindestens offen sein. Dieser Offenheit entspricht, daß sich bei dem Versuch, ein naturwissenschaftliches Weltbild zu formulieren, der Eindruck der gleichgültigen lebensfeindlichen Weite durchaus die Waage halten kann mit dem Eindruck, daß so etwas wie eine Grundordnung des Kosmos bzw. seiner Entwicklung wahrzunehmen ist, die die Entstehung von Leben nicht nur prinzipiell ermöglicht, sondern vielleicht sogar nahelegt.

Schon die sog. Konstanten des Universums können als Ausdruck einer solchen Grundordnung gelten, indem sie als Möglichkeit biologischer Systeme interpretiert werden können, oder auch das Prinzip der Energie-Entropie als Prinzip einer einheitlichen, irreversiblen Dynamik.

Da die Bedingungen der Möglichkeit, daß sich Leben entwickelt, kosmisch einheitlich gegeben sind, macht (trotz der lokal geltenden Unwahrscheinlichkeit) gerade die unermeßliche Quantität des Kosmos diese Entwicklung auch verstandesmäßig immerhin wahrscheinlich.[156]

Doch ist die verstandesmäßige Welterkenntnis nicht nur in diesem Sinne offen für eine theologische Interpretation der Welt im Ganzen. Vielmehr kann sie selbst an einen Punkt vorstoßen, an dem ihrem Subjekt ihre absolute Grenze bewußt wird und damit auch die Idee einer anderen, höheren Erkenntnis der Welt aufgeht. Nicht nur in der räumlichen Dimension, im Mikrobereich jenseits der Vorstellungen von Atomen, sondern auch in der zeitlichen Dimension, in der unausweichlichen Frage nach einem absoluten Anfang des Kosmos, muß der Verstand seine prinzipielle Grenze realisieren.

Der Anfang des sog. Urknalls vor 13,7 Milliarden Jahren ist nur als absolute Einheit zu denken, in der alle konkrete, differenzierte Wirklichkeit negiert ist: als ein unendlich dichter und heißer Punkt, ohne Teile oder Bestandteile. Alle konkrete Wirklichkeit ist nichts anderes als seine Ausdehnung und Abkühlung.

Alle Versuche, den Übergang in den raumzeitlich ausgedehnten, differenzierten Kosmos darzustellen, können auf dem Hintergrund der Kategorien und Anschauungsformen des gegenständlichen Erkennens nur absurd erscheinen: in 10^{-43} Sekunden danach war das Universum 10^{32} Grad heiß und 10^{-33} Zentimeter groß (also kleiner als ein Elementarteilchen). Nach drei Minuten ist mit der Differenzierung in die Bestandteile der Atome und Strahlung zu rechnen.

Im Blick auf den Anfang kann sich also die Idee einer absoluten Einheit totaler Energie als Grund der sichtbaren Welt und ihrer Gesetzmäßigkeiten ergeben – eine Einheit, die sich kausal nicht mehr beschreiben läßt und die überhaupt

---

[156] Das schließt die Möglichkeit ein, daß es im All auch außerhalb der Erde Leben gibt – was sich mit dem christlichen Gedanken vom Sinn der Schöpfung durchaus vertrüge.

der Voraussetzung des Verstandes, es mit getrennten, berechenbaren Entitäten zu tun zu haben, widerspricht. Im Grunde handelt es sich bei dieser Idee einer absoluten Einheit nicht mehr um naturwissenschaftliche Erkenntnis, sondern darum, daß die Naturwissenschaft ihre Grenze realisiert, die zugleich die Grenze zur Philosophie und zur Theologie ist. Damit kommt das Denken aber allenfalls zu einer rein negativen Einheit als Grund der Welt: Sie ist die Negation aller Unterschiede und Verhältnisse, die der Verstand im wirklichen Kosmos erkennt. Von Gott ist damit noch nicht die Rede. Doch die Selbstverständlichkeit der gegebenen Welt ist zu Grunde gegangen und es entsteht vielleicht der Gedanke des Einen, das der Grund der Welt der Gegenstände ist, und dessen Einheit der negativen Einheit unseres menschlichen Fürsichseins, welches die Welt erkennt, geheimnisvoll entspricht.

Gleichwohl muß das konkrete Verständnis der Welt als Äußerung Gottes auch die verstandesmäßige Erfahrung von Kontingenz und relativem Chaos integrieren – die Erfahrung einer Kontingenz des Naturgeschehens, die zwar nicht dem Leben im Allgemeinen widerspricht, wohl aber in Gestalt lokaler Katastrophen dem Leben des Einzelnen oder auch vieler Einzelner widersprechen kann – noch abgesehen von der notwendigen Endlichkeit des Lebens.[157] Diese Erfahrung ist aber keine Erfindung der modernen Naturwissenschaft. Bereits der überlieferte Schöpfungsglaube kennt die Erfahrung, daß die Schöpfung nicht nur Lebensraum ist, sondern auch eine lebensfeindliche Dimension enthält.

Auch vor dem Siegeszug empirischer Naturwissenschaft war die bekannte Welt nicht weniger erschreckend und fremd, in ihrer Ordnung unselbstverständlich, an den Grenzen chaotisch und den Lebensraum bedrohend als heute. Das drückt sich besonders in denjenigen Schöpfungstexten des Alten Testaments aus, die älter als die Schöpfungsberichte in Gen. 1–3 sind. Der Schöpfer erscheint hier als der, der das Chaos besiegt – und das heißt: es eingrenzt.[158] Schöpfung bedeutet eine das Chaos begrenzende Ordnung, die Leben ermöglicht.

Aber ist die Erfahrung von Kontingenz durch neuzeitliche Naturwissenschaft nicht doch entscheidend verschärft worden? Widersprechen nicht die Prinzipien der physikalischen und biologischen Entwicklung jedenfalls der Annahme der Schöpfung als eines planmäßigen Handelns? Schon im physikalischen Bereich erscheint ein bestimmtes Maß von Chaos oder Kontingenz geradezu als Bedingung für das freie Spiel von Selbstorganisation – was zusammen die Vorstellung der Natur als Werk Gottes auszuschließen scheint. Und noch einmal zugespitzt erscheint die Frage im Blick auf die Entwicklung des Lebens.

Die biologische Tatsache, daß zur Naturgeschichte auch des menschlichen Lebens notwendig Leiden und Tod der Individuen gehören, auch Krankheit und phylogenetische Mißbildung sowie soziale Konkurrenz – all dies scheint der biblischen Annahme von der Güte der Schöpfung Gottes zu widersprechen. Denn in ihr werden nicht nur soziale Un-

---

157 Vgl. ausführlich unten Abschnitt 3. zur Theodizeefrage.
158 Entsprechend konnten unbekannte Meere, wilde Tiere usf. als das Leben bedrohende Chaosmächte erfahren werden. Vgl. Ps. 77,15–19; Ps. 93; Ps. 74,12–17.

gleichheit und Feindschaft ganz als Folge oder Ausdruck einer allgemeinen menschlichen Abkehr von Gott verstanden, sondern auch Leid und Tod.

Wenn die Naturgeschichte des Lebens eine Geschichte notwendigen Leidens ist, wenn also Krankheit und Sterben, Kampf und Ungleichheit eine Notwendigkeit der Evolution des Lebens sind, so scheint dies der Güte der Schöpfung als Werk Gottes zu widersprechen.

Das Problem liegt hier darin, daß bestimmte Vorstellungen, die sich mit der Sprachform des überlieferten Schöpfungsglaubens verbinden, ihn als kausale Welterklärung nahezulegen scheinen – etwa die Vorstellung der Schöpfung nach dem Modell eines menschlichen Handwerkers, der die Welt nach einem festen, perfekten Plan ins Werk setzt. Dagegen ist zunächst daran zu erinnern, daß die christliche Rede von Gott und damit auch das Verständnis der Welt als Äußerung Gottes gerade das reflektierte oder intuitive Bewußtsein der absoluten Grenze aller kausalen Erkenntnis voraussetzt. Und begründet ist diese Rede von Gott in dem Anspruch, daß er sich an dieser Grenze mitteilt – im Moment der entsprechenden, die erkannte Welt umfassenden Negativität des in sich reflektierten menschlichen Fürsichseins.

Indem Gott zum Menschen kondeszendiert (und sich schließlich in seiner Gemeinschaft mit dem Menschen mitteilt), teilt er sich zugleich als Gegenüber mit. Daß er sich als Gegenüber mitteilt, heißt im Blick auf die Welt im Ganzen, daß Gott sie als Gegenüber äußert – der Mensch aber, der in seinem Fürsichsein selbst Inbegriff der Äußerung ist, ist dazu bestimmt, die Äußerung zu verstehen: als Voraussetzung und Medium der Gemeinschaft.

Die These ist: Die Schöpfung des Anderen ist erst im menschlichen Selbstsein vollendet, das dazu bestimmt ist, die Welt als Äußerung zu verstehen. Dieses Verständnis aber ist ein doppeltes: indem es Verständnis des Sinns ist, ist es zugleich Verständnis des Einheitsgrundes dessen, was uns als Welt erscheint und uns allererst als mögliche Subjekte des Verstehens hervorbringt. Insofern ist die Welt als Selbstentäußerung der Einzigkeit Gottes zu denken, als Selbstzurücknahme (Kenosis) Gottes.[159] In dieser Selbstentäußerung ist er zum einen als Grund dessen zu verstehen, was der Verstand als allgemeine Ordnung oder Gesetzmäßigkeit oder Richtung feststellt. Zum anderen aber läßt er das freie Spiel, also Kontingenz als Bedingung von Selbstorganisation zu. Schöpfung ist also als in einem bestimmten Rahmen offener Prozeß zu verstehen, der im Blick auf das Leben notwendig auch Leid und Tod einschließt.

Dabei ist aber das kreatürliche notwendige Leid, ohne das Bewußtsein, Selbstbewußtsein, Fürsichsein nicht zu denken ist, von dem Leid zu unterscheiden, das Menschen sich zufügen. Und der kreatürliche Tod ist von der Angst des Todes zu unterscheiden, die dem Menschen in seinem Fürsichsein zukommt, sowie von der Angst des Todes, die die Selbsterkenntnis des Sünders ist.

Erst der Mensch in der Freiheit seines Selbstbewußtseins, seines Fürsichseins ist zur Gemeinschaft mit Gott und zur zwischenmenschlichen Liebe bestimmt.

---

159 Dazu unten 2.4.

2. Die Erfahrung der Schöpfung aus Nichts und der Gedanke der schöpferischen Selbstentäußerung Gottes

Leitthema 10
Der Mensch muß im Verhältnis zur Welt der Gegenstände sein Fürsichsein realisieren. Denn seine Welterkenntnis ist immer auch Funktion seiner Identität als denkendes und handelndes Subjekt. Indem er das reflektiert und so sein Fürsichsein realisiert, bedeutet das die reine Fremdheit der erkannten Welt – der Grund der Welt ist ihm unbekannt. Da der Mensch aber zugleich aus dieser Welt wirklich hervorgeht, bedeutet ihre Fremdheit für den Menschen, daß er sich selber fremd ist.

Der Anspruch, daß sich in der absoluten (die Welt umfassenden) Getrenntheit des menschlichen Fürsichseins Gott in seiner Gemeinschaft mit dem Menschen offenbart, bedeutet, daß die Welt ursprünglich neu als Äußerung Gottes interpretiert wird. Gott interpretiert in seiner Gemeinschaft mit dem Menschen die Welt. Die Welt ist als Äußerung der Liebe Gottes zu verstehen, indem sie den Menschen werden läßt; der Sinn ihrer Äußerung ist die Gemeinschaft. Die Schöpfung geschieht durch das Wort und zielt auf den Menschen als Bild oder Gegenüber Gottes – das heißt: seine Bestimmung ist es, ihren Sinn selbst zu verstehen. Indem Gott in seiner Gemeinschaft mit dem Menschen diesen Sinn darstellt, interpretiert er die Welt als seine Äußerung: das Fleisch gewordene Wort, durch das alles geschaffen ist.

Nun ergibt sich aber im Verständnis der Welt als Äußerung Gottes eine Unterscheidung: Wir verstehen die Welt als Äußerung Gottes, weil Gott in seiner Gemeinschaft mit dem Menschen sie für uns interpretiert. Das aber setzt die Äußerung Gottes in dem Sinn voraus, daß sie den Menschen allererst hervorbringt. Der Mensch in seinem Fürsichsein ist das eigentliche Gegenüber Gottes, das Geschöpf an sich. Das Verständnis der Welt als Äußerung Gottes muß also auch das Verständnis dessen einschließen, daß sie die zum Verstehen bestimmte Menschheit (und zuvor überhaupt selbständiges Leben) allererst hervorbringt. Wenn aber erst der Mensch in seinem Fürsichsein an sich von Gott getrennt ist (und die Welt nur für ihn), dann ist als Grund der Welt, wie sie uns erscheint und wie wir aus ihr hervorgehen, das Sichentäußern der Einzigkeit Gottes selber anzunehmen.

Der Gedanke, daß Gott die Welt aus Nichts schafft, bezeichnet dann ursprünglich die Erfahrung, daß die Offenbarung Gottes in der Gemeinschaft mit dem Menschen, indem sie die Welt als Äußerung der Liebe interpretiert, eben das Nichts überwindet, welches die Getrenntheit unseres Fürsichsein (mitsamt seiner Welt) von Gott bedeutet.

Die Selbstentäußerung Gottes als Grund der Welt, wie sie uns in der Ambivalenz von Ordnung und Unordnung als Möglichkeit von Selbstorganisation erscheint, antizipiert dieses Nichts, indem sie darauf zielt. Aber indem sie es antizipiert, ist es zugleich immer schon aufgehoben. Denn die Offenbarung Gottes in der Gemeinschaft mit dem Menschen bedeutet auch, daß die Selbstentäußerung der Einzigkeit Gottes, die den Menschen werden läßt, in der Ewigkeit Gottes die Selbstunterscheidung ist, in der er seine lebendige Einheit vollzieht. Das heißt: Die Welt ist aus Nichts geschaffen, indem sie durch den Mensch gewordenen Sohn oder Logos geschaffen ist, der unseren Tod starb.

2.1. Die Schöpfung durch das Wort und der Gedanke des Nichts

Nach dem Schöpfungsbericht in Gen. 1–2,4a schafft Gott, indem er spricht. Das heißt nach Paulus: Wie Gott Leben schafft aus dem Tod, so ruft Gott das, was nicht ist, daß es sei (Röm. 4,17).

III. Der Sinn der Welt als Äußerung Gottes   165

Alle vorgegebene Wirklichkeit ist als solche eine Äußerung Gottes. Als Äußerung Gottes zielt sie darauf, verstanden zu werden. Eben darin ist der Mensch Bild Gottes und das Geschöpf, mit dem die Schöpfung abgeschlossen ist (Gen. 1,26ff.), daß er dazu bestimmt ist, Gottes Äußerung selbst zu verstehen und so ihren Sinn zu erfüllen. Freilich versteht er die Welt nicht unmittelbar als Äußerung Gottes. Vielmehr versteht der Mensch die Welt als Äußerung Gottes, indem Gott ihm die Welt und seine Bestimmung im menschlichen Gespräch interpretiert – im ersten Schöpfungsbericht zunächst in Gestalt des zugesprochenen Segens und der zugesprochenen Freiheit, im zweiten Schöpfungsbericht in Gestalt des Gebotes, welches dem Menschen die Grenze seines bestimmungsgemäßen Lebens aufzeigt.

Dieser Ebene zugrunde liegt die Bedeutung der Schöpfung als einer verläßlich differenzierten Wirklichkeit, die einen Lebensraum eröffnet. Mit der Schöpfung des Lebens selber verändert sich der Charakter dieser Ordnung. Sie wird zu einer Gestalt der Selbstorganisation, die Gott anordnet. Die Ordnung besteht nun in einer bestimmten Selbsttätigkeit der Geschöpfe (etwa indem sie sich bewegen und fortpflanzen: Gen. 1,20ff.). Vollends aber mit dem Menschen läuft die Ordnung der Schöpfung auf freie Selbständigkeit und Selbsttätigkeit hinaus: der Mensch ist von Gott bestimmt, selbst über seinen Lebensraum (über Erde und Tiere) zu herrschen. Dabei entspricht in der Bestimmung des Menschen zum Bild Gottes die herrschaftliche Freiheit im Verhältnis zu Gegenständen und Tieren die Sprachlichkeit als Wesensbestimmung des Menschen – also die Tatsache, daß er die Welt sprachlich versteht und von Gott angeredet ist. Das drückt sich hier darin aus, daß die Herrschaft nicht einfach Eigenschaft des Menschen als Bild Gottes ist, sondern dem Menschen von Gott zugesprochen, d.h. zugeeignet wird und von ihm entsprechend zu verantworten ist. Im Menschen wird die Ordnung der Schöpfung Gottes zum Gebot.

Im zweiten, älteren Schöpfungsbericht (Gen. 2,4b–2,25, hier 2,18ff.) zeigt sich, wie die Sprachlichkeit das wesentliche Verhältnis des Menschen zum Anderen bestimmt. Zum einen läßt Gott den Menschen die Tiere benennen. Damit hat der Mensch sozusagen kreativen Anteil an der Weise, wie ihm die Schöpfung erscheint. Er bestimmt die Sprache mit, die Gott mit ihm spricht. Diese Sprachgewalt impliziert auch eine Freiheit gegenüber den anderen Geschöpfen, die der gemäß des ersten Schöpfungsberichts zugesprochenen Herrschaft entspricht. Doch zugleich wird deutlich, daß der geistbegabte Mensch in den zu benennenden Tieren, obwohl sie im Unterschied zu den Dingen selbst leben, noch nicht das ihm wesentliche Verhältnis zum Anderen realisiert. Er benennt sie nur, kann aber nicht mit ihnen sprechen. Deshalb kann das dem Menschen wesentliche geschöpfliche Gegenüber nur der andere Mensch sein, der nicht zuerst Gegenstand der Sprache, sondern selbst Hörer und Sprecher, selbst Wesen der Kommunikation ist.

Die christliche Verkündigung besagt hier nun nichts anderes, als daß das Wort, durch das die Welt geschaffen ist, in Christus inkarniert ist: Christus als das menschgewordene Wort Gottes interpretiert in Menschensprache den ursprünglichen Sinn der Schöpfung als Äußerung und die Bestimmung des Menschen – d.h. Gott interpretiert uns diesen Sinn durch seine Menschwerdung.

Nach dem Johannesprolog ist das Wort, durch das Gott die Welt schafft, Gott selbst.[160] Mit dem Wort, durch das Gott die Welt äußert, unterscheidet Gott sich selbst: das Wort ist Gott selbst als der, der sich zur Gemeinschaft mit dem Menschen bestimmt. Dieses Wort wird Mensch, d.h. in Christus als Gemeinschaft von Gott und Mensch offenbart sich der Sinn und das Ziel aller Wirklichkeit. Gott als Autor der Welt interpretiert in seiner Menschwerdung ihren Sinn, indem er ihn antizipatorisch erfüllt und, indem er ihn zum Gegenstand der Verkündigung und des Glaubens macht, verwirklicht. Das Wort, durch das die Welt geschaffen ist, bezeichnet also ihren Sinn als Äußerung Gottes. Indem der Autor ihn in menschlicher Sprache interpretiert und in Christus erfüllt, ist dieser Sinn auch in der Welt selbst zu identifizieren: Der Sinn der Welt, ihr göttlicher Logos ist es, um der Kommunikation willen (also: aus Liebe) Fürsichsein hervorzubringen.

Eine Schöpfung aus Nichts wird weder im älteren zweiten Schöpfungsbericht noch auch im jüngeren ersten Schöpfungsbericht ausdrücklich behauptet. Der Gedanke des Nichts (also die Abstraktion von allem) ist erst am Ende eines langen geistesgeschichtlichen Prozesses möglich, in dem sich der Mensch aus der Selbstverständlichkeit seines Lebens und Kommunizierens heraus in sich reflektiert. Dabei entspricht dem in sich reflektierten Fürsichsein, das von allem abstrahieren kann, die Transzendenz des einen Gottes.

Die Formulierung einer creatio *ex nihilo* findet sich erst in der Vulgataversion des im 1. Jahrhundert entstandenen 2. Buchs der Makkabäer; im griechischen Original heißt es genau genommen, daß Gott alles aus dem nicht Seienden machte (7,28).

Gleichwohl wird auch schon im ersten Schöpfungsbericht Gott als Schöpfer ohne jedes eigenmächtige Gegenüber verstanden. Ein Gott gleichursprüngliches Dasein wird verneint. Das Wüst- und Leersein der Erde, die Finsternis, das Wasser (Gen. 1,2) beschreibt eine reine Passivität, in der noch nichts vom anderen unterschieden und dadurch da ist. Aber es ist auch deutlich, daß hier das menschliche Denken noch nicht in der Lage ist, sprachlich von allem Selbstverständlichen zu abstrahieren.

Doch gerade das Verständnis der Schöpfung durch das Wort impliziert auch schon den Gedanken der Schöpfung aus Nichts und zeigt seine ursprüngliche Bedeutung an: Die Welt ist als solche Äußerung, d.h. sie bzw. alles Geschöpfliche ist nicht aus sich oder durch sich und auch nicht an sich. Es hat nur als Äußerung sein Bestehen. Das Insich-, Ansich-, Aussichsein der Welt, also ihre vorgängige Selbstverständlichkeit, ist Schein. Sie hat ihren Sinn nicht in sich oder an sich selbst, sondern nur als Medium der Kommunikation von Gott und Mensch.

Ungefähr zu derselben Zeit, in der der erste, priesterschriftliche Schöpfungsbericht von der Schöpfung durch das Wort redet, war es in Griechenland der vorsokratische Philosoph Parmenides (geboren um 520 v. Chr.), der zuerst den Gedanken des Nichts faßte: und zwar indem er die Notwendigkeit sah, dem Nichts gegenüber dem einen, ganzen, ewigen Sein die Wirklichkeit ausdrücklich

---

[160] Zu dem Gedanken, daß durch oder in Christus alles geschaffen ist, vgl. neben Joh. 1,1–14 noch Kol. 1,15–20; Eph. 1,3–10; 1. Kor. 8,6; Hebr. 1,1–4.

III. Der Sinn der Welt als Äußerung Gottes   167

abzusprechen. Das Nichts ist weder gegenwärtig wirklich, indem es das Seiende begrenzt, noch kann es Ursprung des Seienden sein.

Nichts ist nicht: das, sage ich dir, sollst du dir klarmachen.[161]
Denn niemals werden sich nicht-Seiende zwingen lassen, zu sein.[162]
Welches Bedürfnis hätte [Seiendes] auch veranlassen sollen, später oder früher, aus dem Nichts beginnend, sich zu bilden?[163]

Zwar scheint seit Parmenides die Vernunft des Menschen für sich mit dem Grundsatz *ex nihilo nihil fit*[164] den christlichen Gedanken der Schöpfung aus Nichts auszuschließen. Andererseits drückt sich auch schon in der Seins-Philosophie des Parmenides mit dem Gedanken des Nichts eine radikale Erschütterung der Welt in der Selbstverständlichkeit ihrer konkreten Unterscheidungen aus.

Auch wenn Parmenides das Nichts verneint, um das Sein zu denken, so ist es doch dieselbe Abstraktion von der überlieferten Unterschiedenheit der Welt, die den Begriff des Seins und den Begriff des Nichts hervorbringt. Auch wenn der Philosoph das Sein bejaht und die Möglichkeit des Nichts oder das Werden aus Nichts verneint – der Begriff des Seins abstrahiert genauso vom Konkreten wie die gedachte Möglichkeit des Nichts, ist also genauso negativ.

Was aber ist die geistesgeschichtliche Notwendigkeit dieser Abstraktion, mit der Parmenides zum einen alle Unterscheidungen der Sinne und des Verstandes im Gedanken des Nichts zusammenfaßt und als Schein verneint, und zum anderen die Einheit und Ewigkeit des Seins selbst behauptet?[165] Im Grunde beginnt der Mensch hier zu begreifen, daß die Wahrheit seiner Unterscheidungen und auch des Werdens und Vergehens er selbst (seine Subjektivität) ist. Dem in sich reflektierten Fürsichsein, das von allem abstrahiert, entspricht dann zwar nicht die Transzendenz des einen Gottes, jedoch die Einheit und Ewigkeit des Seins. Die aber bringt nichts hervor.

Zwar ist der Glauben an Gottes Schöpfung aus Nichts über diese Abstraktion schon hinaus, da er sich auf die konkrete Welt bezieht. Doch hat das hier gedachte Nichts mit dem Nichts des Parmenides den Sinn gemeinsam, daß alle Selbstverständlichkeit der konkreten Welt und des Lebens in ihr verneint, als Schein behauptet ist. Die Welt ist nicht aus sich, sondern rein Äußerung Gottes. Das besagt für Gott zunächst (abgesehen vom Sinn seiner Äußerung) dies, daß er als Autor der Welt der schlechthin Andere der Welt ist. Gott ist der Welt, wie die Sinne sie wahrnehmen und der Verstand sie erkennt, schlechthin gegenüber.

Der Gedanke des Nichts ist also nicht bloß Ausdruck einer müßigen, quasi historischen Spekulation über den Anfang der Welt. Ebensowenig ist das Nichts im Gedanken der Schöpfung aus Nichts nur als Ausdruck eines theologischen

---

161 Fr. 6,2. Vgl. Parmenides, Vom Wesen des Seienden. Die Fragmente, griechisch und deutsch, hg. und übersetzt von U. Hölscher, Frankfurt a.M. 1969, S. 16f.
162 Fr. 7,1. A.a.O., S. 18f.
163 Fr. 8,9f. A.a.O., S. 20f.
164 Vgl. für Aristoteles („etwas kann nicht aus nicht-Seiendem werden') Metaphysik B. 4. 999b, 7f.
165 Die vielfältige Welt ist ja für Parmenides nichtig – nur daß es dieses Nichts in Wahrheit nicht gibt, sondern im Schein besteht.

Systemzwangs aufzufassen. Zwar war es konsequent, wenn die Theologie des 2. christlichen Jahrhunderts die Lehre von der *creatio ex nihilo* ausarbeitete[166], um den neuplatonischen Gedanken einer Emanation, d.h. eines notwendigen Ausfließens der Welt aus Gott zu vermeiden. Erst der Gedanke der Schöpfung aus Nichts trennt die geschaffene Welt klar von Gott. Doch stellt sich die Frage, ob diese theologische Reflexion nicht ursprünglich auch in der Grundsituation der menschlichen Gotteserkenntnis, sozusagen im Urfaktum von Offenbarung und menschlichen Glauben, begründet ist. Diese Frage gilt auch für die zweite große Herausforderung, in der die kirchliche Lehre von der Schöpfung aus Nichts entwickelt wurde: nämlich gegen den Gedanken, daß die Welt oder wenigstens die ursprüngliche Materie ein neben Gott gleich ewiges Prinzip darstellt. So richtig es war, dem zum einen um der Einzigkeit der Gottheit Gottes (um der Einzigkeit seiner Aseität und Ewigkeit) willen und zum anderen um der ursprünglichen Güte der von Gott geschaffenen Welt willen zu widersprechen[167] – die ursprüngliche Notwendigkeit der Rede von Nichts ist damit noch nicht begriffen.

Daß es geboten ist, dem Gedanken der Schöpfung aus Nichts tiefer auf den Grund zu gehen, zeigt sich auch in der ebenso alten Frage, wie sich die um der Transzendenz Gottes willen betonte absolute Willkür einer Schöpfung, die nichts voraussetzt, zu Gottes ewigem Wesen verhält, wie es sich im Evangelium als Liebe offenbart. Ist nicht jede Äußerung Gottes von Ewigkeit her in seinem Wesen begründet? Konkreter gefragt: Wenn Gott die Welt durch Christus als seinem ewigen, zur Menschwerdung bestimmten Wort geschaffen hat, wie verhält sich dann dazu die Schöpfung aus Nichts? Hat Gott nicht die Welt, indem er sie durch Christus geschaffen hat, aus sich selbst geschaffen[168] – weil es seinem Wesen entspricht? Inwiefern bedeutet dann „aus Nichts" zugleich „aus Gott selbst"? Ist die Bedeutung des „aus Nichts", welches die Welt ursprünglich von Gott trennt, vielleicht in Gottes trinitarischer Selbstunterscheidung begründet, sofern sie schöpferisch ist und anderes Fürsichsein werden läßt? Darauf ist zurückzukommen.

2.2. Die Erfahrung des Nichts in der Angst des Fürsichseins

Es gibt eine ursprüngliche Erfahrung des Nichts, die sowohl philosophisch relevant als auch im Gedanken der *creatio ex nihilo* enthalten ist. Sie besteht darin, daß dem Menschen die Selbstverständlichkeit der Welt als Raum sinnvollen Lebens verneint ist.

Gegenüber dieser Erfahrung ist die theologische Absicht, mit der Lehre von der Schöpfung aus Nichts die Freiheit Gottes von der Welt zu betonen, bloß ein sekundärer Sinn. Freilich entsprechen sich auch die Erfahrung der Unselbstverständlichkeit, das Nichtaussichsein der Welt und die Transzendenz des Schöpfergottes gegenüber der Welt.

---

166 Hier sind Tatian, Theophil von Antiochien und Irenäus von Lyon zu nennen.
167 Wenn die Welt ewig neben Gott ist, ist sie ihm tendenziell als Prinzip des Bösen entgegengesetzt.
168 Auch dieser Gedanke findet sich bereits bei Irenäus von Lyon: vgl. Adversus haereses II, 30,9.

Genauer gesagt bezeichnet die primäre Erfahrung des Nichts die Selbsterkenntnis des Menschen in seinem absoluten Fürsichsein, in dem er sich vom zuvor selbstverständlich scheinenden Sinn der Welt entfremdet findet. Zugespitzt heißt das: Das Nichts, welches die Welt von Gott trennt, ist ursprünglich unser Nichts. Die Erkenntnis des Nichtaussichseins der Welt bedeutet dann zunächst, daß das erwachsene Fürsichsein nach dem Grund der Welt fragt, wie sie uns erscheint. Die Welt, wie sie an sich einfach da ist, ist Schein. Ihr Grund ist unbekannt.

Im Einzelnen: Das Moment des Fürsichseins ist eine Notwendigkeit des menschlichen Lebens. Der Mensch muß sich als Fürsichsein realisieren, indem er sich aus der vorgängigen, unmittelbaren Einheit seines Kommunizierens in sich reflektiert, also sich als Subjekt seines Kommunizierens, seines Bewußtseins, seines Erkennens reflektiert und so die darin vorausgesetzte Identitätsfunktion realisiert.[169] Sein Fürsichsein bedeutet, daß er sich als Anderssein schlechthin realisiert – als Ich, was nicht Du ist, und was auch der Welt der Gegenstände schlechthin gegenüber ist. Er realisiert sich notwendig in einer Einsamkeit, in der er von der Fülle seines Kommunizierens, von der zuvor selbstverständlich scheinenden, unmittelbaren Sinnhaftigkeit der Lebenswelt und schließlich auch von der Selbstverständlichkeit der Verstandeserkenntnis entfremdet ist.

Ist sein Selbstbewußtsein zunächst unmittelbar weltgesättigt und gemeinschaftsgesättigt, liegt seine Identität zunächst unmittelbar in seinen positiven Lebensverhältnissen selbst, so muß sich diese Identität schließlich im Gegenüber, als Fürsichsein reflektieren und realisieren. Diese Reflexion in das Fürsichsein, die Entfremdung als Wahrheit des erwachsenen Menschen mag faktisch verleugnet sein – gleichwohl ist sie anthropologisch und sogar ontologisch notwendig.

Die Notwendigkeit der Reflexion des Fürsichseins ist auch eine Notwendigkeit des Zeitbewußtseins. Das Bewußtsein der Welt der unterschiedenen Dinge ist zugleich das Bewußtsein ihrer Endlichkeit. Wenn sich der Mensch als Subjekt seiner Welterkenntnis reflektiert, so realisiert sich insofern das Fürsichsein als Inbegriff des Endlichen, des in der Zeit Endenden. Sein Todesbewußtsein ist das Selbstbewußtsein, in der Zeit Nichts zu werden – was die ganze Welt, sofern sie als Welt für mich ist, einschließt.

Dieses Zusichkommen des Menschen als ein seine ganze Welt einschließendes Fürsichsein ist nicht bloß eine theoretische Reflexion. Vielmehr ereignet es sich als unmittelbares Selbstbewußtsein. Dieses unmittelbare Selbstbewußtsein ist Angst. Angst ist das unmittelbare Selbstbewußtsein in der Zukunft des Nichts. Angst ist Fürsichsein als das unmittelbare Selbstbewußtsein in der Fremdheit des Anderen, in der Fremdheit der Welt, deren Sinn und Grund ich nicht kenne.[170] Und so ist Angst Fürsichsein in unmittelbarer Zerrissenheit: denn die Fremdheit der Welt, in der und aus der ich lebe, ist mir zugleich meine eigene Fremdheit. In diesem Sinn läßt sich im Anschluß an Schelling und Kierkegaard und mit Martin Heidegger sagen: Die dem Menschen wesentliche, ursprüngliche Angst

---

169 Vgl. die ausführliche Darstellung oben 2,I.2.
170 Vgl. oben neben 2,I.2 auch 3,I.2.2.

ist die „Grunderfahrung des Nichts"; „Die Angst offenbart das Nichts"; sie erst stellt den Menschen ursprünglich vor das Geheimnis des Daseins im Ganzen.[171]

Das heißt theologisch: Erst mit der Realisierung des Fürsichseins in der Grunderfahrung des Nichts ist der Mensch zum möglichen Gegenüber Gottes geworden. Das ist die Wahrheit seiner Freiheit, in der die Selbstverständlichkeit von Welt und Leben zugrunde gehen muß. Die theologische Notwendigkeit dieser Grunderfahrung des Fürsichseins besteht also darin, daß sie die Schöpfung des Menschen vollendet. Erst hier kann sich der Sinn der Schöpfung Gottes aus dem Nichts für den Menschen herausstellen – in der mit der Angst des Ich gegebenen Erfahrung des Nichts.

Die These, daß das Fürsichsein des Geschöpfes das Nichts realisiert, steht in einer gewichtigen theologischen Tradition. Zwar wird der alte (sich z.B. bei Thomas findende) schöpfungstheologische Grundsatz, daß die Kreatur in sich oder für sich Nichts ist[172], zunächst kaum auf eine Erfahrung des Nichts bezogen.[173] Jedoch erscheint in der Mystik und auch bei dem in mystischer Tradition stehenden jungen Luther das Nichts als entscheidende Wahrheit der Selbsterkenntnis.

Für Luther ist die Selbsterkenntnis, die das Nichts als Wahrheit des Fürsichseins realisiert, die notwendige Voraussetzung der Neuschöpfung, die durch den Glauben stattfindet: „Gottis natur ist, das er auß nicht etwas macht. darumb wer noch nit nichts ist, auß dem kan gott auch nichts machen."[174] Die Selbsterkenntnis, die etwa in der Angst das Nichts als eigene Wahrheit realisiert, muß also als verborgenes Werk Gottes gelten.

Der Mensch muß sich nach Luther darin selbst erkennen, daß er *nihil ex se* oder *per se*[175] oder auch *in se* ist; in seinen Aussichsein, Durchsichsein oder Insichsein ist er nichts.[176] Dieses Nichts des Fürsichseins parallelisiert Luther mit dem Nichts der ursprünglichen *creatio ex nihilo*; der junge Luther kann es bisweilen sogar damit identifizieren. So heißt es z.B. in einer Predigt vom Januar 1517: Im Glauben wird der Mensch sich selbst entzogen und Gott zurückgegeben, „die Liebe aber nimmt uns Gott und alle Dinge, die sind, indem sie uns in das reine Nichts führt, aus dem wir gemacht sind".[177] Glauben und Liebe realisieren das Nichts des Fürsichseins, das Nichtaussichsein der Welt, als Aufhebung der Trennung von Gott und Geschöpf. Mit dem Fürsichsein ist auch alle Gegenständlichkeit aufgehoben. Dagegen ist freilich mit dem späteren Luther zu betonen, daß das Fürsichsein

---

171 M. Heidegger, Was ist Metaphysik (1929), in: Wegmarken, Frankfurt a.M. 2. Aufl. 1978, S. 103–121, hier S. 109. 110f.; vgl. S. 115. 117. Heidegger redet allerdings nicht von der Angst oder Erfahrung des Fürsichseins, sondern vom Dasein, das in der Angst das Seiende im Ganzen übersteigt. Vgl. auch Sein und Zeit, 15. Aufl. Tübingen 1979, S. 136. 186–189. – Zum Zusammenhang von Angst und Nichts bei Kierkegaard vgl. Der Begriff Angst, Gütersloh 1981, z.B. S. 39ff. 60ff. 77ff. 98ff.
172 Vgl. auch Meister Eckhart, DW 1,69,8–70,3: *omnis creatura id, quod in se est, ex nihilo est et nihilo est.*
173 Vgl. aber Meister Eckhart, z.B. LW 3,17,10f.: *Res enim omnis creata sapit umbram nihili* (alle Kreatur fühlt den Schatten des Nichts).
174 Die sieben Bußpsalmen (Frühjahr 1517): WA 1, S. 183,39–184,2.
175 WA 3, S. 449,6–9.
176 Vgl. WA 4, S. 192,26–30; ferner WA 3, S. 233,28–33.
177 WA 1, S. 123,36f.: *Charitate etiam Deum nobis aufert et omnia quae sunt, redigens nos in purum nihilum ex quo conditi sumus.* Datierung und Textgestalt dieser Predigt sind nicht ganz sicher. Vgl. ferner AWA 2, S. 305, 17–23.

bleibendes Moment ist; das in seiner Selbsterkenntnis realisierte Nichts ist nur die Voraussetzung des Glaubens, dessen Wahrheit sich durch das Wort vermittelt. Die Nichtigkeit des Fürsichseins gehört wie gesagt ursprünglich zur Geschöpflichkeit des Menschen. In der entsprechenden Erfahrung oder Selbsterkenntnis vollendet sich die Schöpfung – der Mensch ist Gegenüber Gottes. Doch wird die Bedeutung des Nichts als zur Schöpfung des Menschen gehörig überboten durch eine sündentheologische. An sie ist hier zu erinnern, um den schöpfungstheologischen Sinn nicht mit ihr zu verwechseln. Die Sünde ist geradezu darin definiert, daß der Mensch bleibend in sich selbst existiert. Das Nichts des Fürsichseins oder Insichseins ist dann die Wahrheit einer Existenz außerhalb des Glaubens: „Aus dem Glauben verstehe ich: ich war nichts, als ich außerhalb des Glaubens in mir selbst existierte".[178] Die notwendige Realisierung dieser Nichtigkeit, die Vernichtung (*annihilatio*) bezieht sich dabei auf die positive Identität des Menschen – im Verhältnis zu sich und entsprechend im Verhältnis zu den anderen Menschen, im Verhältnis zur Welt und sogar im Verhältnis zu seinem Gott. In allen Verhältnissen lebt er doch in sich, durch sich, aus sich. In der Identität, die er sich in diesen Verhältnissen verschafft, verleugnet er die Negativität des Fürsichseins, die seine Bestimmung zur Gemeinschaft mit dem wahren Gott bezeichnet. In dieser Identität schafft der Mensch sich selbst – aber ihre Wahrheit ist das Nichts: „durch die Sünde machen wir uns selbst, das heißt als Nichts".[179] Der Mensch muß realisieren, daß er gerade in seinem positiven Selbstbewußtsein („in dem was er sich selber zu sein scheint") in Wahrheit (vor Gott) Nichts ist.[180]

Systematisch ist festzuhalten: Das erwachsene menschliche Fürsichsein realisiert sich in einer Grunderfahrung des Nichts. Auch wenn sie mehr oder weniger verleugnet ist, ist sie notwendig. Die Nichtigkeit des Fürsichseins besteht darin, daß alle Verhältnisse negiert sind. Wenn der Mensch die Identitätsfunktion seines Verhältnisses zum Anderen reflektiert, weiß er sich von Allem getrennt. Seine Identität im Verhältnis zum Anderen ist leer. Seine Welt ist sinnlos und absolut fremd. Indem also die Nichtigkeit des Fürsichseins bedeutet, daß die Welt (wie wir sie erkennen) in sich selbst oder aus sich selbst keinen Sinn und keine positive Bedeutung hat, kann sie theologisch mit dem Nichts der Schöpfung aus dem Nichts gleichgesetzt werden.

2.3. Die primäre Erfahrung der Schöpfung

Wenn die Grunderfahrung des Nichts eine Selbsterkenntnis im Fürsichsein ist, dann ist die Grunderfahrung der Schöpfung aus dem Nichts eine Gotteserfahrung des Fürsichseins, für das Gott der ist, der das Nichts überwindet. Das Nichts des Fürsichseins aber wird überwunden, indem Gott mit dem Menschen kommuniziert. Die Grunderfahrung der Schöpfung aus dem Nichts gehört zu dieser Kommunikation: die Welt wird nun als Äußerung Gottes wahrgenommen und verstanden.

---

178 *Ex fide nunc intelligo, quod vehementer nihil fui* [...] *cum extra fidem in me fuerim*. WA 4, S. 272,32–38.
179 *nos ipsi per peccatum nos fecimus, i.e. nihil et vanos, mortales*: WA 4, S. 164,38–40.
180 Vgl. WA 3, S. 440,16–18.

Ursprünglich geschieht die Überwindung des Nichts des menschlichen Fürsichseins, indem Gott selbst zum Menschen kommt – also indem der Einzelne durch Verkündigung und Glauben an Gottes Gemeinschaft mit dem Menschen, die Gott in Christus selbst ist, teilhat.

In diesem Sinne entspricht neutestamentlich der Auferstehung Christi von den Toten die Rechtfertigung des Sünders allein durch Gnade. Mit der Auferstehung wird verkündigt, daß Gott mit dem Menschen eine Gemeinschaft eingegangen ist, die auch die letzte Getrenntheit seines Fürsichseins einschließt. Das bedeutet, daß dem Menschen, der sich selbst in seiner Getrenntheit erkennt, im Glauben des Wortes diese Gemeinschaft geschenkt wird. Die Rechtfertigung aus Gnade führt zur Neuschöpfung des Menschen aus dem Nichts des Fürsichseins im Geist der Gemeinschaft. Die These ist nun, daß die Gemeinschaft Gottes mit dem Menschen in der Nichtigkeit seines Fürsichseins das Verständnis der Welt als Schöpfung erschließt – und zwar auch abgesehen vom Skopus der Neuschöpfung, von der Sünde zu befreien.

Die Teilhabe an Gottes Gemeinschaft mit dem Menschen schließt sogleich auch eine neue Wahrnehmung, ein neues Verständnis der Welt ein, aus der das Fürsichsein hervorgeht.[181] Im Grunde ist es Gott selbst in seiner Gemeinschaft mit dem Menschen, der die Welt neu und authentisch als seine Äußerung interpretiert und so auch als Äußerung erschließt. Die Liebe, die Gott offenbart, indem er mit dem Menschen in der Nichtigkeit seines Fürsichseins eine Gemeinschaft eingeht, ist zugleich als Grund und Sinn der Welt offenbart, die das menschliche Fürsichsein hervorbringt.

Die Welt hat ihren Grund nicht in sich selbst. Und ihre Bedeutung für den Menschen erschöpft sich auch nicht in der Funktion, ihn faktisch hervorzubringen – zum einen im Werden der Gattung, zum anderen, indem sie Gegenstand seiner Erkenntnis und darin Funktion seiner geistigen Identität ist. Sondern ihr Sinn ist es, daß sich am menschlichen Fürsichsein Gottes Liebe erweist. Ihr Grund ist die schöpferische Liebe Gottes zum Anderen.

Diesem neuen Verständnis der Welt entspricht, daß die Welt auch aktuell als Äußerung der Liebe Gottes zu vernehmen (sinnlich wahrzunehmen) ist. Die Weltwahrnehmung wird zur grundlegenden Ebene des Gespräches, in dem sich die Gemeinschaft herstellt: die Welt, in der menschliches Fürsichsein entstanden ist, wird als Äußerung Gottes verstanden, die eben diese Kommunikation zum Inhalt hat und, indem sie so verstanden wird, auch mit vollzieht. Jenseits und diesseits der funktionalen, gesetzmäßigen Erkenntnis des Verstandes können die Phänomene der Lebenswelt die Heiligkeit des göttlichen Gesamtsinns widerspiegeln. Insofern ist ihre Schönheit diese Heiligkeit für das menschliche Auge.[182] Der künstlerische Autor dieser Schönheit ist genau genommen weder der transzendente Schöpfer als solcher noch der Mensch für sich, sondern der heilige Geist ihrer Gemeinschaft.

---

181 Auch im Alten Testament ist es die Gemeinschaft des Bundes, die die Welt als Schöpfung Gottes erschließt.
182 Vgl. Ps. 104,1f.

Der göttliche Sinn von Himmel und Erde wird durch die Wahrnehmung des Menschen vollzogen. Das heißt, indem die Wahrnehmung von Himmel und Erde zum kommunikativen Vollzug der Gottesgemeinschaft als Lebensgemeinschaft gehört, wird die Welt auch als Äußerung Gottes vernommen. Ihre Wahrnehmung ist dann die unmittelbar sinnliche Seite der Gemeinschaft mit Gott – ihre Sinnlichkeit, die als solche aber eine geistige (eben: die Gemeinschaft vollziehende) Bedeutung hat: im dankbaren Atmen, Essen und Trinken, Sehen, Genuß der Schönheit usf. wird Gott verstanden und entsprechend geantwortet.[183] So können die Dinge des Lebens sakramentalen Charakter gewinnen.

In Abschnitt 3. ist dann die Frage aufzugreifen, wie sich dazu die Wahrnehmung des Naturgeschehens verhält, sofern es das Leben und menschliche Leben auch vernichtet – sei es in seiner Kontingenz und Gleichgültigkeit dem Einzelnen gegenüber, sei es in der Notwendigkeit von Leid und Tod.

2.4. Schöpfung als Äußerung Gottes und schöpferische Selbstentäußerung Gottes

Aus dem Gesagten ergibt sich ein theologisches Problem, das zu einer letzten Vertiefung des Gedankens einlädt. Schöpfung als Werden oder Werdenlassen des Menschen ist zu unterscheiden von der Schöpfung aus dem Nichts, sofern sie als Äußerung Gottes vom Menschen zu verstehen ist. Der Schöpfung als Äußerung Gottes, in der Gott als Mensch die Welt authentisch interpretiert und so die absolute Nichtigkeit des Fürsichseins überwindet, geht ja offensichtlich eine Wirklichkeit voraus, in der der Mensch als selbstbewußtes Wesen und schließlich in sich reflektiertes Fürsichsein erst wird. Der Gedanke läuft also darauf hinaus, den Begriff der Schöpfung aus dem Nichts zunächst dem menschlichen Verständnis der Welt als Äußerung Gottes vorzubehalten und nicht auch ohne weiteres auf den Grund der Welt zu beziehen, wie sie dem Verstand erscheint und den Menschen als selbstbewußtes Wesen hervorbringt.

Aber ist das nicht eine allzu subjektorientierte, ja subjektivistische Interpretation der Schöpfungslehre? Wenn es sich doch um dieselbe Welt zu handeln scheint, aus der Mensch zum einen hervorgeht und die zum anderen vom Menschen als Äußerung Gottes zu verstehen ist, ist dann nicht auch die Wirklichkeit, die den Menschen hervorbringt (und die der Grund der Welt ist, wie sie uns erscheint), als Schöpfung Gottes aus dem Nichts zu verstehen? Die Welt wird ja nicht erst geschaffen, wenn sie als Schöpfung Gottes verstanden wird.

Diesem Einwand entspricht, daß der Grunderfahrung des Nichts im Fürsichsein, also der Erfahrung des Fürsichseins als von Gott getrennt, offensichtlich ein Bewußtsein der Welt vorausgeht, aus dem sich das Fürsichsein in sich reflektiert. Wird nicht einfach dieselbe Welt neu – und nun eben authentisch – als Schöpfung interpretiert?

---

183 *Geh aus, mein Herz, und suche Freud / in dieser lieben Sommerzeit / an deines Gottes Gaben; [...] / Ich selber kann und mag nicht ruhn, / des großen Gottes großes Tun / erweckt mir alle Sinnen; / ich singe mit, wenn alles singt, / und lasse, was dem Höchsten klingt, / aus meinem Herzen rinnen.* EG 503

Dem ist zu widersprechen. Die vermeintlich objektiv gegebene Welt, die dann so oder so interpretiert wird, ist eine menschliche Voraussetzung. Auch die objektive Welt, indem sie irgendwie wahrgenommen, verstanden, sprachlich aufgefaßt ist, ist objektiv für uns. Ihr Verständnis ist gerade auch in den allgemeinen Begriffen der Objektivität eine praktische und theoretische Funktion der allgemeinen menschlichen Identität. Zwar hat seine Welterkenntnis einen wirklichen Gegenstand oder Grund, der sie funktionieren läßt und auch wirklich Leben und Fürsichsein hervorbringt. Doch wenn der Mensch die Funktionalität der Verstandeserkenntnis reflektiert, realisiert er zugleich, daß ihm dieser Grund an sich unbekannt ist (2,I.2.3.).

Wenn nun die Welt, wie sie uns erscheint, authentisch als Äußerung Gottes interpretiert wird, heißt das zunächst, daß der Grund der von uns wahrgenommenen Welt Gottes Sichäußern ist. Gottes Sichäußern bringt selbständiges Leben und schließlich den Menschen als selbst erkennendes, fürsichseiendes Wesen hervor. Wie ist diese Differenzierung zwischen der Äußerung und dem Sichäußern begründet? Es wurde gezeigt, daß das Nichts (das Nichtaussich- oder Nichtansichsein der Welt), das theologisch gesprochen das Gegenüber von Schöpfung und Schöpfer kennzeichnet, ursprünglich als Wahrheit des die Welt umfassenden Fürsichseins erfahren wird – der Mensch in seinem Fürsichsein ist Inbegriff des von Gott getrennten Geschöpfes. Das bedeutet aber, daß Gottes schöpferisches Sichäußern, indem es den Menschen hervorbringt, der allererst die Welt als Schöpfung verstehen kann, auch erst die Nichtigkeit des Getrenntseins hervorbringt – also eben die Nichtigkeit, zu deren Überwindung das Verständnis der Schöpfung Gottes aus dem Nichts gehört. Wenn Ernst gemacht wird mit dem Gedanken, daß das menschliche Fürsichsein Inbegriff des von Gott getrennten Geschöpfes ist, dann wäre eben nur für uns, nur für das menschliche Fürsichsein die Welt von Gott getrennt. Gottes schöpferisches Sichäußern, sofern es selbständiges, selbstbewußtes Sein phylogenetisch erst werden läßt, wäre noch nicht wirklich von Gott getrennte Schöpfung aus dem Nichts. Und ebenso wäre der Grund der Welt, wie wir sie wahrnehmen und erkennen, noch nicht wirklich von Gott getrennte Schöpfung aus dem Nichts. Nur die Welt, wie sie uns erscheint, ist als Schöpfung aus dem Nichts zu verstehen.

Gottes Sichäußern als Grund der Welt, wie sie dem Verstand erscheint und authentisch als Äußerung Gottes (oder Schöpfung aus dem Nichts) verstanden ist, ist dann als seine schöpferische Selbstbegrenzung zu denken, in der er anderes Selbstsein, Fürsichsein werden läßt. Es ist also als Selbstentäußerung (Selbsthingabe) seiner Einzigkeit zu denken.

Damit ist aber keine theologische Wahrheit bezeichnet, die noch hinter dem Verständnis der Welt als Äußerung Gottes stünde. Die Selbstentäußerung der Einzigkeit Gottes ist an sich weder wahrzunehmen, noch ist darauf von der verstandesmäßigen Welterkenntnis aus zurückzuschließen. Zwar läßt sich die Welt vernünftig als Dynamik einer sich differenzierenden Einheit beschreiben, die Spielräume der Kontingenz und Selbstorganisation eröffnet (s.o. III.1). Doch ist die so gedachte Einheit rein abstrakt und leer. Sie liegt der differenzierten Weltwirklichkeit zugrunde, ist als solche aber für Sinne und Verstand verborgen. Im Grunde ist sie von der Einheit des menschlichen Subjekts im Verhältnis zu der

Welt, die es erkennt, nicht zu unterscheiden. Ebenso wie die Einheit des menschlichen Subjekts der Welterkenntnis hat die Einheit, die die uns erscheinende Welt begründet, für deren Vielfalt nur negative Bedeutung.

2.5. Die Begründung der Schöpfung aus dem Nichts im Leben Gottes

Theologisch ist der Einheitsgrund der Welt, wie sie uns erscheint, als der göttliche Logos zu identifizieren: Gottes Sichäußern oder Selbstentäußerung, die anderes Selbstsein werden und leben läßt. Doch ist der göttliche Logos als solcher nur durch seine Menschwerdung zu erkennen, also indem Gott als Mensch sich selber als Grund der Welt authentisch zur Sprache bringt und darstellt. Indem Gott als Mensch die Welt als seine Äußerung interpretiert, bringt er auch sich als Grund der Welt zur Sprache. Aus der Welt, wie sie den Sinnen und dem Verstand erscheint, ist der Einheitsgrund der Welt nicht als göttlicher Logos zu erkennen – weder in seiner Göttlichkeit überhaupt noch in seinem auf Gemeinschaft von Gott und Mensch zielenden Sinn.

Wenn aber Gott eine Gemeinschaft mit dem Menschen eingeht und darin seine Selbstentäußerung als Grund der Welt zur Sprache bringt, dann setzt das auch voraus, daß diese schöpferische Selbstentäußerung seiner Einzigkeit nicht einfach das Ende Gottes oder seiner Einheit ist.[184] Vielmehr ist Gott der Selbstentäußerung seiner Einzigkeit zugleich als er selbst gegenüber. Die schöpferische Selbstentäußerung (Gott als Logos) impliziert also die Selbstunterscheidung Gottes. Nicht erst in seiner Gemeinschaft mit dem Menschen, sondern schon als Einheitsgrund der Welt, wie sie uns erscheint und uns hervorbringt, ist Gott sich selbst gegenüber und vollzieht darin seine lebendige Einheit. Die Selbstentäußerung, indem sie anderes Selbstsein werden läßt, zielt auf die Gemeinschaft, die Gott selbst in Christus ist – was bedeutet, daß die Gemeinschaft, die sich für uns erst geschichtlich vollzieht, in Gott ewig vollzogen ist.

Zwar läßt sich sagen: Gott unterscheidet sich, indem er sich seiner Einzigkeit entäußert: er ist der, der sich um der Gemeinschaft mit dem Anderen willen seiner Einzigkeit entäußert, und der, der als sich Entäußernder, indem die Selbstentäußerung auf Gemeinschaft zielt, in Ewigkeit bei sich ist. Denn er selbst ist seine Gemeinschaft mit seinem Anderen (dem Menschen).

Doch die Vollendung der Schöpfung bzw. der Selbstentäußerung Gottes im Fürsichsein des Menschen und die Menschwerdung Gottes (die Inkarnation des Logos) fallen nicht in eins – jedenfalls nicht für uns.[185] Und der Mensch in seinem Fürsich- oder Selbstsein als Vollendung der schöpferischen Selbstentäußerung Gottes ist nicht als solcher Gott in seiner Selbstunterscheidung. Der Mensch für sich ist Gott schlechthin gegenüber. Die schöpferische Selbstentäußerung der Einzigkeit Gottes (der Logos) zielt zwar um der

---

184 Anders scheint es Hans Jonas zu sehen in seiner 1984 erschienenen Rede „Der Gottesbegriff nach Auschwitz. Eine jüdische Stimme." In: Philosophische Untersuchungen und metaphysische Vermutungen, Frankfurt a.M. 1994, S. 190–208.
185 Fielen sie in eins, dann würde das auch bedeuten, daß sich die Gott wesentliche (trinitarische) Selbstunterscheidung, in der er seine Einheit mit sich vollzieht, im menschlichen Fürsichseins selber vollendet und vollzieht.

Gemeinschaft willen auf den Menschen in seinem Fürsichsein, ist selbst aber gerade das absolute, weltumfassende Negative oder Andere seines Fürsichseins – also die Wahrheit all dessen, wovon es sich konstitutiv unterscheidet. Die Gemeinschaft, die die göttliche Bestimmung des menschlichen Fürsichseins (seines Werdens) ist, ist für den Menschen ein ursprünglicher Akt der Kommunikation Gottes. Sie muß den Menschen in seinem Fürsichsein von außen erreichen, um seine Getrenntheit zu überwinden – in dem Gespräch, was Gott als Mensch verkündet.

Nun ist noch einmal auf das Nichts im Gedanken der Schöpfung aus dem Nichts zurückzukommen. Zwar ist erst der Mensch in seinem erwachsenen Fürsichsein das an sich von Gott getrennte Geschöpf; der Mensch in seinem Fürsichsein macht die Erfahrung des Nichts in der Angst, die zugleich die völlige Fremdheit der Welt bedeutet. Dieses Nichts überwindet die Offenbarung Gottes als Schöpfer und Erlöser. Das heißt aber auch, daß die Überwindung des Nichts in Gottes Leben selbst begründet ist. Die schöpferische Selbstentäußerung Gottes antizipiert das Nichts des menschlichen Fürsichseins. Denn die schöpferische Selbstentäußerung Gottes in seiner Einzigkeit, die der negative Einheitsgrund der uns erscheinenden Welt ist, zielt auf das menschliche Fürsichsein. Diese Antizipation des Nichts in Gottes schöpferischer Selbstentäußerung bedeutet aber für Gott selbst, daß seine Selbstunterscheidung um der Gemeinschaft mit dem Menschen willen das (sozusagen objektive oder ursprüngliche) Nichts ist, aus dem Gott anderes Selbstsein werden läßt. Genauer: das Moment des Sich-Andersseins, der Nichtidentität Gottes, welches aber in Gottes lebendiger Einheit immer schon überwunden ist, ist das Nichts, aus dem er Anderssein werden läßt. Das heißt: Die Selbstunterscheidung, in der er sich selbst ein Anderer ist, um sich mit dem Menschen zu identifizieren und die ewige Identität der Kommunikation mit ihm zu sein, ist selbst schöpferisch. Gottes Selbstunterscheidung, in der er seine ewige Einheit mit sich vollzieht, ist der eine, verborgene (negative) Grund der Welt, wie sie uns erscheint bzw. wie sie einheitlicher Gegenstand unserer viefältigen sprachlichen Unterscheidungen und verstandesmäßigen Erkenntnis ist. Eben diese eine, absolute Negativität ist es, die der Mensch, indem er sich als Subjekt all seiner Unterscheidungen reflektiert, in seinem Fürsichsein und absoluten Getrenntsein realisiert. So ist er Gegenüber Gottes und so ist die Gemeinschaft mit Gott die Bestimmung seines Fürsichseins.

3. Warum läßt Gott das Leiden zu? Vorsehung und Theodizee

Leitthema 11
Wenn Gott als der allmächtige, allgegenwärtige, schlechthin gute Schöpfer der Welt zu verstehen ist, warum läßt er dann das Leiden zu? Für alle Versuche, die Frage zu beantworten, ist entscheidend, wie der Fragende sich selbst versteht. Ist die Vernunft des Menschen für sich die Instanz, vor der Gott angeklagt und das Urteil gefällt werden soll? Das ist die Situation der neuzeitlichen Theodizeefrage. Oder ist es die Vernunft des Glaubens, also des sich im Verhältnis zu Gott verstehenden Menschen, der die Antwort von der wirklichen Gemeinschaft Gottes mit dem (leidenden) Menschen her zu denken versucht? Das ist die Situation der theologischen Frage nach dem Leiden.

Daß alles menschliche und überhaupt geschöpfliche Leben sterben muß, ist Bedingung dessen, daß es wurde und besteht. Denn die Welt, aus der die Selbständigkeit des geschöpflichen Lebens hervorgeht, ist eine allgemeine Dynamik des Werdens. Das Leben in seiner individuellen Selbständigkeit wird von ihr hervorgebracht, unterliegt ihr aber auch. Der Tod des Einzelnen ist Konsequenz des allgemeinen Werdens.

Zudem ist Leiden notwendiges Moment von Bewußtsein überhaupt und von Selbstbewußtsein. Wenn die Selbständigkeit des Lebens, das Subjektsein darin besteht, sich vom Anderen zu unterscheiden, dann bedeutet Leiden, das Anderssein an sich selbst zu erfahren. Es bedeutet, sich im Fremden zu reflektieren. Das gilt schon auf der Ebene leiblicher Unmittelbarkeit. Es gilt aber erst Recht für das Selbstbewußtsein und für das Fürsichsein. Selbstbewußtsein gründet elementar im Todesbewußtsein.

Die allgemeine Möglichkeit, daß sich aus der relativen Zufälligkeit des Naturgeschehens Leid im Besonderen ergeben kann, ist ebenfalls eine Bedingung dessen, daß selbständiges und schließlich selbstbewußtes Leben wird. Schöpfung als Werdenlassen bedeutet, daß Gott sich seiner Einzigkeit entäußert. Er ist der an sich verborgene Einheitsgrund (Logos) der Welt, wie sie dem Verstand erscheint. Das heißt, daß er sich als Einheit sozusagen zurückzieht und gerade so das vielfältige Werden begründet. Dem entspricht in der Welt, wie sie dem Verstand erscheint, die Spannung zwischen der allgemeinen Gesetzesmäßigkeit und Berechenbarkeit des Naturgeschehens und dem Spielraum von Kontingenz, der Bedingung von Selbstorganisation ist.

Für das grundlose Leiden, das sich die Menschen in ihrer Sünde direkt und indirekt antun, indem sie einander für sich selbst gebrauchen, sind auch die Menschen verantwortlich. Die Möglichkeit des verkehrten Lebensprinzips aber liegt schon überhaupt in dem, was uns zu Menschen macht, die zum Gottesverhältnis bestimmt sind, nämlich im Moment des Fürsichseins.

Die dreifache Frage nach der Bedeutung des Leidens für Gott ist damit nur negativ beantwortet. Die Frage, warum Gott das Leiden zuläßt oder ob er es sogar verursacht, wird abgewiesen, indem auf notwendige Modi des geschöpflichen Lebens bzw. des menschlichen Selbst- und Fürsichseins verwiesen wird. Es bleibt die entscheidende Frage, wie Gott angesichts des Leidens gegenwärtig ist. Gott ist allgegenwärtig als Vater, Sohn und heiliger Geist. Er ist gegenwärtig als der Schöpfer, dessen Liebe der Grund unseres Lebens und der Welt ist, aus der wir hervorgehen. Er ist gegenwärtig als Christus, in dem er mit dem Menschen im tiefsten Leiden des Fürsichseins eine Gemeinschaft eingegangen ist. Er ist gegenwärtig als heiliger Geist, in dem sich diese Gemeinschaft in unserer Geschichte verwirklicht: in unserem Gespräch, in unseren Glauben, in unserer Liebe. In dieser dreifachen Wirklichkeit, in der er zugleich in Ewigkeit er selbst ist, ist Gott allmächtig. Das heißt: Gottes Willen zur Gemeinschaft ist der Grund alles geschöpflichen Daseins und Selbstseins. Gott selber ist seine Gemeinschaft mit dem Menschen. Und durch die Nichtigkeit des menschlichen Fürsichseins hindurch ist Gottes Gemeinschaft das Ziel alles geschöpflichen Daseins und Selbstseins.

3.1. Das Verhältnis von Vernunft und Glauben bei der Frage nach der Bedeutung des Leidens für Gott

Die Theodizeefrage der neuzeitlichen Philosophie ist klassisch durch Leibniz formuliert worden.[186] Sie geht von den abstrakten Eigenschaften der Allmacht,

---

[186] Essais de Théodicée sur la Bonté de Dieu, la liberté de l'Homme et l'Origine du mal (1710), deutsch „Versuche in der Theodicée über die Güte Gottes, die Freiheit des Menschen und den Ursprung des Übels", übersetzt von A. Buchenau, Hamburg 1996.

Güte bzw. Gerechtigkeit und Verstehbarkeit Gottes als des Schöpfers aus.[187] Die Theodizee bedeutet dann, daß die Verantwortlichkeit des allmächtigen, gütigen und gerechten Gottes für die allgemeine Endlichkeit (*malum metaphysicum*), für das durch Naturursachen verursachte Leiden (*malum physicum*) sowie für das menschlich Böse (*malum morale*) geprüft wird. Dabei übernimmt die Vernunft des Menschen für sich sowohl die Anklage als auch die Verteidigung Gottes und entscheidet über seine Rechtfertigung.[188] Das heißt, die Situation des fragenden Subjekts ist nicht das praktische Verhältnis zu Gott, in dem das Welt- und Selbstverhältnis ursprünglich bestimmt ist (das Angesprochensein vom Wort des Mensch gewordenen Gottes), sondern das Nachdenken über Gott als theoretischen Gegenstand.

Dieser Versuch der Theodizee muß nach Kant scheitern – letztlich weil sich die Vernunfterkenntnis nur auf die Welt, wie sie uns erscheint, beziehen kann, sie also das Verhältnis der Weisheit Gottes zur Welt oder auch zum realen menschlichen Handeln prinzipiell nicht erkennen kann.[189]

Da sich das erkennende Subjekt als absolute Einheit seiner Welterkenntnis realisieren muß, kann die objektive Absolutheit Gottes als Grund der Welt und der Moral für es nur eine abstrakte, „regulative" Idee sein. Das heißt, diese Idee bringt das Erkennen in die Perspektive einer objektiven Einheit der Wirklichkeit, sie bezieht sich aber nicht auf einen Gegenstand (2,I.4.).

Anders stellt sich die Frage nach dem Sinn des Leidens für den Menschen, der seine Identität im Gottesverhältnis findet und sich im Moment des Fürsichseins auf Gott verläßt. Für ihn gehört diese Frage stets zu diesem Verhältnis selber.

Wenn Hiob feststellt, Gott „bringe den Frommen um wie den Gottlosen" (9,22), wenn er klagt, daß dem übermächtigen Herrscher der Schöpfung Glück und Unglück des Menschen gleichgültig zu sein scheint, so bringt er doch diese Klage schließlich vor Gott selbst, indem er ihn anredet. Im Unterschied zum (vorkantischen) Versuch einer philosophischen Theodizee erwartet er von Gott selbst die Antwort – gerade wenn er zweifelt, ob die Gerechtigkeit und Güte Gottes in einem menschlichen Sinn verstehbar ist.

Gleichwohl kann die Vernunft des Glaubens Argumente des philosophischen Theodizeeversuchs modifiziert aufgreifen – etwa den Leibnizschen Gedanken, daß abgesehen von der realen Sünde keine bessere Welt zu denken ist als die wirkliche. Das betrifft aber lediglich die auf der Verstandesebene zu formulieren-

---

187 Diese Eigenschaften werden im Grunde abstrakt verstanden, d.h. als transzendente Perfektion menschlicher Macht, Güte, Gerechtigkeit und Erkennbarkeit – statt theologisch konkret von einer Allmacht und Güte Gottes zu reden, die sich darin erweist, daß Gott sich dem Gegenteil menschlicher Ohnmacht und Nichtigkeit aussetzt.
188 Diese Konstellation der neuzeitlichen Theodizee wird schon von Luther diagnostiziert: die vom Glauben zu unterscheidende Vernunft versucht Gott zu entschuldigen und verteidigt ihn als gerecht (vgl. De servo arbitrio, z.B. WA 18, S. 708. 719. 729f. = LDStA 1, S. 461. 487. 513–515). – Zum Verhältnis von Glaube und Vernunft äußert sich Leibniz in der genannten Schrift ausführlich (a.a.O., S. 33–90).
189 Über das Misslingen aller philosophischen Versuche in der Theodicee (1791) – vgl. etwa die von W. Weischedel hg. Theorie-Werkausgabe I. Kant, Bd. XI, Frankfurt a.M. 1991, S. 105ff.

III. Der Sinn der Welt als Äußerung Gottes 179

den, notwendigen Bedingungen dessen, daß selbständiges Leben und schließlich menschliches Selbstbewußtsein aus der Welt hervorgeht: Welt, Leben, Fürsichsein ohne Leiden ist nicht denkbar. Damit ist aber noch nichts zur Frage gesagt, was das Leiden für Gott selbst bedeutet.

3.2. Die Notwendigkeit des Leidens und Sterbens

Leiden und auch Sterben sind Notwendigkeiten des geschöpflichen Lebens. Schon auf der Ebene des (physikalischen und biologischen) Verstandes ist klar, daß sich selbst im Verhältnis zur Umwelt erhaltende Organismen, indem die allgemeine Dynamik der Wirklichkeit sie als Art und in ihren Individuen hervorbringt, in dieser allgemeinen Dynamik auch notwendig zugrunde gehen. Diese Notwendigkeit ist eine positive Bedingung des Lebens: zum Beispiel sind für das Werden der Arten des Lebens Fortpflanzung und Tod der Individuen notwendig. Sie gilt aber auch ganz allgemein und abstrakt: das sich vom Anderen Unterscheidende, Einzelne, besteht nur auf Zeit. Es unterliegt schließlich der allgemeinen Wirklichkeit, die es aus sich heraussetzt. Wollte ein Lebewesen nicht sterben, müßte es die allgemeine Dynamik der Wirklichkeit, aus der es hervorging, als Ganze bestimmen – was nicht möglich oder denkbar ist. Nur ein Leben, welches alle Wirklichkeit umfaßt, ist unsterblich: Gottes Leben.

Leiden, zunächst im weiteren Sinn als Erleiden der Wirkung des Anderen verstanden, ist aber auch ein notwendiger Modus des bewußten Lebens selbst – indem nämlich Bewußtsein bedeutet, mit dem Anderen zugleich sich selbst zu realisieren.

Zum Beispiel in der Kälte oder Wärme der Umwelt, in Hunger und Durst, im Schmerz realisiert sich das Subjekt des Lebens. Nicht nur hat geschöpfliches Leben darin sein Bestehen, daß es auf dieser elementaren Ebene das Leiden durch Handeln überwindet und das Andere beherrscht oder integriert. Sondern in diesem Verhältnis zum Anderen nimmt es sich ursprünglich wahr. Schon auf dieser elementaren Ebene ist Leiden ein notwendiges Moment von Reflexion.

Und schließlich ist die Notwendigkeit des Leidens und Sterbens, indem sie Inhalt des Bewußtseins ist, auch eine notwendige Bestimmung des Selbstbewußtseins und in sich reflektierten Fürsichseins. Das Selbstbewußtsein, sterben zu müssen, ist ein wesentlicher Aspekt des Fürsichseins in seiner weltumfassenden Nichtigkeit. Kurz: Der Sinn des Leidens als *malum metaphysicum* ist die Reflexion des Fürsichseins. Das geistige Leiden des Fürsichseins aber kann nur Gott überwinden – indem er es teilt.

3.3. Das zufällige Unglück

Vom Leiden in der allgemeinen Bedeutung des *malum metaphysicum* ist zunächst zu unterscheiden das zufällige, besondere Leiden, sofern es natürliche Ursachen hat. Das Leiden in jener allgemeinen Bedeutung hat einen schöpfungsmäßigen Sinn – es ist Bedingung oder Modus des geschöpflichen Fürsichseins.

Dagegen ist das zufällige, besondere Leiden als solches ebenso sinnlos wie das Leiden, das Menschen sich schuldhaft zufügen. Es ist sinnlos, daß es dem Einen widerfährt und dem Anderen nicht.

Es ist nicht Gott, der es zuteilt. Aber es kann, sofern es nicht den sofortigen Tod bedeutet, am Sinn des Leidens partizipieren, das zum geschöpflichen Selbstsein gehört[190] – etwa indem es zur Reflexion zwingt und dem Selbstbewußtsein widerspricht, in dem der Mensch die Nichtigkeit des Fürsichseins verleugnet und sich selbst eine Identität gibt.

In der Sinnlosigkeit des unzeitigen Sterbens etwa durch Erdbeben, Flutwellen, aber auch durch den alltäglichen Unfall liegt vielleicht die größte theologische Herausforderung. Religiöse Rationalisierungen sind hier vermessen oder zynisch. Gerade indem sie den Menschen verantwortlich machen, konstruieren sie einen göttlichen Sinn, wo keiner zu erkennen ist – etwa mit der Behauptung, es handele sich um eine Strafe Gottes für menschliche Sünde.[191]

Auch bleibt die Annahme ganz abstrakt, daß der Sinn des Leidens hier nur nicht zu erkennen, gleichwohl aber gegeben sei, da Gott schlechthin alles wirke und lenke. Die konkrete Geschichte kann hier eben nicht als Vorsehung Gottes verstanden werden – das gilt sowohl im Blick auf das natürliche Unglück als auch im Blick auf das Tun der menschlichen Sünde.[192]

Immerhin kann die Vernunft des Glaubens im Rahmen der verstandesmäßigen Begriffe von Notwendigkeit und Zufälligkeit Folgendes vorbringen: Die Möglichkeit von Ereignissen, die für einzelne Menschen (oder Gruppen) sinnlos sind, indem sie bloß ihren vorzeitigen Tod bedeuten, ist aufs Ganze gesehen notwendig. Grob gesagt läßt sich die Differenzierung der Welt als unendlich vielfältiger Prozeß von Selbstorganisation beschreiben; die Bedingung von Selbstorganisation aber ist, daß es im Rahmen einer allgemeinen Gesetzmäßigkeit der Welt einen Spielraum von Kontingenz in Bezug auf das Einzelne gibt.[193] Insbesondere für die Entwicklung von Leben und selbstbewußtem Leben ist dies notwendig.

Die These ist also, daß die Zufälligkeit des Unglücks nicht nur ein Schein ist, der darin begründet wäre, daß der Mensch die gesetzesmäßigen Ursachen eines Ereignisses (wie z.B. eines Erdbebens) nicht kennt oder nicht vorausberechnet hätte, obwohl dies prinzipiell möglich wäre. Zwar gehört eine entsprechende Erkenntnis und technologische Beherrschung der Umwelt zum menschlichen Wesen. Und in der Tat kann dies das Maß des menschlichen Unglücks verringern. Doch läßt sich nicht alles berechnen.

---

190 Aber auch, wenn sein Ereignis für die Einen den Tod bedeutet, können die Anderen daraus lernen, inwiefern es besser zu vermeiden ist.
191 Vgl. dagegen schon Jesus in Joh. 9,1–3.
192 In einem Ereignis, das dem Verstand als kontingent erscheint, eine Vorsehung Gottes zu sehen (z.B. es als Errettung durch Gott oder Gericht Gottes zu verstehen), ist eine Deutung. Die Frage ist, ob der Geist dieser Deutung der Geist des Mensch gewordenen Gottes ist.
193 Daß die Formulierung der Grenze zwischen allgemeiner Gesetzmäßigkeit und Kontingenz beobachterabhängig ist, kann bei diesem Grundsatz außer Acht bleiben.

III. Der Sinn der Welt als Äußerung Gottes

Für das Verständnis der Welt als Äußerung Gottes heißt das, daß das Kontingente als solches nicht unmittelbar als Äußerung Gottes zu verstehen ist[194], wohl aber die Welt, aus der wir hervorgehen und in der wir leben, insgesamt. Im Allgemeinen ist die Erde ein verläßlicher Lebensraum. Das ist durchaus auch im Sinn einer schöpferischen Vorsehung Gottes zu verstehen.

Die Allmacht und Allgegenwart des Schöpfers aber erweist sich nicht in einem übermenschlichen Eingreifen, sondern letztlich in der absoluten Nichtigkeit des Fürsichseins – indem er sie teilt und doch der ewige Schöpfer und Vollender bleibt.

3.4. Das Leiden durch menschliche Sünde

Es gehört wesentlich zum Menschen, daß im Moment des Fürsichseins eine Verkehrung eintreten kann.[195] Die Freiheit oder Negativität des Fürsichseins ist an sich selber die Möglichkeit der Verkehrung. Und indem die Verkehrung darin besteht, sich im Moment der Negativität des Fürsichseins selber eine positive Identität im Verhältnis zum Anderen zu geben, impliziert sie als solche auch bereits ihre Dauerhaftigkeit.

Wenn aber der andere Mensch zum Medium der eigenen Identität wird, bedeutet dies, ihn für sich zu gebrauchen. Dabei schließt die Behandlung des Anderen als Objekt die Gleichgültigkeit gegenüber seinem Leiden ein – und zwar eine mit dem Maß der Sicherheit (*securitas*) der eigenen Identität fortschreitende Gleichgültigkeit.

Zwar ist im Sinne des Gedankens der Erbsünde anzunehmen, daß dies prinzipiell gemeinschaftlich geschieht, doch führt schon die Ungleichheit der realen Macht dazu, daß sich Täter und Opfer unterscheiden lassen.

Außerdem wird das Maß, in dem die Einen zu Tätern gegenüber den Anderen werden, durch das unterschiedliche Ausmaß der Verkehrung selber bestimmt – sei es, daß ihr durch das Wort Gottes (als Gesetz und Evangelium) mehr oder weniger wirksam widersprochen ist[196], sei es, daß sie durch ein bestimmtes Maß vorreflexiver Sittlichkeit oder auch vernünftiger Selbsterkenntnis gehemmt wird. Außerdem ist es der Sinn der staatlichen, vernünftigen Rechtsordnung, die Auswirkung der allgemeinen Verkehrung, daß ein Mensch den anderen Menschen für sich gebraucht, einzudämmen.

In jedem Fall aber ist für die Verkehrung (Sünde) und das Leiden der Unterlegenen, das daraus folgt, nicht Gott sondern der Mensch selbst verantwortlich – unbeschadet dessen, daß er als Geschöpf sein Dasein nicht aus sich, sondern von Gott hat.

Das heißt für die menschliche Geschichte, daß sie wirklich offen ist. Gott zwingt nicht zur Gemeinschaft. Der Geist der Gemeinschaft vermittelt sich durch das Wort im Gespräch. Dieser Geist begründet zwar eine Offenbarungs-

---

194 Allerdings läßt sich das kontingent Erscheinende, etwa ein Anblick der Schönheit von Himmel und Erde, authentisch im Geist der Kommunikation Gottes mit dem Menschen interpretieren
195 Vgl. oben 3,I.1.2. und 3,I.2.
196 Vgl. unten 3,IV.2.–4.

geschichte (3,II.1.). Und diese Offenbarungsgeschichte läßt sich (zusammen mit ihrer Vorgeschichte, dem Werden des Menschen im allgemeinen und der Entwicklung von Sprache und Vernunft im besonderen) als Vorsehung Gottes verstehen: sie verwirklicht den Sinn der Schöpfung und gibt der Geschichte im Christusgeschehen ihre Mitte und ihr Ziel. Doch dieser göttlichen Notwendigkeit widersetzt sich die reale Sünde und ihre allgemeine Lebenslüge. Zwar bedeutet dies seiner geistigen Wahrheit nach nur das Verharren in der Nichtigkeit des Fürsichseins. Aber die Gewalt, die aus der Sünde folgt, bewirkt reales, sinnloses Leiden. Und sie kann, wenn auch nicht über den Geist der Menschwerdung Gottes, so doch über die geschichtliche, menschliche Gemeinschaft, deren Wahrheit dieser Geist ist, siegen.[197] Außerdem ist diese Gemeinschaft, die Kirche, selbst ständig in Gefahr, zu pervertieren und bedarf der Reformation.[198]

3.5. Die Frage nach der Gegenwart Gottes

Gott schläft nicht (Ps. 121,3f.) und feiert nicht, wie Luther sagt. Aber er ist auch nicht als ein Übermensch oder Supermann zu verstehen, der aus allem Unglück und Unfall wunderbar rettet und nach dem Tod in ein endloses Schlaraffenland führt.

Gott ist zunächst gegenwärtig als der, von dem der Mensch getrennt ist, wenn die Reflexion seines Fürsichseins die ganze Welt umfaßt. Er ist gegenwärtig als der eine Andere, das eine Geheimnis.

Dann ist Gott gegenwärtig als der Geist, in dem sich seine Gemeinschaft mit dem Menschen vollzieht. Dieser Geist vermittelt sich durch die Zusage seines menschlichen Wortes – dessen Verständnis eben die realisierte Negativität des Fürsichseins voraussetzt. Was aber das Wort zusagt, ist: Gott ist gegenwärtig als der, der sich in Christus mit dem Menschen im Leiden des Fürsichseins, im äußersten Getrenntsein vereint hat und also selbst seine Gemeinschaft mit dem Menschen ist. Sie vollzieht sich, indem sie verkündigt wird und sich der Mensch im Moment des eigenen Getrenntseins auf sie verläßt. Sie vollzieht sich also im menschlichen Gespräch, als menschlicher Glaube, und auch in menschlicher Liebe.

Gottes Gegenwart als Geist aber erschließt zugleich seine Gegenwart als der ursprünglich Andere. Denn sie läßt die Welt und das Leben als seine Äußerung verstehen, die seine Liebe besagt, und die schafft, was sie liebt. Gottes Selbstäußerung und Liebe ist der verläßliche Grund aller Weltwirklichkeit, auch wenn sich diese als solche in eine unendliche Vielfalt von Selbstorganisation differenziert.[199]

---

[197] Zum Beispiel war die Phase der kriegerischen Vernichtung des Christentums in Kleinasien, Palästina, Nordafrika durch den Islam im Verständnis des Glaubens an die Menschwerdung Gottes ein großer Rückschritt der Geschichte.
[198] Vgl. insgesamt unten 3,IV.4. Zur Frage, inwieweit es christlich sein kann, mit Gewalt der Gewalt zu wehren, vgl. 3,IV.3.3.
[199] Die gegenwärtige Wirklichkeit des Schöpfers kann hier mit der Tradition zum einen – in Bezug auf die in einem bestimmten Maß kontingente Wirklichkeit – als *concursus* bezeichnet werden, zum anderen – die Verläßlichkeit des Grundes betreffend – als *conservatio*.

Zwar ist das einzelne *malum physicum* und *malum morale* als solches sinnlos. Gott beabsichtigt es nicht. Doch stets ist es Gott, an dem sich die wahre Wirklichkeit des menschlichen Lebens entscheidet – ob es in seinem Fürsichsein nichts ist oder ob es teilhat an seiner Gemeinschaft. Jeder Lebensmoment empfängt seinen göttlichen Sinn nur durch das Erleiden der Nichtigkeit des Fürsichseins hindurch. Dann aber ist er als Moment der Selbsterkenntnis, des Glaubens, der Liebe in der eschatologischen Gemeinschaft Gottes vollkommen – gleich, ob ein menschliches Leben lang oder kurz ist.[200]

IV. Das wahre Leben

Die Lehre vom wahren Leben ist die zweite Hälfte der theologischen Anthropologie. Sie setzt zum einen die Lehre vom unwahren Leben (I.) als die erste Hälfte der theologischen Anthropologie voraus. Zum anderen setzt sie die Lehre von Christus voraus (II.) und schließt unmittelbar an sie an. Die Lehre von der Schöpfung (III.) bildete insofern einen Exkurs, der erörterte, inwiefern Christus die Welt als Äußerung Gottes erschließt.

Zunächst (1.) ist der heilige Geist als Grund des wahren Lebens zu bedenken. Dazu gehört auch die Frage, wie sich in ihm Gott selber (trinitarisch) bestimmt. Die folgenden Abschnitte (2.–4.) stellen das wahre Leben in seiner Konkretion als Glaube und Liebe dar. Dazu gehört insbesondere die Reflexion seiner Gebrochenheit durch die bleibende Wirklichkeit unwahren Lebens. Der letzte Abschnitt (5.) erörtert den Gedanken der Vollendung des wahren Lebens.

1. Der heilige Geist des wahren Lebens

Leitthema 12
Indem das von Mensch zu Mensch gesprochene Wort, das Gott in seiner Gemeinschaft mit dem Menschen verkündigt und dem Angesprochenen diese Gemeinschaft zusagt, Glauben findet, vermittelt sich der Geist dieser Gemeinschaft. Dieser Geist ist Gottes Geist – Gott selbst als Geist. Christus, also Gott selbst wie er in seiner Gemeinschaft mit dem Menschen überhaupt erschienen ist, ist Gegenstand der Verkündigung, damit sich diese Gemeinschaft durch ihre Kommunikation (also durch Verkündigung, Glaube und Liebe) in der Geschichte verwirklicht. Diese Verwirklichung der Gemeinschaft in Glaube und Liebe der Einzelnen ist selber Wirklichkeit Gottes als Geist.

Dabei ist Gott als heiliger Geist selbst Gegenstand der Verkündigung und des Glaubens – zusammen mit Christus als der Gemeinschaft, die er vollzieht. Zugleich aber ist er eine Erfahrung der Gemeinschaft Gottes: der Glaubende hat das Selbstbewußtsein und die Selbsterfahrung, daß der Geist ihn bestimmt. Das heißt: das Fürsichsein erfährt seine Aufhebung als Getrenntheit, indem es zum Moment der Gemeinschaft wird. Im Ausgang von der Selbsterkenntnis im Umsichselbstkrei-

---

200 Vgl. unten IV.5.

sen des Fürsichseins findet sich der Glaubende „aus dem lebendigen Wort Gottes" (1. Petr. 1,23), das heißt aus dem Geist Gottes (Joh. 3,3–8), neu geboren in seiner Gemeinschaft. Wenn das ‚Leben im Glauben' bedeutet, daß „Christus in mir lebt" (Gal. 2,20), dann bedeutet das Ergriffensein durch den Geist, daß sich diese Gemeinschaft Gottes mit dem Menschen in meinem Leben (in meinem Verstehen, Denken, Kommunizieren) vollzieht.

Indem Gott die Gemeinschaft mit dem Menschen, die er in Christus selbst ist, in der Geschichte der Vielen verwirklicht, vollzieht er als Geist die Gemeinschaft von ‚Vater' und ‚Sohn' – also die ewige Einheit seiner Selbstunterscheidung, die seine Gemeinschaft mit dem Menschen (und auch schon der Sinn der Schöpfung, indem sie auf diese Gemeinschaft zielt) voraussetzt. Der Geist, in dem Gott seine Gemeinschaft mit dem Menschen in menschlichem Gespräch und menschlicher Liebe verwirklicht, ist kein anderer als der Geist, in dem Gott seine lebendige Einheit mit sich vollzieht.

Daß ein Mensch an seinem Fürsichsein die Erfahrung der Gemeinschaft Gottes als Wirklichkeit seines Geistes macht, impliziert auch schon ein Verständnis dieser Erfahrung. Denn die Kommunikation, die diese Erfahrung vermittelt, ihre Verkündigung, bringt sie auch als Erfahrung des Geistes zur Sprache. Die Wirklichkeit des Geistes impliziert also ein Verständnis desselben. Deshalb muß dem systematischen Verständnis des heiligen Geistes eine Interpretation seiner Verkündigung zugrunde liegen.

Zum Zweck einer ersten Annäherung an die Bedeutung des Wortes Geist überhaupt ist es jedoch möglich, an die Erfahrung zwischenmenschlicher Liebe zu erinnern.[201] Daß ein Mensch einen anderen liebt, heißt, daß die Gemeinschaft mit dem geliebten Menschen sein Leben bestimmt – sein Denken, Wollen, Handeln. Dieses Bestimmtsein erscheint als eine Spannung des Lebens, die ihm seine Richtung, seine Leidenschaft, sein Ziel gibt. Denn zum einen ist die Gemeinschaft schon durch eine gegenseitige Selbstmitteilung gegenwärtig, zum anderen ist sie, indem sie das Anderssein voraussetzt, auch immer erst antizipiert, wird also noch erstrebt. Und zwar ist sie antizipiert in einem Bild des Geliebten, das zugleich Bild oder Entwurf der Gemeinschaft ist. Diese Antizipation der sich zugleich in Kommunikation vollziehenden Gemeinschaft in ihrem Bild bestimmt das Selbstverhältnis: der geliebte Andere ‚lebt in mir'. Das wiederum bedeutet, daß der Liebende an die Gemeinschaft glaubt bzw. daß er der Selbstmitteilung des Anderen glaubt.

Obwohl ich insofern gerade nicht das sich in seinen Verhältnissen zum Anderen souverän selbst bestimmende Subjekt meines Lebens bin, erfahre ich mich doch auch nicht als fremdbestimmt. Ich verstehe mich selbst aus der Einheit oder Gemeinschaft mit dem geliebten Anderen. Ich will mich selbst nicht für mich selbst haben, sondern nur in der Gemeinschaft mit dem Anderen. Mein wahres Leben liegt in der Kommunikation, in der sich diese Gemeinschaft vollzieht.

Eben diese mich bestimmende, ergreifende Gemeinschaft mit dem geliebten Anderen, von dem ich mich zugleich auch unterschieden weiß, kann man Geist

---

201 Später (in IV.2.–4.) ist dann konkreter zu zeigen, inwiefern die Wahrheit zwischenmenschlicher Liebe sachlich im Geist Gottes begründet zu denken ist.

nennen. Der konkrete Unterschied des Geistes menschlicher Gemeinschaft zum Geist Gottes beim Menschen ist freilich, daß hier die Gemeinschaft asymmetrisch ist: Gott hat den Menschen als sein Gegenüber hervorgebracht, er ist selbst seine Gemeinschaft mit dem Menschen (in Christus), und so ist auch der Geist, in dem sich diese Gemeinschaft in menschlicher Kommunikation vollzieht, sein Geist.

Diese Asymmetrie bedeutet auch, daß der Geist Gottes, der für den Menschen im Tod des Fürsichseins neues Leben bedeutet, darin auch erst die volle, den Sinn alles Daseins einschließende zwischenmenschliche Gemeinschaft begründet – also die Wahrheit des menschlichen Geistes, der menschlichen Liebe.

Zunächst ist der heilige Geist zu betrachten, sofern sein Ursprung Christus ist: der heilige Geist ist Gott selbst als Geschehen seiner Gemeinschaft mit dem Menschen durch ihre menschliche Verkündigung und ihren Glauben. Dann aber ist der Ursprung des Geistes Gott selbst in seiner Gemeinschaft mit dem Menschen, wie er mit dem in das ewige Leben Gottes erhöhten gekreuzigten Jesus verkündigt wird. Der Geist dieser Gemeinschaft erstreckt sich auf alle, denen sie verkündigt wird und die sich in ihr verstehen. Die Verkündigung Gottes in seiner Gemeinschaft mit dem gekreuzigten, erhöhten Christus aber setzt voraus, daß der Geist Gottes zuvor schon den irdischen Jesus zur Gemeinschaft bestimmt.

Dem entspricht die alttestamentliche Rede vom Geist Gottes, die einerseits ebenfalls nur eine besondere Präsenz Gottes bei einzelnen Menschen behauptet, andererseits das Kommen des Geistes zum Menschen überhaupt verheißt.

Die Anwesenheit des Geistes Gottes bedeutet zunächst eine punktuelle Kondeszendenz Gottes zum einzelnen Menschen – ohne daß dies schon heißt, daß Gott selbst seine Gemeinschaft mit dem Menschen ist. Für den betroffenen Menschen bedeutete die Anwesenheit des Geistes nicht primär eine dauerhafte neue Identität in der Gemeinschaft, sondern das irreguläre Ereignis von Ekstase: der Geist ergreift unwiderstehlich, reißt mit – nicht mehr der Mensch für sich ist das souveräne Subjekt seines Redens und Handelns, sondern der Geist in ihm.[202]

Konkreter erscheint das Verhältnis des Geistes Gottes zum Menschen in der Prophetie, insbesondere in Berichten von der Berufung des Propheten. Zwar wird auch jetzt betont, daß der Geist den Menschen ergreift – der Berufene kann sich der Berufung nicht widersetzen. Doch das Ergriffenwerden vom Geist geschieht in einer evtl. von ekstatischen Visionen eingeleiteten, aber doch verständlichen Anrede durch Gott, die wiederum zur Anrede des Volkes im Namen Gottes beauftragt. Indem der Berufene den Sinn der Berufung versteht, kann er auch den Geist, der ihn bestimmt, als solchen identifizieren.[203]

Die Wirkung des Geistes besteht darin, daß ein Mensch dazu berufen wird, im Namen Gottes die Wahrheit zu sagen. Grundlage ist der Bund Gottes mit dem Volk und die Gerechtigkeit des Lebens, die dieser Bund fordert. Der Geist läßt den Propheten die Wahrheit sagen, die dem Volk (dem allgemeinen Selbstverständnis) widerspricht und aufdeckt,

---

202 Das gilt schon für die frühen sog. Charismatiker Israels, wie sie das Richterbuch beschreibt. Vgl. Ri. 3,9f., ferner 6,34; 11,29.
203 Vgl. z.B. Ez. 11,5–8; zur Berufung Hesekiels vgl. Kap. 1–3.

wie es den Bund Gottes und seine Gerechtigkeit verfehlt – also die Wahrheit, die das Volk sich in seiner kollektiven Lebenslüge nicht selbst sagen kann.

Der Geist Gottes befähigt den Einzelnen zum Widerspruch, zum Gerichtswort im Namen Gottes. Ist aber, wie die exilisch-nachexilische Prophetie voraussetzt, das Gericht mit dem Exil vollzogen, tritt ein Neues hinzu: Dem vollmächtigen Gerichtswort kann nun die Verheißung entsprechen, daß der Geist Gottes zum Volk insgesamt kommen wird („ich will meinen Geist in euch geben"), um selbst das „steinerne Herz" (also die Verkehrung im Subjekt selbst, das kollektive Umsichselbstkreisen) zu überwinden und den Bund zu vollenden.[204]

Diese Verheißung des endgültigen Kommens des Geistes Gottes im Sinn von Ez. 36,26f. oder Joel 3,1–5 erfüllt sich nach neutestamentlichem Verständnis in dem Geist, der von dem zum Vater erhöhten Christus ausgeht – also darin, daß die Gemeinschaft Gottes mit dem Menschen, die Gott in Christus ist, durch ihre Verkündigung und ihren Glauben die Vielen ergreift und so die Gemeinde gründet. Es ist also der Geist der Gemeinschaft zwischen Gott als dem ewigen Vater und dem in das ewige Leben Gottes erhöhten Christus, der die Gemeinde zur Gemeinde macht. Eben derselbe Geist aber ist es, der zuvor Jesus zum Sohn und zum Christus gemacht hat.[205]

Daß Jesus mit dem Geist Gottes begabt ist, heißt, daß die Gemeinschaft mit ihm als dem seine Herrschaft aufrichtenden Vater sein Leben, sein Reden und Handeln bestimmt. Insbesondere bei den Synoptikern ist deutlich, daß diese Gemeinschaft nicht nur abstrakt vorausgesetzt wird, sondern sich in einem konkreten Verhältnis ereignet: etwa im Gebet Jesu zum Vater, in seiner Interpretation von Bund und Tora, in seinem vollmächtigen Reden und Handeln.

Die Taufe Jesu[206], in der sich die alttestamentliche Berufungsgeschichte im eschatologischen Kontext wiederholt, kann als Augenblick der definitiven Geistbegabung erscheinen: Indem, als Jesus aus der Taufe steigt, der Geist Gottes herabkommt und Jesus die Stimme des Vaters hört, die ihm die Sohnschaft zuspricht, wird er zum Sohn (vgl. Mk. 1,10f.). Doch eben dies, daß Jesus durch das Kommen des Geistes zum Sohn Gottes eingesetzt ist, ist (nach Paulus) endgültig erst mit der Auferstehung erfüllt, die ihn in der Gemeinschaft des ewigen Gottes selber offenbart. Jesus ist „geboren aus Davids Geschlecht nach dem Fleisch und eingesetzt als Sohn Gottes in Kraft nach dem heiligen Geist aufgrund der Auferstehung von den Toten" (Röm.1,4). Die Einsetzung als Sohn ist erst dann als göttliche Herrschaft Christi für die Gemeinde wirklich, wenn der Geist durch die Verkündigung des Auferstandenen zum Geist der Gemeinde wird. Wie gesagt wird erst bei Mt. und Lk. die Bestimmtheit Jesu durch den Geist Gottes vorverlegt auf die Empfängnis Marias: daß Maria vom heiligen Geist schwanger ist (Mt. 1,18) soll sagen, daß der Geist Gottes die gesamte irdische Existenz Jesu bestimmte, also daß er als solcher der Sohn ist (vgl. Lk. 1,35).

Wenn aber erst der Geist Gottes Jesus zum Sohn macht – sei es nun, daß dies für den irdischen Jesus einfach vorausgesetzt wird, sei es daß es im Prozeß seines Lebens (entscheidend etwa durch die mit der Taufe verbundenen Berufung) ge-

---

204 Vgl. z.B. Ez. 36,23–27 (und oben 3,II.1.2.).
205 Jesus ist Christus, indem er von Gott mit dem heiligen Geist gesalbt ist (vgl. Apg. 10,38).
206 Vgl. ausführlich J. Ringleben, Jesus, Tübingen 2008, S. 30–52; zur Berufung vgl. auch oben S. 135.

schieht, oder sei es daß der Geist erst den Auferstandenen als Sohn Gottes für uns einsetzt – dann kann sich noch einmal die Frage stellen, ob nicht die Rede von Gott selbst als Sohn, der in Jesus Mensch geworden ist, überflüssig ist. Das wäre aber ein Mißverständnis.[207] Denn daß der Geist Gottes seine Gemeinschaft mit dem Menschen vollzieht, die Gott selbst in Christus ist, impliziert Gottes Selbstunterscheidung. Der heilige Geist vollzieht Gemeinschaft in dreierlei Hinsicht. Insgesamt gilt: das Leben des Geistes ist der Selbstvollzug einer Gemeinschaft, indem sie in der Kommunikation Unterschiedener antizipiert wird.

Gottes Sohn oder Christus ist Gott selbst, und zwar in seiner Gemeinschaft mit dem Menschen. Diese Gemeinschaft mit dem Menschen, die als solche der auferstandene, gekreuzigte Jesus darstellt, vollzieht der Geist an denen, denen sie verkündigt und Gegenstand des Glaubens ist. Das ist die erste Hinsicht, in der der Geist Gemeinschaft vollzieht. Das aber setzt (als zweite Hinsicht) voraus, daß die Gemeinschaft, die der auferstandene Jesus darstellt, im Leben Jesu, in seiner Kommunikation antizipiert ist (also daß Jesus durch den Geist bestimmt ist). Doch daß der Geist die Gemeinschaft mit dem Menschen an Jesus antizipatorisch vollzieht, setzt eben voraus, daß Gott selbst diese Gemeinschaft ist. Daß Gott selbst seine Gemeinschaft mit dem Menschen ist, heißt, daß er sie in Ewigkeit ist – die Schöpfung des Menschen als zeitlich kommunizierendes Wesen begründend. Daß der Geist die Gemeinschaft mit dem Menschen, die Gott selbst als ewiger Sohn ist, in Jesu Leben, Reden und Handeln antizipatorisch vollzieht, impliziert also, daß Gott selbst sich in Ewigkeit unterscheidet – in Gott und Gott als den, der seine Gemeinschaft mit dem Menschen ist (Gott als ewiger Sohn). Und zugleich impliziert es, daß Gott als Geist die ewige Gemeinschaft von Gott als Vater und Gott als Sohn vollzieht (das ist die dritte Hinsicht oder Weise, in der der Geist Gemeinschaft vollzieht).

Das heißt in Bezug auf den irdischen Jesus, daß der Geist, in dem sich in Ewigkeit die Einheit von Vater und Sohn vollzieht, in der Zeit die Unterscheidung von Gott und Mensch voraussetzt, um eben das, was in Gottes Ewigkeit die Wahrheit des Menschen ist, im zeitlichen Leben Jesu zu vollziehen – erst im Leben Jesu, und dann, indem sich dessen Wahrheit im auferstandenen Gekreuzigten für alle erfüllt und darstellt, im zeitlichen Leben derer, denen es verkündigt wird.

Die Erscheinung des Auferstandenen offenbart Gott selbst in seiner Gemeinschaft mit dem Menschen. Daß der heilige Geist eben diese Gemeinschaft in der Zeit an den Vielen verwirklicht, indem sie verkündigt und geglaubt wird, besagt auf konzentrierte Weise vor allem die johanneische Rede von der Sendung des Geistes der Wahrheit.[208] Es ist der in die Gemeinschaft des Vaters erhöhte Christus, der den Geist zu den Vielen sendet (Joh. 16,7 bzw. 15,16: in der Gemeinschaft

---

207 Vgl. oben II.2.1., II.2.3. und II.3. Es geht hier auch um die Frage, ob die immanente Trinität der ökonomischen quasi in der Zeit vorausgesetzt ist bzw. um die Frage, wie sich die Ewigkeit Gottes zur Zeit verhält.
208 In seiner Abschiedsrede antizipiert Jesus hier seine Bedeutung als Erhöhter. Vgl. vor allem Joh. 14,16–20 und 16,7–14.

des Vaters bittet er den Vater, ihn zu senden). Der Tod Jesu ist die notwendige Bedingung dessen, daß der Geist seiner Gemeinschaft für die Vielen wirklich werden kann. Dies geschieht, indem der Geist redet (14,26; 16,13) – also indem Menschen reden, die er bestimmt (vgl. 14,17). Wie im Alten Testament ist der Geist Gottes der Geist der Wahrheit, der der Welt der Sünde, dem kollektiven Selbst-, Welt- und Gottesverständnis des Sünders widerspricht (14,17; 16,13f.). Positiv besteht diese Wahrheit in der Erkenntnis der Einheit von Gott als Vater und Jesus als Sohn, die, indem sie erkannt wird, den Erkennenden einbezieht (indem der Erkennende in Christus ist und Christus im Erkennenden: 14,20). Eben dieses Einbezogensein als Gewißheit ist die Wirklichkeit des Geistes.

Die Apg. (vgl. 2,1–38) hebt eine ekstatische Gemeinschaftserfahrung, aber auch die sprachlich-kommunikative Wirklichkeit des Geistes hervor. Daß der heilige Geist die Vielen bestimmt, und zwar in einer ekstatischen Erfahrung der Aufhebung des Fürsichseins, bedeutet zunächst, daß sie einander predigen (2,4). Die Begeisterung muß sich mitteilen. Das schließt die Möglichkeit eines neuen, nicht vom Verstand kontrollierten einander Sichverstehens ein. Die Kommunikation, die der Geist eröffnet, überschreitet die natürlichen Grenzen von Völkern und Sprachen (vgl. 2,6–11). Doch bedarf die ekstatische Gemeinschaft, indem sie als solche vieldeutig wäre (vgl. 2,13.16), der Predigt, die in allgemein verständlicher Anrede Christus verkündigt (2,14ff.) und den von ihm (als dem erhöhten Gekreuzigten) gesandten Geist (2,33) als Erfüllung der eschatologischen Verheißung des Geistes nach Joel 3,1–5 (2,16) versteht. Indem so die Predigt die Anfangserfahrung des Geistes im Gesamtzusammenhang der Geschichte Gottes mit dem Menschen zu verstehen gibt, der in Christus erschlossen ist, vermittelt sich der Geist konkret. Denn dem mit der Predigt von den Hörern geforderten Sinneswandel, der ihnen damit angebotenen Taufe zur Vergebung der Sünde, entspricht die Gabe des Geistes für sie (2,38).

Daß die Gemeinschaft im Geist die Verschiedenheit der Menschen nicht nur bejaht, sondern ihr einen gemeinsamen Sinn gibt, betont Paulus. „Es sind verschiedene Gaben; aber es ist ein Geist" (1. Kor. 12,4; vgl. 12,4–31). Die verschiedenen Geistesgaben wie z.B. Rede in Weisheit, Heilen, Unterscheidung der Geister sind durch den einen Geist verbunden zum Aufbau der einen Gemeinschaft von Gott und Mensch. Alle Christen sind wie Glieder an dem einen Leib Christi, der diese Gemeinschaft ist. Das bedeutet aber auch, daß die Liebe, weil sie die Gemeinschaft vollzieht, höher steht als alle bloß reflexiven Vollzüge des Glaubens (1. Kor. 13).

Bei Paulus findet sich auch das notwendige Gegengewicht zu einer Theologie des Geistes, die einseitig enthusiastisch von der Präsenz des Geistes redet. Gerade die Präsenz des Geistes, der „vom Gesetz der Sünde und des Todes" befreit (Röm. 8,2; vgl. 8,8–11), schließt das Bewußtsein ein, daß das wahre Leben in der Zeit vorläufig ist. Gott als Geist vollzieht die Gemeinschaft, die Christus ist, durch das geschichtliche menschliche Gespräch und den entsprechenden Glauben – das heißt aber auch, daß die Vollendung dieser Gemeinschaft, die die Wahrheit unseres Lebens ist, noch aussteht. Gott ist als Geist einer Kommunikation präsent, die noch im Schwang ist, die auch gefährdet, angefochten und unterbrochen ist, deren Verständnis bloß vorläufig ist. Den Glaubenden bestimmt zwar die göttliche Gemeinschaft, sie ist aber noch nicht Wirklichkeit des ganzen Lebens und Denkens. Insofern bedeutet die Gewißheit des Geistes auch das selbstkritische Bewußtsein der noch ausstehenden Gemeinschaft und Liebe (vgl. vor allem Röm. 8,23–26).

Nach Paulus scheint die Vorläufigkeit in der verbliebenen Leiblichkeit des Lebens begründet (vgl. 8,10f.). Das heißt, daß in der Zeit des Lebens immer ein Maß an geschöpflichem, vielleicht auch verkehrtem Fürsichsein verbleibt oder sich wiederherstellt. Insofern impliziert der Glaube die Hoffnung, daß eben der Geist, der jetzt die Christusgemeinschaft an mir vollzieht, auch meinen Leib, also mein Leben im Ganzen „lebendig machen", also in die Gemeinschaft des Lebens Gottes aufnehmen wird.

2. Das wahre Leben im unwahren

Leitthema 13
Das wahre Leben ist zum einen in seiner Bedeutung für den Einzelnen zu bedenken, zum anderen als Vollzug von Gemeinschaft.

Das wahre Leben setzt die Selbsterkenntnis in der Nichtigkeit des Fürsichseins voraus. Unter der Bedingung der Grundsünde, in der der Mensch in allen Verhältnissen zum Anderen doch nur um sich selbst kreist, kann diese Selbsterkenntnis nur von außen, durch den Widerspruch Gottes als des ganz Anderen kommen. Bedeutet das Wort Gottes den Anspruch, daß Gott als Mensch den Menschen anredet, so besteht der Widerspruch darin, daß das Wort Gottes das wahre Leben in der Hingabe des Fürsichseins fordert, also die Liebe Gottes und des anderen Menschen. So spricht es das Urteil über das Leben, in dem der Mensch die Nichtigkeit des Fürsichseins dadurch zu überwinden scheint, daß er seine Identität zum Gesetz aller Verhältnisse zum Anderen macht.

Die Predigt des Evangeliums setzt diese Selbsterkenntnis voraus – was auch bedeuten kann, daß sie selber diese Voraussetzung macht. Dem Sünder, also dem Menschen in der offenbaren Nichtigkeit seines Umsichselbstkreisens, wird die Gemeinschaft zugesprochen, die Gott in Christus mit dem Menschen überhaupt eingegangen ist. Daß sich diese Gemeinschaft am Kreuz entscheidet, bedeutet, daß sie den Menschen eben in der Nichtigkeit, Angst und Einsamkeit seines Fürsichseins ergreift. Indem so der Mensch seine eigene Wahrheit im Kreuz Jesu erkennt, läßt sich also auch sagen, daß das Evangelium selber die Selbsterkenntnis des Sünders realisiert.

Für den so Angesprochenen wird die Gemeinschaft Gottes allein dadurch wirklich, daß er sich auf sie verläßt. Darin, nicht in einer Leistung des Menschen für sich, liegt seine Rechtfertigung vor Gott. Er ist nun frei: frei von der Angst der Nichtigkeit und des Todes, frei von der Notwendigkeit, sich selbst eine Identität zu geben, frei von der Leere des Umsichselbstkreisens. Das göttliche Gesetz des Lebens ist bereits erfüllt – denn in dem Glauben, in dem sich der Mensch auf die zugesprochene Gemeinschaft verläßt, verwirklicht sie sich an ihm: indem sein Umsichselbstkreisen verneint ist, erfährt sich das Fürsichsein als Moment der Gemeinschaft Gottes, die Christus ist. Der „Christen mensch lebt nit ynn yhm selb, sondern ynn Christo und seynem nehstenn; ynn Christo durch den glauben, ym nehsten durch die Liebe".[209]

---

[209] Luther, Von der Freiheit eines Christenmenschen, Th. 30 – vgl. oben S. 56, Anm. 69.

Gleichwohl ist es eine Grunderfahrung des christlichen Lebens, daß sich nicht nur das geschöpfliche Fürsichsein, sondern auch seine Verkehrtheit immer wieder herstellt. Also ist nicht nur das geschöpfliche Leben Bedingung des wahren Lebens (als Leben des Geistes), sondern immer wieder auch der Widerspruch gegen die relative Selbstverständlichkeit des unwahren Lebens: Die Gemeinschaft mit Gott ist nicht selbstverständlich, solange wir leben – wohl aber der Rückfall in das Fürsichsein und seine Angst, Verleugnung und Lebenslügen.

In Reflexion auf die bleibende Realität des Fürsichseins ist der Christ noch Sünder und bedarf der entsprechenden Selbsterkenntnis. Gerade dann aber erweist es sich als entscheidend, den Gedanken festzuhalten, daß der Mensch für sich zu seiner Rechtfertigung vor Gott nichts beiträgt, sondern ihm die Gemeinschaft Christi zugerechnet wird (imputative Rechtfertigung). Gerade indem sich der Mensch als Sünder, also indem er sich in seinem absoluten Fürsichsein oder Umsichselbstkreisen erkennt, auf das Geschenk der Gemeinschaft Christi verläßt, wird die Rechtfertigung auch effektiv – im Glauben selbst, aber auch in der Freiheit, das Fürsichsein für den Nächsten einzusetzen.

Die Urgestalt des wahren Lebens als Vollzug von Gemeinschaft ist der Gottesdienst. Der Anspruch des Gottesdienstes ist, daß sich hier zentral die Selbsterkenntnis der Menschen vor Gott und die Kommunikation Gottes mit den Menschen ereignet, die sie zu einer wahren Gemeinschaft macht und sie gemeinsam den Sinn ihres Lebens feiern läßt – in der Predigt von Gesetz und Evangelium (die auch den Zweifel, das Nichtverstehen reflektieren muß), im gemeinsamen Bekenntnis, Gebet und Dank, und in der Feier der Christusgegenwart in Taufe und Abendmahl.

Jedoch beschränkt sich weder die Kommunikation des Geistes noch die darin begründete zwischenmenschliche Gemeinschaft auf den Raum und die Zeit des Gottesdienstes. Vielmehr ist es der gottesdienstlichen Gemeinschaft wesentlich, Zentrum des täglichen Lebens zu sein und das Denken sowie das Leben mit den Anderen überhaupt zu bestimmen – und zwar nicht nur im Privatleben, sondern auch in der gemeinsamen Arbeit und in der Politik. Dem Gespräch und der Liebe, die das wahre Leben sind, ist wesentlich, daß sie nicht nur in der Kirche laut werden, sondern daß ihr Anspruch und ihr Widerspruch gegen die Selbstverständlichkeit des unwahren Lebens öffentlich und allgemein ist.

Die Nächstenliebe, zu der der Mensch befreit ist, bestimmt zunächst die gegebenen Gestalten des gemeinsamen Lebens wie Ehe, Sexualität, Familie. Sie äußert sich aber zugleich im tätigen Sicheinsetzens des Fürsichseins für die, die dessen einseitig bedürfen, weil sie eher am Rand des gemeinsamen Lebens stehen.

Wenn das wahre Leben bedeutet, daß sich Gemeinschaft mit Gott und den anderen Menschen vollzieht, so schließt das die leibliche Sinnlichkeit des Lebens und eine neue Wahrnehmung der Natur als Äußerung Gottes ein. Wenn Gott Mensch geworden ist, so können auch Atmen, Essen und Trinken sowie die Wahrnehmung von Himmel und Erde zum Gottesdienst werden, zur Feier des Sinns.

2.1. Das wahre Leben im Blick auf den Einzelnen

2.1.1. Wort Gottes, Selbsterkenntnis, Glauben

Früher bereits ausgeführtes ist hier nur im Blick auf das wahre Leben zusammenzufassen.[210] Das wahre Leben besteht in der Kommunikation, in der sich die Gemeinschaft von Gott und Mensch vollzieht – eine Gemeinschaft, die die zwischenmenschliche Gemeinschaft einschließt und auch den Sinn der Natur

---

210 Vgl. v.a. 2,I.2f.; 2,I.3.; 3,I.1.2.6.

erfüllt. Diese Kommunikation setzt die Selbsterkenntnis des Menschen für sich voraus – die Selbsterkenntnis in der absoluten Getrenntheit seines in sich reflektierten Fürsichseins, in der er ursprünglich nach dem Sinn der Welt und seines Lebens fragt, und in der Nichtigkeit seines Umsichselbstkreisens, in dem er seine Getrenntheit verleugnet und sich eine positive Identität verschafft.

Diese Selbsterkenntnis kann eine philosophische Dimension aufweisen. Jedoch bedeutet die Reflexion, in der der Mensch etwa realisiert, daß sein Kommunizieren, Verstehen, Handeln theoretische und praktische Funktion seiner Identität ist, noch nicht Selbsterkenntnis vor Gott. In der Selbsterkenntnis vor Gott geschieht die Reflexion durch den Widerspruch des Anderen, ist also im Gespräch mit dem Anderen vermittelt – in menschlicher Rede wird der Anspruch Gottes laut. Die Selbsterkenntnis erscheint als Wahrheit des Verhältnisses.

Traditionell stellt sich hier die Frage, ob die Selbst- oder Sündenerkenntnis im lutherischen Sinn durch die Predigt des Gesetzes geschieht und als solche von der Predigt des Evangeliums vorausgesetzt wird, oder ob auch die Predigt des Evangeliums zur Selbst- oder Sündenerkenntnis führt, weil es das Gesetz mit enthält. Die Selbsterkenntnis durch die Predigt des Gesetzes setzt freilich Entscheidendes schon voraus, nämlich daß die Predigt als Wort Gottes anerkannt wird.[211] Die Forderung der Gemeinschaft mit Gott und dem anderen Menschen durch die Hingabe des Fürsichseins bedeutet dann, daß sich der Mensch im Gegensatz dieser Gemeinschaft erkennt, also in der Grundsünde, in allen Verhältnissen zum Anderen seine Identität vorauszusetzen – vgl. das doppelte Liebesgebot (Mt. 22, 36–40 par.) etwa im Zusammenhang mit Mk. 8,34–38 par. oder Joh. 12,25. Diese Selbsterkenntnis realisiert die Nichtigkeit dieser Identität; der Mensch steht im Moment seines Fürsichseins vor Gott.

Die lutherische Unterscheidung von Gesetz und Evangelium widerspricht dem (späteren) calvinistischen Verständnis, daß das Evangelium auch das Gesetz enthält, welches vom Menschen – d.h. nun: vom gerechtfertigten Menschen[212] – die Gemeinschaft bzw. Liebe fordert. Doch weil sich die Forderung des Gesetzes nur auf den Menschen für sich beziehen kann, ist nach Luther davon das Evangelium streng zu unterscheiden. Das Evangelium spricht dem Fürsichsein, das sich in seiner absoluten Getrenntheit erkennt, die Gemeinschaft zu, die allein darin wirklich wird, daß es sich auf sie verläßt. Dann aber ist nicht der Mensch für sich als Täter der Liebe anzusprechen, die das wahre Leben vollzieht. Sondern der Geist der Gemeinschaft selbst ist Täter der Liebe. Von ihm ist die Liebe nicht zu fordern – er tut sie.[213] Sofern sich jedoch das Fürsichsein wieder herstellt (vgl. 2.1.3.), bringt den Menschen die Forderung als solche (die Predigt des Gesetzes) zur erneuten Selbsterkenntnis im Fürsichsein vor Gott.

Freilich läßt sich auch im lutherischen Sinn der Unterscheidung von Gesetz und Evangelium festhalten, daß erst die Predigt des Evangeliums die Selbsterkenntnis in der Sünde vollendet – nicht nur, weil schon das Gesetz die Gemeinschaft fordert, die das Evangelium zuspricht, sondern konkreter darin, daß der Hörer des Evangeliums am Kreuz, an dem Gott ganz zum Menschen gekommen ist, die Wahrheit seiner eigenen Sünde realisiert.[214]

---

211 Das setzt wiederum ein Vorverständnis der Gemeinschaft voraus, auf die auch das Gesetz als Gesetz des Bundes zielt. Zum offenbarungsgeschichtlichen Zusammenhang vgl. oben II.1.2.
212 Vgl. Calvin, Institutio Christianae Religionis II 7,12.
213 Vgl. unten IV.3.1.
214 Vgl. bei Luther z.B. These 6 aus „Von der Freiheit eines Christenmenschen", WA 7, S. 23 – und oben S. 96–98 mit Anm. 24.

Die Selbsterkenntnis in der Nichtigkeit des Fürsichseins und Umsichselbstkreisens schlägt nicht unmittelbar um in die Präsenz Gottes. Vielmehr vermittelt sich nicht nur die Selbsterkenntnis vor Gott, sondern auch die Gemeinschaft Gottes mit dem Menschen durch das Wort, das sie verkündigt, durch das menschliche Gespräch. Die Gemeinschaft mit dem Menschen, die Gott selbst in Christus ist, verwirklicht sich durch göttliche und menschliche Selbstmitteilung, also im Gespräch. Sie verwirklicht sich, indem sie dem, der sich in der Nichtigkeit seines Umsichselbstkreisens erkennt, zugesprochen wird und Glauben findet – was auch den Sinn der als Äußerung Gottes zu verstehenden Welt erschließt.

Was in der Predigt des Gesetzes Gottes als Widerspruch erscheint, nämlich der Anspruch, daß Gott als schlechthin Anderer sich oder seinen Willen in menschlicher Rede vergegenwärtigt, erschließt und erfüllt sich nun darin, daß sich durch die Rede ihr Inhalt verwirklicht: indem dem Menschen in der Nichtigkeit seines Fürsichseins, seiner Gottlosigkeit die Gemeinschaft Gottes mit dem Menschen als Geschenk (als grundlose Zuwendung) zugesprochen wird und sich der Hörer darauf verläßt, verwirklicht sich diese Gemeinschaft. Gottes Menschwerdung bedeutet auch, daß er sich an die Äußerlichkeit menschlicher Kommunikation gebunden hat.[215]

Glauben ist also nicht etwa ein im Vergleich zur Verstandeserkenntnis minderer Grad des Wissens, eine mindere Form des Überzeugtseins. Glauben ist auch nicht eine Leistung, die der Mensch für sich aufbringen müßte oder könnte. Glauben setzt die völlige Selbsterkenntnis des Menschen in der Reflexion seines Fürsichseins voraus und bedeutet, sich auf die Zusage der Gemeinschaft Gottes zu verlassen und darin (in dieser Gemeinschaft) die Wahrheit seines Lebens zu finden. Glauben bedeutet, seine Identität nicht in sich und aus sich haben, sondern in der Gemeinschaft, die der gekreuzigte und ins Leben Gottes auferweckte Christus darstellt und die jetzt und künftig als Wahrheit des Lebens vollzogen wird. Indem sich das Fürsichsein darauf verläßt, bestimmt der Geist der Gemeinschaft Gottes mit dem Menschen das Denken und Leben.

Der Glauben impliziert zwar auch ein geschichtliches und systematisches Verständnis des Evangeliums, entscheidend aber ist, daß im Sichverlassen der Geist der Gemeinschaft das Leben bestimmt.

Die Wahrheit des Lebens, das im Glauben an Christus gelebt wird, liegt darin, daß nicht ich für mich Subjekt des Lebens bin, sondern daß Christus, also Gott in seiner Gemeinschaft mit allen Menschen, in mir Subjekt des Lebens ist. Im Glauben an seine Liebe, im Sichverlassen auf sie, bestimmt sie in mir mein Leben zur Wahrheit: zum Leben, was diese Gemeinschaft als Kommunikation vollzieht.

Erneut ist Gal.2,19f. zu zitieren[216]: „ich bin durchs Gesetz dem Gesetz gestorben, damit ich Gott lebe. Ich bin mit Christus gekreuzigt. Ich lebe, doch nun nicht ich, sondern Christus lebt in mir. Denn was ich jetzt lebe im Fleisch, das lebe ich im Glauben an den Sohn, der mich geliebt hat und sich selbst für mich dahingegeben."

---

215 Zum Wort Gottes als Ursakrament s.u. 2.2.1.
216 Vgl. oben S. 53–56; 87f.

Das Gesetz Gottes (die Forderung des wahren Lebens) offenbart die Nichtigkeit des Lebens, das ich für mich und in mir und aus mir führe – freilich nun so, daß in diese Nichtigkeit Christus gekommen ist. Das Subjekt des Lebens erfährt sich in der Gemeinschaft, auf die es sich verläßt. „Ich lebe" als dieses Geschöpf, als dieser lebendige Leib mit seiner Lebensgeschichte. Daß dies aber nun ein Leben im Glauben ist, bedeutet: „Christus lebt in mir". Daß die Gemeinschaft des wahren Lebens schon gegenwärtig ist, aber auch noch vollzogen wird, äußert sich in der Spannung des Selbstverhältnisses des Glaubenden: im Glauben beziehe ich mich auf Christus in mir. Christus ist die ewige, allgemeine Gemeinschaft des wahren Lebens, die mein Leben bestimmt, indem ich sie im Glauben vorwegnehme. Denn indem sie Gegenstand des Glaubens ist, vollzieht sie sich zugleich. Christus, der als ewige Gemeinschaft Gottes mit allen Menschen außer mir ist, bestimmt in mir mein zeitliches Leben zu dieser Gemeinschaft.

2.1.2. Rechtfertigung, Freiheit, Heiligung

Die Lehre von der Rechtfertigung des Menschen vor Gott und der Freiheit, die sie bedeutet, stellt gegenüber der Lehre vom Geist und seiner Vermittlung in Wort und Glauben kein neues theologisches Thema dar. Vielmehr reflektiert sie dasselbe Thema im Blick auf den Menschen, der in seinem Fürsichsein vor Gott steht. Die Frage nach der Rechtfertigung vor Gott ist die in juristischer Terminologie gestellte Frage nach dem Gottesverhältnis des Einzelnen.

Gott erscheint als Gesetzgeber und Richter; der Mensch als Sünder ist angeklagt und seine Rechtfertigung im Sinne des göttlichen Gesetzes steht in Frage, also Freispruch oder Verurteilung, d.h. Feststellung der Sünde, Behaftung in der Gottlosigkeit. Die Wahrheit des Lebens vor Gott wird beurteilt – und zwar so, daß dieses Urteil (seine Vollstreckung) zugleich über das künftige Leben entscheidet.

Das Gottesverhältnis im juristischen Paradigma zu verstehen, war für das jüdische oder judenchristliche Denken selbstverständlich. Auch noch in der Reformationszeit war es selbstverständlich, das Leben und Gottesverhältnis wesentlich juristisch zu denken und etwa mit Luther nach dem gnädigen Gott zu fragen.[217] Das galt unbeschadet der Tatsache, daß schon im Neuen Testament wie in jeder Zeit der Theologiegeschichte die Lehre von der Rechtfertigung um Christi willen, durch Glauben, die Logik zwischenmenschlicher Rechtsverhältnisse gerade sprengt.

In der Neuzeit ergab sich jedoch ein grundlegendes hermeneutisches Problem. Schon das Streben zunächst von Pietismus und Romantik nach einer Sprache, die das Gottesverhältnis in einem unmittelbareren Sinn als Wirklichkeit des Lebens (und dann auch: des Bewußtseins und Selbstbewußtseins) zu verstehen erlaubt, zeigt an, daß das juristische Wortfeld zunehmend weniger geeignet schien, die Wahrheit des Gottesverhältnisses paradigmatisch auszudrücken. Den begriffsgeschichtlichen Gründen ist hier nicht im Einzelnen nachzugehen. Sicher gehört dazu, daß im Zuge der Aufklärung Gott als selbstverständliches Gegenüber überhaupt in Frage gestellt wurde, so daß nach einer Relevanz

---

217 In der Theologiegeschichte wurde die Vorherrschaft des juristischen Paradigmas allerdings auch immer wieder durchbrochen – etwa in der Mystik, deren Einfluß auf Luther sich dann wiederum als eine Vertiefung der Rechtfertigungslehre beschreiben ließe.

der Rede von Gott zu fragen war, die ursprünglicher als der Anspruch seines Gesetzes ist. Jedenfalls bedeutet das für uns eine verschärfte Aufgabe des theologischen Verstehens. Die Aufgabe besteht darin, die zentrale Bedeutung der Lehre von unserer Rechtfertigung vor Gott zu übersetzen in die Begrifflichkeit, in der sich das menschliche Leben und Denken gegenwärtig paradigmatisch bewegt – und umgekehrt.

Im Neuen Testament ist die Rechtfertigungslehre wesentlich durch Paulus ausformuliert. Nach Röm. 3,22–28 ist die Gerechtigkeit vor Gott – d.h. im Blick auf den Sünder: sein Freispruch – nicht in verdienstlichen Taten des Menschen für sich begründet. Der Mensch für sich, da er faktisch Sünder ist, kann sich diesen Freispruch bzw. die Gemeinschaft, die er zuspricht, durch kein Werk des Gesetzes verdienen. Denn das Subjekt der Werke oder Taten selbst ist verkehrt. In allen Lebensverhältnissen kreist es doch nur um sich selbst. Gerade auch das Selbstverständnis, durch gute Werke die Rechtfertigung oder Anerkennung vor Gott zu verdienen, bestätigt das Kreisen um sich selbst.

Gerechtigkeit heißt, aus der Gemeinschaft leben, die das Gesetz fordert. Gott aber, der das Gesetz gibt, ist gerecht, nicht indem er einfach über den Sünder urteilt, sondern indem er gerecht macht (vgl. 3,26), also dem Sünder die Gemeinschaft schenkt. Die Rechtfertigung des Gottlosen, die Gemeinschaft bedeutet, ist ein Geschenk. Daß dem Sünder (dem Getrennten) die Gemeinschaft geschenkt ist, geschieht „durch die Erlösung in Christus Jesus" (3,24). Denn Christi Tod vollzieht Gottes Gerechtigkeit gegenüber dem Sünder genau darin, daß der Sohn Gottes den Tod, der die Wahrheit der Sünde ist, an Stelle des Sünders auf sich nimmt. Er gibt sich für ihn hin – „aus Liebe zu uns" (3,25f.; 5,8–10). Im Tod Christi sühnt oder heilt Gott unsere Gottlosigkeit, indem sich in ihm Gott selbst mit der Einsamkeit und Verlorenheit des Sünders identifiziert hat.[218] Indem der Sünder sich darauf verläßt (glaubt) und sich wiederum mit Christus am Kreuz identifiziert (mit Christus gekreuzigt ist: 6,6–8; Gal. 2,19), ist er gerechtfertigt. Gerade die Rechtfertigung des Sünders allein aus Gnade, allein durch Glauben bedeutet also auch schon die entscheidende Veränderung und Heiligung: der Mensch in seinem verkehrten Fürsichsein, der seine Wahrheit am Kreuz erkennt, verläßt sich auf die geschenkte Gemeinschaft Gottes – „Christus lebt in mir" (Gal. 2,20). Die Rechtfertigung des Sünders vor Gott besteht also darin, daß er, indem er sich auf die Liebe Gottes in Christus verläßt, sein wahres Leben (sein wahres Sein) nicht in sich selbst hat, sondern in Christus. Indem er sich darauf verläßt, gehört er zur Gemeinschaft Gottes mit allen Menschen, die Christus ist.

Die Rechtfertigung vor Gott aus Gnade macht in Wahrheit frei. Insbesondere die Reformation war in einer neuen Erfahrung und Reflexion dieser Freiheit begründet. Freiheit ist dabei aber gerade nicht primär im neuzeitlichen Sinn als Autonomie oder Vermögen der Selbstbestimmung verstanden. Die Freiheit, die die Rechtfertigung vor Gott aus Gnade bedeutet, ist vielmehr die Freiheit von der Notwendigkeit, sich in allen Verhältnissen zu Dingen und Menschen um

---

218 Vgl. Lk. 15,1–7: Gott geht dem Sünder nach in seine Verlorenheit, um ihn heimzubringen. – Zum Opfertod Christi vgl. oben II.2.3. (S. 142–145).

die eigene Identität zu sorgen. Freiheit ist Freiheit von der Sünde, die wesentlich dieses Umsichselbstkreisen ist. Sie bedeutet – so Luther in seiner Schrift „Von der Freiheit eines Christenmenschen" – aus sich heraus zu kommen.

Besagt das Wort Gottes, „Wie alle deyn leben und werck nichts seyn fur gott [...], so mustu an dir selber vortzweyflenn"; die geschenkte Freiheit aber besteht darin, daß „du" im Vertrauen auf Christus „auß dir und von dir" loskommst (Th.6, vgl. 8).[219]

Die Freiheit von der Sünde, die Freiheit von Angst, Einsamkeit, Sinnlosigkeit als ihrer Wahrheit, erreicht der Mensch gerade nicht durch sich selbst (durch gute Werke), sondern indem er aus Gnade vor Gott gerechtfertigt und angenommen ist.

Indem dem Sünder „in Christum [...] alle gnad, gerechtickeyt" zugesagt ist (Th.9) und er darauf vertraut, ist diese Gerechtigkeit wirklich, denn das Vertrauen „voreynigt [...] die seele mit Christo": Der Glaubende realisiert, daß in Christus Gott seine Getrenntheit zu seiner eigenen gemacht und so überwunden hat. Im Glauben gibt der Mensch Christus seine Getrenntheit (sein Fürsichsein) und Christus gibt ihm seine Gemeinschaft – vgl. Luthers Rede vom fröhlichen Wechsel in Th.12.[220]

Indem so der Mensch aus seinem Umsichselbstkreisen zur Gemeinschaft befreit ist, ist er auch vom Gesetz frei, das immer den Menschen für sich anspricht. Er braucht nichts zu seiner Gerechtigkeit und zum wahren Leben (zum Heil, zur Seligkeit) außer dem Evangelium, welches ihm die Gnade Gottes zusagt (vgl. Th.5.10). Mit Christus ist er geistlich ein freier Herr aller Dinge (Th.1.15)[221] – d.h. kein Ding und kein Geschick kann ihn von der Liebe und Gemeinschaft Gottes trennen; keine Kreatur begrenzt ihn, denn alles steht in demselben Sinn der Gottesgemeinschaft, die ihn erfüllt.

Nur auf dieser Grundlage ist dann auch zu sagen, daß die Freiheit eines Christenmenschen auch eine Art Selbstbestimmung im Geistlichen umfaßt – nämlich die Freiheit von menschlich kirchlichen Vorschriften, die sich anmaßen, Bedingung des Heils oder wahren Lebens zu sein, und die Freiheit von einer angemaßten kirchlichen Hierarchie.

Die Frage nach der Rechtfertigung vor Gott war die entscheidende Frage der Reformation – die Frage, an der sich wahre Kirche und pervertierte Kirche unterscheiden ließ. Dieselbe Grundfrage stellte sich aber auch schon Paulus im Streit mit Petrus und den gesetzestreuen Judenchristen (vgl. etwa Gal. 2,11–21 zur Heilsnotwendigkeit der Beschneidung) oder 350 Jahre später Augustin im Streit mit Pelagius. Letztlich geht es um die Frage, wie das Subjekt im Gottesverhältnis gedacht wird.

Die kürzeste Orientierung zur ursprünglichen evangelischen Einsicht bieten die Artikel II bis IV der Confessio Augustana (CA) von 1530.[222] Artikel II über die Sünde betont gegen die alten und neuen, d.h. scholastischen „Pelagianer", daß der Mensch in der Erbsünde nicht die Möglichkeit hat, sich von sich aus Gott und dem wahren Leben zuzuwenden. Dabei schließt das menschliche Umsichselbstkreisen auch Vernunft und

---

219 WA 7, S. 22,26–32.
220 WA 7, S. 24,12f.; 25,27ff.
221 Vgl. WA 7, S. 20–28.
222 Vgl. BSLK S. 55–57.

Willen ein. Also ist der Gedanke abzulehnen, daß der Mensch aufgrund seiner eigenen Fähigkeiten vor Gott gerechtfertigt werden kann (*hominem propriis viribus rationis coram deo iustificari posse*).[223]

Der Mensch hat insbesondere auch keinen freien Willen, sein Gottesverhältnis (seine Identität vor Gott) zu bestimmen. Das Prinzip seiner Identität bestimmt sein Wollen und Denken: also entweder die Erbsünde, dem Verhältnis zum Anderen die eigene Identität als Gesetz vorauszusetzen, oder der Geist Gottes. So ist auch ein Hauptargument Luthers in „De servo arbitrio" (1525), daß ein freier Wille, der über dem konkreten Prinzip der Identität liegt, nicht zu denken ist – der „menschliche Wille" ist keine „Sache, die in der freien Mitte liegt und sich selbst überlassen ist". Die Ansicht, „es gebe ein Bestreben des Willens nach beiden Seiten" und „Gott wie der Teufel seien weit entfernt", ist eine Illusion.[224]

Wenn aber das Umsichselbstkreisen des Menschen total ist[225], so bedeutet das nach Artikel IV der CA, daß wir „vor Gott gerecht werden aus Gnaden um Christus willen durch den Glauben […]. Denn diesen Glauben will Gott für Gerechtigkeit vor ihm halten und zurechnen" (lateinisch: *gratis iustificentur propter Christum per fidem* […] *Hanc fidem imputat Deus pro iustitia coram ipso*; diesen Glauben rechnet Gott bei sich als Gerechtigkeit an).

Der Skopus ist hier, daß im Augenblick des Gerichts dem Sünder (dem in seinem Fürsichsein getrennten Menschen) sein Sichverlassen auf Christus als Gerechtigkeit angerechnet wird. Der Glaube eignet an, daß Christus am Kreuz die Sünde (die Getrenntheit, die sie bedeutet) auf sich genommen hat, so daß sie uns vergeben wird. Das heißt im Blick auf Gott: Gott läßt den Glauben als unsere Gerechtigkeit, als Leben aus seiner Gemeinschaft gelten. Er rechnet Christi Gerechtigkeit (seine Gemeinschaft mit Gott) dem Sünder zu. Der Ton liegt also zunächst ganz auf der sogenannten forensischen oder imputativen Gerechtigkeit. Der Sünder wird freigesprochen – die Rechtfertigung wird ihm zugesprochen, obwohl er sie nicht verdient. Der Mensch wird für gerecht erklärt, ohne daß er zuvor gerecht geworden ist.

Es ist jedoch entscheidend, zu verstehen, daß zwischen imputativer und effektiver (gerecht machender) Rechtfertigung kein Alternativverhältnis besteht. Gerade weil die Rechtfertigung imputativ ist, also den Sünder gerecht spricht, ist sie auch effektiv und schenkt das wahre Leben. Schon der Glauben selber ist so etwas wie eine effektive Rechtfertigung oder Heiligung, weil er mit Christus vereint, wie Luther mit Paulus betonte. Gerade weil sich der Mensch für sich ganz auf Christus verlassen kann, wird er ein Anderer. Es geht also nicht um einen Effekt am Menschen für sich, sondern um den Effekt, daß er sein Fürsichsein auf die Gemeinschaft Christi hin verlassen kann. Ist er aber so von der Notwendigkeit befreit, die Negativität des Fürsichseins zu verleugnen und sich seine Identität im Verhältnis zum Anderen selbst zu vermitteln, so ist er frei, aus der Gewißheit der bedingungslosen Geborgenheit das Eigene für den Anderen hinzugeben – spontan, aus freier Lust und Liebe, wie Luther immer wieder sagt, also nicht weil es gefordert ist oder gar aus Furcht vor Strafe oder Erwartung von Belohnung, sondern aus dem Geist der Gemeinschaft, in dem der Eine mit dem Anderen leidet und sich mit dem Anderen freut.

---

223 Vgl. auch Luther z.B. in seiner Disputation über den Menschen (1535), LDStA 1, S. 663–669, etwa die Thesen 27f.
224 Vgl. De servo arbitrio, LDSTA 1, S. 219–661, hier S. 560f.; ferner S. 290f. und S. 294f. In der CA ist Art. XVIII (a.a.O. S. 73f.) und aus Melanchthons Loci communes (1521) gleich der erste Locus (hg. von H.G. Pöhlmann, Gütersloh 2. Aufl. 1997), S. 25ff. zu vergleichen.
225 Freilich gilt auch abgesehen von der Sünde, daß sich der Mensch in seinem Fürsichsein nicht selbst zum Gottesverhältnis bestimmen kann.

Strittig innerhalb der Reformation blieb die Frage, ob es einen *tertius usus legis* gibt, einen dritten Brauch des Gesetzes Gottes neben dem unstrittig bleibend notwendigen Brauch zur Selbsterkenntnis des Sünders und dem politisch praktischen Brauch. Der dritte Brauch des Gesetzes Gottes bestünde darin, den gerechtfertigten Sündern eine Regel des wahren Lebens (der Heiligung) zu geben – so Calvin und tendenziell auch Melanchthon. Bis heute entscheidet sich die Frage wiederum daran, wie das Subjekt bzw. das Selbstverhältnis des Glaubenden gedacht wird. Insbesondere der frühe Luther neigte dazu, die Notwendigkeit einer solchen Regel zu verneinen. Denn Glauben bedeutet, daß der Geist oder Christus im Glaubenden das Leben zur Liebe bestimmt; der aus der Gefangenschaft in sich selbst befreite Mensch erfüllt insofern das Gebot ganz von selbst.[226] Er handelt aus Liebe, wie es die Situation gebietet – eine kasuistische, an Normen orientierte Abwägung ist demgegenüber eine Äußerlichkeit. Auch wenn „man den Dekalog als Kernbestand" von „‚Konstanten der Liebe'" verstehen kann[227], so ist doch zu fragen, ob die Formulierung solcher Konstanten der Liebe das wahre Leben nur reflektiert, oder ob sie es eben so reflektiert, daß sie, indem sie den Menschen in seinem sich festhaltenden Fürsichsein anspricht, das Sündersein voraussetzt und zur Selbsterkenntnis bringt.

2.1.3. Zugleich gerecht und Sünder

Das wahre Leben gibt es faktisch nur im unwahren. Denn der Christ ist, wie es ein lutherischer Grundsatz zusammenfaßt, *simul iustus et peccator* (gerecht und Sünder zugleich). Freilich ist diese Formulierung auch mißverständlich; das *simul* (zugleich) muß erläutert werden. Daß der Christ gerecht und Sünder zugleich ist, heißt nicht, daß das wahre Leben unmöglich ist, daß es keine Veränderung vom unwahren zum wahren Leben geben kann. Der Glaube als Sichverlassen bedeutet, daß der Mensch seine Getrenntheit in Christus aufgehoben weiß und die Gemeinschaft Christi als eigene erfährt. Aber es war eine ursprüngliche Erfahrung der Reformation, daß die getauften Christen und auch die kirchlichen Amtsträger durchaus nicht schon als solche heilig sind. Offensichtlich fällt der Mensch immer wieder in sein Fürsichsein zurück. Die Gemeinschaft mit Gott und den Menschen ist nie selbstverständlich – selbstverständlich bleibt das Fürsichsein und seine Angst und die entsprechende, allgemeine Tendenz der Lebenslüge, sich in der Negativität des Fürsichseins selbst eine Identität zu geben. Das heißt im Widerspruch gegen römisch-katholische Lehre: die Erb- oder Grundsünde bleibt auch nach der Taufe virulent – also nicht nur so etwas wie eine moralische Schwäche, sondern die Totalität der Verkehrung. Entsprechend besteht immer wieder die Notwendigkeit der Selbsterkenntnis des Menschen für sich vor Gott.

---

226 Ist die Person gut, so ist das Werk gut; ist die Person böse, so ist das Werk böse – vgl. in „Von der Freiheit eines Christenmenschen" Th. 23f., WA 7, S. 32f.
227 W. Joest, Dogmatik Bd. 2, Der Weg Gottes mit dem Menschen, 4. Aufl. Göttingen 1996, S. 480f.

Der Grund für diese bleibende Virulenz und auch Wirklichkeit der Grundsünde ist so zu beschreiben: Der Mensch läßt die Dynamik des geschöpflichen Lebens und so auch sein geschöpfliches Fürsichsein im Glauben nicht einfach hinter sich. Immer wieder besteht die Notwendigkeit der Reflexion, also die Notwendigkeit, in der Gemeinschaft des Lebens das Moment des Fürsichseins zu realisieren. Das bedeutet aber auch, daß im Leben derer, die in Selbsterkenntnis vor Gott und im Sichverlassen auf die geschenkte Gottesgemeinschaft von der Grundsünde befreit sind, sich die Versuchung der Grundsünde wieder herstellt: eben die Angst des Fürsichseins und die Lust der Selbstbestimmung – beides zusammen der Impuls, die Negativität des Fürsichseins zu verleugnen und sich selbst eine positive Identität zu geben.[228] Und diese Versuchung ist nicht frei, sondern unterliegt dem sozialen Druck des bleibenden allgemeinen Erbes, in dem genau dies selbstverständlich ist, die Bedeutung der Versuchung zu verleugnen und ihr nachzugeben – sofern nicht im Namen des wahren Lebens ausdrücklich widersprochen wird.

Inwiefern begründet das nun auch die zugespitzte Formel, der Christ sei gerecht und Sünder zugleich? Immer wieder macht Luther deutlich, daß der Christ in verschiedener Hinsicht gerecht und Sünder ist. Im Hinblick darauf, was der Mensch im Sichverlassen auf Christus ist, „sündigt er nicht, ja kann er nicht sündigen", aber im Blick darauf, was wir für uns selbst sind, sind wir Sünder.[229] Denn der Mensch für sich, ohne daß er seine wahre Identität in der Gemeinschaft Gottes realisiert, ist immer der alte Mensch. Anders gesagt: Der Christ betrachtet „in der Bestimmung der Relation" ist heilig – also im Blick auf die Gemeinschaft Gottes mit ihm in Christus, die er im Glauben an Christus realisiert. Aber betrachtet in der „Qualität", die er für sich hat, ist er „voll Sünde".[230]

Im Blick auf das, was ich für mich und aus mir bin, im bleibenden Fürsichsein der Person bin ich Sünder. Aber indem ich realisiere, daß Christus meine sündige Person weggenommen hat und selbst meine Person geworden ist, bin ich gerecht.[231] Der Mensch, der im Sinn von Gal. 2,20 im Glauben an Christus lebt und dem die *iustitia Christiana* zuzuschreiben ist, „bin nicht ich in meiner Person oder Substanz" (*non in persona vel substantia mea*). Nicht die Person für sich ist gerecht, im Sinn einer substantiellen Eigenschaft. „Die Person lebt, aber nicht in sich oder für sich" (*Persona quidem vivit, sed non in se aut pro sua persona*). Gerecht bin ich nicht als von Christus getrennte Person (*persona [...] segregata a Christo*), sondern indem ich im Glauben an Christus mit ihm als diese getrennte, in sich verkehrte (*in me conversus*) Person gestorben bin, so daß Christus in mir

---

228 Vgl. 2,I.2.; 3,I.
229 Vgl. WA 39/I, S. 492,20ff.: *diverso respectu sumus enim iusti, quod ad reputationem seu misericordiam Dei in Christo promissam, hoc est propter Christum, in quem credimus, et qui in hunc credit, non peccat, imo non potest peccare [...] sed secundum [...] substantiam, seu secundum nos, sumus peccatores iniusti.* Vgl. auch ebd. S. 564,3–7.
230 Vgl. WA 39/II, S. 141,1–6: *Christianus est dupliciter considerandus, in praedicamento relationis et qualitatis. Si consideratur in relatione, tam sanctus est [...] id est, imputatione per Christum [...] Sed christianus consideratus in qualitate est plenus peccato.*
231 Vgl. WA 40/I, S. 433,17ff.; 437,25ff; 443,23ff. (Große Galaterbriefvorlesung)

lebt.[232] „Der innere Mensch" ist „eine gerechte und heilige Person, nicht durch sich oder in seiner Substanz, sondern in Christus, indem er an ihn glaubt".[233] Doch auch der alte, in sich selbst lebende Mensch ist eine bleibende Realität.[234]

Im Sichverlassen auf Christus ist der Mensch in Christus oder Christus ist in ihm – d. h. im Sichverlassen auf die Gemeinschaft Gottes mit allen Menschen, die Christus ist, besteht diese Gemeinschaft für den, der sich verläßt. Indem der Glaube (das Sichverlassen) als Selbstverhältnis auch die Reflexion dessen ist, kann sich der Glaubende als gerecht und heilig wissen. Aber sofern er die Reflexion des Fürsichseins vollziehen muß und das Fürsichsein nicht nur Moment im Gottesverhältnis ist, ist er Sünder.

In diesem Wechsel zwischen Glauben und bleibendem Fürsichsein kann es freilich auch einen lebensgeschichtlichen Fortschritt im Geist der Gemeinschaft, in der Heiligung geben. Der Geist will diesen Fortschritt und weiß auch, wie er ihn erreichen kann. Aber faktisch ist ebenso das Gegenteil möglich. Gerade Heiligkeit ist nicht die Eigenschaft von Sündlosigkeit, sondern das Bewußtsein, für sich (außer Christus) Sünder zu sein.

2.2. Das wahre Leben als Vollzug von Gemeinschaft: der Gottesdienst

Das Sichverlassen auf das Wort vom Kreuz ist der Anfang des wahren Lebens. Das wahre Leben, das aus diesem Anfang, aus der Rechtfertigung weiter hervorgeht, erstreckt sich aber auf alle drei Dimensionen, in denen menschliches Leben überhaupt steht: nicht nur auf das Verhältnis zu Gott, sondern auch auf das Verhältnis zu den anderen Menschen und das Verhältnis zur Schöpfung. Diese drei Dimensionen sind nicht voneinander zu trennen.

Im Ganzen ist das wahre Leben der kommunikative Vollzug einer Gemeinschaft: in ihr erfährt der Mensch im Moment des Fürsichseins die Fülle des Lebens und die Erfüllung seiner Bestimmung. Der Geist der Gemeinschaft Gottes mit dem Menschen bestimmt und belebt auch die zwischenmenschliche Gemeinschaft und erschließt die Sinngemeinschaft mit der Natur.

Daß die Verkehrung des Fürsichseins, sein absolutes Umsichselbstkreisen aufgehoben ist, bedeutet aber nicht, daß das Fürsichsein überhaupt aufgehoben ist. Vielmehr ist das Fürsichsein als notwendiges Moment der Reflexion aus der Gemeinschaft in sich zugleich durch Glaube und Liebe Moment der Gemeinschaft. Die Gemeinschaft, deren Erfahrung das wahre Leben ist, impliziert ein neues Selbstverhältnis: indem der Mensch die Gemeinschaft glaubt, erfährt er sie (ihren Geist) auch in sich selbst. Und so bedeutet die Gemeinschaft auch eine neue Selbstbejahung als Träger des Sinns – in der Kraft und Wahrheit dessen, Geliebter Gottes zu sein.

---

232 WA 40/I, S. 282,15–283,32. Vgl. T. Kleffmann, Die Erbsündenlehre in sprachtheologischem Horizont, Tübingen 1994, S. 219f.
233 *Internus autem homo [...] est viva, iusta et sancta persona, non per se aut in sua substantia, sed in Christo, quia in illum credit [...].* A.a.O. (wie Anm. 231) S. 279,34; 280,11f.
234 Vgl. ebd. S. 284,20ff.

Als der primäre Ort des wahren Lebens ist der gemeinschaftliche Gottesdienst zu verstehen. Zwar ist Gottesdienst nicht auf eine bestimmte Zeit und einen bestimmten Ort (das Kirchengebäude) beschränkt, und auch seine Gemeinschaft ist nicht auf die sonntägliche Versammlung der Teilgemeinde beschränkt – das heißt aber nicht, daß der Gottesdienst als primärer Ort des wahren Lebens nicht auch und besonders den sonntäglichen Gottesdienst meint, der die Mitte des kirchlichen Lebens ist.

Der Gottesdienst ist Paradigma wahren Lebens, indem hier Raum und Zeit durch die Kommunikation Gottes mit dem Menschen bestimmt sind, die die Gemeinde vereint und den Sinn des Daseins feiern läßt.[235] Drei wesentliche Momente sind zu unterscheiden. Das erste Moment des Gottesdienstes als primärer Ort und Paradigma wahren Lebens ist die Verkündigung des dreieinigen Gottes, also seine Verkündigung als der Schöpfer der Welt und des Lebens um der Gemeinschaft willen, seine Verkündigung als der, der selbst seine Gemeinschaft mit dem Menschen ist und darin den Sinn des Ganzen erschließt, und seine Verkündigung als der Geist wahren Lebens, der diese Gemeinschaft vollzieht. Der Anspruch ist, daß sich das wahre Leben, indem es verkündigt wird und Glauben findet, auch zu verwirklichen beginnt.

Die Predigt des wahren Lebens impliziert freilich durchgängig auch die Erkenntnis und Predigt der Unwahrheit des faktischen Lebens, also der Sünde. Immer wieder muß sich die Verkündigung des wahren Lebens auf das Fürsichsein und seine Verkehrung beziehen. Überhaupt gehört zur Verwirklichung des wahren Lebens wesentlich auch der offene Konflikt wie etwa die Reflexion des Zweifels und des Nichtverstehens.

Das zweite Moment des Gottesdienstes als primärer Ort oder Paradigma wahren Lebens ist die gemeinschaftliche, antwortende Anrede Gottes im Gebet und Bekenntnis. Dabei umfaßt das Gebet den gemeinsamen Dank für das mit der Erde, der Nahrung, dem Licht usf. gegebene Geschenk des Lebens, den Dank für die erlösende Gemeinschaft Gottes mit dem Menschen, aber auch die Klage um nicht zu verstehendes Leid (etwa als Fürbittengebet) und die Bitte um den Geist, der Verstehen, Gewißheit und Vollendung bedeutet. Für die Gemeinschaftlichkeit des Gebetes steht die einheitliche Stimme: jeder spricht oder singt selbst, aber alle hören die eine Stimme der Gemeinde. Darin vollzieht sie sich.

Das dritte Moment des Gottesdienstes als Ort oder Paradigma wahren Lebens ist die Feier der Gemeinschaft Gottes mit den Menschen im Sakrament, d.h. in der Taufe und im Abendmahl Christi. Das Besondere dieser Kommunikation, die sie zum Sakrament macht, besteht darin, daß hier die zugesagte Teilhabe an der Gemeinschaft Gottes mit dem Menschen auch die Sinnlichkeit des leiblichen Lebens mit umfaßt: das Fühlen, Schmecken, ferner das Sehen. Zudem bringt sie mit Wasser, Brot und Wein die Natur paradigmatisch in ihren heiligen Sinn, Medium der Gemeinschaft mit Gott zu sein.

---

235 Gottesdienst in der Kirche ist das Geschehen, „das unser lieber Herr selbs mit uns rede[t] durch sein heiliges Wort, und wir widerumb mit jm reden durch Gebet und Lobgesang" – so predigt Luther 1544 in Torgau (WA 49, S. 588,16–18).

Auch hier wird wie in der Verkündigung überhaupt zugleich das unwahre Leben thematisch – indem seine Überwindung gefeiert wird. Die Taufe bedeutet das Sterben des alten Menschen in seiner verborgenen Einsamkeit, Angst und Lebenslüge. Und auch das Abendmahl vergegenwärtigt den Tod als Wahrheit des Sünders, gerade indem es die Gegenwart Christi feiert, in dem Gott diesen Tod auf sich genommen und so überwunden hat.

2.2.1. Wort und Sakrament

Das Sakrament gehört in den Sinnzusammenhang des gepredigten Evangeliums, das Glauben findet.

Entsprechend ist die Kirche, die menschliche Gemeinschaft wahren Lebens, nach Artikel VII der Confessio Augustana „die Versammlung aller Glaubigen, bei welchen das Evangelium rein gepredigt und die heiligen Sakrament lauts des Evangelii gereicht werden".[236]

Vermittelt sich die Gemeinschaft, die das wahre Leben ist, darin, daß sie im Namen des Mensch gewordenen Gottes zugesagt wird, so feiert das Sakrament diese Gemeinschaft in einer spezifischen sinnlichen Gestalt.[237]

Wie das menschliche Leben wesentlich Gespräch und auch seine Reflexion in sich wesentlich eine sprachliche Reflexion ist[238], so vermittelt sich der Geist der Gemeinschaft Gottes mit dem Menschen, die Christus ist, in dem menschlichen Wort, das sie verkündigt. Also ist das Sakrament vom Wort her zu verstehen – wie umgekehrt das Wort in einem weiteren Sinne sakramental zu verstehen ist.[239]

Sakrament heißt das Wort Gottes, sofern sich der kommunikative Vollzug der Gemeinschaft Christi an eine bestimmte sinnliche Gestalt der Kommunikation gebunden hat, so daß die Gegenwart Gottes zum bestimmten Geheimnis einer sinnlichen Erfahrung wird.

Daß die Kommunikation von Gott und Mensch, die Christus ist, die Bindung Gottes an eine bestimmte Gestalt der menschlichen Sinnlichkeit bedeutet, gilt grundsätzlich schon für die Verkündigung als Wort Gottes selber. Der Anspruch, den der Glaube realisiert, ist, daß Gott selbst sich in dem menschlichen Wort mitteilt, das seine Menschwerdung verkündigt: das menschliche Gespräch wird zur Kommunion, in der sich für den Glauben die Gemeinschaft Gottes als das wahre Leben ereignet – in der sich also der Geist Gottes vermittelt. Das heißt: das gesprochene, leiblich sinnliche vernehmbare Wort Gottes ist sozusagen das Ursakrament.

---

236 BSLK S. 61.
237 Das lateinische Wort *sacramentum* ist Übersetzung aus griech. mysterion, Geheimnis. Im Neuen Testament, insbesondere in der paulinischen Theologie bezieht es sich im weiteren Sinn auf die Gegenwart Gottes in Christus (vgl. neben Mk. 4,11par 1.Kor. 2,7–10; Eph. 1,8–10; 3,3–12; 5,31). Seine kultische Bedeutung ist ursprünglich in den antiken Mysterienkulten beheimatet.
238 Vgl. 2,I.2.f.
239 Eine ältere römisch-katholische Auffassung, daß das wesentliche Heilsmittel die Sakramente sind, die die als Lehre zu verstehende Predigt nur vorbereitet, verfehlt das Wesen des Evangeliums. Dagegen betont schon z.B. K. Rahner die wesentliche Einheit von Wort und Sakrament (vgl. „Wort und Eucharistie", in: Schriften zur Theologie Band 4, Einsiedeln 1960, S. 313–356, hier S. 321–323).

Zugleich läßt sich aber auch der Gegenstand des Glaubens und des Wortes, Jesus Christus, als das Ursakrament verstehen. Denn seine Verkündigung schließt ein, daß in der leiblichen Wirklichkeit eines bestimmten Menschen Gott selbst begegnete. Freilich war auch seine Begegnung als Lebender, Sterbender und Auferstandener wesentlich sprachlich; sein Geist ist Geist sprachlicher Kommunikation.

Bei der Taufe und der Feier des Abendmahls entspricht einem bestimmten Moment der Zusage der Gemeinschaft, die Christus ist, eine bestimmte Leiblichkeit bzw. ein spezifisches „Element" der Kommunikation. Die Bestimmtheit, in der hier für den Glauben die Gegenwart Christi zum Geheimnis einer sinnlichen Erfahrung wird, ist in der Einsetzung durch Christus begründet. Deshalb gehören auch die Einsetzungsworte konstitutiv zum gottesdienstlichen Vollzug der Sakramente. Doch ist diese Einsetzung nicht einfach als historisches Datum zu verstehen. Vielmehr zielt sie schon im Ursprung auf die Vergegenwärtigung von Tod und Auferstehung Christi – also auf die eschatologische Gegenwart des den Tod unseres Fürsichseins sterbenden Christus. Die Einsetzung geschieht, indem der auf das Kreuz zugehende Jesus seine eschatologische Gemeinschaft vorwegnimmt (im Gemeinschaftsmahl am Vorabend des Todes: 1. Kor. 11,23–26 und Lk. 22,15–20; Mk. 14,12–26 und Mt. 26,26–28) und indem im Auferstandenen der Gekreuzigte begegnet (Mt. 28,19f.; Mk. 16,15f.).

Gemäß der Einsetzungsworte des Abendmahles vergegenwärtigt sich der, der sich für uns gibt, der für uns stirbt, im Essen und Trinken von Brot und Wein. Dabei entspricht dem Verstehen der Aufforderung, dies zu seinem Gedächtnis zu tun, die leibliche Kommunikation.

Die Taufe vollzieht den Tod des alten Menschen und das neue Leben in der Gemeinschaft Christi als Bestimmung einer Person, als Entscheidung der Lebensgeschichte. Die persönliche Zueignung der Christusgemeinschaft, die in der Taufformel ausgesprochen ist, ist auch hier Bedeutung des leiblichen Vollzugs. Dem Täufling wird also zu Verstehen gegeben, daß diese Gemeinschaft den ganzen Menschen und nicht nur sein aktuelles Verstehen umfaßt.

Bewirkt die Feier des Sakraments die geschenkte Gottesgemeinschaft oder bezeichnet sie diese nur? Sind Taufe und Abendmahl heilsnotwendig? Indem sich die Kommunikation der Gemeinschaft Christi hier an eine bestimmte sinnliche Gestalt gebunden hat, bewirkt die sakramentale Kommunikation auch die Gemeinschaft, die sie in spezifischer Weise bedeutet – freilich nicht am Kommunizierenden selbst vorbei. Der Glauben (sei es des Pastors oder der Pastorin, sei es des Kommunikanten) ist zwar nicht für die gültige Spendung des Sakraments konstitutiv, die Gegenstand des Glaubens ist. Doch nur indem sich der Kommunizierende auf die spezifisch zugesagte Gemeinschaft verläßt, wird sie wirklich – nicht allein schon (wie es römisch-katholisch das Konzil von Trient gegen die Reformation behauptete[240]) aufgrund der sakramentalen

---

[240] Vgl. DH Nr. 1608, a.a.O., S. 523. – Die reformatorische Ansicht belegt ApCA 13,18–20, BSLK S. 294f.

Handlung des geweihten Priesters (*ex opere operato*). Damit ist das Wesen der Kommunikation Gottes mißverstanden.[241]

Die Frage nach der Heilsnotwendigkeit der Sakramente ist dann nicht abstrakt (in Abstraktion von Wort und Glauben) zu beantworten. Die Frage, ob Taufe und Abendmahl über den Glauben hinaus heilsnotwendig sind, hat das Wesen des Heils schlecht verstanden. Heilsnotwendig ist der Gesamtzusammenhang von Wort Gottes und Glaube, zu dem gemäß ihrer Einsetzung auch Taufe und Abendmahl in ihrer spezifischen Bedeutung gehören.

Die Auseinandersetzung zwischen reformatorischer und römisch-katholischer Kirche, ob es Sakramente über Taufe und Abendmahl (und Buße) hinaus gibt, ist im Kern eine Auseinandersetzung über die Christusgegenwart in der Kirche.[242] Denn wenn die Kirche als hierarchische Institution die Inkarnation Christi fortsetzte, dann wäre auch die Einsetzung der Sakramente nicht streng auf einen Ursprung in Christi Leben, Sterben und Auferstehen zu beschränken – also darauf, wie er selbst als Gründer der Kirche im Zusammenhang seines Lebens, Sterbens und Auferstehens verkündigt ist. Es wäre anzunehmen, daß die Kirche Ansätze sakramentalen Handelns Jesu Christi fortentwickelt oder ausbildet. Dagegen ist es eine reformatorische Einsicht, daß zwar die Gemeinschaft Gottes mit dem Menschen in Christus die Wahrheit der Kirche ist, daß die Kirche aber zugleich selbstkritisch realisieren muß, daß ihr Christus gegenüber ist. Denn sie unterliegt faktisch immer wieder nicht nur der geschöpflichen Notwendigkeit menschlichen Fürsichseins, sondern auch seiner Verkehrung.

Außerdem bedeuten Tod und Auferstehung Jesu Christi, daß er für uns im Glauben seiner Verkündigung, im Geist seiner Gemeinschaft präsent ist und nicht mehr auch in der Unmittelbarkeit der leiblichen Gestalt. Auch die sinnliche Unmittelbarkeit sakramentaler Kommunikation ist vermittelt im Wort des Evangeliums. Die Gestalt der institutionellen Kirche entspricht also auch nicht als solche (als Hierarchie) der leiblichen Präsenz des irdischen Jesus und setzt nicht die geschichtliche Existenz Christi fort.

Also kann sich die Kirche im Zweifel, wenn ihr Handeln fraglich ist, nicht auf die angeblich göttliche, die Inkarnation fortsetzende Geschichte der Entscheidungen der Hierarchie berufen. Vielmehr ist Christus oder der Geist seiner Gemeinschaft nur so in ihr gegenwärtig, als sie sich auf Christus als Gegenüber bezieht – also indem in ihr die Menschen in ihrem geschöpflichen Fürsichsein und als Sünder zur Selbsterkenntnis kommen und durch Verkündigung und Sakrament die Gemeinschaft erfahren, die Christus ist.

Nur in Taufe und Abendmahl hat eindeutig Christus so, wie er als Ursprung der Gottesgemeinschaft geschichtlich erschienen und verkündigt ist, diese in ihm geschenkte Gemeinschaft an einen spezifischen sinnlich kommunikativen Vollzug gebunden. Jedenfalls kann bei der Firmung, Krankensalbung, Weihe und Ehe nicht in diesem Sinn von einer Einsetzung durch Christus die Rede sein.

---

241 Das drückt sich auch darin aus, daß nicht reflektiert wird, daß gerade die beabsichtigte Betonung der Objektivität des Sakraments nur für das Verstehen des Glaubens ist.
242 Vgl. unten 4.1.

Also ist der von römisch-katholischer Seite ebenfalls auf dem Konzil von Trient im Jahr 1547 dogmatisierten Siebenzahl der Sakramente[243] evangelischerseits zu widersprechen. Zwar muß auch die Buße (in der auf das Bekenntnis der Sünde die Lossprechung folgt) als von Christus eingesetzter kommunikativer Vollzug seiner Gottesgemeinschaft gelten (vgl. Mt. 16,19; 18,18; Joh. 20,21-23), der den Kern des Evangeliums betrifft und auch in diesem Sinn gottesdienstlich zu üben ist. Doch ist hier die spezifische Sinnlichkeit fraglich, die zur sinnvollen Definition des Sakraments im Unterschied zur Predigt und Vernehmen des Wortes Gottes als solchem gehört.[244]

Die Firmung kann sich nur auf den urchristlichen, in der Apostelgeschichte berichteten, mit der Taufe verbundenen Ritus der Handauflegung beziehen (Apg. 8,14-17; 19,1-7). Zwar ist hier die Gabe des Geistes mit einem spezifischen sinnlich kommunikativen Vollzug verbunden, der im Taufgottesdienst (oder Tauferinnerungsgottesdienst) auch entsprechend zu üben ist. Doch die Einsetzung als eigenes Sakrament durch Christus fehlt.

Wird die Krankensalbung als Sakrament verstanden, erscheint dies als kirchliche Überhöhung der in Mk. 6,12f. einmal im Anschluß an die Sendung der Jünger berichteten, auf Heilung zielenden Krankensalbung. Bei Jakobus ist sie Element einer geistlichen Gemeindeordnung: die Ältesten sollen über dem Kranken beten „und ihn salben mit Öl im Namen des Herrn"; die Hilfe wird dabei dem „Gebet des Glaubens" zugeschrieben (Jak. 5,14-16). Zwar wird hier in einem spezifisch sinnlich-kommunikativen Ritus der Leib in das Vertrauen auf die Gottesgemeinschaft einbezogen. Aber auch dies ist von den Sakramenten zu unterscheiden, in denen sich diese Gemeinschaft selber für den Glauben in einer authentischen, d.h. auf den Gekreuzigten zurückgehenden Weise vermittelt.

Das Verständnis der Ehe als Sakrament ist eine kirchliche, sich im 3. Jahrhundert durchsetzende Überhöhung des Wortes Jesu von der göttlichen Fügung der Ehe (vgl. Mk. 10,2-12, weitgehend gleichlautend mit Mt. 19,3-9, ferner Mt. 5,27-32). Zwar liegt ein Wahrheitsmoment darin, daß die Ehe von Christen ein Urbild der zwischenmenschlichen Gemeinschaft sein soll, die in der neuen Gottesgemeinschaft gestiftet ist. So überformt sie insbesondere die Sexualität, in der Mann und Frau geschöpflich aufeinander bezogen und zur Familie bestimmt sind, zu einer geistigen Gemeinschaft – nach Eph. 5,21-33 entspricht die Einheit der Eheleute der Einheit der Gemeinde als Glieder des Leibes Christi.[245] In diesem Sinn ist eine gottesdienstliche Segnung der Ehe begründet. Doch kann nicht davon die Rede sein, daß sich in der Ehe gemäß ihrer Einsetzung die Gottesgemeinschaft selber in Gestalt eines sinnlich-kommunikativen Vollzugs konkretisiert.[246]

---

243 Vgl. DH Nr. 1601, a.a.O., S. 522f.
244 Melanchthon versteht die Absolution als Sakrament (ApCA 13,4; BSLK S. 292). Auch Luther kann sie wegen ihrer Einsetzung durch Christus als drittes Sakrament zählen, betont aber z.B. im Großen Katechismus, daß die Buße von der Taufe umfaßt wird. Auch wenn sie gottesdienstlich im Sinne der Einsetzungsworte zu üben ist (vgl. CA XIf.), ist sie doch nichts „anders denn ein [...] Zutreten zur Taufe" (BSLK S. 705,47ff.). Vgl. G. Wenz, Einführung in die evangelische Sakramentenlehre, Darmstadt 1988, S. 118-128.
245 Darauf bezieht sich ihre Bezeichnung als Geheimnis (mysterion) in V.32. Vgl. auch Kol. 3,18ff.
246 Das Wort Jesu von der göttlichen Fügung der Ehe besagt nicht, daß sie als solche Moment der Gottesherrschaft ist (vgl. auch Mk. 12,25 par.; 10,29f. par.) – eher liegt der Zusammenhang zwischen der Ehe und der mit Jesus kommenden Gottesherrschaft darin, daß diese auch allererst die Möglichkeit schenkt, der göttlichen Fügung zu entsprechen.

Am problematischsten ist die Annahme eines Sakraments der Weihe zum kirchlichen Amt (Diakonat und Priesteramt einschließlich Episkopat), die als besondere Teilgabe am Priestertum Christi verstanden wird. Sofern sich damit die Amtskirche als angebliche Hierarchie, als heilige Ordnung installiert, die Christus verkörpert, vergöttlicht sie sich selbst. Dem entspricht auch, daß sie sich selbst als notwendige Vermittlerin des Heils Christi in Gestalt der vom Priester gespendeten Sakramente einsetzt, die sie überdies teilweise faktisch selbst entwickelt hat. Außerdem liegt hier ein Schlüssel für das Mißverständnis, in dem die sakramentale Handlung des Priesters als solche zum Gegenstand des Glaubens wird – wenn nämlich geglaubt werden soll, daß das Sakrament auch abgesehen von Verkündigung und Glauben allein durch das Werk des Priesters (*ex opere operato*) wirklich ist. Denn die Weihe gilt als ein Grund dieser Wirksamkeit.

Die in diesem Zusammenhang beanspruchten Passagen des Neuen Testamentes widersprechen diesem Verständnis. In der Mk. 3,13–15 berichteten Berufung der Jünger ist weder von einer Weihe noch vom Priestertum die Rede. Dort, wo (wie im Hebräerbrief) das Priestertum reflektiert wird, wird vielmehr mit dem Kommen Christi das besondere Priestertum für beendet erklärt. Denn in Christus vermittelt Gott selber ein für alle Mal zwischen ihm und den Menschen. In Apg. 6,1–6 ist zwar in der Tat von einer förmlichen Ordination die Rede – Diakone (hier: Armenpfleger) werden nach ihrer Wahl durch die Gemeinde von den Aposteln mit Gebet und Handauflegung zu ihrem Dienst bestellt. Doch ist weder so etwas wie eine spezifische Selbstbindung des Mensch gewordenen Gottes an diesen sinnlich-kommunikativen Vollzug zu entnehmen noch ist überhaupt vom Priestertum die Rede. In 1.Tim. 3,1–13 heißt es lediglich, daß für Bischöfe, also die Aufseher oder Leiter der Gemeinde, sowie für Diakone – beide verheiratet – ein christlicher Lebenswandel vorauszusetzen ist; auch hier ist von einem Priestertum nicht die Rede. Das gilt auch für Passagen, die von der Gabe eines Charismas durch einen Ritus der Handauflegung (der Ältesten oder des Apostels) reden (1. Tim. 4,14; vgl. 2. Tim. 1,6). Historisch hat sich erst im 4. Jahrhundert der Gedanke durchgesetzt, daß der Träger des geistlichen Amtes Priester ist. Gleichursprünglich entwickelte sich das Verständnis des Abendmahls als eines vom Priester dargebrachten oder wiederholten Opfers (dazu unten 2.2.3.).

Im Sinn des Evangeliums zu bejahen ist nur eine Ordination in das kirchliche Amt, die mittels der Fürbitte um das dem Amt entsprechende Charisma und Handauflegung durch früher Ordinierte und Älteste erfolgt, aber nicht beansprucht, die in Glaube, Rechtfertigung und Taufe wirkliche Gnade und Christusgemeinschaft zu steigern (dazu 4.2.).

Abschließend ist an das Verständnis der Welt als Äußerung Gottes zu erinnern (s.o. III.2.3.). Wenn das Sakrament bedeutet, daß sich die Gemeinschaft Christi, indem sie sich durch seine Verkündigung selbst vermittelt, an eine bestimmte sinnliche Gestalt der Kommunikation gebunden hat, dann kann in einem weiteren Sinn gesagt werden, daß das Wort Gottes auch im Blick auf die Welt das sinnlich Wahrgenommene sakramental in Anspruch nimmt – Himmel und Erde, die Luft, die wir atmen usf. Das geschieht, indem sie im Geist der Menschwerdung Gottes als Äußerung Gottes interpretiert wird, die nicht nur unser leibliches Dasein begründet, sondern als Äußerung auch zur geistigen Wahrheit unseres Lebens gehört. Indem der Mensch die Natur als Äußerung Gottes wahrnimmt, wird sie zu einem Moment der Kommunikation von Gott und Mensch, wie sie in Christus erschlossen ist.

2.2.2. Die Taufe

In der Taufe geht es um Leben und Tod – um den Tod des alten, im Fürsichsein gefangenen, in aller Kommunikation doch nur um sich selbst kreisenden Menschen und das Auferstehen in ein neues, schließlich ewiges Leben mit Gott. Die Taufe vollzieht den Tod und die Auferstehung Christi als jemeinige Wahrheit. Sie vollzieht die Einverleibung in den lebendigen Christus – also die Zugehörigkeit zu der Gemeinschaft Gottes mit dem Menschen, die Gott selber ist. Tod und Neugeburt, Vergebung und Gabe des Geistes Gottes werden als definitive Wahrheit des jemeinigen Lebens am Glaubenden, für den Glauben vollzogen.

Indem die Taufe eine Entscheidung des Lebens des Einzelnen bedeutet, bestimmt sich in ihr aber zugleich die Identität der sichtbaren Kirche – wer zu ihr gehört und warum.

Wenn also eine bestimmte Taufpraxis theologisch problematisch ist, ist dies nicht zuletzt ein Problem der kirchlichen Identität.

Nach wie vor begründet in den meisten Fällen die Säuglingstaufe die Mitgliedschaft in der Volkskirche, wenn auch im Verhältnis zur Kinder- oder gar Erwachsenentaufe mit abnehmender Tendenz. Gleichwohl war sie zu fast allen Zeiten, in denen sie geübt wurde, auch immer wieder theologisch strittig, nicht erst seit Schleiermacher, Kierkegaard oder Karl Barth. Im Wesentlichen stellen sich hier zwei zusammenhängende Fragen. Zum einen ist zu fragen, ob schon die Säuglinge, indem sie der (vererbten) Grundsünde unterliegen, erlösungsbedürftig sind. Zum anderen ist zu fragen, ob die Säuglingstaufe nicht den Zusammenhang von Taufe und Glauben unnötig problematisiert. Welchen Sinn hat es, im Vollzug der Säuglingstaufe vom Tod des alten Menschen, von Vergebung der Sünden und Wiedergeburt zu reden, wenn dies keine Bedeutung im Glauben des Täuflings hat? Ist dieser Sinn für den Getauften nicht frühestens gegeben, wenn ihm von seiner Taufe erzählt wird? Ist der Sinnzusammenhang der Taufe damit nicht unnötig auseinandergerissen? Denn die Taufe vollzieht als Handlung am Glaubenden und für den Glauben, als Bestimmung des Lebens des Glaubenden, was der Glaube in ihm bedeutet.[247]

Diesen theologischen Fragen entspricht eine praktisch theologische Problematik. Die Praxis der Säuglingstaufe, wie sie z.B. in den Agenden der Landeskirchen gedacht ist, lebt davon, daß der Sinnzusammenhang der Taufe für den Glauben, auch wenn er noch nicht im Hinblick auf den Säugling realisiert ist, doch immerhin im Taufbegehren der Taufeltern gewahrt ist. So gilt als Bedingung auch der Säuglingstaufe das Taufgespräch, die stellvertretende christliche Unterweisung, die auch das stellvertretende Glaubensbekenntnis durch Eltern, Paten und Gemeinde zum Gegenstand hat und auf eine zum Glauben führende Erziehung des Täuflings zielt. Nun besteht aber offensichtlich eine Diskrepanz zwischen dem biblischen und auch theologisch relativ einheitlich tradierten Sinn und Wesen der Taufe und den realen Motiven zur Säuglingstaufe bei der überwiegenden Zahl der Taufeltern. Aufschlußreich sind hier die repräsentativen EKD-Mitgliedschaftsumfragen seit 1972. Der biblisch-theologische Sinn der Taufe, auch im weitesten Rahmen

---

247 Entsprechend redet etwa Luther in seiner Vorrede zum Römerbrief vom Glauben ebenso wie sonst von der Taufe: „Glaube ist ein göttlich werck in uns, das uns wandelt und new gebirt aus Gott, [...], Und tödtet den alten Adam, machet uns gantz ander Menschen von hertzen, mut, sinn, und allen krefften, und bringet den heiligen Geist mit sich." WA DB 7, S. 11,6–9.

genommen, spielt in der Mehrzahl der Fälle nicht die entscheidende Rolle, wenn Eltern für ihre Kinder die Taufe begehren. Denn der Wunsch nach Segnung, göttlichem Schutz, der Dank gegenüber Gott für das Kind kann zwar tiefsten christlichen Sinn haben – das Wesen der Taufe ist so aber noch nicht bezeichnet. Das Bedürfnis nach einem Schwellenritual für die Familie, wenn ein Kind geboren wurde, und nach der christlichen Gestaltung dieses Rituals stellt ein berechtigtes Anliegen an die Kirche dar – doch mit dem Sinn der Taufe hat es wenig zu tun. Ist es aber nicht der Sinn der Taufe, der zur Taufe führt, dann ist die Annahme, daß wenigstens der Kontext von stellvertretendem Glauben und einer auf Glauben zielenden Erziehung den Sinnzusammenhang von Taufe und Glaube wahrt, problematisch. Offensichtlich steht der Sinn der mit der Taufe begründeten Kirchenmitgliedschaft selber in Frage.

Auf den irdischen Jesus ist die christliche Taufe nicht zurückzuführen – d.h. er brachte zwar, indem er das Anbrechen des Reiches Gottes verhieß, Menschen zur Umkehr, vergab Sünden im Namen Gottes, aber erst mit Kreuz und Auferstehung ist die eschatologische Gemeinschaft Gottes mit dem Menschen, an der die Taufe Anteil gibt, als solche erschienen.

Der Taufbefehl des Auferstandenen Mt. 28,19f. wird in der überlieferten Form zwar auf matthäische Redaktion zurückgeführt, gleichwohl ist eine Einsetzung der christlichen Taufe im direkten Zusammenhang mit der Ostererfahrung anzunehmen. Eine Voraussetzung dafür ist freilich, daß der irdische Jesus die eschatologische Bußtaufe des Johannes zur Vergebung der Sünden bejahte und auf seine Verkündigung der Gottesherrschaft bezog, indem er sich von ihm taufen ließ (Mk. 1,4.9–11 par.).

Die verschiedenen im Neuen Testament gegebenen Ansätze zu einer Tauflehre sind ganz überwiegend kompatibel. Taufe und Glaube sind dabei nicht zu trennen. Es ist der sich notwendig im Bekenntnis äußernde Glaube[248], der unmittelbar, d.h. dem Sinn nach, in dem er sich empfangen hat, die Taufe begehrt. Der Glaube bedeutet zunächst eine Umkehr, die sich der Offenbarung des Erhöhten[249] bzw. seiner Verkündigung verdankt und als solche unmittelbar die Besiegelung und definitive Realisierung in der Taufe anstrebt.

In der Taufe vollzieht sich die Wahrheit des Glaubens, die Zugehörigkeit zu Christus, als Bestimmung des ganzen Lebens – zum einen, als Abwaschen oder Bad[250], die Vergebung der Sünden[251], zum anderen die definitive Gabe des heiligen Geistes der Gemeinschaft Gottes mit dem Menschen[252], die als Bestimmung des ganzen Lebens eine Wiedergeburt bedeutet[253].

In der Sprache des Rechts bedeutet die Taufe einen Herrschaftswechsel: Durch die Taufe auf den Namen oder im Namen Jesu Christi[254] wird der Täufling

---

248 Zum Verhältnis von Glaube und Bekenntnis vgl. Röm.10,9.
249 Vgl. Gal.1,15f.
250 Vgl. 1. Kor. 6,11; Apg. 22,16; Tit. 3,5; Eph. 5,26; Hebr. 10,20.
251 Vgl. Apg. 2,38; 10,43; 22,16; Röm. 6,6; Kol. 2,13; Eph. 5,26f.; 1. Petr. 3,21; 2. Petr. 1,9; Hebr. 9,16; 10,22; Tit. 3,3–6.
252 Vgl. Apg. 2,38; 1.Kor. 6,11; 12,13 u.ö.
253 Vgl. Joh. 3,5; 1. Petr. 1,3.23; ferner 2. Kor. 5,17.
254 Vgl. etwa Apg. 2,38; 8,16; 10,48; 19,5; vgl. Gal. 3,26–29.

seiner Herrschaft unterstellt und darin durch den Geist Gottes versiegelt bis zur Vollendung in der Ewigkeit Gottes.[255] Nichts anderes bedeutet die Aufnahme in die Gemeinde als den Leib Christi[256], also in die menschliche Gemeinschaft, deren Haupt Christus ist und in der der Geist der Gemeinschaft Gottes mit dem Menschen das Leben zur gegenseitigen Hingabe bestimmt.

Theologisch durchreflektiert und konzentriert erscheint die Bedeutung der Taufe in Röm. 6,3–14 und ff.: Die Taufe vollzieht den Tod des alten, um sich selbst kreisenden Menschen als Taufe „in seinen [Christi] Tod". Sie vollzieht die Nichtigkeit des im Fürsichsein gefangenen Lebens – aber dies für den Glauben, d.h. in dem Vertrauen, daß Gott in Christus diese Nichtigkeit des Fürsichseins auf sich genommen und so überwunden hat.

„So sind wir ja mit ihm begraben durch die Taufe in den Tod, damit, wie Christus auferweckt ist von den Toten durch die Herrlichkeit des Vaters, auch wir in einem neuen Leben wandeln. Denn wenn wir mit ihm verbunden und ihm gleichgeworden sind in seinem Tod, so werden wir ihm auch in der Auferstehung gleich sein." (Röm. 6,4f.)

Das Auftauchen aus der Taufe bedeutet so den Beginn des neuen Lebens in der Gemeinschaft, die mit der Auferweckung des Gekreuzigten erschienen und verkündigt ist.

Der Vorbehalt, daß das Gleichsein in der Auferstehung auch noch aussteht, entspricht in V. 11ff. dem Imperativ, den Tod des in seinem Fürsichsein gefangenen Menschen auch immer wieder zu realisieren und „Gott zu leben in Christus Jesus" – als Moment der Gemeinschaft, die Christus ist. Das richtet sich gegen die Vorstellung einer mit der Taufe einfach vorhandenen, habituellen Sündlosigkeit. Aktuell realisiert ist die Gottesgemeinschaft nur im Sichverlassen des Fürsichseins. Das sich notwendig wiederherstellende Moment des Fürsichseins enthält aber auch die Möglichkeit der erneuten Verkehrung, indem es sich festhält. Darauf spricht der Imperativ den Menschen an.[257]

Im Grunde besteht hier kein Widerspruch zu dem späteren, parallelen Text Kol. 2,12f., der im Zusammenhang mit 3,1–4 zu sehen ist: hier wird zwar die Taufe nicht nur als Mitsterben mit Christus, sondern auch als im Glauben gegenwärtiges Auferstandensein betont. Zugleich aber wird festgehalten, daß dieses „mit Christus" Auferstandensein auch „mit Christus verborgen ist in Gott" – und zwar in dem Sinn, daß sich daraus (in V.5ff.) wiederum der Imperativ ergibt, diesem wahren Sein, was der Mensch nicht in sich, sondern in Christus hat, zu entsprechen.

Was nun die Taufe an sich, abgesehen vom Glauben bedeutet; und ob bereits der Glaube an sich, abgesehen von der Taufe, die Vergebung und den Geist empfängt, das sind auf neutestamentlicher Ebene kaum sinnvolle Fragen. Sie setzen die spätere, allgemeine Praxis der Säuglingstaufe voraus.[258]

---

255 Vgl. 2. Kor. 1,21f.; Eph. 1,13f.; 4,30.
256 1. Kor. 12,12ff.; vgl. Gal. 3,27f.
257 Vgl. oben 2.1.3. sowie unten 3.1f.
258 Freilich schließt die vereinzelt berichtete Taufe ganzer Häuser die Säuglingstaufe auch in neutestamentlicher Zeit als Randerscheinung nicht aus – vgl. die sog. oikos-Formel in 1. Kor. 1,16; Apg. 16,15.31–34; 18,8. Schon Luther und Calvin berufen sich darauf.

Die Säuglingstaufe war wohl spätestens seit dem 5. Jahrhundert die Regel. Die ursprüngliche Motivation ihrer zunächst nur gelegentlichen Ausübung ist nicht dokumentiert; neben dem Bedürfnis nach familiärer Gemeinschaft im christlich verstandenen wahren Leben gehört dazu insbesondere in judenchristlichen Kreisen vermutlich auch der Ersatz für die jüdische Beschneidung, die auch später immer wieder zur Begründung der Säuglingstaufe mit herangezogen wurde.

Von entscheidender Bedeutung war im Westen des Reiches Augustins Tauf- und Erbsündenlehre, wie sie sich im pelagianischen Streit ausbildete. Im pelagianischen Sinn sprach die Unschuld der Neugeborenen, die sich noch nicht für das Böse entscheiden können, gegen die Notwendigkeit der Säuglingstaufe. Der systematische Grund für die Unschuldsvermutung liegt hier also darin, daß ein sich souverän zwischen Sünde und Heil entscheidendes Subjekt vorausgesetzt wird. Dem entspricht eine pelagianische Affinität zur Taufe eines sich dazu entscheidenden Subjekts. Augustin dagegen sah tiefer: das *peccatum originale*, die Grund- oder Erbsünde ist eine Verkehrung des Subjekts selber, welches dem Gesetz des Nachsichselbstlebens unterliegt (vgl. 3,I.1.). Eine Übertragung dieser Verkehrung zwischen den Generationen kann Augustin allerdings im wesentlichen nur als natürliche verstehen. Die Grundverfassung des Menschen in Geist, Seele und Leib gilt als schon mit Zeugung und Geburt bestimmt – solange, bis Gott eingreift. Also müssen auch schon die Säuglinge dem *peccatum originale* unterworfen sein. Die gegebene Praxis der Säuglingstaufe ist für ihn ein Beleg für diese Auffassung, die wiederum, indem sie nun erstmals die Heilsnotwendigkeit der Taufe für Säuglinge in aller Deutlichkeit formuliert, entscheidend auf die Praxis zurückwirkt.[259] Was den Sinnzusammenhang von Taufe und Glauben angeht, behilft Augustin sich etwa mit dem Gedanken, daß die Kinder kraft des Sakraments und des Glaubens derer, die sie zur Taufe bringen, zu den Gläubigen gezählt werden können.

Erstaunlich ist, daß dieser ursprünglich konstitutive Zusammenhang von Erbsündenlehre und Säuglingstaufe in neueren systematischen Untersuchungen oft völlig übergangen wird.

Weil in der Reformationszeit wiederum der Glauben als Zentrum des Streits um das wahre Leben, die wahre Kirche erfahren wurde, wurde die Säuglingstaufe erneut strittig. Luther bewahrt die Dialektik zwischen der Taufe als sakramentalem Gegenstand des Glaubens einerseits und dem Glauben andererseits, bejaht aber weiterhin die Säuglingstaufe.

Die Taufe „wirket Vergebung der Sunden, erlöset vom Tod und Teufel und gibt die ewige Seligkeit allen, die es gläuben, wie die Wort und Verheißung Gottes lauten."[260] Sie tötet den alten Menschen und wirkt die Auferstehung des neuen, und zwar so, daß der Glaube beides täglich aneignet.[261] Diese Wirkung hat die Taufe in der Einheit von Wasser und Wort Gottes, die als solche Gegenstand des Glaubens ist. „Wasser tuts freilich nicht, sondern das Wort Gottes, so mit und bei dem Wasser ist, und der Glaube, so solchem Wort

---

259 Das erste große Dokument für die Rückwirkung von Augustins Lehre auf die Praxis ist das Konzil von Karthago im Jahre 418, welches die Bestreitung der Säuglingstaufe anathematisiert, da schon die Kinder der Sünde Adams und so der Verdammnis unterlägen: vgl. DH Nr. 222f., a.a.O., S. 106f.
260 BSLK, S. 515,38–516,2 (Kleiner Katechismus); vgl. S. 699,41 (Großer Katechismus).
261 Ebd. S. 704,27ff. 40f.

Gottes im Wasser trauet".[262] Indem das Wort Gottes mit dem Wasser ist, ist die Taufe Werk Gottes bzw. Christi selbst.[263] Grundlegend dafür ist die Einsicht, daß Gott uns sein Heil nicht unmittelbar, sondern überhaupt durch die sinnliche Äußerlichkeit vermittelt, in der wir leben. Es „muß äußerlich sein, daß man's mit Sinnen fassen und begreifen und dadurch ins Herz bringen könne, wie denn das ganze Evangelion ein äußerliche mündliche Predigt ist."[264]

Auch Luthers Stellung zur Säuglingstaufe ist zunächst einfach in der Vorstellung begründet, daß die Erbsünde schon über die Säuglinge herrscht. Bis im späten 18. Jahrhundert der Gedanke eines sich entwickelnden Bewußtseins und Selbstbewußtseins aufkam, wurde diese Vorstellung kaum bestritten. Konkreter aber ist entscheidend, wie er das Verhältnis von Taufe, Glaube und Rechtfertigung näher bestimmt.

Zum einen, in Auseinandersetzung mit einer ins Magische reichenden Auffassung von der Taufe als *opus operatum*, betont Luther, daß der Glauben für die Wirksamkeit (nicht aber Gültigkeit) der Taufe konstitutiv ist. Nur der Glaube macht würdig, das „göttliche Wasser nützlich zu empfahen"; „Ohn Glauben ist es nichts nütz" und „was nicht Glaube ist, […] empfähet auch nichts".[265] In einer Predigt von 1522 kann Luther sogar den Grenzfall annehmen, daß auch der Glaube an das Evangelium ohne Taufe zum Heil zureichend ist. „dann wa das Euangelium ist, da ist auch tauff […] dann die verdamnus folgt […] allain dem unglauben."[266] Die Säuglingstaufe ist also im Vollzug nur dann nicht nur gültig, sondern auch ‚nützlich', wenn angenommen werden kann, daß der in der Taufe handelnde Christus im Kind, obgleich es ohne Sprache und Vernunft ist, auch Glauben und Geist wirkt[267], oder daß, im Augustinzitat, die *fides aliena* derer, die die Kinder zur Taufe bringen, den Kindern zuzurechnen ist.[268]

Zum anderen betont Luther gegen die Wiedertäufer, daß der Glaube die Taufe nicht macht, sondern empfängt. Sie sei „nicht an unsern Glauben, sondern an das Wort gebunden" und bleibt „allezeit recht und in vollem Wesen", auch wenn der Getaufte „dazu nicht rechtschaffen gläubte".[269] Freilich ist dies nur ein Argument für die Gültigkeit, nicht den Sinn der Säuglingstaufe. Der Sinn der Taufe entfaltet sich eben darin, im Glauben empfangen zu werden. Gerade die Betonung der Gültigkeit der Taufe ohne Glauben zielt auf nichts anderes als die Gewißheit ihrer Bedeutung für den Glauben. „auff den glawben sol man sich nicht teuffen lassen" „und sich auff den glawben verlassen"[270]; vielmehr muß „der

---

262 BSLK, S. 516,13–16 (Kleiner Katechismus); vgl. S. 515,25–27 und S. 449,16f. (Schmalkald. Artikel).
263 BSLK, S. 692,26f. (Großer Katechismus).
264 BSLK, S. 697,4–8 (Großer Katechismus).
265 BSLK S. 697,30ff. (Großer Katechismus); vgl. die noch stärkere Formulierung WA 17/II, S. 81,3ff. (Fastenpostille 1525).
266 WA 10/III, S. 142,18–27.
267 Vgl. z.B. WA 26, S. 156,32ff. (Von der Wiedertaufe 1528).
268 Vgl. WA 6, S. 538,4ff. (De captivitate Babylonica 1520).
269 BSLK S. 701,30ff.; S. 703,34ff. (Großer Katechismus).
270 WA 26, S. 164, 39ff. (Von der Wiedertaufe).

Glaube etwas haben [...], das er glaube, das ist, daran er sich halte".[271] Daß sich der Mensch auf das gegebene Wort Gottes, die Zusage der Gemeinschaft verläßt und sich darin gerechtfertigt weiß, hat hier die spezifische Bestimmung, daß er sich auf die je eigene Taufe verläßt.

Dieser Skopus der Objektivität der Taufe für den Glauben liegt wiederum in der Erfahrung des sich wiederherstellenden Fürsichseins sowie der nach der Taufe wieder auftretenden Erbsünde. Zwar ist das Werk der Taufe die Tötung des alten, um sich selbst kreisenden Menschen. Doch muß sie im Glauben täglich angeeignet werden, der alte Mensch täglich durch Buße ersäuft werden und so der neue Mensch auferstehen. Indem der Glaube auf die je eigene Taufe zurückkommt, wird ihm „Geist und Kraft" dazu gegeben.[272] Die Reflexion, daß der Glaubende sich nicht auf seinen Glauben verlassen kann, sondern hier auf die Taufe als Glaubensgegenstand, rekurriert also auf das sich auch im Glaubenden stets neu vorfindende und von sich aus verkehrende Fürsichsein.

Wenn aber zum einen die Unabhängigkeit der Taufe vom Glaubensbewußtsein gerade eine Reflexion des Glaubens angesichts des sich wiederherstellenden Fürsichseins ist, zum anderen aber die Verkehrung des Fürsichseins (die Erbsünde), von der die fortwährend anzueignende Taufe befreit, wesentlich als Unglauben erscheint – ist dann eine überhaupt nicht im Glauben bezogene Taufe nicht doch unwirklich? Keine Sünde kann den getauften Christen „verdammen, außer allein der Unglaube", der die göttliche Verheißung in der Taufe Lügen straft, statt in sie zurückzukehren.[273]

Festzuhalten ist, daß auch die Säuglingstaufe gültig ist, wenn sie einsetzungsgemäß, d.h. mit Wasser „auf den Namen des Vaters und des Sohnes und des heiligen Geistes" (Mt. 28,19) vollzogen ist. Daß sie gültig ist heißt, daß die in ihr als Bestimmung des persönlichen Lebens vollzogene Zugehörigkeit zur Gemeinschaft Christi verläßlicher Gegenstand des Glaubens und deshalb von der Gemeinschaft der Gläubigen (der Kirche) anerkannt ist. Gott handelt in der Taufe. Doch die so vollzogene Zugehörigkeit, die mit der Taufe Gegenstand des Glaubens ist, ist auch nur als Gegenstand des Glaubens für mich wirklich.[274] Zwar kann sich der Mensch im Moment des Zweifels, also des sich wiederherstellenden Fürsichseins auf sein Getauftsein verlassen. Doch eben dieses Sichverlassen realisiert, worauf es sich verläßt. Oder besser gesagt: durch den Glauben realisiert sich, was er empfängt. Der Glaube ist ja nicht nur subjektives Bewußtsein eines objektiven Sachverhaltes. Er ist Wirklichkeit des Geistes, der sich in mir unterscheidet in meinen Glauben und den geglaubten Gegenstand: die Zugehörigkeit zu Christus.

---

271 BSLK S. 696,32–34 (Großer Katechismus).
272 BSLK S. 706,3–17 (Großer Katechismus). Vgl. S. 704,27–48; S. 705,31f.; S. 516,32–38; WA 6, S. 535,10f.
273 *Nulla enim peccata eum possunt damnare, nisi sola incredulitas.* WA 6, S. 529,11ff. (De captivitate Babylonica).
274 Daß die jemeinige Rechtfertigung vor Gott in der ‚fremden Gerechtigkeit' Christi liegt, läßt sich nicht dahingehend übertragen, daß im Fall der Säuglingstaufe auch der ‚fremde Glauben' von Eltern, Paten oder Gemeinde den Zusammenhang wahrt. Gerade die fremde Gerechtigkeit ist meine Rechtfertigung nur, indem ich selbst sie glaube.

Zwar ist der Skopus der Taufe als Gegenstand des Glaubens gerade, daß sie ein objektives Datum der Lebensgeschichte ist. Gleichwohl ist sie dieser Gegenstand nur, indem ihre Wahrheit den Glaubenden ergreift.[275]

Das Problem der Säuglingstaufe besteht dann darin, daß der Sinnzusammenhang, den der Glaube mit der Taufe realisiert, zum Zeitpunkt der Taufe nicht gegeben ist: der Tod des alten Menschen, Vergebung, Wiedergeburt usf. – nicht im Blick auf die Täuflinge, und oft auch nicht im Blick auf das Taufbegehren der Eltern, in deren Glaubensleben die Kinder hineinwachsen.

Die ursprüngliche Begründung der Säuglingstaufe lag in der bis zum 18. Jahrhundert herrschenden Gestalt der Erbsündenlehre, der gemäß das Erbe bereits mit Zeugung und Geburt gegeben ist, also auch die Säuglinge seinem Unheil unterliegen. Demgegenüber werden die meisten anderen theologischen Begründungen der Säuglingstaufe zum Surrogat – auch etwa der, daß sich hier das Empfangen der Taufe durch den Glauben oder überhaupt die Voraussetzungslosigkeit der geschenkten Gottesgemeinschaft deutlich ausdrückt. Die Auffassung, daß die Taufe des Glaubenden dies weniger ausdrückt, setzt das Mißverständnis dessen, was Glauben ist, geradezu voraus. Zwar ist in der Tat mit der Erbsünde des menschlichen Umsichselbstkreisens zu rechnen, das theologisch Unglauben bedeutet (3,I.). Doch ist eine quasi materielle, biologisch erscheinende Vorstellung der Vererbung einer primär geistigen Struktur anthropologisch nicht mehr plausibel – so daß sich auch aus diesem Grunde ganz andere Deutungen und Motive der Säuglingstaufe in der Volkskirche verselbständigen konnten.

Dem, daß für den Säugling der Sinnzusammenhang von Taufe und Glauben nicht gegeben ist, entspricht sogleich, daß die Struktur der Grund- oder Erbsünde noch nicht gegeben ist, daß noch kein alter Mensch im Sinne von Röm. 6,6 da ist, der in der Taufe mit Christus ‚zu kreuzigen' wäre.

Wenn „beim Kleinkind" mit der Offenheit für „ein unbegrenztes Vertrauen" zu rechnen ist[276] (was eine unschuldig leibliche Selbstbezogenheit nicht ausschließt), so ist das eher der Hinweis auf einen ontogenetischen Urstand, als daß es die Säuglingstaufe begründet.

Der vorgetragenen Anthropologie und Sündenlehre entsprechend ist erst das Entstehen der elementaren Sprachfähigkeit als die Zeit anzunehmen, in der das Kind in das Erbe des menschlichen, geistigen Umsichselbstkreisens hineinwächst (3,I.3.).

Das grundlegende Umsichselbstkreisen im Verhältnis zum Anderen konstituiert sich in dem Medium, was überhaupt Medium identitätsbildender Kommunikation ist, d.h. primär in Gestalt des sprachlichen Selbst- und Weltverständnisses. Wie wir Kinder und Erben Gottes werden, Miterben Christi (Röm.8,17), nämlich durch das Wort, welches das tödliche Umsichselbstkreisen durchbricht, so wurden wir anders auch Erben dieses Umsichselbstkreisens selbst, nämlich im Medium des von ihm usurpierten sprachlichen Verstehens.

---

[275] Ist dies einmal geschehen, so bleibt dies freilich die wahre Bestimmung des Lebens in Christus, auch wenn der Glaube verloren geht.
[276] W. Pannenberg, Systematische Theologie 3, Göttingen 1993, S. 293.

Es ist also anzunehmen, daß der Sinnzusammenhang der Taufe dann für den Täufling im gottesdienstlichen Vollzug gegeben (und somit auch für die anderen Beteiligten plausibeler) ist, wenn er wenigstens auf elementare Weise die Taufverheißung versteht und auf die Tauffrage antworten kann – mit Gregor von Nazianz gesprochen etwa im 3. Lebensjahr.[277] Das Auseinanderfallen von Taufakt und Aneignung im Glauben wäre jedenfalls nicht prinzipiell gegeben.[278]

Freilich spricht nach wie vor für die Säuglingstaufe, daß sie für die kirchliche Gemeinschaft die Zugehörigkeit des Kindes eindeutig vollzieht. Zwar könnte gemäß 1. Kor.7,14, dem Mitgeheiligtsein der Kinder, und vielleicht auch Mk. 10,13–16, der Kindersegnung durch Jesus, mit der Segnung des Neugeborenen eine Kirchenzugehörigkeit verbunden sein, die später mit der Taufe zu erneuern wäre. Doch ist die Verbindlichkeit, Eindeutigkeit und infolge dessen auch die Akzeptanz einer solchen Kirchenzugehörigkeit der Neugeborenen fraglich.

2.2.3. Das Abendmahl

Die Gemeinde, die Kirche feiert im Sakrament des Abendmahls die Kommunikation Gottes mit dem Menschen, die sie zur Gemeinschaft macht. Für den Glauben, der sich auf die im Gottesdienst wiederholten Einsetzungsworte Jesu am Vorabend seines Todes verläßt, vollzieht sich hier auch leiblich die Gegenwart Christi – also die Gegenwart Gottes, der in Christus die Verlorenheit des menschlichen Fürsichseins auf sich nahm und selbst seine Gemeinschaft mit dem Menschen ist.

Was bedeutet die Gegenwart eines Anderen? Die Gegenwart eines Anderen ist nicht einfach objektives Dasein im Raum. Die Gegenwart eines Anderen bedeutet sein Dasein für mich (oder uns); Gegenwart des Anderen ist zugleich meine Gegenwart. Denkbar ist auch eine Gegenwart des Anderen, um die ich nicht weiß, weil er verborgen ist – deren Erkennen oder Nichterkennen aber mein Leben bestimmt. Schließlich ist entscheidend, ob die Gegenwart des Anderen stumm oder beredt ist. Ist sie stumm, bestimmt der Andere mich gerade dadurch, daß er sich der Mitteilung verweigert. Erst im Gespräch wird die Gegenwart konkret. Es ist dann sogar möglich, daß sich der Andere mitteilt und so gegenwärtig ist, obwohl er optisch (als Gestalt im Raum) nicht gegenwärtig ist. Für die Feier des Abendmahls ist von einer Gegenwart zu reden, die durch das Wort vermittelt ist und zugleich, obwohl der Andere nicht als Gestalt im Raum zu identifizieren ist, eine leibliche (sinnliche) Erfahrung ist.

---

277 Oratio in sanctum baptisma (381); orat. 40,28.17 = MPG 36, Sp. 400.
278 Was aber wäre dann mit dem legitimen Bedürfnis von Eltern nach einem kirchlichen Schwellenritual bei der Geburt eines Kindes, mit dem legitimen Wunsch nach einer Segnung des Kindes und auch seiner Aufnahme in die Gemeinde? Hier bietet es sich an, noch einmal die Möglichkeit zu bedenken, eine Segnung des neugeborenen Kindes durchzuführen. Die Agende eines solchen Gottesdienstes könnte nahezu bis auf den Taufakt selbst dem Taufgottesdienst entsprechen. Sie könnte also auch die *obsignio crucis* umfassen (auf die eine spätere Taufe zurückzukommen hätte), das Sprechen des Glaubensbekenntnisses, im Sinne eines beginnenden Katechumenats die Verpflichtung von Eltern und Paten zu christlicher Erziehung sowie die Verkündigung, daß das Heil Christi auch für diesen Säugling gilt.

Die Gegenwart Christi in der Feier des Abendmahls besteht in einer zugleich sprachlichen und leiblichen Kommunikation, die Gemeinschaft herstellt – sie vollzieht eine auch dem Leib umfassende Zugehörigkeit zu Christus. Durch das Sprechen, Hören und Glauben der Einsetzungsworte wird das Essen des Brotes und das Trinken des Weins zur Kommunikation mit Christus, der sich (seinen Leib) hingab und unseren Tod starb. Das Sichverlassen auf die Verheißung der gesprochenen und gehörten Einsetzungsworte realisiert, was verheißen ist: die Selbstvergegenwärtigung Christi im Essen des Brotes und Trinken des Weins. Seine leibliche Gegenwart ist also seine Gegenwart in leiblicher, den ganzen Menschen umfassender Kommunikation.

Zunächst sind knapp die Einsetzungsworte zu interpretieren, und zwar hier im Ausgang von der ältesten Version in 1. Kor. 11,23–26[279]:

„Der Herr Jesus, in der Nacht, da er verraten wurde, nahm er das Brot, dankte und brachs und sprach: Das ist mein Leib für euch; das tut zu meinem Gedächtnis. Desgleichen nahm er auch den Kelch nach dem Mahl und sprach: Dieser Kelch ist der neue Bund in meinem Blut; das tut, sooft ihr daraus trinkt, zu meinem Gedächtnis. Denn sooft ihr von diesem Brot eßt und aus dem Kelch trinkt, verkündigt ihr den Tod des Herrn, bis er kommt."

Schon das Sicheinsetzen Jesu für das Reich Gottes, sein Predigen und Handeln im Namen des kommenden Gottes ist als Selbsthingabe zu verstehen, in der sich dieses Kommen Gottes ereignet. Seinen Tod, also die vollendete, leibliche Hingabe des Fürsichseins für die Vielen (vgl. Mk. 14,24), verkündigt Jesus entsprechend als den definitiven Durchbruch der Gottesgemeinschaft[280] – der neue Bund kommt in seinem Tod. In dieser Erwartung seines Todes feiert Jesus eben diese Gottesgemeinschaft mit seinen Jüngern, im Abendmahl.

Im Blick auf die Überlieferung ist das geschichtliche Abendmahl Jesu kaum von seinem nachösterlichen Verständnis zu unterscheiden. Auch eine genaue Zuordnung, inwiefern Jesus selber seinen Tod und das Abendmahl auf dem Hintergrund des jüdischen Passamahls oder auch des Dankopfermahls (Todamahls) verstand und inwiefern es die nachösterliche Gemeinde so verstand, ist kaum sinnvoll zu treffen.[281]

Die (bei Mk. und Mt. fehlende) Aufforderung, dies zu seinem Gedächtnis zu wiederholen, setzt voraus, daß auch nach seinem Tod die Gottesgemeinschaft zwar definitiv offenbart und in die Geschichte gekommen, aber in der Zeit nur vorweggenommen ist. Die zeitlich begrenzte Erscheinung des Auferstandenen hat das Gekommensein Gottes zum Menschen offenbart, das den Tod und die Gefangenschaft im Fürsichsein überwindet; sie hat den Geist dieser Gemeinschaft hervorgebracht – zugleich aber steht die eschatologische Vollendung und Wie-

---

279 Ihr entspricht Lk. 22,15–20. Symmetrisch durchgearbeitet erscheint der Wortlaut dann Mk. 14,22–25; hier ist die Rede vom „Blut des Bundes, das für viele vergossen wird" – Mt. 26,26–28 ergänzt: „zur Vergebung der Sünden".
280 Vgl. oben 3,II.2.2., S. 138f.
281 Im Todamahl wird die Errettung aus dem Tod gefeiert: nach dem stellvertretenden Tod des Opfertieres, der für den eigenen Tod des Sünders steht, wird unter Gebet mit Brot und Wein und Verzehr des Opferfleisches Gott für das neue Leben gedankt.

derkunft aus. Ist der auferstandene Jesus als Christus oder Sohn Gottes offenbar, also Gott selbst in seiner Gemeinschaft mit dem Menschen, so realisiert in dieser Zwischenzeit die Feier des Abendmahls auch leiblich die Gegenwart Christi, und zwar als Geheimnis der Wahrheit des ganzen Menschen. So realisiert sie das Anteilhaben an Christus, das die Ewigkeit seiner Gemeinschaft (seine Wiederkunft) vorwegnimmt. Brot und Wein vergegenwärtigen die Hingabe des Fürsichseins Jesu als die Hingabe, in der Gott in die Verlorenheit unseres Fürsichseins kam. Der Sinn der Stellvertretung seines Todes ist ja diese Hingabe für uns: indem er im Namen des kommenden Gottes sich für uns hingab, kam Gott zu uns. Dabei setzt, wie anders auch bei der Taufe, die wirkliche Kommunikation die Selbsterkenntnis in der Verlorenheit des Fürsichseins, das Sich-Erkennen in dem Menschen am Kreuz voraus: Gedächtnis im Vollsinn.

In dem Satz „Das ist mein Leib für euch" bedeutet das Wort Leib (gr. soma) nicht das Fleisch im Gegensatz zum Geist, sondern den ganzen Menschen, sein Leben. Und der Satz „Dieser Kelch ist der neue Bund in meinem Blut" spricht zwar auch die Sprache des alttestamentlichen Opferkultes, in dem das Opfer stellvertretend zur Vergebung der Sünde stirbt (vgl. noch 1. Kor. 15,3; Mt. 26,28), wendet dies aber dahin, daß in seiner Selbsthingabe für uns (für die „Blut" hier steht) Gott ein für alle Mal in unsere Verlorenheit kommt und so die Schuld des verkehrten Fürsichseins vergibt – was das Trinken aus dem Kelch des neuen Bundes vergegenwärtigt. Der Kelch „ist die Gemeinschaft des Blutes Christi", das Brot „ist die Gemeinschaft des Leibes Christi" (1. Kor. 10,16–18) – die Gemeinschaft Gottes mit dem Menschen, die Christus ist, vergegenwärtigt sich in leiblicher Kommunikation.

Die Differenzen zwischen dem evangelischen und dem römisch-katholischen Verständnis des Abendmahls konzentrieren sich heute weitgehend auf die Frage, welche Rolle das kirchliche Amt spielt.

Das Verständnis des Abendmahls als Meßopfer[282], das die Reformatoren als Verkehrung des Ursprungssinns kritisierten, wurde teilweise 1562 im Konzil von Trient bekräftigt: In der Messe wird ein Sühnopfer vollzogen; der Christus, der „ein für allemal sich selbst blutig opferte", wird „unblutig geopfert" (*incruente immolatur*); sein Opfer wird wiederholt. Durch dieses Sühnopfer, welches der Priester darbringt, wird Gott versöhnt (*oblatione placatus*) und vergibt die Sünden.[283] In der Tat scheint hier das Opfer Christi zur Vergebung der Sünde, also die Selbsthingabe Gottes für uns, zu einem Akt des kirchlichen Amts verkehrt. Letztlich mußte diese Annahme auch das Priesteramt als von den Laien unterschiedenen Stand begründen. D.h. zugespitzt: In dem Verständnis, daß der Priester durch den Vollzug des Opfers die Sündenvergebung vermittelt, setzte sich die Kirche an die Stelle des sich selbst vergegenwärtigenden Christus.[284] Das Selbstverständnis des kirchlichen Amtes, so die Christusgegenwart für die Gemeinde zu vermitteln, entspricht dann der Annahme, daß das hierarchische Amt als solches gegenüber der Gemeinde

---

282 Vgl. detaillierter G. Wenz, Einführung in die evangelische Sakramentenlehre, Darmstadt 1988, S. 134–155.
283 DH Nr. 1743, a.a.O., S. 563; vgl. Nr. 1751f.
284 Vgl. schon J. Calvin, Institutio IV 18,13f.

Christus verkörpert (vgl. unten 4.2.). Beides zusammen führte zu der verkehrten römisch-katholischen Lehre, die evangelische Abendmahlsfeier nicht anzuerkennen.

Zwar wird nun auch in der neueren katholischen Theologie die Einmaligkeit der Hingabe Jesu (und darin der Selbsthingabe Gottes) herausgestellt; das Abendmahl wiederholt nicht das Opfer, sondern vergegenwärtigt es. Festzuhalten ist aber: das Abendmahl vergegenwärtigt nicht vor oder für Gott das Opfer, sondern die Hingabe Christi vergegenwärtigt sich uns. Und nicht das kirchliche Amt vollzieht diese Vergegenwärtigung, indem der Priester im Vollzug des Opfers zwischen Mensch und Gott vermittelt, sondern das kirchliche Amt ist allein dazu berufen, der Selbstvergegenwärtigung Christi zu dienen. Christus ist nicht Objekt kirchlichen Handelns, und als Subjekt ist er nicht mit dem Amt zu identifizieren.

In der Frage, wie die Gegenwart Christi in der Feier des Abendmahls zu denken ist, besteht seit dem 20. Jahrhundert zunehmend Einigkeit, sowohl in der evangelisch-katholischen, als auch in der lutherisch-reformierten Diskussion.

Die Differenz zwischen dem lutherischen und dem altgläubigen Verständnis war im Grunde weniger theologischer als philosophischer Natur. Die im Jahre 1215 dogmatisierte, in Trient bestätigte[285], aber heute auch in der römisch-katholischen Theologie überholte Vorstellung von der Transsubstantiation hielt starr an dem aristotelischen Konzept einer Gegenwart als Substanz fest: die Substanzen von Brot und Wein werden kraft der Konsekration in die Substanzen von Fleisch und Blut Chrisi verwandelt, wobei die Akzidenzien (die äußeren Eigenschaften) gleich bleiben. Die Gegenwart Christi erscheint als physikalisches Wunder. Dagegen erkannte Luther, daß die Gegenwart des Mensch gewordenen Gottes, auch wenn es hier nun um leibliche Kommunikation geht, dieses philosophische Konzept sprengt. Christi Selbstvergegenwärtigung ist im Geist des Wortes (der Einsetzungsworte) vermittelt – und zwar so, daß er sich auch leiblich (also in seiner wirklichen Menschlichkeit) in oder mit Brot und Wein vergegenwärtigt.[286] Dabei entspricht dem Geist der geschichtlichen Einsetzungsworte, die dies begründen, die Einheit von ‚Vater' und Mensch gewordenem ‚Sohn': Christus hat auch in seiner leiblichen Menschlichkeit an der Allgegenwart Gottes teil – eben diese Gegenwart wird in der einsetzungsgemäßen Feier des Abendmahls Christi zu einer konkreten Kommunikation an einem bestimmten Ort.[287]

Die lange Zeit kirchentrennenden Differenzen im evangelisch-lutherischen und evangelisch-reformierten Abendmahlsverständnis können seit der Leuenberger Konkordie von 1973 als prinzipiell überwunden gelten – in den verbleibenden Unterschieden „vermögen wir nach dem Neuen Testament und den reformatorischen Kriterien der Kirchengemeinschaft […] keine kirchentrennenden Faktoren zu erblicken".[288]

---

[285] Vgl. DH Nr. 1642, a.a.O., S. 530f.; Nr. 1652, S. 534; vgl. Nr. 802, S. 358 (und Petrus Lombardus, Sent. lib. IV, dist. 10 § 4 extr.).
[286] Das heißt auch für Luther: Fleisch und Blut Christi sind gegenwärtig. Das ist aber nicht mit dem Fleisch und Blut des sterblichen Jesus identisch, sondern meint die mit der Auferweckung in die Ewigkeit Gottes aufgenommene Leiblichkeit.
[287] Vgl. oben 3,II.3., S. 153f.
[288] EG 811, Nr. 28.

Für Luther kam es wesentlich auf die Realpräsenz Christi im Essen von Brot und Wein an. Denn nur wenn Christus auch der Menschheit nach gegenwärtig ist – als der, der mit Fleisch und Blut unseren Tod erlitten hat – kann im Sinn der Einsetzungsworte des Abendmahls das völlige Gekommensein Gottes (als Sohn) in die menschliche Wirklichkeit Gegenstand des Glaubens sein. Dagegen ist Zwingli die Auffassung zuzuschreiben, daß Brot und Wein Fleisch und Blut nur bedeuten; indem die Feier des Abendmahls an das Kreuz erinnert, ist der Gekreuzigte und Auferstandene im Geist, nicht aber leiblich gegenwärtig. Calvin unterscheidet die Menschheit und Gottheit in Christus, wenn er betont, daß er seiner menschlichen Natur nach im Himmel (zur Rechten Gottes des Vaters), nicht aber allgegenwärtig und so auch nicht bei der Feier des Abendmahls leiblich gegenwärtig ist. Allerdings wird die Seele im heiligen Geist zu Christus erhoben und erfährt so parallel zum leiblichen Essen und Trinken die Gegenwart Christi. Freilich ist dies eben nur eine Erfahrung der Seele; der Glaube muß die Entsprechung zwischen dem leiblichen Essen und der Erfahrung der seelischen Gemeinschaft mit dem Gekreuzigten realisieren[289], statt sich einfach auf die Gegenwart Christi im Essen und Trinken zu verlassen.

In der Leuenberger Konkordie scheint dieser Gegensatz zwischen leiblicher Gegenwart und Gegenwart im Geist (bzw.: für die Seele) überwunden. „Im Abendmahl schenkt sich der auferstandene Jesus Christus in seinem für alle dahingegebenen Leib und Blut durch sein verheißendes Wort mit Brot und Wein". Nicht erst der Glaube (als subjektiver Akt) realisiert die Gegenwart Christi, sondern er empfängt sie im Essen und Trinken von Brot und Wein.[290] Der dahingegebene Leib, das dahingegebene Blut, in denen er sich wirklich vergegenwärtigt, werden dabei nicht als physikalische Gegenstände verstanden, sondern als Wirklichkeit des für uns gestorbenen Menschen und Gottes. Entscheidend ist die „Gegenwart des auferstandenen Herrn unter uns"[291], die sich (als Gemeinschaft) in einer leiblichen Kommunikation, im Essen und Trinken, vollzieht.

2.3. Das wahre Leben als Vollzug von Gemeinschaft: zwischenmenschliche Liebe und eine neue Wahrnehmung der Welt

Der Gottesdienst als Ort oder Paradigma wahren Lebens weist über sich selbst hinaus. Die im Gottesdienst erlebte Gemeinschaft geht über in den sogenannten Alltag – das ist ihr Wesen. Das gilt nicht nur für die durch Verkündigung und Glauben, Gebet, Sakramentsfeier zu erfahrende Gemeinschaft des Einzelnen mit dem Mensch gewordenen Gott, die immer wieder Selbsterkenntnis voraussetzt und sich im Zweifel bewährt, sondern auch für die darin begründete zwischenmenschliche Gemeinschaft sowie die Sinngemeinschaft mit der Schöpfung. Der Mensch findet sein wahres Leben „nicht in sich selbst", sondern im andern, in

---

[289] Im Heidelberger Katechismus von 1563 wird als Verheißung Christi beim Abendmahl genannt, daß „er selbst meine Seele mit seinem gekreuzigten Leib und vergossenen Blut so gewiß zum ewigen Leben speist und tränkt, als ich […] leiblich genieße das Brot und den Kelch des Herrn, welche mir als gewisse Wahrzeichen des Leibes und Blutes gegeben werden." Heidelberger Katechismus, Frage 75 (vgl. 66): www.heidelberger-katechismus.net.
[290] Forts. des Zitats: „So gibt er sich selbst vorbehaltlos allen, die Brot und Wein empfangen; der Glaube empfängt das Mahl zum Heil, der Unglaube zum Gericht". EG 811, Nr. 15.18.
[291] Ebd. Nr. 16.

der Gemeinschaft: er lebt „in Christus durch den Glauben, im Nächsten durch die Liebe [...] und bleibt doch immer in Gott und göttlicher Liebe".[292]

Dem Sichverlassen auf die Gemeinschaft Gottes mit dem Menschen in der absoluten Getrenntheit des Fürsichseins entspricht im Verhältnis zum anderen Menschen die Liebe. Frei vom Gesetz der Selbstsorge ist der Mensch dazu befreit, sich mit dem anderen Menschen zu identifizieren – mit dem, mit dem er schon immer zusammen lebte, von dem er sich notwendig abgrenzte, um für sich zu sein; mit dem, der für sich ist wie er, der genauso „ich" sagt und ist, der sich in derselben Angst und Einsamkeit erkennen muß, und der ebenso zur Gemeinschaft der Liebe Gottes bestimmt ist.

Das unmittelbare Sichidentifizieren mit dem anderen Menschen ist aber nur ein Impuls. Er konkretisiert sich in Liebe, die Fürsichsein gerade voraussetzt. Liebe ist Geist. Das heißt, daß die Gemeinschaft mit dem Anderen das Selbstverhältnis oder Selbstbewußtsein bestimmt: sie ist sie aufgrund früherer Kommunikation gegenwärtig, zugleich aber auch immer erst als Ziel antizipiert – so daß sie als erinnerte und antizipierte das gegenwärtige Kommunizieren bestimmt.[293] Die antizipierte Gemeinschaft im Ganzen aber, die das wahre Leben darstellt, ist Christus. Ist die absolute Einsamkeit des Fürsichseins vor Gott in Christus überwunden, so erfüllt das Fürsichsein im Verhältnis zum anderen Menschen seinen Sinn darin, füreinander da zu sein – in gegenseitiger Selbstmitteilung und im tätigen Sicheinsetzen für den Anderen. In der gegenseitigen Selbstmitteilung und dem Füreinanderdasein derer, die sich in der Gemeinschaft Gottes mit dem Menschen aufgehoben finden, konkretisiert sich diese Gemeinschaft in der gemeinsamen Lebensgeschichte.

Dieses Füreinanderdasein bezieht sich zunächst auf das nächste Umfeld und nimmt die geschichtlichen Gestalten gemeinschaftlicher Identität in Anspruch: Es bestimmt das Verhältnis von Mann und Frau (einschließlich der Sexualität). Es begründet neu die Hingabe für die Familie und die Liebe zu den Kindern, also vor allem die Bereitschaft, mit Hingabe von Kraft, Zeit, Gedanken und Vermögen Kinder großzuziehen und schließlich aus der Gemeinschaft in eigenes Fürsichsein zu entlassen. Es begründet aber auch ein kritisches Sicheinsetzen für die größere Lebensgemeinschaft und ihre politische Selbstorganisation – für das Dorf, für die Stadt, für das Volk und den Staat.[294] Es begründet die Freiheit, der Heimat treu zu sein, aus der wir hervorgehen: der Sprache, dem Land, aber auch der kulturellen Heimat.

Daß die Hingabe neu ist, die der christliche Glaube auch im Blick auf die allgemeinen Gestalten gemeinschaftlichen Lebens wie z.B. die Familie begründet, bedeutet zweierlei: Zum einen ist die Hingabe neu, da das gemeinschaftliche Leben, aus dem das menschliche Fürsichsein hervorgeht, in diesem Fürsichsein zunächst auch notwendig zu Grunde geht. Der im Fürsichsein erwachsene Mensch ist von seiner Herkunft aus der Gemeinschaft notwendig entfremdet.[295] Zum anderen wird in dem (die Selbsterkenntnis im Fürsichsein

---

[292] S.o. S. 56, Anm. 69.
[293] Vgl. oben S. 184f.
[294] Vgl. unten 3.2. und 3.3.
[295] Vgl. oben 2,I.2.

voraussetzenden) Sichverlassen des Menschen auf die Gemeinschaft Gottes im Prinzip auch die Verkehrung des gemeinschaftlichen Lebens in der Sünde überwunden. Diese Verkehrung besteht darin, daß die Gemeinschaft der Verleugnung der Nichtigkeit des Fürsichseins dient – so wird sie zum Götzen.[296] Indem diese Verkehrung überwunden wird, können die allgemeinen (geschöpflichen und geschichtlichen) Gestalten des gemeinschaftlichen Lebens durch Gottes Geist der Liebe zu neuem Leben sozusagen erweckt werden. Das heißt auch, daß ihre Grenzen relativiert und zu überschreiten sind. Der letzte, entscheidende Horizont der Liebe, die das wahre Leben erfährt, ist die Gemeinschaft Gottes mit allen Menschen.

Zwar erfährt der Mensch in der Hingabe (im Einsatz) des Fürsichseins auch die Lust der Erfüllung. Das ist aber nicht im Sinne einer ausgleichenden Gegenseitigkeit zu verstehen, die einzufordern wäre. Das im Sichverlassen auf Christus begründete Füreinanderdasein bezieht sich besonders auch auf die Menschen, die der Gemeinschaft zu entgleiten drohen.

Hier muß es sich bewähren – in der durchaus auch einseitigen, diakonischen Fürsorge, der etwa Kranke, Sterbende, Gefangene, Verzweifelte bedürfen. Auch im politischen und wirtschaftlichen Leben, sofern denn der Einzelne oder die christliche Gemeinde (die Kirche) darauf Einfluß hat, sind Schwache vor der Ausbeutung durch Starke zu schützen.[297]

In alledem bedeutet das wahre Leben, das im Sichverlassen des Fürsichseins auf die Liebe Gottes gegeben ist, aber auch, die Sinngemeinschaft mit der Welt zu erfahren, die als Äußerung Gottes verstanden wird.[298] Der Sinn von Himmel und Erde ist die Gemeinschaft Gottes mit dem Menschen, die die zwischenmenschliche Gemeinschaft einschließt. Jenseits der weltumfassenden Nichtigkeit des in sich reflektierten Fürsichseins ist dann auch im Atmen, im Sehen und Hören des Gegebenen, im Essen und Trinken die Hingabe Gottes zu erleben und zu genießen – und darauf mit Dank (in einem dankbaren Atmen, Sehen, Essen, Trinken) zu antworten.

Das bedeutet auch, daß die Selbstentzweiung, die das Fürsichsein darstellt, nämlich seine Entfremdung von der Unmittelbarkeit des sinnlich leiblichen Lebens, überwunden wird.
Und das schließt ein, verantwortlich mit der Heimat des gemeinsamen Lebens umzugehen und sie nicht zum bedeutungslosen Material einer menschlichen Kunstwelt zu machen. Die Erde ist Eigentum Gottes; wenn der Mensch im Verhältnis zu Gott zu sich kommt, erfährt er sie als Spiegel des Geheimnisses Gottes, der will, daß wir leben und ihn erkennen.

---

296 Vgl. oben 3,I.1.2.3f.
297 Vgl. zur Konkretion in evangelischer Perspektive z.B. T. Kleffmann, Luthers Theologie der Arbeit – und was sich daraus für die Frage nach einer gerechten Wirtschaft ergibt. In: Würde der Arbeit. Theologische und interdisziplinäre Perspektiven. Hg. von K. Mtata im Auftrag des Lutherischen Weltbundes, Freiburg i.Br. 2012, S. 59–72.
298 Vgl. oben 3,III.2 und III.3.5.

3. Die Bedeutung christlicher Ethik im Konflikt zwischen wahrem und unwahrem Leben

Leitthema 14
Christliche Ethik reflektiert das im Sichverlassen auf Christus begründete wahre Leben im Blick auf das wirkliche Leben. Genauer: sie reflektiert das im Glauben begründete wahre Leben im Blick auf mögliche Alternativen des Handelns. Christliche Ethik ist also eine Reflexion des Lebens des Menschen, der nicht für sich, sondern in der Gemeinschaft Christi lebt. Es ist nicht primär ihre Aufgabe, Gottes Forderung an den Menschen für sich zu vertreten. Denn unter der Voraussetzung der Grundsünde, daß der Mensch in seinem Fürsichsein gefangen ist, fordert das Gesetz Gottes, indem es Gottes- und Nächstenliebe fordert, doch nicht primär ein anderes Handeln, sondern ein anderes Subjekt des Handelns. Insofern zielt das Liebesgebot als Gesetz des wahren Lebens auf die Selbsterkenntnis des in seinem Fürsichsein gefangenen Menschen vor Gott. Indem es als Subjekt des Lebens und Handelns den Menschen für sich anspricht, zielt es auf seine Selbsterkenntnis in der Unwahrheit des Lebens.

Christliche Ethik spricht also nicht den Menschen an, der für sich Subjekt seines Handelns ist – etwa um das Handeln durch die Vermittlung von Normen oder Werten oder göttlichen Gesetzen zu bessern. Von christlicher Ethik angesprochen ist nicht der Mensch für sich (der „alte" Mensch), sondern der Mensch, der in dem Selbstverständnis lebt, daß Christus in ihm oder er in Christus lebt, der aber auch immer wieder ins Fürsichsein zurückfällt, und der sich in dieser Zweideutigkeit zum Anderen verhalten muß. Christliche Ethik muß dann insbesondere den Konflikt austragen zwischen dem Lebensprinzip des Menschen in der Grundsünde, der im Verhältnis zum Anderen doch nur um sich selbst kreist, und der Liebe, die dem Sichverlassen auf Christus entspricht. Das heißt, sie muß diesen Konflikt im Blick auf konkrete Alternativen des Handelns reflektieren. Sie muß klären, welche Handlungsalternative eher einem Handeln aus Liebe entspricht und wie dieses Handeln auch die faktischen Institutionen des gemeinsamen Lebens prägen kann (neben der Kirche das Dorf, die Stadt, den Staat und sein Recht, das Krankenhaus, das Bildungswesen usf.). Gleichwohl ist dieser Konflikt, den christliche Ethik austrägt, ein innerchristlicher Konflikt; für außerchristliche Ethik ist er nicht relevant. Ohne den christlichen Glauben ist eine christliche Ethik nicht zu verstehen, geschweige denn zu teilen. Das heißt auch: christliche Ethik zu vertreten bedeutet immer, den christlichen Glauben zu vertreten.

Allerdings muß christliche Ethik aus gesamtgesellschaftlicher Verantwortung auch eine autonom begründete vernünftige Ethik aufgreifen. Eine vernünftige Ethik macht die Freiheit des Einen im Verhältnis zum Anderen zum allgemeinen Gesetz des Handelns. Indem dieses Gesetz den Einen vor dem Anderen schützt, ist es als Funktion des gemeinsamen, geschöpflichen Lebens unter der allgemeinen Bedingung der Sünde zu sanktionieren. Deshalb muß nicht nur christliches Handeln die Koalition mit vernünftigem Handeln suchen, sondern muß sich theologische Ethik mit philosophischer Ethik auseinandersetzen.

3.1. Das Subjekt des Handelns – der Mensch für sich oder der Geist einer Gemeinschaft?

Ethik im weitesten Sinne bedeutet eine Orientierung des Lebens als Handeln. Aber schon die Frage, wen Ethik auf welcher Grundlage anspricht, ist strittig. Christliche Ethik ist nicht mit einer philosophischen, durch Verstand oder Vernunft begründeten Ethik zu vergleichen. Denn es ist nicht so, daß sich eine christliche Ethik von einer philosophischen Ethik nur durch eine andere ethische Norm, durch ein anderes Gesetz oder eine andere Begründung des Gesetzes (etwa theonom vs. autonom) unterscheiden würde. Vielmehr ist christlich auch schon wesentlich anders vom Subjekt alles Lebens und Handelns zu reden, als philosophisch. Wenn aber das Subjekt des Lebens anders verstanden ist, oder wenn die Theologie es sogar mit einem anderen Subjekt des Lebens zu tun hat, dann liegt es nahe, daß auch das Wesen der Ethik ein anderes ist.

Das Subjekt des im christlichen Sinn wahren Lebens und Handelns ist nicht einfach der Mensch für sich, also etwa die durch Vernunft und Willen frei sich entscheidende Person. Vielmehr bedeutet das Sichverlassen auf die in Christus gegebene Gemeinschaft Gottes mit dem Menschen, daß insofern der einsam für sich lebende und handelnde Mensch als der alte Mensch überwunden ist. Es gilt also gerade das als überwunden, was jedenfalls für die neuzeitliche Philosophie[299] die mehr oder weniger selbstverständliche Grundlage ist: die Situation des „auf sich selbst gestellten Menschen" (Heidegger), der sich entscheidet.

Das frei sich entscheidende Subjekt ist nicht eine Erkenntnis, sondern ein Postulat und eine Konstruktion des gewöhnlichen Selbstverständnisses.[300] Allerdings knüpft dieses Postulat, diese Konstruktion an einer Notwendigkeit an – nämlich am menschlichen Fürsichsein bzw. der Reflexion in sich, die es realisiert. Es ist das Fürsichsein, das gewöhnlich als frei sich entscheidendes Subjekt des Lebens und Handelns postuliert wird.

Doch geht das Fürsichsein als Reflexion in sich stets aus einer Gemeinschaft des Lebens wie etwa der Familie hervor; zuvor bestimmt eben diese Gemeinschaft als unmittelbar kollektive Identität das Leben und Handeln – etwa im Sinne einer ursprünglichen (aber gleichwohl sprachlich vermittelten) Solidarität.[301] Eine solche kollektive Identität, die eine schöpfungsmäßige Bedingung dafür ist, daß Menschen in ihrem Fürsichsein erwachsen werden können, ist freilich faktisch schwer von ihrer Verkehrung zu unterscheiden, in der sie zum Götzen, zur Funktion der Grundsünde wird. Diese Unterscheidung ist eine wichtige Aufgabe christlicher Ethik. Denn nur indem beides unterschieden wird, kann die Liebe, die dem Glauben entspricht, die geschichtlichen Gestalten gemeinschaftlicher

---

299 Eine Ausnahme ist die Philosophie des Geistes insbesondere bei Hegel, die sich als philosophische Interpretation des Christentums versteht.
300 Jede Ethik, auch eine nichtchristliche Ethik macht eine Voraussetzung über das Subjekt des Handelns, die als solche empirisch oder fachwissenschaftlich nicht zu begründen ist und sozusagen metaphysischen Charakter trägt. Denn das Subjekt des Lebens und Handelns, also auch des wissenschaftlichen Erfahrens, Erkennens und Forschens, ist selber nicht Ergebnis solcher Erkenntnis. Diese setzt ja ein Subjekt immer schon voraus. Das Subjekt der Erkenntnis ist insofern in der erkannten Wirklichkeit nicht vorfindlich. Die theologische Grundfrage ist dann, ob der Mensch selbst sich als Subjekt voraussetzt oder ob er die Wahrheit seines Subjektseins in der Gemeinschaft mit Gott findet. Allerdings ist die Voraussetzung über das Subjekt des Handelns außerhalb der Reflexion des Glaubens zumeist weniger explizit, gilt also mehr oder weniger als selbstverständlich. Eine philosophische Grundlegung von Ethik müßte dagegen die Voraussetzung über das Subjekt des Handelns klären. Bei Kant z.B. ist das der Fall: die Freiheit des vernünftigen Ich gilt als schlechthin zu setzende. Bloß anwendungsorientierte philosophische Ethiken dagegen reflektieren ihre Voraussetzungen über das Subjekt des Handelns meistens kaum: das wäre etwa für den Utilitarismus zu zeigen.
301 Vgl. 2,I.2. Hegel redet in diesem Zusammenhang vom objektiven Geist.

Identität wie die Familie, die politische Gemeinde, die Sprachgemeinschaft neu in Anspruch nehmen.

Sofern aber wirklich vom Menschen auszugehen ist, der in seinem Fürsichsein erwachsen ist, ist seine Setzung als frei sich entscheidendes Subjekt eine Konstruktion. Denn die Wahrheit dieses Fürsichseins, wenn es aus aller verstandesmäßigen Welterkenntnis und aus aller ursprünglichen Gemeinschaft herausgewachsen ist, ist gerade seine absolute Getrenntheit, sein Nichtwissen eines Sinns des Lebens und Handelns, die Unmöglichkeit wesentlicher Verhältnisse zum Anderen. Das heißt, seine Freiheit ist leer.[302]

Diese Wahrheit des Fürsichseins setzt der Glauben voraus. Das Sichverlassen auf die in Christus gegebene Gemeinschaft Gottes mit dem Menschen impliziert, daß das absolut gesetzte Fürsichselbstsein des Menschen verneint ist, der sich als Subjekt allen Verhältnissen zum Anderen voraussetzt. Es impliziert, daß der Mensch die Leere und Isolation dieses Fürsichseins realisiert und daß er die Nichtigkeit des Umsichselbstkreisens erkennt, in dem er sich im Verhältnis zum Anderen selbst bestimmt. Wenn aber im Sichverlassen auf die Gemeinschaft Gottes mit dem Menschen das Fürsichsein als absolutes Subjekt verneint ist, dann bedeutet das, daß diese Gemeinschaft selbst nun das Subjekt des Lebens ist. Dieser Anspruch ist von einer wissenschaftlichen Darstellung christlicher Ethik nicht zu ignorieren, sondern auszuarbeiten.

Hier ist an die gegebene Interpretation von Gal. 2,19f. zu erinnern[303]: Christus als die Gemeinschaft Gottes mit dem Menschen lebt in mir; nicht Ich als Fürsichsein bin also das Subjekt meines wahren Lebens, sondern indem ich mich im Moment des ganz in sich reflektierten Fürsichseins auf die Liebe Gottes in Christus verlasse, erfahre ich mich von dem Geist dieser Gemeinschaft bestimmt.

Wenn aber das Selbstverhältnis des Menschen sein Verhältnis zu Gott geworden ist und er seine Identität in Christus, in der Gemeinschaft Gottes mit dem Menschen findet, dann ist insofern auch sein Verhältnis zum Nächsten ein Selbstverhältnis. Im Verhältnis zum Nächsten verhalte ich mich zu mir selbst, denn Christus, der in mir lebt, ist Gottes Gemeinschaft mit allen Menschen. Das aber heißt, daß der Mensch sich insofern nicht in seinem Fürsichsein entscheidet, wie er sich zum Nächsten verhält, sondern daß er die Gemeinschaft seines Selbstverhältnisses spontan umsetzt – sei es in einer neuen Begegnung, sei es in einer gegebenen Lebensgemeinschaft.

Mitleid z.B. ist nicht eine Entscheidung des Menschen in seinem Fürsichsein, sondern bedeutet, daß ich mich spontan mit dem mit mir Begegnenden, Nächsten identifiziert finde.

Doch treten Fürsichsein und Geist auch immer wieder auseinander. Denn die Reflexion aus der Gemeinschaft, die das Fürsichsein realisiert, bleibt eine Notwendigkeit sowohl des leiblichen Lebens als auch des Geistes (der Liebe) selbst. Gerade im praktischen Verhältnis zum anderen Menschen, in der Gemeinschaft

---

[302] Insofern kann es sich nur im Sinn der Grundsünde positiv entscheiden, die bedeutet, daß es diese Leere oder Negativität verleugnet (3,I.).
[303] S.o. S. 53–56.87f.192f.

mit ihm stellt sich auch das Fürsichsein notwendig wieder her. Die Frage, an der sich die Wahrheit des Lebens entscheidet, ist dann, ob dieses Moment des Fürsichseins wiederum Moment des Geistes und der Liebe ist, oder ob es sich im Sinn der allgemeinen Grundsünde verabsolutiert und das Verhältnis zum Anderen zur Funktion seiner Identität macht. Deshalb ist der Mensch, in dessen Lebensgeschichte das Umsichselbstkreisen im Sichverlassen auf Christus grundsätzlich überwunden ist, auch darauf anzusprechen, daß sein Verhältnis zum Nächsten der Gottesgemeinschaft entspricht – um der gemeinsamen Wahrheit des Lebens willen. Eben das meint das berühmte Verhältnis von Indikativ und Imperativ bzw. Kohortativ in den Briefen des Paulus:

„Wenn wir im Geist leben, so laßt uns auch im Geist wandeln" (Gal. 5,25).[304]

3.2. Die Aufgabe christlicher Ethik – und ihr Problem, sich gesamtgesellschaftlich verständlich zu machen

Christliche Ethik spricht also nicht den Menschen für sich an (den alten Menschen) und natürlich auch nicht den ‚in mir' lebenden Geist der Gemeinschaft oder Christus. Sondern sie spricht den Menschen an, dessen herrschendes Selbstverhältnis zwar Christus, der Geist seiner Gemeinschaft bestimmt, in dem sich aber das Moment des Fürsichseins wiederherstellt, so daß er im Verhältnis zum Nächsten erneut der Versuchung der Grundsünde unterliegt – ohne dies sogleich auf der Ebene des Gottesverhältnisses zu reflektieren. Aufgabe christlicher Ethik ist es also, den Konflikt auszutragen zwischen dem Lebensprinzip, nach dem der Mensch im Verhältnis zum Anderen doch nur um sich selbst kreist, und der Liebe, die dem Sichverlassen auf Christus entspricht. Sie spricht den Menschen auf die Verwirklichung seiner eigenen Wahrheit an: das Leben ist wahr, wenn dem Glauben an Christus entspricht, daß auch das Verhältnis zum Nächsten ein Selbstverhältnis ist. Das aber bedeutet ein Handeln aus Liebe – also dies, daß sich das wiederherstellende Fürsichsein für den Andern einsetzt.

Ist es überhaupt denkbar, daß der Gemeinschaft mit Christus im Glauben kein Handeln aus Liebe entspricht? Wenn Glauben (als Sichverlassen des Fürsichseins) und Handeln in einem Moment gedacht werden, ist dies nicht denkbar. Aber das Sichverlassen des Fürsichseins ist nicht ein für alle Mal gegeben; gerade im praktischen Verhältnis zum Nächsten stellt sich das Fürsichsein notwendig wieder her.

Die paulinische Ermahnung, dem Glauben bzw. der Taufe im Handeln zu entsprechen (also die Ermahnung, daß der Wahrheit des Lebens seine Wirklichkeit entspricht), rechnet mit der Versuchung, das geschöpfliche Moment des Fürsichseins nicht für den Nächsten einzusetzen, sondern festzuhalten. Sie spricht dann eine Selbstverständlichkeit aus: dem Sichverlassen des Fürsichseins auf Gott in seiner Gemeinschaft mit dem Menschen entspricht, daß es sich, indem der Geist dieser Gemeinschaft es bestimmt, für den Nächsten einsetzt.

Im Fall der wirklichen Verkehrung ist dann die Frage, ob denkbar ist, daß sie nur das zwischenmenschliche Verhältnis betrifft, nicht aber das im Selbstbewußtsein herr-

---

304 Vgl. auch Röm. 6,1–7,6.

schende Gottesverhältnis. Dann zielte die Ermahnung darauf, den Selbstwiderspruch des Glaubenden ins Bewußtsein zu heben, um ihn kraft des herrschenden Gottesverhältnisses zu überwinden.

Oder bedeutet die Struktur des Umsichselbstkreisens im Verhältnis zum anderen Menschen auch eine erneute Verschlossenheit des Fürsichseins überhaupt? Auch das läuft auf einen Selbstwiderspruch des Glaubenden hinaus. Die Verschlossenheit im Verhältnis zum anderen Menschen zeigt eine aktuelle Unwirklichkeit des Glaubens an, der andererseits im durchgängigen Selbstbewußtsein bestimmend ist. Die Ermahnung dient dann primär der erneuten Selbsterkenntnis in der Unwirklichkeit des Glaubens (als *usus theologicus legis*).

Jenen Konflikt auszutragen bedeutet als Aufgabe christlicher Ethik zweierlei. Zum einen bedeutet es, den Konflikt offenzulegen und so der Verleugnung des erneuten Umsichselbstkreisens zu widersprechen und es ins Gewissen zu heben.

Das schließt die Aufgabe ein, zu unterscheiden, inwiefern konkrete Lebensgemeinschaften wie z.B. die Familie schöpfungsmäßige Bedingung des Werdens menschlichen Fürsichseins sind, inwiefern sie zu einem Götzen verkehrt sind, und inwiefern sie Ausdruck freier christlicher Liebe sind. Und es schließt die Aufklärung über die herrschende Ideologie des frei sich entscheidenden Subjekts ein.

Zum anderen besteht das Austragen des Konfliktes darin, ihn auf konkrete allgemeine Handlungsalternativen, auf aktuelle ethische Fragen abzubilden, also etwa im Blick auf die Frage der Sterbehilfe oder der Gentechnik zu diskutieren, welches Handeln eher ein Handeln aus Liebe ist.

Sofern nun dieser Konflikt ausgetragen ist, so daß hier ein öffentlicher, kirchlicher Konsens erreicht ist, hat christliche Ethik aber schließlich auch die Aufgabe, diesen Konsens im öffentlichen Leben nach Möglichkeit zur Geltung zu bringen. Ihre Aufgabe ist also, die Konkretion des christlichen Handelns aus Liebe nicht nur innerkirchlich, sondern auch im Blick auf das Handeln des politischen Gemeinwesens zu vertreten, insbesondere im Blick auf das Sozialwesen, Gesundheitswesen, Bildungswesen, und schließlich im Blick auf die staatliche Rechtsordnung im Ganzen, in der sich ein gesamtgesellschaftliche Konsens organisiert.

Hier ergibt sich aber ein Problem: Im christlichen Sinn ist wie gesagt schon das Subjekt des Lebens und Handelns ein anderes, als der Mensch für sich, den die neuzeitliche Vernunft als Subjekt voraussetzt. Das christliche Ethos der Liebe ist ohne das Sichverlassen des Fürsichseins auf Christus, und zwar dieses Sichverlassen als Wirklichkeit des Geistes, nicht verständlich.

Zum Beispiel der Anspruch der Feindesliebe kann ohne die entsprechende Freiheit eines Christenmenschen, der sich auf die Liebe Gottes zu allen Menschen verläßt, nur als übermenschliche, widersinnige Pflicht zur Selbstverneinung erscheinen, nicht als Ausdruck durchbrechenden, wahren Lebens.

Zwar ist einem Gesprächspartner im gesellschaftlichen ethischen Diskurs, der den christlichen Glauben nicht teilt, der Zusammenhang zwischen dem Welt- und Lebensverständnis des Glaubens und seiner Bestimmung des Lebensverhältnisses zum Anderen verständlich zu machen – einschließlich der Gretchenfrage nach dem Subjekt. Doch ist die christliche Orientierung des Verhaltens für ihn gleichwohl weder begründet noch verbindlich. Ist also eine theologische Ethik „gegenüber dem allgemeinen Ethik-Diskurs isoliert und [...] gesprächsunfähig"?[305]

Die Gesprächsfähigkeit der christlichen Ethik ist die Gesprächsfähigkeit des christlichen Glaubens. Die Gesprächsfähigkeit der theologischen Ethik geht auf die Gesprächsfähigkeit der theologischen Dogmatik zurück. Sie setzt voraus, daß der Mensch in seinem wirklichen Fürsichsein auf das wahre Leben angesprochen ist.

Sofern das aber faktisch nicht vorauszusetzen ist, ist eine gewisse Skepsis angebracht, was die Aufgabe christlicher Ethik betrifft, die Konkretion des christlichen Handelns aus Liebe in den Institutionen des öffentlichen Lebens und im Handeln des politischen Gemeinwesens durchzusetzen. Die Erfolgsaussicht dieser Aufgabe ist vermutlich umso geringer, je pluraler und säkularer eine Gesellschaft ist – und umso größer, je mehr die Kirche Volkskirche ist.

Dieses Dilemma scheint aber aus einem historischen Grund entschärft. Das christliche Ethos habe, so z.B. Johannes Fischer, faktisch unsere Kultur mitgeprägt, bestimme also Denkstrukturen, das Rechtsgefühl und auch Rechtsstrukturen auch außerhalb des aktuellen christlichen Glaubens mit. Als Beispiele erscheinen die Menschenrechte, das abendländische Verständnis der Würde der menschlichen Person und eine mehr oder weniger selbstverständliche „Solidarität mit den Benachteiligten und Schwachen".[306] Es scheint, als könne das christliche Ethos daran anknüpfen, also auf dem Boden dieses Konsenses auch abgesehen von der Frage des Gottesverhältnisses die Gestaltung der Gesellschaft mitbestimmen.

Doch wie weit reicht die christliche Prägung allgemeiner sozialer Vorstellungen, wenn sie von ihrem Ursprung abgeschnitten ist und nun im Blick auf konkrete ethische Probleme explizit in Frage gestellt wird? Zwar kann eine solche Prägung durchaus zur erneuten Nachfrage nach ihrem Ursprung führen. Andererseits wird nicht erst heute der Konsens zwischen Christentum und Kultur bzw. die christliche Prägung der allgemeinen Kultur auch ausdrücklich verneint – in schärfster Form etwa durch den atheistischen Lebensphilosophen Friedrich Nietzsche Ende des 19. Jahrhunderts. Umso weniger ist es sinnvoll, von christlicher Seite das Andersartige christlicher Ethik und die Begründung ihres Anspruchs auf das wahre Leben zu verschweigen. Dies nicht zu tun, gehört auch zur wissenschaftlichen Redlichkeit theologischer Ethik.

3.3. Die bleibende Notwendigkeit der Selbstbestimmung im Verhältnis zur Welt und die Notwendigkeit einer vernünftigen Rechtsordnung

Die Identität des Menschen im Gottesverhältnis setzt seine Identität in der Welt voraus – das Leben im Sichverlassen auf Christus und der entsprechenden Liebe setzt das geschöpfliche, leiblich vorgegebene Leben und seine Erhaltung voraus. Anders als im Verhältnis zu Gott, wo dies eine Verkehrung bedeuten würde, ist aber im Verhältnis zu den Gegenständen der Welt Selbstbestimmung ein

---

305 So fragt der Zürcher Ethiker Johannes Fischer: J. Fischer, Theologische Ethik. Grundwissen und Orientierung. Stuttgart u.a. 2002, S. 70.
306 Vgl. a.a.O., S. 47f.

notwendiges Gesetz des Verhaltens, eine Grundfunktion des leiblichen Lebens. Selbstbestimmung im Verhältnis zum Anderen bedeutet, die eigene Identität zum Gesetz des Verhältnisses zu machen.

Zu der notwendigen Selbstbestimmung im Verhältnis zu den Dingen der Welt gehört zum einen schon das verstandesmäßige Erkennen der Welt, zum anderen das dadurch ermöglichte technische Handeln, also Arbeit und Wirtschaft. Hier, im Verhältnis zu den Dingen der Welt, ist der Mensch für sich mit seinem Verstand das freie Subjekt – sowohl einzeln als auch kollektiv. Doch gilt die Notwendigkeit der Selbstbestimmung eben nur für das Leben im Verhältnis zu den Gegenständen der Welt, das Voraussetzung des Gottesverhältnisses ist. Es betrifft nicht den Sinn des Lebens. Die entsprechende geschöpfliche Freiheit erreicht ihre Erfüllung und Grenze, wenn der Mensch die Funktionalität seines verstandesmäßigen Erkennens und Handelns reflektiert und vor Gott steht.[307] Das heißt hier: die Freiheit des verstandesmäßigen Gebrauchs der Schöpfung ist dadurch ethisch begrenzt, daß sie eben als Schöpfung, als Äußerung der Liebe Gottes, als gemeinschaftliches Lebensgeschenk verstanden wird. Ihr Gebrauch im Sinne dieses Lebensgeschenks ist zu unterscheiden von ihrem Mißbrauch im Sinn der Konkupiszenz.[308]

Christliche Ethik sanktioniert und begrenzt aber nicht nur die verstandesmäßige Selbstbestimmung im Verhältnis zu den Gegenständen der Welt. Vielmehr gilt entsprechendes auch für das zwischenmenschliche Verhältnis – insbesondere unter der Bedingung der allgemeinen Sünde.

Darüber hinaus ist die Selbstbestimmung oder Selbstabgrenzung im Verhältnis zum anderen Menschen auch eine Notwendigkeit der ontogenetischen Selbstfindung (also auf dem Weg zum erwachsenen Fürsichsein) sowie ein Modus der immer wieder notwendigen Reflexion in sich.

Zwar entspricht wie gesagt dem Sichverlassen auf Christus im Verhältnis zum Nächsten das Sicheinsetzen des Fürsichseins – die Freiheit, das Eigene zu geben. Doch sofern die Sünde das gesellschaftliche Leben bestimmt, ist eine Rechtsordnung nötig, die den Einen vor dem Übergriff des Anderen schützt, also zwischenmenschlich die Selbstbestimmung im Verhältnis zum Anderen sichert. Autonom begründet ist diese Rechtsordnung entweder als verstandesmäßige Funktion der Gesellschaft von Einzelnen. Oder die Rechtsordnung ist (etwa im Sinne von Kants kategorischem Imperativ) durch die Vernunfteinsicht begründet, in der ein Mensch den anderen nicht nur als gleiches Fürsichsein anerkennt, sondern auch realisiert, daß diese gegenseitige Anerkennung konstitutiv für das je eigene Fürsichsein ist.

Zunächst aber ist die Rechtsordnung verstandesmäßig begründet – was auch theologisch nicht falsch ist. Unter der Voraussetzung des gleichen Rechts jedes Einzelnen erscheint

---

307 Genau genommen ist dann auch erst sein Fürsichsein als freies Subjekt seines Weltverhältnisses realisiert (2,I.2.1.f.).
308 Vgl. oben 3,I.1.2.3. und 1.2.5.

dann als Grundgesetz des zwischenmenschlichen Verhaltens die gleiche Selbstbestimmung des Einen im Verhältnis zum Anderen, also die Begrenzung der Selbstbestimmung oder Freiheit des Einen durch die Selbstbestimmung oder Freiheit des Anderen.

Inwiefern der entsprechend begründeten positiven Rechtsordnung auch die kulturelle Verbindlichkeit einer verstandesmäßigen oder vernünftigen Ethik vorausgeht, die als solche schon die lebensfeindliche Wirkung der Grundsünde mildert (etwa als kantsche Achtung vor dem Gesetz oder als sittliches Bewußtsein[309]), kann hier nicht diskutiert werden. Fest steht: weder die ethische Vernunft noch ein entsprechendes Verhalten erlöst von der Einsamkeit des Fürsichseins, die die ganze Welt umfaßt. Und die konkrete Rechtsordnung ist gegenüber den möglichen Formen von Sinn und Sinnlosigkeit eines menschlichen Lebens neutral. Ob und inwiefern ein Mensch erkennt und liebt oder verstockt um sich selber kreist, kann sie nicht interessieren. Sie begrenzt lediglich die Auswirkungen des Umsichselberkreisens.

Die christliche Ethik versteht die vernünftige Rechtsordnung als Funktion der menschlichen Gesellschaft, die das geschöpfliche Leben schützt. In dieser Funktion entspricht eine staatliche Rechtsordnung der 2. Tafel des alttestamentlichen Gesetzes (vgl. Röm. 13,1–10) und läßt sich theologisch als *usus politicus legis* identifizieren, also auf das Gesetz Gottes als Forderung des Lebens zurückführen. In diesem Kontext kann die vernünftige Rechtsordnung und auch das ihr etwa zugrunde liegende Ethos der Gleichheit, Menschenwürde und Freiheit die Bestimmung des Menschen zur Gemeinschaft widerspiegeln.

Daß diese christliche Bestätigung einer vernünftigen, auf dem Prinzip der Selbstbestimmung fußenden Rechtsordnung keineswegs die eigentlich christliche, im Sichverlassen auf Christus begründete Liebe relativiert, war eine Grundeinsicht Luthers. Die entsprechende weltliche Gerechtigkeit und Ethik ist notwendig, aber gleichwohl scharf von der Gerechtigkeit zu unterscheiden, die vor Gott gilt. Ebenso scharf ist das Prinzip der weltlichen Gerechtigkeit vom Prinzip des christlichen Verhältnisses zum Nächsten zu unterscheiden. Aber wie ist dann in der christlichen Existenz die Einsicht in die Notwendigkeit einer vernünftigen Rechtsordnung und die Liebe bis hin zu Rechtsverzicht und Hingabe des Eigenen (vgl. etwa Mt. 5,38–48) zu vereinen? Um die Frage zu beantworten, gilt es erneut, theologisch präzise vom Subjekt zu reden.

Zum einen hält Luther den vollen Anspruch des Ethos der Bergpredigt aufrecht. Im Sichverlassen auf Christus bestimmt ‚Christus in mir' das Handeln zur Liebe. Das impliziert das Sichidentifizieren mit dem Nächsten, das Sicheinsetzen für ihn. Zum anderen ist festzuhalten, daß auch der Christ zur Unterstützung der weltlichen Rechtsordnung aufgerufen ist. Um das zusammenzubringen, prägt Luther auf überaus wirkungsmächtige Weise die Unterscheidung zwischen dem Handeln im weltlichen Amt, als Amtsperson, und dem Handeln als Christ für sich, als Privatperson. Die Unterscheidung von Fürsichsein und im Glauben bestimmender Gemeinschaft wird dabei formal umgekehrt: Im weltlichen Amt, in dem er z.B. als Richter oder Polizist die Selbstbestimmung des Schwachen vor der Selbstbestimmung des Starken schützt, handelt der Christ als Allgemein-

---

309 Vgl. Röm. 2,14f.

person, also nicht für sich, sondern stellvertretend für die Gemeinschaft des geschöpflichen Lebens. Gleichwohl ist er als Christ für sich (in der Perspektive der weltlichen Rechtsordnung: als Privatperson) frei zum Rechtsverzicht – also indem ihn nicht die Sorge um sich, sondern die Gemeinschaft Christi bestimmt.

Freilich umgreift der Glaube, das christliche Bestimmtsein zur Liebe auch das weltliche Amt. Denn das christliche Motiv, die weltliche Rechtsordnung zu unterstützen, ist nichts anderes als diese Liebe – auch dann, wenn die Rechtsordnung im Konfliktfall mit Gewalt durchzusetzen ist. Das bedeutet einen Standpunkt, der den Sinn der weltlichen Rechtsordnung insgesamt relativiert und so nicht nur besonders zur Kritik an der verbreiteten Verabsolutierung und Verkehrung des Staates befähigt[310], sondern auch ein materiales Prinzip zur Ausgestaltung und Überformung der Rechtsordnung im Sinne einer allgemeinen Fürsorge für Schwache enthält.[311] Analoges wäre für die Arbeit im Beruf überhaupt auszuführen.

3.4. Zum Verhältnis von Dogmatik und Ethik

Daß christliche Liebe ohne das Sichverlassen auf Christus nicht verständlich ist, daß die Gesprächsfähigkeit der theologischen Ethik auf die Gesprächsfähigkeit der theologischen Dogmatik zurückgeht, heißt nicht, daß theologische Ethik aus theologischer Dogmatik abzuleiten wäre. Vielmehr entfalten und reflektieren sowohl Dogmatik als auch Ethik den Glauben, also eben das Sichverlassen auf Gott in seiner Gemeinschaft mit dem Menschen. Die Dogmatik entfaltet den Glauben als Verständnis von Gott, Welt, Mensch, Geschichte usf., die Ethik entfaltet ihn als Grundlegung wahren Lebens im Verhältnis zum Nächsten und zur Schöpfung. Allerdings gibt es doch auch ein Gefälle – sowohl auf der Ebene des Glaubens als auch auf der Ebene des ihn kritisch reflektierenden Denkens. Diesem Gefälle entspricht klassisch das Verhältnis der Rechtfertigung des Menschen vor Gott zu den guten Werken. Die Rechtfertigung vor Gott geschieht allein durch Glauben (*sola fide*) und nicht durch ethisch gute Werke – d.h. im Sichverlassen auf Gottes Gekommensein ist die Gottesgemeinschaft gegeben, nicht durch das eigene Handeln. Dieses Sichverlassen auf Christus und auch das Gottes- und Selbstverhältnis, welches es vollzieht, geschieht im Medium des Verstehens. Aus dem Glaubensverstehen ergibt sich ein neues Verständnis des Lebensverhältnisses zur Welt und zum anderen Menschen. Das bedeutet für die theologische Reflexionsebene, daß der Dogmatik, die den Glauben als Verstehen, als Selbst-, Welt- und Gottesverständnis ausbildet, gegenüber der Ethik doch ein sachlicher Vorrang zukommt.

---

310 Für Luther gilt das z.B. dann, wenn eine ‚Obrigkeit' einen Angriffs- oder Beutekrieg plant – hier ist der Gehorsam zu verweigern. Vgl. „Ob Kriegsleute auch in seligem Stande sein können" (1526), WA 19, S. 656,22ff. Ein weiteres Beispiel ist Korruption – vgl. „Von Kauffshandel und Wucher" (1524), WA 15, S. 312f.

311 Vgl. insgesamt „Von weltlicher Oberkeit, wie weit man ihr Gehorsam schuldig sei" (1523), WA 11, S. 245–281; ferner die in der letzten Anm. genannte Schrift „Ob Kriegsleute auch in seligem Stande sein können".

Das heißt nicht, daß der Ethiker den Dogmatiker als Autorität anerkennen müßte oder die dogmatischen Ergebnisse nur ethisch weiterzudenken hätte. Aber es heißt, wenn denn von der institutionellen Trennung der Disziplinen Dogmatik und Ethik auszugehen ist, daß auch der Ethiker immer zunächst Dogmatik treiben muß.

4. Die Kirche als Gemeinschaft des wahren Lebens im unwahren

Leitthema 15
Die Kirche ist die Gemeinschaft der Menschen, die in Christus begründet ist, also darin, daß Gott zum Menschen gekommen ist. Sie ist der aus vielen Gliedern bestehende Leib Christi, dessen Haupt Christus, dessen Geist die Kommunikation Gottes mit dem Menschen ist (1. Kor. 12,12f.; Eph. 4,15f.). Das heißt, in ihr verwirklicht sich die Gemeinschaft Gottes mit dem Menschen, wie sie in Jesus Christus erschienen ist, als Wahrheit der Geschichte – indem im Gespräch Christus zur Sprache kommt und indem dem Sichverlassen auf Christus das gegenseitige Sicheinsetzen des Fürsichseins für den Anderen entspricht.

Die Gemeinschaft der Kirche vollzieht sich zentral im Gottesdienst: in der Verkündigung und ihrem gemeinschaftlichen Hören, in der Antwort mit einer Stimme, in der gemeinsamen Feier von Taufe und Abendmahl, und auch indem die Not Anderer vor Gott gebracht wird und für sie Gaben gesammelt werden. So ist der Gottesdienst das bestimmende Zentrum des gemeinsamen Lebens.

Alle in der Kirche sind dazu berufen, mit ihren besonderen (freilich alle durch die Liebe überbotenen) Geistesgaben die Gemeinschaft zu beleben (1. Kor. 12f.). Das Priestertum im eigentlichen, alttestamentlichen Sinn, das im Opferkult zwischen Gott und Mensch vermittelt, ist aufgehoben, indem in Christus Gott selbst zum Menschen gekommen ist. In der Gemeinschaft, die dies realisiert, sind alle einander Priester (1. Petr. 2,9).

Gleichwohl ist ein besonderer, geordneter kirchlicher Dienst, ein besonderes geistliches Amt sinnvoll und notwendig. Seine Aufgabe ist die Verantwortung des öffentlichen Gottesdienstes, also Predigt, kritische Lehre und Verwaltung der Sakramente, sowie eine entsprechende geistliche Leitung im Alltag. Sinnvoll ist es aufgrund der allgemeinen gesellschaftlichen Aufgabenteilung, der auch unterschiedliche Begabungen und Ausbildungen entsprechen. Darüber hinaus ist das kirchliche Amt als Instanz der kirchlichen Selbstkritik (Episkopé) notwendig. Denn auch im Raum der Kirche (die insofern immer auch Selbstwidersprüche, den Widerspruch von wahrem und unwahrem Leben enthält) bleibt die Verkehrung des Fürsichseins im Sinn der Grundsünde verbreitet.

Jede Berufung in die christliche Existenz geschieht durch die Gemeinde im Namen Christi, der Bedeutung nach also durch Christus, den Mensch gewordenen Gott selbst. Entsprechend geschieht auch die spezifische Berufung in das besondere kirchliche Amt. Der Sinn der gottesdienstlichen Berufung oder Ordination zielt darauf, daß Christus durch seine Gemeinde (in Gestalt der ihrerseits berufenen Amtsträger) beruft. Faktisch jedoch sind die förmliche kirchliche Berufung und die Berufung durch Christus nur mehr oder weniger deckungsgleich und lebensgeschichtlich anzugleichen: die gottesdienstliche Berufung soll einer Berufung im Glauben entsprechen und die Ausübung des Amtes soll seiner gottesdienstlichen Berufung entsprechen. Das gilt nicht nur für das Pfarramt, welches das kirchliche Amt im Vollsinn darstellt, sondern auch für die daran unterschiedlich partizipierenden Ämter etwa der Diakone, Prädikanten und Prädikantinnen, Religionslehrerinnen und Religionslehrer, Erzieherinnen und Erzieher in kirchlichen Kindergärten.

Da jeder Mensch immer wieder ins Fürsichsein zurückfällt und der Versuchung des Umsichselbstkreisens unterliegt, kann auch die geschichtliche Gemeinschaft der Kirche degenerieren, ja pervertieren, und bedarf der wiederholten Reformation. Sie muß sich um ihrer eigenen Wahrheit willen diese Wahrheit als Kriterium gegenüberstellen. Dieses Kriterium, dem sich die Kirche aussetzen muß, ist letztlich Christus selbst: die allein in ihm, durch seine Verkündigung gegebene Gemeinschaft Gottes, die allein der Glaube (das Sichverlassen des Fürsichseins) realisiert.

Nicht nur die Lehre, sondern gleichermaßen das kirchliche Amt und die Amtsstruktur muß sich an diesem Wahrheitskriterium messen lassen. Denn zwar ist das Amt auch Funktion der Notwendigkeit, daß sich die Kirche ihre eigene Wahrheit gegenüberstellt. Doch unterliegt es, wie die Erfahrung lehrt, selbst der Möglichkeit der Perversion – die dann potenzierte Perversion ist. Also muß sich gerade das kirchliche Amt und sein Selbstverständnis dem Wahrheitskriterium aussetzen. Dagegen ist die Voraussetzung, daß das kirchliche Amt Christus substantiell verkörpert, nicht nur verkehrt, sondern bedeutet, daß sich die Kirche gegen notwendige Kritik immunisiert.

Da es in der Kirche keine zwischenmenschliche Herrschaft gibt – denn das gegenseitige Sicheinsetzen des Fürsichseins bestimmt das Verhältnis – bildet das kirchliche Amt auch keine heilige Stufenordnung (Hierarchie). Ihre weltweite Einheit, die die Vielfalt der Kulturen nicht aus-, sondern einschließt, hat die Kirche nicht in einer Hierarchie, sondern in Christus, d.h. im Geist seiner Gemeinschaft. Sie zeigt sich im entsprechenden gemeinsamen Bekenntnis und Gebet, in der Taufe, im Rückgang auf die Bibel. Daß sich ihre Einheit auch organisatorisch reflektiert, ist prinzipiell möglich und sinnvoll. So stellen etwa die Landeskirchen eine einheitliche Organisation der Gemeinden dar, die einem Konsens im Bekenntnis und der Lehre, in der Selbstkritik der Kirche (Episkopé), aber auch in der Liturgie eine Gestalt gibt und auch für einen finanziellen Ausgleich sorgt. Entsprechend ist auch auf übergeordneter Ebene Kirchengemeinschaft sinnvoll, wie sie evangelisch ansatzweise z.B. die „Gemeinschaft Evangelischer Kirchen in Europa" darstellt.

Auf der anderen Seite ist die Kirche Christi auch real gespalten, d.h. sie widerspricht sich selbst, insofern gegenseitige Lehrverurteilungen und entsprechende organisatorische Trennungen bestehen. Diese Lehrverurteilungen sind um der Wahrheit willen auszudiskutieren. Zwar tragen die Unterschiede systemischen Charakter. Doch bilden mindestens Bibel und Bekenntnis eine objektive Gesprächsgrundlage.

Als geschichtliche Gemeinschaft vollendet ist die Kirche, die ihre Einheit in Christus hat, erst in seiner Ewigkeit. In der Zeit ist ihre Geschichte offen.

4.1. Das Wesen der Kirche und die Notwendigkeit ihrer Selbstkritik

Die Kirche ist die Gemeinschaft des wahren Lebens: die Gemeinschaft Gottes mit dem Menschen, indem sie sich durch das menschliche Gespräch und zwischenmenschliche Liebe, als zwischenmenschliche Gemeinschaft verwirklicht – das Volk Gottes (Hebr. 4,9), Gemeinde Gottes, in Christus Geheiligte (1. Kor. 1,2). Die Kirche als Gemeinschaft des wahren Lebens besteht also in der lebendigen Kommunikation von Menschen, deren Geist die Gemeinschaft Gottes ist. *Ubi est verbum, ibi est ecclesia.*[312] Der Einzelne findet die Bestimmung seines Fürsichseins in der Gemeinschaft Gottes mit allen Menschen in Christus – dies aber in menschlichem Gespräch, in menschlicher Gemeinschaft vermittelt und so, daß es menschlich das gegenseitige Sicheinsetzen des Fürsichseins bedeutet und zugleich eine Sinngemeinschaft mit der als Äußerung Gottes verstandenen Natur

---

312 Luther, Promotionsdisputation J.M. Scotus (1542), WA 39/II, S. 176,8f.

vollzieht. Diese Kommunikation, die die Kirche darstellt, bildet eine Geschichte, die auf Christus zurückgeht und noch offen ist.

Nach der Confessio Augustana, Artikel VII ist die Kirche nicht primär Institution, sondern eine Versammlung – die „Versammlung aller Gläubigen [lat. *congregatio sanctorum*], bei welchen das Evangelium rein gepredigt und die heiligen Sakrament laut des Evangelii gereicht werden".[313] Die Kirche ist das Zusammensein derer, die sich auf das Evangelium verlassen, das in ihrem Raum zur Sprache kommt, und die entsprechend ihre Gemeinschaft mit Gott, die sie auch untereinander Gemeinschaft sein läßt, im Sakrament feiert.[314] „Wu Gott redt, do wohnt ehr."[315]

Als Gemeinschaft des wahren Lebens ist die Kirche von der allgemeinen menschlichen Gesellschaft zum einen unterschieden, zum anderen partizipiert sie an ihr. Sie partizipiert an ihr, indem sie ihre Überformung darstellt: sie überformt die allgemeine Gesellschaft, sofern diese in einem supralapsarischen Sinn die Gemeinschaft ist, die menschliches Fürsichsein hervorbringt. Das aber bedeutet für die Kirche: Sie hat nicht nur die Fragen des Fürsichseins zu beantworten, sondern indem der Geist ihrer Gemeinschaft etwa die Gemeinschaft von Ehe, Familie, Dorf, Stadt, Volk überformt, muß sie selbst immer wieder auch die Reflexion ermöglichen, die neues Fürsichsein hervorbringt. Auch die Kirche muß immer wieder das Fürsichsein neuer Generationen frei entlassen, denen sie neu das Evangelium verkündigt. Ihre Liebe muß (wie jede Liebe) frei lassen, um sich als Gemeinschaft zu verwirklichen.[316]

Indem die allgemeine Gesellschaft sich selbst politisch organisiert, trägt die Kirche außerdem (wie jeder Christ und jede Christin selbst) auch für den Staat Verantwortung – insbesondere für die Ausgestaltung der Rechtsordnung unter der allgemeinen Bedingung der Sünde (s.o. 3.3.).

Die Kirche partizipiert aber faktisch auch an der allgemeinen Gesellschaft, sofern diese die Gesellschaft des um sich selbst kreisenden Menschen ist, also (mit Augustin gesprochen) *civitas secundum se ipsum vivens* ist, im Gegensatz zur *civitas Dei*.[317] Daß die Kirche die Gemeinschaft des wahren Lebens im unwahren Leben ist, heißt nicht, daß ihr das unwahre Leben, die allgemeine Wirklichkeit des menschlichen Umsichselbstkreisens, einfach gegenüber stünde. Vielmehr gehört dieser Gegensatz zu ihrer eigenen geschichtlichen Wirklichkeit – und damit die Notwendigkeit, sich selbst zu kritisieren. Wie im einzelnen Christen das erneute Moment des Fürsichseins stets auch erneut der Versuchung des Umsichselbstkreisens unterliegt, so unterliegt die Gemeinschaft der Gläubigen der Versuchung der kollektiven Formen dieses Umsichselbstkreisens. Das bedeutet,

---

[313] BSLK S. 61.
[314] Inwiefern sich hier der Gottesdienst als Zentrum des täglichen Lebens verstehen läßt – dazu s.o. 2.2. und 2.3.
[315] Luther, Predigten über das erste Buch Mose (1523/24), WA 14, S. 386,28f.
[316] Zum notwendigen Verhältnis von Gemeinschaft und der Reflexion in sich, die das Fürsichsein realisiert, vgl. 2,I.2.
[317] Vgl. Augustin, De civitate Dei (Von der Bürgerschaft Gottes), etwa XIV,3–5.28.

daß der Glauben zur Ideologie, zu einer Selbsterhaltungsfunktion der Kirche als menschlicher Gruppe werden kann. Diese Versuchung gilt im besonderen für die Träger des kirchlichen Amtes – einmal indem sie in Predigt und Lehre das Selbstverständnis der Gemeinde darstellen, aber zugleich auch (wie noch auszuführen ist) in ihrem eigenen kollektiven Selbstverständnis.

Das heißt aber nicht, daß die wahre Kirche unsichtbar und die sichtbare Kirche als solche verkehrt wäre. Daß die Gottesgemeinschaft als solche, also auch das Wesen der Kirche (ihre in der Gottesgemeinschaft begründete Einheit und Heiligkeit) von den menschlichen Sinnen und dem Verstand nicht wahrzunehmen, sondern Gegenstand des Glaubens ist, liegt an der inneren Grenze von Sinnlichkeit und Verstand.[318] Doch die Gottesgemeinschaft, die nur im Sichverlassen des Fürsichseins, also im Glauben zu erkennen ist, vermittelt sich gleichwohl allein im geschichtlichen menschlichen Gespräch, in hörbarer, verstehbarer Verkündigung und wahrnehmbaren Sakramenten, in konkreter Lehre und der entsprechenden, auch amtsmäßig organisierten Gemeinschaft des Bekenntnisses, des Gebetes usf.

Daß auch für die Kirche mit der Möglichkeit und Wirklichkeit der Perversion zu rechnen ist, bedeutet dann vor allem dies, daß auch das Kriterium wahrer Kirche eine geschichtliche, sichtbare, also: institutionalisierte Wirklichkeit sein muß. Die Notwendigkeit, daß sich die Kirche ihre eigene Wahrheit zugleich als Kriterium gegenübersetzt, muß also ihre institutionelle Struktur bestimmen – Verständnis und Ordnung des kirchlichen Amtes im allgemeinen und des Lehramtes im besonderen.

Im Blick auf die Vermittlung der Gottesgemeinschaft ist das Kriterium, in dem sich die Kirche ihre eigene Wahrheit zugleich gegenübersetzt, daß allein Christus (*solus Christus*), der Mensch gewordene Gott, der Mittler ist – und im Zweifel (d.h. sofern die Gegenwart Christi in der faktischen Kirche zweifelhaft sein muß) nicht die Kirche und auch nicht die von ihr definierten Heiligen. Das läßt sich auch so pointieren, daß das Kreuz das Wahrheitskriterium der Kirche ist[319]: das Bewußtsein, daß sich die Gemeinschaft Gottes mit dem Menschen in der immer wieder einzugestehenden Negativität seines Fürsichseins ereignet und immer wieder die Negation des menschlichen Umsichselbstkreisens voraussetzt, ist notwendiges Korrektiv gegen die falsche Sicherheit der geschichtlichen Kirche.

Im Blick auf das Verständnis der Gottesgemeinschaft als Wahrheit des Lebens ist das Kriterium, in dem sich die Kirche ihre eigene Wahrheit zugleich gegenübersetzt, die als ursprünglich kirchenbildend festgehaltene Verkündigung Christi im Neuen Testament (*sola scriptura*) – mit der im Zweifel der Tradition der Kirche zu widersprechen ist.[320]

---

318 Diese Unsichtbarkeit ist also unabhängig von der Sünde (supralapsarisch) gegeben.
319 Vgl. Luther, Von den Konziliis und Kirchen (1539), WA 50, S. 641,35ff.
320 Zur komplexen hermeneutischen Aufgabe der Theologie im Zusammenspiel der theologischen Disziplinen, insbesondere auch zur Notwendigkeit einer kritisch reflektierten Kirchen- und Theologiegeschichte, um zwischen der Bibel und einem gegenwärtigen Verständnis zu vermitteln, vgl. oben 2,II.

Die Einheit, Heiligkeit, Katholizität und Apostolizität als Kennzeichen der Kirche, wie sie im Nicänum festgehalten sind[321], sind entsprechend dieser Kriterien kritisch zu bestimmen. Das kirchliche Selbstverständnis, daß eine Hierarchie des Amtes als solche den gegenwärtigen Christus verkörpert und somit die Einheit und Allgemeinheit (Katholizität) der Kirche darstellt und als solche nicht irren kann, widerspricht offensichtlich dem Wahrheitskriterium des Kreuzes und ist neutestamentlich nicht zu begründen. Die um der Wahrheit willen notwendige Selbstkritik der Kirche wird damit weitgehend ausgeschlossen. Entsprechend verkehrt ist der Anspruch, daß die Unterordnung unter das hierarchische Amt und schließlich den Bischof von Rom als Stellvertreter Christi heilsnotwendig ist.[322]

Analog sind die Apostolizität (dazu gleich 4.2.) und die Heiligkeit als Kennzeichen der Kirche kritisch zu bestimmen: Heiligkeit kommt weder dem kirchlichen Amt als solchen noch der ganzen Kirche als Gemeinschaft der Getauften als solcher zu; heilig und Wirklichkeit des wahren Lebens ist die Kirche vielmehr nur durch die Kreuzessituation: im aktuellen Sichverlassen auf Christus und der Gemeinschaft, die darin begründet ist – also als Gemeinschaft der allein aus Gnade (*sola gratia*) Gerechtfertigten.

4.2. Das kirchliche Amt

Alle in der Kirche sind mit der Taufe dazu berufen, die ihnen zugesagte Gemeinschaft Gottes, auf die sie sich verlassen, denen mitzuteilen, mit denen sie leben. Das liegt in der Sache selbst.

Das alttestamentliche Priestertum, dessen Amt das zwischen Gott und Mensch vermittelnde Opfer war, ist aufgehoben, indem in Kreuz und Auferstehung Jesu sich Gott selbst für die Gemeinschaft mit dem Menschen hingegeben und darin zu erkennen gegeben hat. Dieses Opfer ist nicht zu wiederholen (s.o. 2.2.3.). So ist auch im Neuen Testament von einem besonderen christlichen Priestertum nicht die Rede.

Die Gemeinde insgesamt ist eine „königliche Priesterschaft", die das Gekommensein dessen verkündigen und verbreiten soll, „der euch berufen hat von der Finsternis zu seinem wunderbaren Licht" (1. Petr. 2,9; vgl. 2,5; Apk. 1,6; 5,10).

Der eine Geist, durch den sich die mit Christus verkündigte Gemeinschaft Gottes zwischenmenschlich verwirklicht, äußert sich bei verschiedenen Menschen in verschiedenen Gaben (Charismen) und Kräften, denen verschiedene Dienste

---

321 Im Glaubensbekenntnis von Nicäa, in der maßgeblichen Fassung von Konstantinopel (381) heißt es: „Ich glaube an [...] die eine, heilige, katholische [allgemeine] und apostolische Kirche." Vgl. EG 805. Zum griechischen Urtext und seiner Geschichte vgl. R. Staats, Das Glaubensbekenntnis von Nicäa-Konstantinopel (wie S. 149, Anm. 131).
322 Zugespitzt erscheint dieser Anspruch in der Bulle *Unam sanctam* (1302) des Bonifaz VIII: „Wir erklären, sagen und definieren nun aber, daß es für jedes menschliche Geschöpf unbedingt notwendig zum Heil ist, dem römischen Bischof unterworfen zu sein." *Porro subesse Romano Pontifici omni humanae creaturae declaramus, dicimus, diffinimus omnino esse de necessitate salutis.* DH Nr. 875, a.a.O., S. 387.

entsprechen (vgl. 1. Kor. 12,4–7 und ff.). Indem der Geist die Dienste begründet, sind sie von Gott eingesetzt (12,28) – gleichwohl ist die Liebe, das sich im Anderen Finden, in jedem Fall die höhere Gabe (12,31ff.), die auch allen anderen Gaben und allen Diensten ihre Fülle und ihren Sinn gibt (13,2f.).

Das sich nachapostolisch herausbildende kirchliche Amt im engeren Sinne ist zwar gegliedert[323], findet aber seine einheitliche Bestimmung darin, daß in ihm die Gemeinde die Notwendigkeit institutionalisiert, sich ihre eigene Wahrheit gegenüberzustellen: im Dienst der öffentlichen Verkündigung (und entsprechenden Sakramentsverwaltung), im Dienst des öffentlichen Unterrichts, sowie im Dienst der entsprechenden, kritischen Gemeindeleitung. Das Zentrum ist der „von Gott gegebene Dienst, die Versöhnung" Gottes mit der Welt zu verkündigen (2. Kor. 5,18–20). Der besondere Dienst der Verkündigung, des Unterrichts und der Leitung ist aber auch supralapsarisch sinnvoll, weil nicht jeder in der Gemeinde die entsprechende Begabung und deren erforderliche theologische Ausbildung aufweist.[324]

Der Bischof (Episkopos), also der „Aufseher" der Gemeinde, dessen Amt historisch zunächst mit dem Presbyterium identisch war (vgl. Apg. 20,17.28), ist als Verantwortlicher von Predigt und Sakramentsverwaltung zugleich geistlicher Leiter der Gemeinde.[325] Dieses Amt, also das Pfarramt, stellt dann das kirchliche Amt im Vollsinn dar. Gleichwohl ist es als solches nur ein besonderer Dienst unter anderen Diensten, dem ein besonderes Charisma, eine besondere Begabung (vgl. 2. Tim. 1,6f.) entspricht – wie das auch bei anderen, informellen Diensten der Fall ist.

Dem evangelischen Verhältnis von Geist und Dienst entsprechend ist das Pfarramt nicht als Herrschaft zu verstehen, sondern, was das Verhältnis zu den vielen Diensten betrifft, als Zurüstung der vielen Dienste (vgl. Eph. 4,12); Leitung bedeutet in erster Linie ihre Organisation im kollegialen Gespräch. Der Bischof oder Pfarrer vertritt nicht als solcher Christus, sondern nur indem er aktuell das Wort Gottes verkündigt. Nur im „Dienst der Verkündigung" ist er „Gesandter für" oder „an der Stelle von Christus" (2. Kor. 5,18–20). Das gilt freilich für jeden Christen und jede Christin.

Allerdings ist das kirchliche Amt, wie schon die Kirchengeschichte im 2. Jahrhundert zeigt, parallel zur Entwicklung der *regula fidei* und dem Sichherausstellen des Schriftkanons eben auch zur Selbstkritik der Kirche notwendig. Insofern besteht das Amt der kritischen Episkopé darin, das Wahrheitskriterium öffentlich zur Geltung zu bringen. Die theologische (philologische, hermeneutische, historische, systematische und praktische) Ausbildung, die das ermöglicht, hochzuschätzen und zu pflegen, ist nicht erst heute eine notwendige Bedingung für das Gedeihen der Kirche.

---

323 Vgl. etwa 1. Tim. 3,1–13; 5,17.
324 Leider gilt das auch nicht für jeden, der förmlich in diesen Dienst berufen ist.
325 Die Diakone assistieren sowohl im Gottesdienst als auch in Verwaltung und caritativer Tätigkeit. Erst Ende des 2. Jahrhunderts wird eine Differenzierung zwischen Bischof und Presbytern deutlich: der Bischof sitzt dem Presbyterkollegium vor.

Nach der Confessio Augustana, in dem „vom Kirchenregiment" [lat.: *De ordine ecclesiastico*] handelnden Artikel XIV, soll „niemand in der Kirchen offentlich predigen oder lehren oder Sakrament reichen soll ohn ordentlichen Beruf" [lat.: *nisi rite vocatus*].[326] Die Ordination oder Berufung in das kirchliche Amt bedeutet, daß die allgemeine, mit der Taufe gegebene Berufung in die Gottesgemeinschaft und ihren zwischenmenschlichen Dienst spezifiziert, nicht aber gesteigert wird.[327] Im Gottesdienst der Gemeinde wird in Segen und Gebet das Charisma zum kirchlichen Dienst zugesprochen und wie bei der Taufe von Vertretern der Gemeinde zum Zeichen der Berufung die Hand aufgelegt. Dieses spezifische Charisma ist aber nicht wie die Taufe oder die Christusgemeinschaft ein als solcher verläßlicher, bedingungslos gültiger Glaubensgegenstand, da es die Bedeutung der Taufe eben nur spezifiziert.

Neutestamentlich gilt wie jeder Dienst so schließlich auch das nachapostolische (gegliederte) kirchliche Amt als von Gott, Christus oder dem Geist eingesetzt[328] – freilich so, daß dies als Ordination oder öffentliche Berufung wie die Taufe durch die Gemeinde vollzogen wird: in erster Linie durch Glieder, die bereits öffentliche Träger des Dienstes sind (zunächst die Apostel)[329], aber auch durch andere.[330]

Zwar gibt es bei der Ordination schon im frühen Christentum insbesondere im Blick auf das kirchliche Amt im Vollsinn (im Unterschied zu Ämtern, die daran lediglich partizipieren)[331] einen Primat der früheren Amtsträger als Ordinatoren – was in ihrer kritischen Funktion als Bischöfe (Aufseher) begründet ist. Doch ist dies nicht streng exklusiv zu verstehen. Wenn das zugesprochene Charisma des Amtes nur die Taufe spezifiziert, dann geht das Amt auch als von Gott eingesetztes aus der Gemeinde der Getauften hervor. Indem darüberhinaus die Kirchengeschichte die Möglichkeit der Perversion des kirchlichen Amtes lehrt, ist seiner strukturellen, korporativen Selbstimmunisierung zu widersprechen,

---

326 BSLK S. 69.
327 „was ausz der tauff krochen ist, das mag sich rumen, das es schon priester, Bischoff und Bapst geweyet sei, ob wol nit einem yglichen zyympt, solch ampt zu uben": Luther, An den christlichen Adel deutscher Nation (1520), WA 6, S. 407f.
328 Vgl. 1. Kor. 12,28; Eph. 4,11; Apg. 20,28.
329 Vgl. Apg. 14,23; 2. Tim. 1,6; Tit. 1,5.
330 Vgl. Apg. 6,3–6; 2. Kor. 8,19.
331 Die ordentliche Berufung nach CA XIV terminologisch zu unterscheiden in eine Ordination ins Pfarramt (unbeschränkter Dienst) und eine Beauftragung zu einer eingeschränkten Wortverkündigung und Sakramentsverwaltung etwa durch Prädikantinnen und Prädikanten (vgl. „Ordnungsgemäß berufen. Eine Empfehlung der Bischofskonferenz der VELKD zur Berufung zu Wortverkündigung und Sakramentsverwaltung nach evangelischem Verständnis", Hannover 2006), scheint kaum sinnvoll. Denn das Proprium der Ordination liegt nicht in der Uneingeschränktheit, sondern in der Berufung zu Wortverkündigung und Sakramentsverwaltung. Wenn weder ein bestimmter Grad der theologischen Bildung dafür eine entscheidende Bedingung sein soll (was allerdings sehr fraglich ist), noch die Uneingeschränktheit und die Hauptamtlichkeit, dann ist die Berufung von Prädikanten als Ordination zu verstehen und zu vollziehen. Anders ist das bei Ämtern, die am kirchlichen Amt ohne Recht und Pflicht von Wortverkündigung und Sakramentsverwaltung partizipieren, wie z.B. Religionslehrern und Religionslehrerinnen.

wenn es durch Berufung und Ordination ohne Beteiligung der Nichtordinierten seinen Nachwuchs generiert. Freilich ist diese Beteiligung auch kein Garant der Wahrheit.

Auch ist die Apostolizität der Kirche nicht, wie das römisch-katholische Dogma meint, an eine auf Jesus und die Apostel zurückgehende und ununterbrochene Kette der Ordinationen im Rahmen der Hierarchie gebunden. Abgesehen davon, daß sich das kirchliche Amt hier auf eine historische Hypothese gründet – die historische Kontinuität der Institution als solcher kann die Apostolizität der Kirche nicht garantieren. Denn die notwendige apostolische Sukzession der Kirche, ihr notwendiges Stehen in der Nachfolge der Apostel, bedeutet nichts anderes als daß die ursprüngliche Verkündigung in der Gegenwart zur Sprache kommt und die Gottesgemeinschaft verwirklicht.

Ist dies nicht der Fall, so bedeutet auch die Übertragung eines Amtes in der angeblichen historischen Kette der Ordinationen keine apostolische Sukzession. Und da die Ausübung des Amtes und auch die Struktur dieser Ausübung faktisch pervertieren kann, muß ihm im Zweifel auch die mündige Gemeinde widersprechen können, indem sie selbst das Wahrheitskriterium reformatorisch zur Geltung bringt.

Das Lehramt ist ein wesentliches Moment des kirchlichen Amtes. Indem es nicht nur Lehre, sondern auch ihre kritische Beurteilung umfaßt, vereint es den Dienst der Verkündigung mit dem Dienst der Episkopé. Dabei erfordert es – in jeder seiner Gestalten – den Bezug auf das menschliche Fürsichsein und seine Selbsterkenntnis. Das heißt, es erfordert auch das Explizieren der menschlichen Reflexion in sich, die jedem neuen Verstehen der Gottesgemeinschaft vorausgeht. Es hat nicht Lehrsätze mitzuteilen, sondern soll im Gespräch über die Wahrheit das zu verstehen geben, auf was Christen sich im Moment des Fürsichseins verlassen.

Ursprünglich ausgeübt wird das Lehramt im Pfarramt oder Bischofsamt, auch in Gestalt theologischer Kammern oder Ausschüsse. Daran partizipieren, im Modus der wissenschaftlichen Ausbildung und Reflexion (und ohne den Übergang in Verkündigung und Gottesdienst), die Universitätslehrer.[332] Außerdem partizipieren daran im Modus, die freie Bildung einer christlichen Existenz zu unterstützen, die Religionslehrer und Religionslehrerinnen an Schulen sowie kirchliche Erzieherinnen und Erzieher, die zu diesem Dienst berufen oder eingesegnet werden.

Das Lehramt hierarchisch zu verstehen, so daß etwa der Papst abschließend die Wahrheit von Lehrsätzen – einschließlich des Satzes von der Unfehlbarkeit seines Lehramtes – als „ein von Gott offenbartes Dogma" „definiert"[333], verfehlt völlig, wie sich die Wahrheit der Verkündigung ereignet, insbesondere auch das Wesen ihres Verstehens. Was Christus bedeutet (und was von daher Gott und Mensch bedeuten) kann nur selbst verstanden werden. Denn die Wahrheit Christi verwirklicht sich darin, daß sich der Mensch in seinem Fürsichsein auf ihn verläßt. Die kirchliche Lehre muß sich zwar den genannten Kriterien

---

332 Als ihre Berufung lassen sich die Promotion zum Doktor der Theologie sowie die Habilitation verstehen, indem sie auch förmlich mit einer Verpflichtung zum Dienst an der Wahrheit verbunden sind.
333 Vgl. DH 3073f., a.a.O., S. 833 (1. Vatikan. Konzil 1870).

aussetzen und an den Bekenntnissen der Kirche orientieren. Wird diese Orientierung, die bei der Ordination zugesagt wird, offensichtlich verfehlt, muß die Kirche sie einfordern („Lehrzucht"). Doch ist das immer wieder neu zu suchende Verständnis der Wahrheit nur in einem gemeinschaftlichen, hermeneutischen Prozeß zu finden (2,II.), der auch immer ein Prozeß kirchlicher Selbstkritik ist. Das schließt im Konfliktfall die Möglichkeit ein, den Äußerungen des Lehramtes in jeder seiner Gestalten (auch auf kirchenleitender Ebene) durch eine vernünftige Interpretation des Wortes Gottes zu widersprechen.

Entsprechend ist die Frage nach dem Bischofsamt im engeren Sinn zu beantworten. Zwar ist es sinnvoll und notwendig, daß auch die Träger des Pfarramts, die für die Gemeinde ‚Bischöfe' im ursprünglichen Sinn sind, zugerüstet und kritisiert werden – also daß es ein Bischofsamt über dem Pfarramt gibt. Doch ist dieses Verhältnis nicht in einer Hierarchie, in einer gesteigerten Heiligkeit des Amtes begründet. Es ist lediglich sinnvolles Mittel der einheitlichen Organisation des kirchlichen Lebens und seiner Selbstkritik unter der Bedingung der bleibenden Sünde und Fehlbarkeit.[334] Die geistliche Vollmacht des Bischofsamtes unterscheidet sich nicht von der des kirchlichen Amtes überhaupt: sie besteht im „Evangelium predigen, Sunde vergeben, Lehr urteilen" und Verwalten der Sakramente[335] – nur daß die Zuständigkeit nun eine Vielheit von Gemeinden und Pfarrern oder Pfarrerinnen (und somit auch die Aufgabe der Ordination) umfaßt.

Die Auffassung, aufgrund einer Einsetzung des Petrus durch Jesus nach Mt. 16,16–19 sei eine hierarchische, monarchische Einheit der Kirche im Petrus nachfolgenden Bischof von Rom als Stellvertreter Christi begründet, ist exegetisch und historisch abwegig. Sie widerspricht dem Wesen der Gemeinde Christi, in der seine Herrschaft gerade die Gleichheit der Liebe bedeutet. Weder war Petrus von Christus eingesetztes Haupt der Apostel noch ist der Bischof von Rom als Nachfolger Petri in diesem Amt zu verstehen.[336]

4.3. Einheit und Vielfalt der Kirche: das Problem der Ökumene

Die Kirche ist wesentlich Gemeinde Christi. Als solche bildet sie eine Einheit. Die Einheit gehört zu ihrem Wesen. Das Wesen der Kirche als Gemeinschaft in Christus und damit auch ihre Einheit ist ein Moment des Glaubens an Christus selber; diese Gemeinschaft gehört zur Wirklichkeit Christi für den Glauben.

Die Einheit der Kirche in Christus ist Gegenstand des Glaubens, aber sie zeigt sich auch notwendig. Denn die Einheit der Kirche ist nur so konkreter Aspekt

---

334 Vgl. CA XXVIII, BSLK S. 129,10ff.
335 Ebd. S. 123,22ff.; 121,12ff.
336 Vgl. schon Luther, De potestate papae (1537), etwa zum Verhältnis von Mt. 16,16–19 zu Mt. 18,18, zu Lk. 22,24–27; Joh. 20,21–23; Gal. 2,2ff.; 1. Kor. 3,4–8 u.a., BSLK S. 469ff. – Ob und inwiefern dem hierarchischen, monarchischen Verständnis des kirchlichen Amtes eine zeitbedingt notwendige Funktion bei der Ausbreitung des Christentums in Spätantike und frühem Mittelalter zuzuschreiben ist, kann hier nicht diskutiert werden. Jedenfalls könnte die Analogie zur weltlichen Herrschaft, auch wenn sie das neutestamentliche Ideal der Gemeinde konterkariert, ursprünglich z.B. auch eine kritische Funktion gegenüber dem religiösen Anspruch weltlicher Herrschaft ermöglicht haben.

des Glaubens, daß sie sich auf eine konkrete, identifizierbare Gemeinschaft bezieht. Zu identifizieren ist sie vor allem im gemeinsamen Bekenntnis zu Christus, zum Mensch gewordenen, dreieinigen Gott, in der Taufe und in der Bedeutung der Bibel.

Die Frage ist, ob und wie weit sich die wesentliche Einheit der Kirche auch in einer einheitlichen Amtsstruktur reflektieren muß.

Schon das kirchliche Amt als solches stellt eine lokale Organisation von Einheit dar – indem es die Gemeinde in ihrem Gottesdienst und in ihrer Diakonie organisiert. Darüber hinaus ist es sinnvoll, daß die Kirche, indem sie ausgehend vom gemeinsamen Bekenntnis ihr Leben als umfassende Gottesdienst-, Gesprächs- und Dienstgemeinschaft gestaltet, ihre Einheit parallel zur politischen Organisation der Völker und Gesellschaften auch organisatorisch darstellt. Denn so hat sie auf jeder politischen Ebene eine Stimme und kann auch ihre Diakonie effektiv gestalten.

Außerdem erfordert die notwendige kirchliche Selbstkritik, daß die Einheit der Kirche in Christus, sofern sie denn vorläufig als Kriterium zu formulieren ist, selber zur kritischen Funktion wird. Sie erfordert kirchliche Strukturen der Episkopé auf der Basis des Bekenntnisses und der Kriterien wahrer Kirche. Dabei entspricht es der reformatorischen Einsicht in die Fehlbarkeit der Kirche, daß Strukturen bischöflicher Leitung und kollegiale Strukturen konkurrieren und auch die nicht ordinierte Gemeinde die institutionalisierte Möglichkeit hat, das kirchliche Amt zu kritisieren (etwa in Gestalt von Synoden).

Die evangelischen Landeskirchen stellen dabei weder die letzte noch eine unveränderliche organisatorische Ebene dar. Daß auch im evangelischen Verständnis eine übergeordnete, einheitliche Organisation sinnvoll sein kann, zeigt die „Vereinigte Evangelisch-Lutherische Kirche Deutschlands". Anderseits ist die Vielfalt der kirchlichen Kultur, die Vielfalt der Sprachen nicht einzuebnen. Und es erscheint auch nicht notwendig, daß sich die Einheit der Kirche in einer weltweiten, durchgestuften Herrschaftsordnung des kirchlichen Amtes darstellt.

Zwar ist das Einverständnis im Bekenntnis, im Verständnis Gottes und des Menschen, ein notwendiges Ziel aller Gespräche. Sektiererei ist eitel. Doch muß sich dieses Einverständnis nicht notwendig in einer einheitlichen Organisation ausdrücken. Es kann sich auch in einem Bund von Kirchen zeigen wie z.B. in der „Union evangelischer Kirchen in Deutschland", dem „Lutherischen Weltbund", oder anders in der autokephalen Vielfalt der orthodoxen Kirche. Und auch wenn das Einverständnis in Bekenntnis und Lehre nicht vollendet, aber im Sinn eines ‚differenzierten Konsenses' oder einer ‚versöhnten Verschiedenheit'[337] absehbar ist, ist ein Bund von Kirchen, die das kirchliche Amt gegenseitig anerkennen, ein sinnvoller Ausdruck der Einheit der Kirche in Christus – wie vor allem die „Gemeinschaft Evangelischer Kirchen in Europa" zeigt.

---

[337] Vgl. zur Orientierung F. Nüssel und D. Sattler, Einführung in die ökumenische Theologie, Darmstadt 2008, S. 120ff.

Faktisch gibt es in der Kirche nach wie vor Lehrdifferenzen, die auch eine organisatorische Trennung implizieren. Sie scheinen heute primär das Verständnis des kirchlichen Amtes zu betreffen, tragen aber systemischen Charakter.

Zum Beispiel ist mit der Annahme des kirchlichen Amtes als Weihepriestertum und der apostolischen Suzession seiner Hierarchie auch über ein bestimmtes Verständnis des Abendmahls und der Christus-Gegenwart entschieden. Auch der Glaubensbegriff ist dann anders geprägt – gegenüber dem Gedanken des Sichverlassens auf das Wort Gottes, welches selbst zu verstehen ist, wird tendenziell eher Glaube als Gehorsam gegenüber dem kirchlichen Lehramt betont. Außerdem entsprechen sich Sündenbegriff und Lehre von der Kirche: die evangelische Einsicht in die Fehlbarkeit der faktischen Kirche entspricht der Auffassung von der sich auch im Getauften wiederherstellenden Grundsünde – was wiederum eine schärfere Reflexion der Rechtfertigungslehre impliziert.

Die organisatorische Trennung der Kirche zu überwinden, erfordert den Geist der Gemeinschaft, die Christus ist. Der aber kann sich nur darin durchsetzen, daß der Streit in der Lehre ausgetragen wird. Die Wahrheit ist ein unendlich höheres Gut als die faktische Einheit (also eine Einheit, die nicht Einheit in Christus ist).

Die Reformation des 16. Jahrhunderts hatte das Selbstverständnis, daß sich in ihrer Gestalt die eine, katholische Kirche reformierte und erneut dem ursprünglichen Evangelium öffnete – was im Zuge der Konfessionalisierung zur Abspaltung des reformunwilligen Teils führte.

Gleichwohl erkennt die evangelische Kirche die römisch-katholische Kirche zu Recht prinzipiell als Bestandteil der Kirche Christi an – unter der Voraussetzung, daß das Evangelium gepredigt und die Sakramente entsprechend gereicht werden sowie im Bewußtsein einer der allgemeinen (auch eigenen) Fehlbarkeit geschuldeten Toleranzbreite. Freilich ignoriert sie dabei ausdrücklich den Anspruch des geweihten Priestertums (sofern er über ein evangelisches Verständnis der Ordination hinausgeht) und der Hierarchie. Entsprechend bedeutet die Anerkennung als Kirche nicht die Anerkennung des offiziellen Kirchenverständnisses der römisch-katholischen Kirche – die ihrerseits aufgrund ihrer Auffassung des Amtes die evangelische Kirche (trotz Anerkennung der Taufe) nicht als Kirche anerkennt und die Einheit in Christus mit ihrer exklusiven, faktischen Einheit als Institution verwechselt.[338]

Freilich werden die entscheidenden Fragen heute auch anders gestellt als im 16. Jahrhundert. Der Sprachverlust gegenüber einem sich verabsolutierenden Verstand ist ein

---

338 Evangelische Kirchen gelten als kirchliche Gemeinschaften, die nicht Kirche im eigentlichen Sinn sind (*sensu proprio Ecclesiae non sunt*: vgl. die Erklärung „Dominus Jesus" vom 6.8.2000, Nr. 17 – erneuert in der Erklärung der „Kongregation für die Glaubenslehre" vom 29.6.2007, „Antworten auf Fragen zu einigen Aspekten bezüglich der Lehre über die Kirche"). Daß die in Christus liegende Einheit der Kirche in der römisch-katholischen Kirche „subsistiert" (vgl. ebd., im Rückgriff auf die Konstitution „Lumen gentium" des 2. Vatikanischen Konzils, DH 4119, a.a.O., S. 1181), wäre dann dialektisch richtig, wenn sie anerkennte, daß diese Einheit der Kirche auch in der evangelischen Kirche subsistiert.

gemeinsames Problem aller Konfessionen. Also ist auch die Aufgabe eine gemeinsame, das Evangelium der Gemeinschaft Gottes dem sich erkennenden, aber gottlosen Subjekt des reinen Verstandes so zu sagen, daß es dies verstehen und denken kann. Diese Aufgabe, die im Deutschland des 19. Jahrhunderts philosophisch begonnen, im 20. Jahrhundert theologisch fortgesetzt wurde, ist nicht vollendet und kann nur zusammenführen.

Lernen kann die evangelische Kirche von der römisch-katholischen Kirche, was deren geringere Anfälligkeit angeht, mit der Aufnahme populärer, aber oberflächlicher Ideologien vermeintlicher Aufklärung das Zentrum der Lehre aus dem Auge zu verlieren.

5. Tod in der Zeit und ewiges Leben: die Vollendung der Gemeinschaft in Gott

Leitthema 16
Die Ewigkeit ist nur als Gottes ewiges Leben zu denken. Gott ist der ewige, indem er anderes, zeitliches, endliches Leben werden läßt und, sich selbst unterscheidend, Mensch wird, um als Geist dieser Gemeinschaft mit dem Menschen in menschlicher Kommunikation die Einheit mit sich zu vollziehen, die alle Wirklichkeit und Geschichte umfaßt. So hat der Mensch am ewigen Leben Anteil – indem er sein Selbstverhältnis im Verhältnis zu Christus hat und ihn der Geist des Mensch gewordenen Gottes bestimmt.

Für die Frage, was das für das Leben des Einzelnen bedeutet, ist die Verkündigung des gekreuzigten und auferstandenen Christus der Ausgangspunkt. Hier wird die Gemeinschaft des ewigen Gottes mit dem Menschen verkündigt, der in der Zeit für das Kommen Gottes zum Menschen und die entsprechende menschliche Gemeinschaft lebte. Wenn aber Christus Gott selbst in dieser Gemeinschaft ist, dann integriert das ewige Leben Gottes das zeitliche Leben, das seine Wahrheit im Sichverlassen des Fürsichseins auf Christus und im entsprechenden Sicheinsetzen für den Anderen findet – denn so verwirklicht sich Gottes Gemeinschaft mit dem Menschen als Geist im zeitlichen Leben. So ist der Glaube das Bewußtsein, daß die Integration des zeitlichen Lebens in die Ewigkeit Gottes schon jetzt geschieht, aber erst mit dem Ende der Zeit als solche zu erfahren ist. Das ewige Leben des Einzelnen ist kein Weiterleben nach dem Tod, sondern das gelebte, zeitliche Leben in Gott – also nicht auf der Basis geschöpflicher Selbsterhaltung (nicht als Leben, das seine Kontinuität im Fürsichsein zentriert), sondern als Leben, das seine Wirklichkeit allein in Gott hat. Das schließt das Gericht über das sich in der Zeit selbst festhaltende Fürsichsein ein – ein Gericht, welches zugleich die Vollendung des wahren Lebens bedeutet.

Das ewige Leben ist im Verhältnis zum bisher Gesagten kein neues Thema. Vom ewigen Leben reden heißt von Gott reden – und wer nicht von der Ewigkeit reden kann, kann auch nicht von Gott reden. Nur Gott selbst ist Ewigkeit[339]; Ewigkeit ist streng genommen nur als Gottes ewiges Leben zu denken.

---

[339] Vgl. Thomas von Aquin, ST I q.10 a. 2 ad 3, und insgesamt E. Jüngel, Thesen zur Ewigkeit des ewigen Lebens, ZThK 97 (2000), S. 80–87. – In der folgenden Interpretation knüpfe ich an Gedankengänge Jüngels und Ringlebens an – vgl. etwa noch E. Jüngel, Tod, Stuttgart 3. Aufl. 1985; J. Ringleben, Gott und das ewige Leben, in: Arbeit am Gottesbegriff I, Tübingen 2004, S. 295–340; ders., Auferweckung zum ewigen Leben (als Zeigfeld zur Logik des christlichen Gottesgedankens). In: P. Koslowski, F. Hermanni (Hg.), Endangst und Erlösung 1, München 2009, S. 121–138.

Leben ist das Sein eines Subjekts, das darin besteht, daß es sich zum Anderen verhält und in diesem Verhältnis reflektiert oder reflektiert findet (2,I.2.). Das heißt in Bezug auf den Menschen: im Stoffwechsel reflektiert, vermittelt sich das Subjekt als Leib, im Sehen, Verstehen usf. als kontinuierliches Bewußtsein, im Gespräch als denkendes Selbstbewußtsein. Im Fall der Liebe ist Leben Geist: das Subjekt ist die Gemeinschaft als solche, die sich in den Liebenden reflektiert. Das Sichverlassen auf die Liebe Gottes in seiner Menschwerdung aber bedeutet ein Leben, dessen Subjekt der Geist des zum Menschen gekommenen Gottes selbst ist.

Das Leben einzelner Subjekte, als Leben des sich vorfindenden, jemeinigen Leibes, als individuelle Geschichte eines Fürsichseins, endet notwendig. Die Erfahrung von Zeit ist darin begründet, daß ein identisches Subjekt die Dynamik des Ganzen der Schöpfung, die es hervorbringt, als das Andere erfährt, im Verhältnis zu dem es sich erhalten muß, und das es schließlich als Übermacht erleidet. Und der Mensch ist eben darin als Fürsichsein Subjekt seines Lebens, daß er sein Leben erinnert und erwartet – daß er sein Leben (seine zeitliche Identität) im Bewußtsein des kommenden Todes reflektiert.

Die absolute Negativität seines Fürsichseins besteht nicht nur darin, daß er sich selbst als Grenze seines Erkennens realisiert, sondern zugleich im Bewußtsein des Todes, und der Tod bedeutet, daß das Fürsichsein die Negativität, die seine Wahrheit ist, auch als Wahrheit des Leibes erfährt.

Es ist das menschliche Fürsichsein oder Selbstbewußtsein als erinnernde und erwartende Identität einer endlichen Lebensgeschichte, welches die Erfahrung von Zeit ursprünglich begründet; und der Tod des Fürsichseins kann als Inbegriff der Zeiterfahrung gelten. Indem menschliches Fürsichsein die Zeitlichkeit denkt, denkt es ursprünglich sein Leben in seiner Endlichkeit und Individualität – im Verhältnis zur Bewegung des Ganzen.

Ewigkeit aber ist als Ewigkeit Gottes zu denken, d.h. als Gottes ewiges Leben. Und das ewige Leben des Menschen, wenn es nicht die leere Fiktion von Unsterblichkeit oder unendlicher Fortdauer meint, kann nur im Verhältnis zum ewigen Gott bestehen.

Nach Anselm (der hier im Anschluß an Boethius formuliert) ist die Ewigkeit Gottes als ein unbegrenzbares Leben zu denken, das in reiner Präsenz auf vollkommene Weise ein Ganzes ist – *Videtur [...] aeternitas esse interminabilis vita simul perfecte tota existens.*[340] Wie kommt der Mensch dazu, das Andere aller zeitlichen Wirklichkeit zu denken: die Ewigkeit Gottes, der das Leben in sich selber hat (Joh. 5,26), ohne Werden und Vergehen – Leben ohne begründendes und begrenzendes Anderssein, in absolutem Beisichsein? Dieser Gedanke ist konkret nur dann, wenn das ewige Leben Gottes auf unser Leben in der Zeit bezogen ist. Genauer: Er ist konkret nur durch den Anspruch, daß sich uns in der Zeit Gottes ewiges Leben mitteilt. Sein ewiges Leben ist deshalb von uns zu denken, weil seine Bewegung in sich, in der es seine reine Präsenz und Ganzheit vollzieht, auch uns umfaßt: Die innere Kommunikation, in der Gott sein ewiges

---

340 Monologion 24. (hg. von P. F.S. Schmitt, Stuttgart-Bad Cannstadt 1964), S. 112f.

Leben (seine lebendige Einheit) vollzieht, ist nicht nur schöpferisch, sondern als ewiges Wort Gottes erreicht sie auch ihr Geschöpf, den Menschen – indem es menschliches Wort wird, durch das Gott mit uns kommuniziert und eine Gemeinschaft eingeht.

Deshalb kann alle Beredtsamkeit zur Frage des ewigen Lebens bestenfalls das Wort von der Menschwerdung des ewigen Gottes oder vom in das Leben Gottes auferweckten Gekreuzigten ausformulieren; ansonsten verbirgt sie ein Stammeln vor Gott selbst.

Ewiges Leben ist das Leben Gottes dann nicht einfach als Gegensatz zur zeitlichen Welt vielfältigen Werdens und Vergehens – als unendliche Dauer jenseits der Zeit der Schöpfung wäre es gleichwohl zeitlich gedacht und durch die Zeit der Schöpfung begrenzt. Von jener Gemeinschaft her ist vielmehr Folgendes zu sagen: Gott vollzieht seine unbegrenzte Gegenwart und Ganzheit, indem er anderes, endliches, menschliches Leben und Fürsichsein werden läßt, um mit ihm zu kommunizieren und es so in sein Leben zu integrieren. Das bedeutet, daß Gott in einer Selbstunterscheidung seine lebendige, ewige Einheit mit sich vollzieht. Gott kommuniziert nicht einfach als Gegenüber, sondern indem er (in Christus) selbst seine Gemeinschaft mit dem Menschen ist. Diese Gemeinschaft, die er in Ewigkeit selbst ist, ist der Sinn des menschlichen Werdens und die Bestimmung der menschlichen Kommunikation. Wenn Gott also im Verhältnis zum Menschen seine Einheit mit sich vollzieht, so ist die Selbstunterscheidung, die dies voraussetzt, schöpferisch: sie läßt den Menschen als anderes Fürsichsein werden (indem sie eine Welt äußert).

In Christus ist Gott selbst seine ewige Gemeinschaft mit dem Menschen. In der entsprechenden Selbstunterscheidung (von ‚Vater' und ‚Sohn') vollzieht er als Geist seine ewige Einheit mit sich. Die Verkündigung Christi (die Verkündigung seiner Menschwerdung oder die Verkündigung der Auferweckung des Gekreuzigten in das ewige Leben Gottes) impliziert dann nicht nur, daß in dem Verstehen dieser Verkündigung, in dem sich das Fürsichsein auf sie verläßt, Gott als Geist unsere Zugehörigkeit zu Christus vollzieht – also daß er die Gemeinschaft, die Christus ist, in unserem Leben verwirklicht. Sondern dies bedeutet zugleich, daß darin Gott als Geist der Gemeinschaft, die Christus ist, seine ewige Einheit mit sich vollzieht. Darin liegt die Mitteilung seines ewigen Lebens an den Menschen, wie sie mit der Auferweckung des Gekreuzigten zum Gegenstand der Verkündigung geworden ist.

Die Frage kann dann weiter so gestellt werden: Wenn das Sichverlassen des Fürsichseins auf Christus bedeutet, daß der Mensch in Gott bei sich selbst ist – wenn es also ein Leben bedeutet, dessen Subjekt der Geist des zum Menschen gekommenen Gottes ist – inwiefern impliziert das ein ewiges Leben des einzelnen Menschen?

Indem das Fürsichsein sich auf die in Christus zugesagte Gemeinschaft verläßt, erfährt es den Geist dieser Gemeinschaft als sein wahres Leben. Das heißt, im Sichverlassen auf Gott selbst in seiner Gemeinschaft mit dem Menschen ist Gott gegenwärtig – und zwar so, daß die Gemeinschaft als Geist das Leben in der

Kommunikation des Glaubens und der Liebe bestimmt. Dieser Geist vollzieht aber nichts anderes als die Einheit der Selbstunterscheidung, in der Gott Gott ist und seine Gemeinschaft mit dem Menschen. Gott hat die Liebe zu seinem Gegenüber zum Medium seiner lebendigen Einheit mit sich gemacht, zum Medium seiner inneren Kommunikation. Insofern hat der Mensch, obwohl im Moment des Fürsichseins absolut von Gott unterschieden (aber: angesprochen, geliebt), Teil an Gottes ewigem Leben. Aber was ist damit, wenn ein Mensch in der Zeit gestorben ist? Kann davon die Rede sein, daß es auch sein Leben ist, welches ewig ist? Ist die Ewigkeit des die Gemeinschaft mit Gott vollziehenden (wahren) Lebens nur in Gott, für Gott wirklich? Oder ist sie so in Gott wirklich, daß auch das Moment des menschlichen Fürsichseins, des mit sich Identischseins, im Leben Gottes aufgehoben (bewahrt) ist? Dann ließe sich sagen, daß auch der Mensch selbst, wenn sein Leben in der Zeit zu Ende ist, die Ewigkeit in Gott erfährt – dies nicht als zeitliche Fortsetzung verstanden, sondern so, daß seine ewige Erfahrung seines zeitlichen Lebens Moment des ewigen Lebens (des allumfassenden mit sich Kommunizierens) Gottes ist.

Um die Frage zu beantworten, ist auf den Ausgangspunkt des christlichen Verständnisses des ewigen Lebens zurückzukommen. Dieser Ausgangspunkt ist die Verkündigung der Auferweckung des gekreuzigten Jesus – sein Erscheinen als Theophanie verstanden, seine Auferweckung als Auferweckung in das ewige Leben Gottes. Die Identität des Auferstandenen mit dem Gekreuzigten impliziert, daß auch schon im zeitlichen Leben und Sterben Jesu Gott wirkte: schon im Modus der Selbstunterscheidung Jesu von Gott als dem Vater, dessen Kommen er predigte, wirkte Gott in seiner ewigen Selbstunterscheidung – als ewiger Sohn. Das bedeutet, daß Gott sich in seinem ewigen Leben so unterscheidet, daß er es auch im wahren zeitlichen Leben des Menschen vollzieht, das so zum Moment des ewigen Lebens Gottes wird. Die Wahrheit des zeitlichen Lebens ist die Antizipation der Ewigkeit, und das wahre zeitliche Leben des Einzelnen geht in der Zeit, indem es auf sein Ende zugeht, auf seine eigene Wahrheit, die Ewigkeit zu.

Der in die Ewigkeit Gottes erhöhte Christus ist kein anderer als der irdische Jesus in der Bestimmtheit seines zeitlichen Lebens. Das Erscheinen dieser Identität setzt das Ende des zeitlichen Lebens voraus. Wenn aber schon der irdische Jesus der ewige Gottessohn war, so bedeutet das, daß die Ewigkeit Gottes das zeitliche Leben integriert und immer schon integriert hat. Indem sie mit der Auferweckung als Ziel erscheint, integriert sie das zeitliche Leben sozusagen rückwirkend. Indem sie das zeitliche Leben (inkarnatorisch) in Glauben und Liebe begründet, integriert sie es als ihre eigene Vorwegnahme in der Zeit.

Im Blick auf Jesu Leben liegt die Vorwegnahme der Ewigkeit Gottes darin, daß er sein Fürsichsein ganz für die kommende Gemeinschaft Gottes mit den Menschen hingab. So konnte von der Erscheinung des Auferstandenen her die Negativität seines Fürsichseins, die alle Menschen einschließt, als Selbstentäußerung Gottes verstanden werden – zusammengefaßt in seinem Tod, seinem Kreuz. Und die Hingabe des Fürsichseins in seinem Leben wird verstanden als Inkarnation Gottes in seiner schöpferischen Selbstunterscheidung.

Mit dem Leben, Sterben und der Auferweckung Christi ist also die Vorwegnahme der Ewigkeit Gottes in der Zeit Gegenstand der Verkündigung und des

Glaubens. Und das Verkündigte verwirklicht sich für uns, indem es verkündigt und geglaubt wird. Die Vorwegnahme der Ewigkeit verwirklicht sich allgemein, indem sie Gegenstand der Verkündigung und des Glaubens der Gemeinde ist. Die Offenbarung Gottes im gekreuzigten Christus begründet also die Erwartung des ewigen Lebens in der Gemeinde. Das ewige Leben gehört unmittelbar zum Inhalt des christlichen Glaubens, denn als Sichverlassen realisiert er die Nichtigkeit des immer wieder aus dem zeitlichen Leben hervorgehenden Fürsichseins, wie sie das Kreuz vorstellt, und verläßt sich auf die Gemeinschaft Gottes mit dem Menschen in dieser Nichtigkeit, wie sie der Auferstandene vorstellt.

Wenn aber die Erwartung ewigen Lebens darin begründet ist, daß Gott sein ewiges Leben (den Vollzug seiner Einheit mit sich) auch im Verhältnis zum Menschen vollzieht (das dessen wahres Leben ist), dann ist auch das erwartete ewige Leben kein zweites Leben nach dem zeitlichen Leben (das wäre selbst noch zeitlich gedacht), sondern die in Gott wirkliche Gegenwart des wahren zeitlichen Lebens.

Bedingung dieser Ewigkeit des zeitlichen Lebens in Gemeinschaft mit Gott aber ist eben ihre Antizipation im zeitlichen Leben durch den Glauben. Entsprechend ist es in Joh.11,25f. der Glauben, der ewiges Leben bedeutet: „Ich bin die Auferstehung und das Leben. Wer an mich glaubt, der wird leben, auch wenn er stirbt; und wer da lebt und glaubt an mich, der wird nimmermehr sterben."

Im Glauben, daß in Christus Gott selbst das ewige Leben, das er in sich selber hat, mit dem Menschen teilt (Joh. 5,26), ist der Tod des für sich lebenden Menschen antizipiert und das ewige Leben in Gemeinschaft mit Gott bereits wirklich. Dieses ewige Leben ist also kein anderes als das im Glauben realisierte Leben Christi „in mir" (Gal. 2,19f.). Es gestaltet sich darin, daß sich das Fürsichsein, welches seine Negativität erkennt, auf Christus verläßt und dem im Sicheinsetzen für den Anderen entspricht – auch wenn seine Ewigkeit als solche noch aussteht.

Die entsprechende Paradoxie des wahren Lebens drückt sich konzentriert in Mk. 8,34f. par. aus: „Wer mir nachfolgen will, der verleugne sich selbst und nehme sein Kreuz auf sich und folge mir nach. Denn wer sein Leben [seine ‚psyche'] erhalten will, der wird es verlieren; und wer sein Leben verliert um meinetwillen und um des Evangeliums willen, der wird es erhalten."

Oder zugespitzt auf des Verhältnis zwischen dem Leben für sich und dem ewigen Leben in Joh. 12,25: „Wer sein Leben [seine ‚psyche'] liebhat, der wird es verlieren; und wer sein Leben [seine ‚psyche'] auf dieser Welt haßt, der wird es [der wird sie] erhalten zum ewigen Leben."

Vorausgesetzt ist Leben als bestimmte Identität der ‚psyche': das Leben unter dem vorgegebenen (geschöpflichen) Gesetz der Selbstvermittlung leiblicher Identität im zeitlichen Verhältnis zum Anderen. Die Frage ist, ob das Fürsichsein dieses Lebens, wenn es seine absolute Negativität realisiert, die Selbstvermittlung der Identität im Verhältnis zum Anderen zum geistigen Prinzip macht – das ist das Lieben der ‚psyche', das Durchsichselbstsein, was das Wesen der Sünde bezeichnet (3,I.). Oder ob sich das Fürsichsein auf die Gemeinschaft Gottes verläßt.

Fest steht: Das Leben, welches in der Selbstvermittlung seines Subjekts besteht, sei es leiblich, sei es geistig, wird sterben; es wird der Zeit unterliegen. Dagegen bedeutet das aktive Verlieren oder Hassen seiner psyche um der Gemeinschaft mit dem Mensch gewordenen Gott willen, daß sich das Subjekt von seiner Identität, die es im geschöpflichen oder auch verkehrten Sinn durch sich selbst hat, abstößt – das Fürsichsein stößt sich im Bewußtsein seiner Nichtigkeit von sich ab und erfüllt gerade darin seinen geschöpflichen Sinn. Indem es sich darauf verläßt, daß Gott mit ihm am Kreuz Jesu eine Gemeinschaft eingegangen ist, und sich für diese Gemeinschaft (d.h. zwischenmenschlich: für den Anderen) einsetzt, bestimmt sich das ewige Leben – auch wenn es in der Zeit im Bewußtsein des Glaubens nur antizipiert, also zukünftig ist. Das mit der Verkündigung des Auferstandenen verheißene ewige Leben des Menschen in der Gemeinschaft Gottes bestimmt sich im Sich-Abstoßen des Fürsichseins in diese Gemeinschaft.

Daß sich das ewige Leben in der Hingabe des Fürsichseins bestimmt[341] und sich darin gerade der Sinn des geschöpflichen Lebens erfüllt, drückt sich in dem zitierten Satz aus, daß es eben dieses sich in der Zeit hingebende Leben ist, welches sich zum ewigen Leben, als Moment des ewigen Lebens Gottes erhalten wird (Joh. 12,25).

Denselben Zusammenhang stellt 2. Kor. 4,16–5,1 als die wesentliche Paradoxie des christlichen Lebens dar: „wenn auch unser äußerer Mensch verfällt, so wird doch der innere von Tag zu Tag erneuert. Denn unsere Trübsal, die zeitlich und leicht ist, schafft uns eine ewige und über alle Maßen gewichtige Herrlichkeit – uns, die wir nicht sehen auf das Sichtbare, sondern auf das Unsichtbare. Denn was sichtbar ist, das ist zeitlich; was aber unsichtbar ist, das ist ewig. Denn wir wissen: wenn unser irdisches Haus, diese Hütte, abgebrochen wird, so haben wir einen Bau aus Gott, ein Haus, nicht mit Händen gemacht, das ewig ist im Himmel."

Im zeitlichen Leben des Menschen bildet sich auf paradoxe, unsichtbare Weise sein ewiges Leben. Im Abbau seiner Identität, die er als Geschöpf in der Zeit (als ‚äußerer Mensch') für sich selbst und durch sich selbst hat, baut sich, als unsichtbares Werk Gottes, seine ewige Identität in Gott – mit dem Ende des zeitlichen Lebens ist sie als solche gegeben. Dieser Abbau besteht in der Hingabe der Identität, die der Mensch als Geschöpf für sich selbst und durch sich selbst hat, für die Gemeinschaft in Christus – die sich darin als sichtbares Abbild der Ewigkeit in der Zeit aufbaut. Das ewige Leben als ‚Haus aus Gott' aber ist darin Werk Gottes, daß es die in Ewigkeit versammelte Kommunikation des Geistes oder des ‚in mir lebenden' Christus ist. Der Glaube an Christus, als Selbstverhältnis im Verhältnis zu ihm, antizipiert dies. Er antizipiert also in der Zeit die unsichtbare, paradoxe Einheit von zeitlichem und ewigem Leben, die in der Ewigkeit Gottes als solche ist.

---

341 Das ist auch der Skopus der Perikope vom reichen Jüngling (Mk. 10,17–27 par.): „Geh hin, verkaufe alles, was du hast, und gib es den Armen, so wirst du einen Schatz im Himmel haben, und komm und folge mir nach!" Der Hingabe des Eigenen in der Zeit entspricht unmittelbar der „Schatz im Himmel", also die Bestimmung des Menschen in der Ewigkeit Gottes.

Das in der Ewigkeit Gottes versammelte Leben ‚Christi in mir' oder auch die in Ewigkeit versammelte Wirklichkeit des Geistes der Menschwerdung Gottes betrifft nicht nur den einzelnen Moment des Glaubens als festzustellenden Bekenntnisakt oder den einzelnen, ethischen Akt der Selbsthingabe (vgl. etwa Mk. 10,17-27). Vielmehr besteht es in der Umkehrbewegung der menschlichen Reflexion in sich (die das Gesetz der Zeit ist) zu Gott – und zwar im Ausgang vom Gekommensein des ewigen Gottes in die Zeit bzw. in die Negativität des Fürsichseins. Es umfaßt das Leben, indem es sich von seinem Schöpfer im gekommenen und kommenden Christus geliebt weiß – also auch den Augenblick, in dem ein Mensch die Sonne sieht, einen Vogel singen hört und dies im vollen Horizont des Fürsichseins als Äußerung Gottes versteht; den Moment, in dem er seine Heimat als Lebensgeschenk Gottes erfährt; die Freude der gottesdienstlichen Gemeinschaft und der von ihr umfaßten menschlichen Gemeinschaft überhaupt. Doch umfaßt das mit seinem zeitlichen Ende in die Ewigkeit Gottes auferweckte Leben dies alles eben nicht als Kontinuität, die der Mensch durch sich hat (auf der Basis leiblicher Selbstvermittlung), sondern als (in der Zeit verborgene) Kontinuität in Gott, als Kontinuität der schöpferischen, Kondeszendenz bedeutenden und als Geist wirklichen Liebe Gottes. Es umfaßt also durchaus das jemeinige Bewußtsein im Verstehen und Äußern, aber zugleich den ihn bestimmenden Geist Gottes an sich selbst (also auch den Grund des Bewußtseins in Gottes schöpferischer Äußerung), sowie das Bewußtsein der anderen Menschen in der gemeinsamen Kommunikation. Die Kommunikation im Ganzen, einschließlich ihrer jemeinigen Reflexionen in sich, ist in Gott, der ihr wahrer Geist und ihre schöpferische Mitte ist, zugleich Gegenwart. So verstehe ich 1. Kor. 15,44: „Es wird gesät ein natürlicher Leib und wird auferstehen ein geistlicher Leib."

Dabei impliziert die Auferweckung zum ewigen Leben notwendig auch das Gericht Gottes über das zeitliche Leben – und zwar das Gericht, das der Mensch gewordene Gott, der so zur Wiederkunft bestimmte Christus vollzieht: die Offenbarung der Wahrheit des faktischen, jemeinigen Lebens vor Gott (2. Kor. 5,10). Der Gott, der über die Wahrheit des jemeinigen Lebens richtet, ist also der, der am Kreuz selbst als Mensch für die Menschen das Gericht über die Sünde erlitten, das heißt die absolute Gottesferne auf sich genommen hat.

Der für sich getrennte Mensch, der sich auf diese Verkündigung Gottes verläßt und sie auf sich bezieht, ist sich der Gemeinschaft Gottes, seiner Rechtfertigung gewiß. Deshalb bedeutet der Glaube des Wortes, in dem sich Christus vergegenwärtigt, schon zu seiner Zeit das Bestandenhaben des Gerichtes und die Teilhabe des ewigen Lebens.

„Wer mein Wort hört und glaubt dem, der mich gesandt hat, der hat das ewige Leben und kommt nicht in das Gericht, sondern er ist vom Tode zum Leben hindurchgedrungen" (Joh. 5,24; vgl. 12,47f.).[342] Der Glaubende lebt – in der Zeit verborgen – in der Ewigkeit Gottes.

Auf der anderen Seite ist das faktische Leben der Gläubigen immer wahr und unwahr. Aus dem Fürsichsein und seiner Angst gehen auch immer wieder das Umsichselbstkreisen und sein Selbstbetrug hervor. Auch als Maßgabe des ewigen Gerichtes gilt dann das Ver-

---

[342] Vgl. ferner Röm. 8,1.11: „So gibt es nun keine Verdammnis für die, die in Christus Jesus sind"; der Geist Gottes, der Christus auferweckt hat, wird auch sie „lebendig machen durch seinen Geist, der in euch wohnt".

hältnis zu Christus. Das ewige Gericht bedeutet, daß Gott in seiner Gemeinschaft mit dem Menschen die Offenbarung der Wahrheit des Lebens ist. Wenn aber Gott ein Mensch geworden ist, der sich nicht nur mit mir, sondern zugleich mit den anderen Menschen identifiziert, dann entscheidet sich die ewige Wahrheit des Lebens auch am Verhältnis zum anderen Menschen. Wenn Gott zum leidenden Menschen gekommen ist, dann besteht das wahre Leben für den Einzelnen nicht nur in der Liebe Gottes, sondern auch in der Liebe zum anderen Leidenden. So wie dem Glauben im tätigen Leben die Liebe entspricht, so ist das Verhältnis zu Christus das Verhältnis zum anderen (hungrigen, fremden, gefangenen) Menschen; an diesem Verhältnis entscheidet sich die ewige Wahrheit des Lebens (Mt. 25,31–46).

Dieser Gedanke relativiert freilich nicht die Heilsgewißheit des Glaubens, sondern offenbart das verbleibende oder erneute Verharren im Fürsichsein.

Das Gericht Gottes ist hinsichtlich des Menschen, der sich auf ihn verläßt, nicht von der Vollendung zu trennen. Wenn das ewige Leben die Wahrheit des zeitlichen Lebens ist, aber nicht unter dem Gesetz der Zeit, sondern in der Ewigkeit Gottes, dann besteht es zwar im jemeinigen Erleben oder Kommunizieren, aber dies in reiner, gegenseitiger Durchsichtigkeit zum Gegenüber seiner Kommunikation (seines Verstehens, seines Glaubens, seiner Liebe). Es besteht in dem Gesamtleben, welches in seinen Momenten von endlichem Fürsichsein (oder endlicher Reflexion in sich) gegenseitig durchsichtig ist und in Gott als Schöpfer seinen offensichtlichen Grund, in Gottes Menschwerdung seine offensichtliche Mitte und in Gottes Geist seine offensichtliche, wahre Einheit hat. Eben dies ist aber nur als schöpferische Vollendung des jemeinigen Lebens durch Gott zu denken – indem zugleich das sich festhaltende, sich abschließende Fürsichsein des faktischen Lebens in Gottes Ewigkeit offenbart und negiert ist.

Das schließt ein, daß die faktische Ungerechtigkeit des Lebens in der Zeit aufgehoben ist – sei es die zufällige Ungleichheit der Dauer oder sei es die Ungerechtigkeit der Sünde, in der ein Mensch den anderen zum Mittel (Gegenstand) seiner verkehrten Identität macht. Und es schließt ein, daß der Sinn der Welt als Äußerung Gottes insgesamt erfüllt ist und auch das blinde Leiden des noch nicht selbstbewußten Lebens etwa der Tiere im Sinne einer (in der Zeit verborgenen, sich jedoch in menschlichem Mitleid äußernden) eschatologischen Sinn-Gemeinschaft erlöst ist (vgl. Röm. 8,18–22).

Hinsichtlich der Frage eines Gerichtes zur „ewigen Verdammnis" (die als definitive Nichtigkeit zu verstehen ist) oder der alternativen Hoffnung auf eine Erlösung aller (vgl. Apg. 3,21; Kol. 1,19f.; Eph. 1,9f.) reichen dann vielleicht folgende Hinweise. Alle Geschichte, alles Leben, alles Bewußtsein ist in Gottes Ewigkeit Gegenwart. Aber gleichwohl gilt: Nur wenn ein Mensch Gott in der Zeit erkennt und so die Ewigkeit antizipiert, kann er sich in dieser Ewigkeit als der Erkennende wiedererkennen. Insofern ist Glaube als Sichverlassen auf die Selbstmitteilung Gottes eine Entscheidung der Identität von unendlichem Gewicht. Andererseits ist er auch nicht einfach ein einmaliger Akt. Weder können Christen über ihr eigenes, fragmentiertes Leben urteilen, noch über das Leben anderer – und erst recht nicht über das Gottesverhältnis von Menschen, deren religiöse Sprache sie noch nicht verstehen.

Die Vollendung des jemeinigen Lebens in der Ewigkeit Gottes bezieht sich auf seine Kommunikation im Ganzen. Diese Ganzheit ist aber Teil des in der Zeit offenen Gesamtzusammenhangs der geschichtlichen zwischenmenschlichen Kommunikation und der Wirklichkeit des Geistes Gottes in ihr. Also ist die Vollendung des jemeinigen Lebens in der Ewigkeit Gottes von der allgemeinen Vollendung (dem allgemeinen Gericht) nicht zu trennen.

Doch ist die allgemeine Vollendung (das allgemeine Gericht) nicht mit dem Ende der menschlichen Geschichte in der Zeit gleichzusetzen. Zwar gehört zur Ewigkeit selbst ihre Prolepse in der Zeit – so wie das ewige Leben des Menschen in der Gemeinschaft Gottes mit dem auferweckten Christus erschienen und zum Gegenstand der Verkündigung geworden ist, so verwirklicht sich der Geist des Mensch gewordenen Gottes in der Zeit durch Glauben und Liebe. Doch in der Zeit kann nicht nur die menschliche Geschichte scheitern – sie ist ständig ein Ringen von Wahrheit und Lüge. Sondern in der Zeit muß die geschöpfliche Existenz insgesamt nach derselben (physikalisch beschreibbaren) Gesetzmäßigkeit vergehen, wie sie entstanden ist.

Vierter Kreis: Das Leben Gottes (die Trinität)

Leitthema 17
Die Rede vom Leben Gottes, also von seinem dreieinigen Wesen, faßt zusammen, was über seine Offenbarung als Mensch, den Sinn der Welt als seiner Äußerung, und den Geist und die Ewigkeit des wahren Lebens des Menschen zu sagen war. Im Leben Gottes ist alles begründet.

Der Mensch erfährt den lebendigen Gott in der Überwindung der absoluten Negativität seines Fürsichseins: indem er sich auf die Verkündigung verläßt, daß der, der die Welt äußert und anderes Fürsichsein werden läßt, sich mit dem Menschen in der Negativität seines Fürsichseins identifiziert hat, verwirklicht sich diese Gemeinschaft Gottes mit dem Menschen als Geist. Insofern verläßt sich der Mensch auf die Verkündigung als Wort Gottes.

Die Theologie kommt vom lebendigen Gott zum trinitarischen Leben Gottes, wenn sie in diesem Sinnzusammenhang von Schöpfung, Menschwerdung und Geistpräsenz, in dem Gott sich uns mitteilt, die Selbstbewegung Gottes denkt, seine Aseität. Daß Gott selbst seine Gemeinschaft mit dem Menschen ist, aber auch schon das auf diese Gemeinschaft zielende Werdenlassen anderen Fürsichseins, impliziert eine Selbstunterscheidung Gottes, in der er seine ewige, lebendige Einheit mit sich als Geist vollzieht. Die immanente Trinität, also Gottes ewiges Leben in seinem Sich-selbst-Unterscheiden, indem es zugleich Vollzug seiner Einheit ist, ist also seiner ökonomischen Trinität (seiner Einheit als Schöpfer, Mensch gewordener Sohn und heiliger Geist) nicht abstrakt vorauszusetzen.

Ist vom Leben Gottes die Rede, kann Leben nicht ein abstrakter Allgemeinbegriff sein, der sowohl das zeitliche Leben von Pflanzen, Tieren und Menschen als auch das ewige Leben Gottes umfaßt. So würde die Logik des endlichen Lebens durch Abstraktion auf Gott als metaphysische Größe übertragen.

Andererseits setzt die Rede vom Leben Gottes eine sinnvolle Rede vom lebendigen Gott voraus. Etwas wird sinnvoll lebendig genannt, wenn es sich uns gegenüber als solches äußert, d.h. sich selbst bewegt, handelt, oder als selbst lebend mitteilt. Gott heißt lebendig, wenn er sich selbst als lebendig erweist, also in Äußerungen, die ihn als Gott erkennen lassen.

Gott äußert sich nicht unmittelbar als innerweltliche Gestalt als lebendig. Sondern Gott erweist sich dem Menschen darin als lebendig – äußert sich darin als Gott – daß er sich in der weltumfassenden Negativität des menschlichen Fürsichseins mitteilt. Er teilt sich mit für das als Subjekt seiner Welterkenntnis und selbstverständlichen Gemeinschaft ganz in sich reflektierte Fürsichsein. Er teilt sich mit im Moment der absoluten Einsamkeit des menschlichen Fürsichseins, für das die Welt und das Leben in ihr notwendig sinnlos ist. Und zwar teilt er sich darin mit und begründet darin die Rede vom lebendigen Gott, daß er diese Negativität überwindet: er teilt sich mit als der, der sich mit dem Menschen in der Nichtigkeit seines Fürsichseins identifiziert (also in seiner Menschwerdung oder in der Auferweckung des Gekreuzigten), zugleich als Geist der Kommunikation (als Geist der Verkündigung und des Glaubens), der diese Gemeinschaft realisiert, und als der, der die Welt um seiner Gemeinschaft mit dem Anderen willen werden läßt (als Schöpfer aus dem Nichts). So macht er das endliche, im Fürsichsein verneinte Leben des Menschen zum Moment seines ewigen Lebens.

Die Lebendigkeit Gottes erweist sich nicht für den Verstand innerweltlicher Erkenntnis, sondern allein für den Glauben. Glauben bedeutet insofern ursprünglich, Gott im Gegenteil zu erkennen: Gott, der absolut Andere, teilt sich darin mit, daß er sich unterscheidet und als Mensch in die Welt kommt. Der Glaube erfährt Gottes Lebendigkeit im menschlichen Tod, seine Ewigkeit in der Zeit, seine Allmacht in der menschlichen Schwäche. Indem er Gott im Menschen (in der Nichtigkeit des menschlichen Fürsichseins, d.h. ursprünglich: am Kreuz) erkennt, erfährt er ihn als den Geist der menschlichen Rede, die ihn als solchen verkündigt – und versteht von daher auch die in ihrer Selbstverständlichkeit verneinte Welt im Ganzen als Äußerung Gottes.

Die Rede vom Leben Gottes ist also darin begründet, daß Gott, wenn er in der Kommunikation des Glaubens die Nichtigkeit des menschlichen Fürsichseins überwindet, sich in der Selbstbewegung, in der er sein Wesen hat, mitteilt und vollzieht. Er teilt sich mit als der, der im Verhältnis zum Anderen seine Einheit mit sich vollzieht – und vollzieht sie auch in dieser Kommunikation: indem er sich mit dem Fürsichsein des Menschen, den er werden ließ, identifiziert, also selbst seine Gemeinschaft mit ihm ist, und indem er diese Gemeinschaft als Geist ihrer Kommunikation realisiert. In diesem einzigen Zusammenhang der Äußerung seines Lebens lebt er.

Die Rede vom Leben Gottes, auch die Rede von der immanenten Trinität als Leben Gottes in sich ist also nicht nur als gegenüber dem Glauben sekundäre theologische Reflexion von Schöpfung, Menschwerdung und Geistwirkung zu verstehen.[1] Umgekehrt heißt das: Ihr Gedanke kann nicht sinnvoll von der Erfahrung des lebendigen Gottes absehen. Die ewige, immanente Trinität der ökonomischen Trinität als vorausgehend und sie begründend zu denken, um Gottes Freiheit gegenüber der Welt gedanklich zu sichern, ist eine gerade allzumenschliche Gedankenoperation, die von der Wirklichkeit Gottes absieht, statt sie zu denken. Es ist vielmehr eben sein Leben in sich, seine ewige, lebendige Einheit mit sich, die sich in seiner Menschwerdung und im Geist der entsprechenden Kommunikation mitteilt, aber auch schon in seinem Werdenlassen des Menschen vollzieht. Also vollzieht sie sich auch in dem menschlichen Glauben, in dem sich die Gemeinschaft realisiert, und der in dieser Gemeinschaft Gott (Gottes Leben) denkt.

Wenn der johanneische Jesus sagt, „wie der Vater das Leben hat in sich selber, so hat er auch dem Sohn gegeben, das Leben zu haben in sich selber" (Joh. 5,26), dann ist der Anspruch, daß Gott von seinem Leben redet: zum Leben Gottes in sich selber gehört, daß er dem Menschen, der hier spricht, eben dieses Leben, das als in sich selbst begründetes ewig ist, mitgeteilt hat – und daß wiederum dieser Mensch, indem er so vom Leben Gottes spricht und Glauben findet, dieses Leben Gottes (als ewige Gemeinschaft) kommuniziert und so als Sohn „wie der Vater

---

[1] Vgl. E. Jüngel, „Was ist er inwerds?" ZThK 105, 2008, S. 443–455, und ders.: Das Verhältnis von ‚ökonomischer' und ‚immanenter' Trinität. Erwägungen über eine biblische Begründung der Trinitätslehre – im Anschluß an und in Auseinandersetzung mit Karl Rahners Lehre vom dreifaltigen Gott als transzendentem Urgrund des Heils. In: Entsprechungen. Gott-Wahrheit-Mensch. Theol. Erörterungen 2, 3.Aufl. 2002, S. 265–275.

die Toten lebendig macht" (vgl. Joh. 5,21.24) – denn der Tod ist die Wahrheit des von Gott getrennten Fürsichseins.² Das Leben Gottes des ‚Vaters' in sich selber ist kein anderes als das des ‚Sohnes', welches sich hier ausspricht und dadurch auch ‚uns' mitteilt. Vielmehr hat Gott sein Leben gerade so in sich, daß es sich in dem hier redenden Menschen mitteilt. Das heißt, Gott hat das Leben so in sich, daß es sich in das Leben des ‚Vaters' und des ‚Sohnes' unterscheidet – und eben darin sich (als Geist) auf sich bezieht, in sich bleibt. Da aber auch der ‚Sohn' das Leben in sich selber hat, heißt das wohl: Das Leben Gottes, das der ‚Vater' in sich selbst hat, besteht darin, daß er sich selbst unterscheidet in den ‚Vater' und den ‚Sohn' und darin seine Einheit mit sich vollzieht. Und der Mensch gewordene ‚Sohn' stellt das Leben Gottes in sich vor (teilt es mit) als das, was er in seiner Gemeinschaft mit dem Menschen hat: Indem es sich mit dem Mensch gewordenen ‚Sohn' uns Anderen mitteilt, vollzieht sich der Geist seiner Gemeinschaft in sich als Gemeinschaft mit uns, als Wahrheit unseres Lebens oder Kommunizierens.

Wenn es widersinnig ist, im Denken Gottes von uns selber und der Welt und der Predigt Christi zu abstrahieren und ein Wesen Gottes an sich vorauszusetzen, so ist der ‚ewige Sohn' als Gottes ewige, eschatologische Gemeinschaft mit dem Menschen zu verstehen – in seiner ewigen Identität mit dem Menschen ist Gott sich selbst gegenüber.

Diese ewige Identität von Gott und Mensch (Christus als ‚ewiger Sohn'), in der Gott sich selbst (dem ‚Vater') gegenüber ist, bedeutet eine immanente Selbstunterscheidung und den entsprechenden Vollzug der Einheit mit sich (Gott als Geist). Als solche ist sie Grund der Schöpfung und Ziel der Geschichte.

Indem sie mit Christi Leben, Sterben und Auferstehen verkündigt ist, verwirklicht sie sich in der Geschichte: Gott als Geist vollzieht in der Zeit die eschatologische Identität mit dem Menschen, die er selbst ist, als Kommunikation des Glaubens. In dem Gedanken, daß Gott mit dem Menschen in der Negativität seines Fürsichseins eine Gemeinschaft eingegangen ist, also in der Gemeinschaft mit ihm seine Einheit mit sich vollzieht, ist dann zu unterscheiden: Der Vollzug der Einheit mit sich ist als der, in dem sich die Ewigkeit Gottes bestimmt, zu unterscheiden von der Einheit mit sich, sofern sie sich in der Zeit als Gemeinschaft mit dem Menschen vollzieht. Daß sich in der so verstandenen, eine Selbstunterscheidung voraussetzenden Gemeinschaft die Ewigkeit Gottes bestimmt, bedeutet, daß dieses sich im Anderen auf sich Beziehen Gottes den Menschen in seiner ewigen, göttlichen Bestimmung betrifft, zum einen sozusagen die Idee des Menschen vor der Schöpfung, zum anderen das eschatologische Vollzogensein der Gemeinschaft. In diesem Sinn ist der inkarnierte Sohn bzw. der auferstandene Christus Gegenstand der menschlichen Verkündigung und des menschlichen Glaubens, durch die sich seine Gemeinschaft in zeitlicher Kommunikation verwirklicht.

---

2 Von daher ist dann auch Joh. 14,6 („ich bin der Weg und die Wahrheit und das Leben") im Zusammenhang mit Joh. 1,4 zu verstehen. Hier ist nicht nur vom wahren Leben des Menschen in der Gemeinschaft Christi, sondern zugleich vom Leben Gottes die Rede.

Der Gedanke des ewigen, immanent trinitarischen Lebens Gottes sieht also nur insofern vom Menschen ab, als die Selbstbestimmung Gottes zur Gemeinschaft schon ewiger, in Gott liegender Grund der Schöpfung ist, in der er anderes Fürsichsein werden läßt. Gleichwohl bestimmt sich in der Inkarnation des ewigen Sohnes dasselbe Leben Gottes und nicht sozusagen ein zeitliches Leben Gottes, welches sein ewiges Leben unterbricht. Auch hier bezieht sich Gott auf den Menschen überhaupt, und seine Gemeinschaft, die im Auferstandenen erscheint, ist ewige Gemeinschaft.

Wenn es es die ewige, die ganze Menschheit einschließende Gemeinschaft Gottes mit dem Menschen ist, welche die immanente Selbstunterscheidung Gottes (von Vater und Sohn) und den entsprechenden Vollzug der Einheit mit sich (Gott als Geist) impliziert, und durch die Welt und Mensch geschaffen sind – wie ist es dann zu denken, daß sich Gott in der Negativität des geschichtlichen menschlichen Fürsichseins auf sich bezieht? Mit anderen Worten gefragt: Was bedeutet dann die Inkarnation (oder auch: das Auferwecken, das Erscheinen des Auferweckten) für das Leben Gottes?

Eben die ewige (immanente) Selbstunterscheidung Gottes, durch die er seine Einheit mit sich in der ewigen Gemeinschaft mit dem Menschen hat, wird als eschatologische in der Geschichte Ereignis – indem der Mensch proleptisch (als Vorwegnahme) in der Gemeinschaft Gottes erscheint, also in ihr zum Gegenstand der Verkündigung und des Glaubens wird. Die immanente Selbstunterscheidung und Einheit mit sich in der Gemeinschaft mit dem Menschen erscheint als Tat Gottes in der Zeit, als Sichidentifizieren Gottes mit dem Menschen in der Negativität seines Fürsichseins. Wenn aber dies im Leben Gottes nichts anderes bedeutet als seine immanente Selbstunterscheidung und Einheit mit sich – was bedeutet dann überhaupt die Schöpfung, ihre Geschichte oder Zeit, für das Leben Gottes? Genauer: Was bedeutet dann das Werdenlassen anderen Fürsichseins, das in Gottes ewiger Selbstunterscheidung, im Grund und Ziel seiner Gemeinschaft, vermittelt ist? Im Kontext der entwickelten Schöpfungslehre (3,III.2.) spitzt sich die Frage zu: Wenn die immanente Selbstunterscheidung Gottes als solche schöpferisch ist und der Mensch in seinem Selbstbewußtsein oder Fürsichsein die eigentliche, d.h. nicht nur für uns, sondern an sich selbständige Äußerung Gottes ist[3], ist dann nicht das Fürsichsein des Menschen Gottes Selbstunterscheidung, also seine Inkarnation?

Den Menschen als Selbstunterscheidung Gottes zu verstehen, war (grob gesagt) der Ansatz, mit dem die Religionsphilosophie des Deutschen Idealismus das absolute Leben Gottes dachte, also Hegel und anders auch Schelling. Das aber würde theologisch gesprochen bedeuten, daß die Vollendung der Schöpfung und die Inkarnation ursprünglich, abgesehen von der Sünde, in eins fallen. Die Verkündigung der geschichtlichen Inkarnation Gottes in Jesus Christus (und seiner Rückkehr zu sich) hätte lediglich die Bedeutung, daß sich der Mensch hier zuerst als die Selbstunterscheidung Gottes, in der er seine Einheit mit sich vollzieht, erkennt.

---

3 Vgl. oben S. 174–176.

Um die Frage zu klären, ist zunächst knapp in Erinnerung zu rufen, was das menschliche Selbst- und Fürsichsein bedeutet. Ein Selbst, ein selbstbewußtes Subjekt ist als Selbstverhältnis zu denken. Beim Menschen ist dieses Selbstverhältnis grundlegend im Verhältnis zum vielfältigen Anderen vermittelt.

Gleichwohl läßt sich vielleicht auch beim Menschen eine Immanenz des Selbstverhältnisses von seiner Ökonomie unterscheiden. Seine Ökonomie besteht darin, daß sich das Selbst im Verhältnis zum Anderen auf sich bezieht: indem der Mensch die Dinge und anderen Menschen erkennt und sich zu ihnen verhält, indem er spricht und sich angesprochen findet, reflektiert er sich. Die Immanenz des Selbstverhältnisses ist das Ergebnis der Reflexion in sich aus dem Verhältnis zum Anderen, wodurch der Mensch sich selbst ein Gegenstand ist.[4] Im Fall der zwischenmenschlichen Liebe (die aber nie umfassend ist) gehen Immanenz und Ökonomie in eins: das Verhältnis zum Anderen ist mein Selbstverhältnis, das ich in meiner Kommunikation vollziehe. Im Fall des ganz in sich reflektierten Fürsichseins schließlich negiert die Immanenz des Selbstverhältnisses die Ökonomie oder Kommunikation.

Wäre nun das menschliche Fürsichsein als solches Gottes Selbstunterscheidung, in der er seine Einheit mit sich vollzieht, dann würde es auch als solches – als Selbstbewußtsein überhaupt – Gott reflektieren und Gott als ‚Sohn' darstellen. So ist es aber gerade nicht, und es ist auch nicht denkbar. Vielmehr ist das Fürsichsein des Menschen (sozusagen sein immanentes Selbstverhältnis), wenn er sich aus dem Verhältnis zur vielfältigen Welt des Endlichen als Einheit mit sich reflektiert, als absolute Negativität bestimmt – und nicht etwa als Reflexion in sich Gottes aus seiner schöpferischen Selbstentäußerung in die Welt.

Das Fürsichsein des Menschen realisiert dann die Selbstvermittlung seiner Identität im grundlegenden Verhältnis zur Natur. Es kann also unmittelbar als solches weder die Selbstunterscheidung noch das Sichaufsichbeziehen Gottes bedeuten.

Nur indem Gott die Negativität des menschlichen Fürsichseins überwindet, bezieht sich Gott im Menschen auf sich selbst – was seine Selbstunterscheidung bedeutet. Daß Gott selbst seine Gemeinschaft mit dem Menschen ist, erfährt das Fürsichsein zwar als seine eigene Wahrheit, als Wahrheit seines Selbstverhältnisses – aber so, daß diese Gemeinschaft ihm zugleich als die, die die Negativität überwindet, gegenüber ist: ‚Christus lebt in mir' (Gal. 2,20). Nicht das Fürsichsein als solches, als leeres Selbstverhältnis bedeutet also die Selbstunterscheidung Gottes. Sondern das Selbstverhältnis als Verhältnis zu Christus bedeutet, daß Gott seine Einheit mit sich (in der Selbstunterscheidung, in der er seine Gemeinschaft mit dem Menschen ist) im Verhältnis zu mir vollzieht – als Geist wahren Lebens, der die Negativität des Fürsichseins überwindet.

Eben dies kann das Fürsichsein aber nur als einen schlechthin neuen Akt Gottes als des Anderen erfahren, eben als sein sich mit dem Menschen in der Negativität des Fürsich-

---

[4] Als Gegenstand ist das Selbst kein Teil von sich selbst als Ganzem, sondern es reflektiert das Selbst im Ganzen, und das Selbst ist diese Reflexion, dieses Sichaufsichbeziehen – sozusagen ein *vestigium trinitatis*.

seins Identifizieren, welches mit Christus verkündigt ist und im Geist der Verkündigung für es wirklich wird. D.h. diese Wahrheit kommt notwendig von außen. Es ist die Kommunikation Gottes im Geist seiner Verkündigung, die das Fürsichsein zum Moment der Gemeinschaft macht, die Gott (Christus) ist.

Daß das Fürsichsein des Menschen an sich die Selbstunterscheidung Gottes bezeichnet, gilt sozusagen nur für den inkarnierten Christus oder für den auferstandenen Gekreuzigten. Seine Verkündigung meint das menschliche Fürsichsein rein (aufgehoben) als Moment des ewigen Lebens Gottes, also zugleich das menschliche Fürsichsein als Selbstunterscheidung Gottes und ihre kommunikative Aufhebung. Nur indem es in der ewigen Gemeinschaft Gottes aufgehoben ist oder seiner ewigen Bestimmung zur Gemeinschaft in Christus nach[5] bedeutet das menschliche Fürsichsein Gottes Selbstunterscheidung.

Aber was ist dann der Skopus des Gedankens, daß nicht einfach Gott anderes Fürsichsein werden läßt, sondern daß seine Selbstunterscheidung, in der sich auf sich in der ewigen Gemeinschaft mit dem Menschen bezieht, schöpferisch ist? Was bedeutet der Gedanke, daß alles durch den Sohn oder Logos geschaffen ist, der Mensch wurde (Joh. 1,1–14)?

Indem Gott sich auf sich selbst als ewige Gemeinschaft mit dem Menschen (Christus als ‚Sohn') bezieht, entäußert er sich seiner Einzigkeit und läßt anderes Fürsichsein werden – genauer: er läßt die konkrete Möglichkeit werden, daß sich endliche Identität selbst vermittelt und Fürsichsein aktualisiert. Die Selbstentäußerung seiner Einzigkeit ist als Implikat dieses Sichaufsichbeziehens zu verstehen. Das bedeutet nicht, daß Gott die Schöpfung nötig hat. Aber so ist das theologisch unhintergehbare Faktum zu denken, daß Gott sich im Verhältnis zum Menschen auf sich bezieht.

Wenn Gott sich im Menschen auf sich bezieht, indem er sich mit dem Menschen, die Negativität des Fürsichseins überwindend, identifiziert, dann läßt sich sagen: die Selbstunterscheidung, die das unmittelbar voraussetzt, ist schöpferisch als Selbstentäußerung der Einzigkeit. Die Selbstunterscheidung Gottes als Voraussetzung dessen, daß er sich aktuell im Menschen auf sich bezieht, ist als ewige schöpferisch. Daß sie schöpferisch ist (für uns die Welt des Endlichen hervorbringt), kennzeichnet sie gerade als ewige.

Es läßt sich aber auch sagen: Schon das Faktum, daß Gott sich seiner Einzigkeit entäußert (so daß sich im Verhältnis zu einer vielfältigen Welt menschliches Fürsichsein aktualisieren kann), impliziert seine Selbstunterscheidung. Es impliziert die Selbstunterscheidung Gottes in Gott als ursprüngliche Einheit mit sich (als ‚Vater') und Gott als die ursprüngliche Einheit alles weltlichen Sichdifferenzierens, das auf die Möglichkeit anderen, menschlichen Fürsichseins zielt. Als solcher ist er der ‚Sohn' oder Logos als die ursprüngliche Einheit aller möglicher weltlicher Unterscheidungen, die die Selbstentäußerung der Einzigkeit Gottes darstellen. Das menschliche Fürsichsein aber ist die negative Einheit der Welt, die es erkennt – und darin das Bild des ‚Sohnes' oder Logos, sein Adressat.

---

5 Deswegen ist Gott mir näher als ich mir selbst.

Für den Menschen in der Negativität seines Fürsichseins ist die Wahrheit der Inkarnation nur als Offenbarung, als Akt absoluter Kommunikation zu erfahren, durch die sich die Gemeinschaft als Sinn der Welt und des Lebens erfüllt. Nur für Gott ist Schöpfung, Inkarnation und der Geist der Kommunikation, in der sich seine Gemeinschaft verwirklicht, die eine Bewegung seiner Einheit mit sich, dasselbe Leben.

Literaturverzeichnis

Althaus, Paul: Die christliche Wahrheit (1947), 3. Aufl. Gütersloh 1952.
Anselm von Canterbury: Monologion. Lateinisch-deutsche Ausgabe. Hg. von P. F.S. Schmitt, Stuttgart-Bad Cannstatt 1964.
–: Cur deus homo. Lateinisch und deutsch, übersetzt von P. F.S. Schmitt. 5. Auflage Darmstadt 1993.
Aristoteles: Metaphysik. 2 Bände. Hg. von H. Seidl, 3. Aufl. Hamburg 1989 und 1991.
Augustinus: De trinitate. Lateinisch-Deutsch. Hg. von J. Kreuzer, Hamburg 2003.
–: De civitate Dei. In zwei Bänden, mit einer Übersetzung von C.J. Perl, Paderborn u.a. 1979.
Barth, Karl: Dogmatik im Grundriß, 8. Aufl. Zürich 1998.
Barth, Ulrich: Religion in der Moderne, Tübingen 2003.
Die Bekenntnisschriften der evangelisch-lutherischen Kirche, 13. Aufl. Göttingen 2010. (= BSLK)
Bischofskonferenz der VELKD: Ordnungsgemäß berufen. Eine Empfehlung der Bischofskonferenz der VELKD zur Berufung und Sakramentsverwaltung nach evangelischem Verständnis, Hannover 2006. (Texte aus der VELKD 136)
Calvin, Johannes: Unterricht in der christlichen Religion. Institutio Christianae Religionis. Nach der letzten Ausgabe übersetzt und bearbeitet von O. Weber, 6. Aufl. Neukirchen 1997.
Denzinger, Heinrich: Enchiridion symbolorum et declarationum. Kompendium der Glaubensbekenntnisse und kirchlichen Lehrentscheidungen. Lateinisch-deutsche Ausgabe, 38. Aufl. Freiburg 1999. (= DH)
Eckhart, <Meister>: Die deutschen Werke. 5 Bände, Stuttgart 1958–2003. (= DW)
–: Die lateinischen Werke. 5 Bände, Stuttgart 1964–2006. (= LW)
Fischer, Johannes: Theologische Ethik. Grundwissen und Orientierung, Stuttgart u.a. 2002.
Flasch, Kurt: Aufklärung im Mittelalter? Die Verurteilung von 1277. Das Dokument des Bischofs von Paris übersetzt und erklärt, Mainz 1989.
Gregor von Nazianz: Oratio in sanctum baptisma (oratio 40). In: MPG 36, Paris 1895, 360–425.
Hamann, Johann Georg: Sämtliche Werke. 6 Bände. Hg. von J. Nadler, Wien 1949–1957. (= N)
–: Briefwechsel. 7 Bände. Bd. 1–3 hg. von W. Ziesemer und A. Henkel, Bd. 4–7 hg. von A. Henkel, Frankfurt a.M. 1955–1979. (= H)
Harnack, Adolf v.: Das Wesen des Christentums. Hg. von Cl.-D. Osthövener, 3. Aufl. Tübingen 2012.
Hauschild, Wolf-Dieter: Art. Nicäno-Konstantinopolitanisches Glaubensbekenntnis. Theologische Realenzyklopädie (= TRE) Bd. 24, S. 444–456.
Hegel, Georg Friedrich Wilhelm: Theorie-Werkausgabe in 20 Bänden. Auf der Grundlage der Werke von 1832–1845 neu edierte Ausgabe, Redaktion E. Moldenhauer und K.M. Michel, Frankfurt a.M. 1969–1971. (= SW)
Heidelberger Katechismus, hg. vom Refomierten Bund in Deutschland, www.heidelbergerkatechismus.net.
Heidegger, Martin: Wegmarken, 2. Aufl. Frankfurt a.M. 1978.

–: Was heißt Denken, 4. Auflage Tübingen 1984.
Hengel, Martin: Judentum und Hellenismus, 2. Aufl. Tübingen 1973.
Hopkins, Julie: Feministische Theologie. Wie Frauen heute von Jesus reden können, Mainz 1996.
Irenäus von Lyon: Adversus haereses. 5 Bände. Griechisch-lateinisch-deutsch. Übersetzt und eingeleitet von N. Brox, Freiburg 1993–2001. (Fontes Christiani Bd. 8.1–8.5)
Joest, Wilfried: Dogmatik. 2 Bände, 4. Aufl. Göttingen 1995 und 1996.
Jonas, Hans: Der Gottesbegriff nach Auschwitz. Eine jüdische Stimme. In: Philosophische Untersuchungen und metaphysische Vermutungen, Frankfurt a.M. 1994, S. 190–208.
Jüngel, Eberhard: Tod. Stuttgart, 3. Aufl. 1985.
–: Thesen zur Ewigkeit des ewigen Lebens. ZThK 97 (2000), S. 80–87.
–: Das Verhältnis von ‚ökonomischer' und ‚immanenter' Trinität. Erwägungen über eine biblische Begründung der Trinitätslehre – im Anschluß an und in Auseinandersetzung mit Karl Rahners Lehre vom dreifaltigen Gott als transzendentem Urgrund des Heils. In: Entsprechungen. Gott-Wahrheit-Mensch. Theol. Erörterungen 2, 3. Aufl. 2002, S. 265–275.
–: Was ist er inwerds? ZThK 105 (2008), S. 443–455.
–: Gott als Geheimnis der Welt. Zur Begründung der Theologie des Gekreuzigten im Streit zwischen Theismus und Atheismus (1977), 8. Aufl. Tübingen 2010.
Justinus: Apologiae pro christianis. Ed. M. Marcovich. Berlin, New York 1994.
Kähler, Martin: Der sogenannte historische Jesus und der geschichtliche, biblische Christus. Neu hg. von E. Wolf nach der 1. Aufl. von 1892. München 1956. (TB 2)
Kant, Immanuel: Gesammelte Schriften. Bd. 1–22 hg. von der Preußischen Akademie der Wissenschaften, Bd. 23 von der Deutschen Akademie der Wissenschaften zu Berlin, Bd. 24 von der Akademie der Wissenschaften zu Göttingen. Berlin 1900ff.
Kierkegaard, Søren: Der Begriff Angst. Gesammelte Werke. Abt. 11/12. Hg. v. E. Hirsch und H. Gerdes, Gütersloh 1981.
–: Die Krankheit zum Tode. Gesammelte Werke. Abt. 24/25. Hg. v. E. Hirsch und H. Gerdes, Gütersloh 1978.
Kleffmann, Tom: Die Erbsündenlehre in sprachtheologischem Horizont. Eine Interpretation Augustins, Luthers und Hamanns. Tübingen 1994. (BHTh 86)
–: Nietzsches Begriff des Lebens und die evangelische Theologie. Eine Interpretation Nietzsches und Untersuchungen zu seiner Rezeption bei Schweitzer, Tillich und Barth, Tübingen 2003. (BHTh 120)
–: Systematische Theologie – zwischen Philosophie und historischer Wissenschaft. NZSTh 46 (2004), S. 207–225.
–: Hamanns Begriff der Leidenschaft. In: Die Gegenwärtigkeit Johann Georg Hamanns. Acta des 8. internationalen Hamann-Kolloquiums an der Martin-Luther-Universität Halle-Wittenberg 2002. Hg. von B. Gajek, Frankfurt a.M. u.a. 2005, S. 161–178.
–: Religion als menschliche Deutung – über Sinn und Grenze eines aktuellen religionsphilosophischen Ansatzes. In: Kritik der Religion. Hg. von I.U. Dalferth und H.P. Großhans, Tübingen 2006.
–: Eberhard Jüngel: Gott als Geheimnis der Welt. In: Kanon der Theologie. Hg. von Chr. Danz, 2. Aufl. Darmstadt 2010, S. 310–318.
–: Selbstbewußtsein und Leben in Hegels Phänomenologie des Geistes. In: Jahrbuch für Hegelforschung Bd. 12–14. Hg. von H. Schneider, St. Augustin 2010.

–: Luthers Theologie der Arbeit – und was sich daraus für die Frage nach einer gerechten Wirtschaft ergibt. In: Würde der Arbeit. Theologische und interdisziplinäre Perspektiven. Hg. von K. Mtata im Auftrag des Lutherischen Weltbundes, Freiburg 2012, S. 59–72.

–: Theologie des Lebens. In: Das Leben II. Macht und Gestalt. Hg. von T. Kleffmann und St. Schaede, Tübingen 2012, S. 517–544.

Klumbies, Paul-Gerhard: Der Mythos bei Markus, Berlin / New York 2001.

Kühn, Ulrich: Christologie, Göttingen 2003.

Leibniz, Gottfried Wilhelm: Essais de Théodicée sur la Bonté de Dieu, la liberté de l'Homme et l'Origine du mal (1710). Deutsch „Versuche in der Theodicée über die Güte Gottes, die Freiheit des Menschen und den Ursprung des Übels". Übersetzt von A. Buchenau, Hamburg 1996.

Leonhardt, Rochus: Grundinformation Dogmatik, 4. Aufl. Göttingen 2009.

Lessing, Gotthold Ephraim: Über den Beweis des Geistes und der Kraft (1770). In: Die Erziehung des Menschengeschlechts und andere Schriften, Stuttgart 1982.

Luther, Martin: D. Martin Luthers Werke. 120 Bände, Weimar 1883–2009. (= WA)

–: Lateinisch-Deutsche Studienausgabe. 3 Bände, Bd. I hg. von W. Härle, Bd. II hg. von J. Schilling, Bd. III hg. von G. Wartenberg und M. Beyer. Leipzig 2006 und 2009 (= LDStA)

Mandel, Hermann (Hg.): Theologia deutsch, Leipzig 1908.

Melanchthon, Philipp: Loci communes 1521. Lateinisch-Deutsch. Übersetzt von Horst Georg Pöhlmann, 2. Aufl. Gütersloh 1997.

Nietzsche, Friedrich: Morgenröte. Idyllen aus Messina. Die fröhliche Wissenschaft. Kritische Studienausgabe (= KSA) Bd. 3. Hg. v. G. Colli und M. Montinari, München 1980.

Nüssel, Friederike / Sattler, Dorothea: Einführung in die ökumenische Theologie, Darmstadt 2008.

Pannenberg, Wolfhart: Systematische Theologie 2 und 3, Göttingen 1991 und 1993.

Parmenides: Vom Wesen des Seienden. Die Fragmente. Griechisch und deutsch. Hg. und übersetzt von U. Hölscher, Frankfurt a.M. 1969.

Petrus Lombardus, Sententiae in IV libris distinctae, Grotta ferrata 1971.

Rahner, Karl: Wort und Eucharistie. In: Schriften zur Theologie. Band 4, Einsiedeln 1960, S. 313–356.

Reimarus, Hermann Samuel: Von dem Zwecke Jesu und seiner Jünger. In: G.E. Lessing: Werke und Briefe. Bd. 9. Hg. von K. Bohnen und A. Schilson, Frankfurt a.M. 1993.

Ringleben, Joachim: Pindars Siegesfeier. Eine Interpretation der zehnten Nemeischen Ode. In: Nachrichten der Akademie der Wissenschaften zu Göttingen. I. Philologisch-historische Klasse. Jg. 2002, Nr. 2, Göttingen 2002, S. 123–169.

–: Gott und das ewige Leben. In: Arbeit am Gottesbegriff I, Tübingen 2004, S. 295–340.

–: Jesus. Ein Versuch, ihn zu begreifen, Tübingen 2008.

–: Auferweckung zum ewigen Leben (als Zeigfeld zur Logik des christlichen Gottesgedankens). In: Endangst und Erlösung 1. Untergang, ewiges Leben und Vollendung der Geschichte in Philosophie und Theologie. Hg. v. P. Koslowski und F. Hermanni, München 2009, S. 121–138.

–: Gott im Wort. Luthers Theologie von der Sprache her, Tübingen 2010.

Ritter, Adolf Martin: Dogma und Lehre in der alten Kirche. In: Lehrbuch der Kirchen- und Dogmengeschichte I. Hg. von W.-D. Hauschild, Göttingen 1982, S. 99–221.

Roloff, Jürgen: Jesus, München 2000.

Schelling, Friedrich Wilhelm Joseph: Philosophische Untersuchungen über das Wesen der menschlichen Freiheit" (1809). Hg. von Th. Buchheim, Hamburg 1997.

Schleiermacher, Friedrich: Der christliche Glaube (1830). Nach den Grundsätzen der evangelischen Kirche im Zusammenhange dargestellt. 2 Bände. Aufgrund der 2. Aufl. neu hg. von M. Redeker, 7. Aufl., Berlin 1960.

Schweitzer, Albert: Geschichte der Leben Jesu Forschung (1906/1913), 9. Aufl. Tübingen 1984.

Sekretariat der Deutschen Bischofskonferenz (Hg.): Kongregation für die Glaubenslehre: Erklärung DOMINUS JESUS über die Einzigkeit und die Heilsuniversalität Jesu Christi und der Kirche. Antworten auf Fragen zu einigen Aspekten bezüglich der Lehre über die Kirche. 4. Aufl. 2007, Bonn 2008. (Verlautbarungen des Apostolischen Stuhls; 148)

Staats, Reinhart: Das Glaubensbekenntnis von Nizäa-Konstantinopel. Historische und theologische Grundlagen. Darmstadt 2. Aufl. 1999.

Theissen, Gerd / Merz, Annette: Der historische Jesus. Ein Lehrbuch, 3. Aufl. Göttingen 2001.

Thomas von Aquin: De unitate intellectus contra Averroistas (1270). Übersetzung, Einführung und Erläuterung von W.-U. Klünker, Stuttgart 1987.

S. Thomae de Aquino Summa Theologiae. Cura piae societatis a s. Paulo Apostolo, Alba – Rom 1962.

Tillich, Paul: Dogmatik. Marburger Vorlesungen von 1925. Hg. von W. Schüßler, Düsseldorf 1986.

–: Systematische Theologie I / II, 8. Aufl. Berlin, New York 1987.

Wenz, Gunther: Einführung in die evangelische Sakramentenlehre, Darmstadt 1988.

Bibelstellen

Genesis
1–3	162
1–2,4a	164
1,2	166
1,20 ff.	165
1,26 ff.	165
1,28	29, 89
2 f.	101f
2,4b–2,25	165
2,4b–3,24	99
2,16 f.	*114*
2,16 ff.	99
2,18 ff.	165
3	97, 103
3,1–5	100, 103
3,1–6.17	*100*
4	*100, 108*
6,5 f.	*107*
6,18	166
8,21	*107*
9,8–17	166
9,9–17	*116*
15.17	*116*

Exodus
24	16
24,3	*114*
24,8	139
24,15 ff.	*116*
31	*116*
32	*102*, 114, 115, 127
34	*114*
35–40	*116*

Leviticus
1 ff.	*116*
16	143
16 f.	*116*

Deuteronomium
7,9.12	*114*

Richter
3,9 f.	*185*
6,34	*185*
11,29	*185*

1. Könige
12,26–32	*114*

Hiob
9,22	178

Psalmen
22	141
74,12–17	*162*
77,15–19	*162*
93	*162*
104,1 f.	*172*
121,3 f.	182

Prediger Salomo
	120

Jesaja
1,1 ff.	115
9,16	*116*
11	*116*
42,1–4	*116*
49,1–6	*116*
50,4–9	*116*
52,13–53,12	*116*
53	145
53,1–11	138

Jeremia
23,5 f.	*116*
31,31 ff.	85
31,31–35	138
31,33	*115*
32,29	85
53,5–11	138
53,12	141

Ezechiel

1–3	*185*
11,5–8	*185*
11,19	85, *115*
36,23–27	186
36,26	98, 115
36,26 f.	186

Daniel

7	*116*
7,13 f.	*138*

Hosea

4	115

Joel

3,1–5	186, 188

Micha

5	*116*

Sacharja

9,9 f.	*116*

2. Makkabäer

7,28	166

Matthäus

1,18	186
1,18–2,12	144, 149
5–7	227
5,3 ff.	136
5,22.28	136
5,23 f.	137
5,27–32	204
5,38–48	227
5,43	136
6,10	136
6,12	136
6,24	136
6,25.33	136
7,1	136
7,21	136
8,11 f.	136
8,20	137
10,23	*138*
11,12	135
11,19	137
12,28	135
12,38 f.	137
13,16	135
13,44–46	136
16,19	204
16,27 f.	138
18,18	204
18,23 ff.	135f
19,3–9	204
19,28	137
21,28–32	136
22,1–14	135
22,36–40	191
23,37	140
25,31–46	247
26,26–28	*138*, 202, *214*
26,28	215
27,46	*140*
28,5–7	70
28,9	70
28,9 f.	140
28,16 ff.	140
28,18–20	*142*
28,19	211
28,19 f.	202, 207
28,20	140

Markus

1,4.9–11	207
1,10 f.	186
1,14 f.	135
1,21 ff.	136
1,27	136
2,3–7	136
2,10.28	137
2,19	136
2,23 ff.	136
3,4	136
3,13–15	205
4,11	201
4,26–29	135
6,12 f.	204
7,15	137
8,29 f.	132
8,29 ff.	*137*
8,34 f.	244
8,34–38	191
8,38	138

Bibelstellen

9,1	136	16,16	135
9,9	132	17,21	135
9,43 ff.	136	17,24.30	*138*
10,2–12	204	22,15–20	*138*, 202, *214*
10,13–16	213	22,24–27	*237*
10,15.23	136	22,28–30	137
10,17–27	*245*, 246	24,4–7	70
10,29 f.	*204*	24,13 ff.	70
10,45	145	24,26	*133*
11,15–18	*138*	24,26 f.	*138*
12,25	*204*	24,34	139
12,28 ff.	136	24,36 ff.	*70*
12,29–31	85, 96		
13,26	*138*	**Johannes**	
14,12–26	202	1	*57*, 128
14,22–25	*138, 214*	1,1–14	*166*, 254
14,24	214	1,1–18	70, *133*, 149, 166
14,25	138	1,4	251
14,36	137	1,14	27, 132
14,61	*137*	1,29	*143*
14,62	*138*	3,3–8	184
15,34	*141*	3,5	*207*
16,1–8	140	3,16	144
16,5 f.	70	5,19–24 ff.	*113*
16,7	140	5,21.24	251
16,15 f.	202	5,24	246
16,16–19	237, *237*	5,26	241, 244, 250
18,18	*237*	7,16–18,28 f.	*113*
		9,1–3	*180*
Lukas		11,25 f.	244
1,35	186	12,25	191, 244 f.
2,1–21	144, 149	12,32	144
2,11	133	12,47 f.	246
4,32	136	14,1–14	*113*
7,34	137	14,6	251
7,36–50	136	14,16–20	133, *187*
9,58	137	14,17	188
10,18	135	14,20	188
10,21 ff.	137	14,26	188
10,23	135	15,13	*142*
10,25–37	136	15,16	187
11,20	135	15,26 f.	133
12,8 f.	138	16,7	187
13,18 ff.	135	16,7–14	133, *187*
13,28 f.	136	16,13	188
14,16–24	135	16,13 f.	188
15,1–7	*194*	17	*113*
15,11 ff.	136	19,20	120

264 Bibelstellen

20,14–17	70		3,1 f.	*208*
20,19 ff.24 ff.	*70*		3,20	*84*
20,21–23	204, *237*		3,22–28	194
20,28	139		3,24	194
			3,25	143
Apostelgeschichte			3,25 f.	194
2,1–38	188		3,26	194
2,4	188		4,17	164
2,6–11	188		4,24 f.	140
2,13.16	188		4,25	141
2,14 ff.	188		5,8	*143*
2,16	188		5,8–10	194
2,33	188		6,1–7,6	*223*
2,36–38	*142*		6,3 ff.	*142*
2,38	188, *207*		6,3–11	141, 146
3,21	247		6,3–14 ff.	208
6,1–6	205		6,4 f.	208
6,3–6	*235*		6,6	*207*, 212
8,14–17	204		6,6–8	194
8,16	*207*		6,11 ff.	208
10,38	*186*		6,23	45
10,43	*207*		7	95
10,48	*207*		7,4	141
14,8–18	125 f.		7,7 ff.	*84*
14,16	126		8,1.11	*246*
14,23	*235*		8,2	188
16,15.31–34	*208*		8,8–11	188
17,16–34	125		8,10 f.	189
17,26	126		8,11	140
17,27	126		8,17	212
18,8	*208*		8,18–22	247
19,1–7	204		8,32	141
19,5	*207*		8,23–26	189
20,17.28	234		9–11	*118*
20,28	*235*		10,9	139, 140
22,16	*207*		13,1–10	227
Römer			*1. Korinther*	
1 f.	127		1,2	230
1,3 f.	154		1,16	*208*
1,4	127, 142, 186		1,18–25	23 f
1,18 f.	127		1,18 ff.	142
1,19 f.	127		2,6–7.10	23 f.
1,19–32	126		2,7–10	201
1,20	*127*		3,4–8	*237*
1,21 ff.	127		6,11	*207*
2,2–16	126		6,14	140
2,14 f.	227		7,14	213

8,6	*166*	3,27f.	*208*
10,16–18	215	4,4f.	133
11,23–25	*138*, 139	4,4–7	*119*
11,23–26	202, 214	5,25	223
12f.	229		
12,4	188	*Epheser*	
12,4–7	234	1,3–10	*166*
12,4–7 ff.	234	1,8–10	201
12,4–31	188	1,9f.	247
12,12 f.	229	1,13f.	*208*
12,12 ff.	*208*	3,3–12	201
12,13	*207*	4,11	*235*
12,28	234, *235*	4,12	234
13	188	4,15f.	229
13,2	234	4,30	*208*
15,1–28	141	5,2	145
15,3	142, 215	5,21–33	204
15,3–8	70	5,26	*207*
15,3 ff.	140	5,25f.	*207*
15,4	*141*	5,31	201
15,14	*141*		
15,44	246	*Philipper*	
		2,6–10	67
2. Korinther		2,5–11	129, 133, 144, 149
1,21 f.	*208*		
4,14	140	*Kolosser*	
4,16–5,1	245	1,9	144
5,10	246	1,14	144
5,14 f.	141	1,15–20	*166*
5,14–10	133	1,19f.	247
5,17	*207*	2,12 f.	*208*
5,18–20	234	2,13	*207*
5,19.21	142	3,1–4	*208*
5,20	142	3,5 ff.	*208*
8,19	*235*	3,18 ff.	*204*
Galater		*1. Timotheus*	
1,15 f.	*207*	3,1–13	205, *234*
2,2 ff.	*237*	4,14	205
2,11–21	195	5,17	*234*
2,16.19	54, 88		
2,19	19, 55, 194	*2. Timotheus*	
2,19 f.	53 ff., 87 f., 141, 192, 222, 244	1,6	205, *235*
		1,6 f.	234
2,20	19, 55, 86, 87, 144, 184, 194, 198 f., 253		
		Titus	
3,13	143	1,5	*235*
3,26–29	*207*		

3,3–6	*207*		1,2 ff.	143
3,5	*207*		2,17	143
			4,9	230
1. Petrus			4,14 ff.	143
1,3.23	*207*		5,7–9	141
1,23	184		9,16	*207*
2,5	233		9,22–28	143
2,9	229, 233		10,20	*207*
3,18 ff.	*143*		11,22	*207*
3,21	*207*			
			Jakobus	
2. Petrus			5,14–16	204
1,9	*207*			
			Johannes-Apokalypse	
Hebräer			1,6	233
passim	144		5,10	233
1,1–4	*166*			

Personen

Aetius 150
Althaus, P. 128, *148f.*, *153*
Anselm v. Canterbury 24ff., *40*, 241
Aratus aus Sizilien *126*
Aristoteles 25f., *167*
Arius 150
Augustinus 24f., *68*, 85, 94, *106*, *108*, 128, 150, 195, 209, 231
Averroes 24ff.

Barth, K. 39, 116ff., *206*
Barth, U. *39*
Boethius 241
Bonifatius VIII. *233*
Bultmann, R. 75, *122*

Calvin, J. *153*, 191, 197, *208*, *215*, 217
Durkheim, E. 49
Eckhart, Meister *170*
Eunomius *150*

Fischer, J. 225
Flasch, K. *24*

Gese, H. *139*
Gestrich, C. 84, *96*
Gregor v. Nazianz 152f., 213

Hamann, J. G. 30–33, 39, *40*, *64*, 91, *96*, 97, 128ff., *134*
Harnack, A. v. *155*
Hegel, G. W. F. 10, 34ff., 38, *40*, 49, 74, *104*, 122, 130, 154, 156, *221*, 252
Heidegger, M. 40, 44, *80f.*, *104*, 169, *170*, 221
Hengel, M. *120*
Heraklit *128*
Herder, J. G. 154
Hick, J. 110
Hopkins, J. *142*

Irenäus v. Lyon *168*

Jaspers, K. *119*
Jesus s. Begriffsregister
Joest, W. 74, 84, *197*
Johannes v. Damaskus 152f.
Jonas, H. *175*
Jüngel, E. *96*, 156, *240*, *250*
Justinus 128

Kähler, M. 134
Kant, I. 23, 30–34, 36f., 39, 47ff., *59*, 65, *134*, 178, *221*, 226f.
Käsemann, E. *134*
Kierkegaard, S. *93*, *104*, 169, *170*, 206
Klumbies, P.-G. *141*
Knitter, P. 110
Klünker, W.-U. *24*
Kühn, U. *138*
Kyrill v. Alexandrien 151

Leibniz, G. W. 177f.
Leonhardt, R. *149*
Leontius v. Byzanz 152
Lessing, G. E. *68*, *134*
Luther, M. 26–31, *40*, *48*, *51*, 52, 56f., 58, 65, *71ff.*, 85f., *96*, 97, *103f.*, *107f.*, 129, 145, 153–156, 170f., *178*, 182, 189, 191, 193, 195–199, *200*, *204*, *206*, *208*, 209ff., 216f., 227, *228*, 230f., *232*, *235*, 237

Maria s. Begriffsregister
Melanchthon 155, *196*, 197, *204*
Merz, A. *134*, *138*

Nestorius 151
Nietzsche, F. 4, 36f., 39f., *51*, 65, *74f.*, 90, 92, 225
Nüssel, F. *238*

Pannenberg, W. 82, 156, *212*
Parmenides 166f.
Paul v. Samosata *150*

Paulus 23f., 26, 54, 85, 125ff., 133, 139–143, 164, 186, 188f., 194ff., 223
Pelagius 195, 209
Petrus 237
Petrus Lombardus *216*
Pindar *129*
Platon 128

Rahner, K. 128, *201*
Reimarus, H. S. *133f.*, 145
Ringleben, J. *58, 72, 129f., 135, 137*, 156, *186, 240*
Ritter, A. M. *149, 152*
Roloff, J. *138*

Sabellius 150
Sattler, D. *238*
Schelling, F. W. J. *104*, 169, 252
Schleiermacher, F. D. E. 33f., *38*, 39, 49, 206

Schweitzer, A. 134
Seneca *126*
Staats, R. *149*
Strauß, D. F. 145

Tatian *168*
Taubes, J. 49
Tauler, J. 26, 97
Theissen, G. *134, 138*
Theophil v. Antiochien *168*
Thomas v. Aquin 24–27, 170, *240*
Tillich, P. *4*, 37f., 57, *94, 104, 119,* 120

Wenz, G. *204, 215*

Xenophanes *128*

Zwingli, U. 217

Begriffe

Die Belege stellen eine Auswahl dar. Das gilt im besonderen Maß für zentrale Begriffe wie z.b. Christus, Gemeinschaft, Fürsichsein, Kommunikation, Gott, Gottesverhältnis, Leben, Mensch, Identität, Sinn.

Abendmahl 138f., 143, *153*, 190, 201 ff., 205, 213–217, 229, 239
Adoptianismus 150
Allgegenwart 153, 181, 216
Allgemeingültigkeit 64f.
Allmacht 176f., 181, 250
Altes Testament 109ff., *130*, 188
Amt 205, 215f., 227–230, 232ff., 238f.
Anerkennung 226
Angst 10, 14, 56, 92, 99f., 103ff., 146, 163, 168ff., 176, 189f., 195, 198, 246
Apostolische Sukzession 236, 239
Apostolisches Glaubensbekenntnis 133
Arbeit 190, 226, 228
Arianismus 150
Aseität 168, 249
Atheismus 156
Auferstehung (Auferweckung), Auferstandener 11, 16, 18, 69f., 110f., 127, 131–133, 139f., 145ff., 186f., 206, 208, 242f., 246
Aufklärung 17, 32, 43, 51, *76*, 78f., 122, 133, 148, 156, 193
Auslegungsgeschichte 76f.
Autonomie 24, 31, 194
Averroismus 25

Bedeutungsgefüge 62f., 106
Begierde, Begehren 94f.
Begriff, Begriffe 62, 106–108
Begriffsgeschichte 76–79
Bekenntnis 66, 77f., 200, 207, 230, 232, 237f.
Bergpredigt 227
Berufung 135, 185, 229, 235f.
Bewußtsein 9, 177
Bibel 5, 66, 73–77, 238
– sola scriptura 72f., 232
Bildung 66, 78f.

Bischof 205, 234–237
Bund 16, 110–118, 136, 138f., 147, 185f.
Buße 204, 211

Chaos 157f., 162
Charismen 233–235
Christologie ‚von oben' 148ff.
Christologie ‚von unten' 154f.
Christus (s.a. Jesus/Christus, Kyrios, Leib Christi) 11, 18f., 54–56, 62, 66f., 69–71, 75, 87f., 109ff., 129, 131f., 134, 142, 146ff., 165, 177, 182f., 185ff., 194, 196, 198, 201–203, 208, 214f., 218, 229f., 236, 242, 245f., 250ff.
– Erhöhung 145
– fröhlicher Wechsel 195
– Gegenwart 201, 203
– Gottheit 149
– Person 151f., 154
– Präexistenz 133, 144f.
– Sohn 132f., 140f., 143ff., 148ff., 186f., 250ff.
– solus Christus 72f., 75, 230, 232
– Wiederkunft 132, 214f., 246
communicatio idiomatum 152f.

Deutung 37, 39, *180*
Diakonie, Diakone, Dienste 219, 229, 233–235, 238
Dialektik 36, 38
Dogmatik 81, 225, 228f.
Doketismus 150

Ehe 190, 203f.
Eigentum 83, 90
Einheit, Einheitsgrund 36, 110, 158, 160–163, 167, 174–178
– transzendentale Einheit 47

Begriffe

Einsamkeit 10, 13, 44f., 48, 91f., 104, 142, 144, 169, 195, 218, 227, 249
Ekstase 185, 188
Emanation 168
Enhypostasie 152
Entmythologisierung 122
Episkopé 229f., 234, 236, 238
Erbsünde (Grundsünde, s.a. Umsichselbstkreisen, Sünde) 13f., 30, 63f., 72f., 83ff., 100ff., 114f., 195-198, 206, 209-212, 220f., 223, 229, 239
- Allgemeinheit 107f.
- Notwendigkeit 107
Erlösung 19, 247
Erinnerung 44f.
Erkenntnis 30, 47f., 91, 65ff., 159, 174, 226
Erwählung (s.a. Israel) 117
Erzieher, Erzieherinnen 229, 236
Eschatologie, eschatologisch (s.a. Ewigkeit, ewiges Leben) 116, 121-123, 138f., 251
Ethik 81, 220ff.
Evangelium (s.a. Gesetz und Evangelium) 17, 72, 96f., 112, 116, 201, 204
Evolution 157f., 163
Ewigkeit, ewiges Leben 11, 20, 146, 187, 208, 240ff.
Exodus 113f,

Familie 190, 204, 218, 221, 224
Feier 200
Feindesliebe 224
Firmung 203f.
Fleisch 94
Freiheit 22, 29, 36, 56f., 61, 95, 103, 105, 107, 136, 163, 165, 170f., 181, 189f., 193ff., 220, 222, 224, 226f.
Fremdheit 164, 169, 171, 176
Fürsichsein (Nichtigkeit, Negativität) 9ff., 26f., 42ff., 54ff., 60, 63f., 68, 73, 83, 86ff., 100ff., 113, 118f., 123f., 140-142, 144-146, 148, 154, 158, 163f., 166, 168ff., 179, 182f., 188ff., 197-199, 206, 208, 211, 218-224, 226f., 231, 236, 241-247, 249, 252-254

Gebet 190, 200
Gebot 16, 99f., 114, 165

Gefühl 33f.
Gegenwart 48, 146, 213-217, 246f.
Geheimnis 201, 219
Geist 35f., 55, 57, 69, 71, 94, 103, 106, 115f., 150, 154, 172, 177, 181, 182ff., 191f., 196, 199, 201, 206-208, 211, 218, 220ff., 230, 233f., 241f., 246-251, 255
- absoluter 35
- Sendung 187f.
Geistesgaben 188
Gemeinde 109, 186, 200, 204, 233-237
Gemeindeleitung s. Kirchenleitung
Gemeinschaft 8f., 16, 18ff., 54ff., 80, 91, 93, 97, 99ff., 104, 106, 112, 115, 123, 132, 136, 139, 141f., 146, 148, 157, 164, 172, 176, 181ff., 184f., 187, 190, 192, 194-196, 199ff., 206, 208, 213-215, 217ff., 220ff., 229ff., 240ff., 249ff.
Gerechtigkeit 55, 61, 114, 143, 185f., 194-199
- zugleich gerecht und Sünder 197-199
Gericht 16, 110f., 113f., 120, 126f., 135, 196, 240, 246f.
Geschichte 41, 44, 62, 74-76, 80, 121, 149, 181, 229-231, 248, 251f.
Gesellschaft 226f., 231
Gesetz 54f., 84f., 88, 95-98, 113-115, 126, 136, 144, 191-195, 220, 227
- tertius usus 197
Gesetz und Evangelium (s.a. Gesetz) 16, 96f., 189-191, 195
Gespräch 9, 11, 32, 42, 52, 69, 71, 99, 105ff., 124f., 130, 181, 191f., 201, 230
Gesprächsgeschichte 76
Gewalt 108
Gewissen 126, 224
Gewißheit 57, 188
Glaube 3f., 11, 18f., 22ff., 28-31, 33f., 37-40, 52ff., 65ff., 85, 92, 141, 158, 170f., 177-179, 183ff., 189f., 192-199, 202f., 206-212, 220f., 228, 232, 239f., 244-247, 250f.
- sola fide 73
Gleichgültigkeit 83, 91, 181
Gleichheit 227
Gnade 85, 116, 194f., 233
Götter, Götzen 92f., 104, 115, 119, 126f., 219, 221, 224

Begriffe

Gott (s.a. Trinität, Wort Gottes) 52, 68, 88, 101f., 111–113, 124–126, 129f., 132, 144, 147ff., 166–168, 171, 175f., 182f., 185, 193, 240ff., 249ff.
- Gegenwart 177, 182f., 201
- Gerechtigkeit 178
- Gespräch 71
- Güte 178
- Jenseitigkeit 18, 120
- Kenosis 163
- Kommen 131, 135–137, 144, 154, 156f., 186, 214–217, 246
- Leben 71, 175f., 179, 240ff., 249ff.
- Liebe 12, 60f., 117, 161, 164, 168, 172, 246
- Selbstbegrenzung 174
- Selbstentäußerung 60, 158, 160f., 163ff., 173ff., 254
- Selbstunterscheidung 175f., 242f., 249ff.
- Sichäußern 174f.
- Transzendenz 113, 117, 124, 166, 168
Gottesdienst 190, 199ff., 217, 229, 235, 246
Gotteserkenntnis 25, 28, 30f.
Gottesknecht 116
Gottesverhältnis 53ff., 101–103, 193
Gottverlassenheit 141
Grundsünde s. Erbsünde

Habgier 94f.
Handeln 179, 220, 223f., 226
Heiligkeit 56, 172, 199, 232f.
Heiligung 85, 193ff., 196f., 199
Heimat 218f., 246
Hermeneutik 72ff., 80
Herrschaft 14, 165
Hierarchie s. Kirche
Historismus 74
Hochmut (superbia) 89, 94, 105
Hybris 93f.

Ich 37, 42, 44, 54, 87f., 94f., 97
Identität 9, 14f., 22, 29, 41ff., 46f., 52ff., 56f., 62–65, 76, 83ff., 87–96, 102, 106–109, 115, 160, 169, 171, 174, 181, 189, 192, 195f., 198, 222, 225, 244f.
- Fragmentierung 92, 94
Ideologie 64

Imperativ 223
Inkarnation (s.a. Menschwerdung) 133, 145, 147, 156, 165, 175, 203, 252, 255
Inkulturation 118, 121, 125
Islam *130f., 182.*
Israel 112ff.
- Erwählung 113f., 116f.

Jesus 69f., 131ff., 186f.
- Berufung 135, 186
- Gebet 186
- Geist 186f.
- Jesus/Christus 132ff., 185ff., 243
- Leiden 140f.
- Selbstunterscheidung 113
- Taufe 186
- Verkündigung (Predigt) Jesu 69f., 111, 113, 131, 134ff., 144, 156
- Vollmacht 136f., 139
Jungfrauengeburt 149

Kanon 74
Kirche (s.a. Gemeinde, Amt, Heiligkeit) 66, 72–74, 78, 86, 93, 109, 182, 190, 195, 197, 201, 203, 206f., 213, 215, 219f., 225, 229ff.
- Apostolizität 236
- Einheit 230, 232f., 237ff.
- Hierarchie 195, 203, 205, 215, 230 233, 236f., 239
- Kennzeichen 232f.
- Kirchenleitung 234f.
Kirchengeschichte 77, 81, 121
Kommunikation Gottes (s.a. Gemeinschaft, Wort Gottes) 1ff., 6, 12, 202f.
Kommunion 201
Kondeszendenz 126–129, 185
Konkupiszenz 94f., 106, 226
Konkurrenz 101, 157f., 162
Kontingenz 158, 162f., 177, 180f.
Korruption *228*
Krankensalbung 203f.
Krankheit 162f.
Kreuz, Tod Jesu 11, 15f., 18, 23f., 73, 110f., 116, 118, 120, 131f., 138ff., 142–147, 155, 157, 188f., 191, 194, 202, 232f., 250
Kreuzestheologie 51, *129,* 148, 155f.

272 Begriffe

Krieg *228*
Kultur 43, 225
Kulturprotestantismus 39
Kunst 37
Kyrios 139 f.

Leben 6 ff., 26, 37, 40 ff., 54 ff., 63, 87 f.,
  89, 96 f., 100, 123, 136 f., 160 f., 165, 177,
  179, 183 ff., 189 ff., 208, 217 f., 220 ff.,
  240 ff., 249
– ewig: s. Ewigkeit
– Paradoxie 244 f.
Lebensgeschichte 202, 212, 218, 241
Leere 90 f., 94, 98, 222
Lehramt 78 f., 232, 236 f.
Lehre 229 f., 232, 239
Lehrzucht 237
Leib, Leiblichkeit 41 f., 89, 189, 193, 202,
  204, 213, 215, 241
Leib Christi 188, 208, 229
Leiden 153, 157 f., 162 f., 176 ff.
Leidenschaft 94 f., 184
Leuenberger Konkordie 216 f.
Liebe 19, 53, 56 f., 95, 182, 184 f.,
  188–191, 196 f., 217 ff., 223 f., 227–231,
  234, 241, 247, 253
Liebesgebot 191, 220
Logik 28, 47
Logos 59–62, 127 f., 132, 150, 157, 166,
  175, 177, 254
Lust 14, 99, 103 ff., 196, 198, 219

Macht, Machtgier 90 f., 93–95, 103–105,
  108, 181
Maria 151, 186
Mensch 8 ff., 154, 158, 160, 165, 167, 170,
  173 f., 242 f., 252
– Bild Gottes 165
Menschensohn 137 f.
Menschenwürde 227
Menschwerdung (Gottes, des Sohnes; s.a.
  Inkarnation) 36, 129, 150 f., 154, 156,
  165 f., 175, 187, 192, 242
Menschwerdung (des Menschen) 101
Messias 132, 137, 140
Meßopfer 215
Mission, Missionsgeschichte 118, 121,
  124 f.

Mitleid 222
Modalismus 150
Monophysiten 150 f.
Monotheismus *113, 117*, 124
Moral 48
Mystik 26, 155, 170, *193*
Mythos, Mythologie 128 ff.

Natur 90 f., 154, 199 f.
Naturgeschichte 157, 159, 163
Naturwissenschaft 48, 80, 91, 157 ff.
Neugeburt 206 f.
Neuschöpfung 170, 172
Nicänum 233
Nichts 13, 164 ff.
Nihilismus 65

Ökumene 237 ff.
Offenbarung 6, 10 ff., 37 f., 59, 67–70,
  109 ff., 116 f., 126 ff., 131, 140, 144, 147,
  164, 246 f., 249, 255
– Notwendigkeit 117
– unmittelbar / mittelbar 120
– Uroffenbarung 128
Offenbarungsgeschichte 15 ff., 75, 102,
  109 ff., 128, 147, 181 f.
Opfer 111, 116, 139, 142–145, 215 f., 229,
  233
Ordination 205, 229, 235–237

Papst 236 f.
Paradies 99 ff.
pelagianisch 209
Person *197*, 198 f., 227
Perspektivität 159
Pfarramt 234–237
Philosophie 5, 24 f., 28, 34 f., 37, 40, 63,
  77, 82, 110, 127–130, 148, 162, 166 f.,
  178, 221
Pietismus 193
Platonismus 128
Politik 190
Polytheismus 125, 127
Prädikanten, Prädikantinnen 229, *235*
Predigt s. Verkündigung
Priester, Priesteramt, Priestertum 115 f.,
  143, 203, 205, 215 f., 229, 233, 239
Privatperson 227 f.

Begriffe 273

Profanität 120
Prolegomena 4
Prophetie 115 f., 185 f.

Raum 200
Realpräsenz (s. a. Gegenwart) 217
Rechtfertigung, Rechtfertigungslehre 19, 55, 85 f., 172, 189 f., 193 ff., *211*, 228, 239, 246
Rechtsordnung 29, 181, 224 ff., 231
Rechtsverzicht 227 f.
Reflexion, Reflexion in sich 9 ff., 16 f., 35, 40 ff., 46 f., 65, 68, 87, 95, 101–103, 123 f., 166, 169, 179, 192, 198 f., 221, 226 f., 236, 246 f., 253
Reformation 52, 65, 72, 76, 78, 86, 148, 155, 182, 194, 197, 203, 209, 230, 236, 239
Reich Gottes (Gottesherrschaft) 122, 134 ff., 141
Religion, Religionen 4 f., 34–37, 39 ff., 49 ff., 102, 110 f., 113, 123 ff.
Religionsgeschichte 51, 130
Religionskritik 4, 16, 49 ff.
Religionslehrer, Religionslehrerinnen 229, *235*, 236
Religionsphilosophie 5 f., 39 f.
Romantik 193

Säuglingstaufe 206–209
Sakrament, sakramental 20, 173, 200 ff., 229, 232
– Einsetzung 202
Schmerz 179
Schönheit 172 f.
Schöpfung (Äußerung Gottes) 12 f., 60, 71, 90 f., 100, 147, 149, 153, 155, 157 ff., 164 ff., 187, 217 ff., 242, 249 f., 252, 254 f.
Schriftprinzip 72 f.
Sein 166 f.
Selbstbejahung 199
Selbstbestimmung 32, 52, 61, 65, 85 f., 88 f., 93, 104 f., 194 f., 198, 225 ff.
Selbstbewußtsein 9, 33–35, 41, 44 f., 57, 87, 91 f., 101, 104 f., 163, 169, 177, 179
Selbstentzweiung 219
Selbsterhaltung 9, 42, 45, 89

Selbsterkenntnis 8–10, 16 f., 54, 56, 67, 83–85, 96–98, 143, 169–171, 181, 183, 189 ff., 197, 215, 220, 224, 236
Selbstgewißheit 44
Selbstliebe 94
Selbstmitteilung 67 f.
Selbstoffenbarung s. Offenbarung
Selbstorganisation 157 f., 162 f., 165, 177, 180
Selbstvergötterung 92–94, 105
Selbstverhältnis 19, 53 ff., 87 ff., 95–98, 106 f., 184, 193, 197, 199, 218, 222 f., 253
Selbstverleugnung (Selbstaufopferung) 93 f., 105
Selbstvermittlung der Identität 14, 89 ff., 94, 97 f., 103 f., 107–109, 244–246, 253
Selbstverständlichkeit 90, 103, 166–170, 190, 197
Seligkeit 136
Sexualität 190, 204, 218
Sinn, Sinngemeinschaft, Sinn-Einheit, Sinnlosigkeit 9, 19, 22, 29, 37, 39 ff., 43, 46, 48, 51, 89, 92–94, 99, 102, 119 f., 132, 157–160, 163–166, 171–173, 178, 180, 183, 190 f., 195, 199, 219, 226, 247, 249, 255
– Gesamtsinn 62 f.
Sinndeutung s. Deutung
Sinnlichkeit, sinnlich 95, 173, 190, 200 f., 205, 210, 213
Sittlichkeit 181, 227
Skepsis 119 f.
Spielzeug 90
Sprache 9, 14 f., 30–33, 37, 41 ff., 46, 59, 61–63, 76, 80, 91, 101, 105 ff., 165 f., 182, 212, 218
– neue 28
Spracherlernung 76
Sprachgemeinschaft 106–108
Sprachgeschichte 76 f.
Staat 218, 220, 224 f., 228, 231
Stoffwechsel 9, 41
Subjekt, Subjektivität (s. a. Fürsichsein, Identität) 26 f., 29–32, 39 f., 46 f., 49, 51, 54–56, 58 f., 82–85, 87 f., 95, 98, 159, 167, 177, 179, 184 f., 192, 194 f., 197, 209, 220–228, 241, 253
Subordinatianismus 150

274 Begriffe

Sucht 94 f.
Sühne 116 f., 142 ff.
Sühnopfer (s. a. Opfer) 139, 142 ff.
Sünde (das verkehrte Leben; s. a. Erbsünde) 13 ff., 72, 83 ff., 120, 140–143, 171, 177, 181 f., 188, 191, 193 ff., 209, 219, 226, 237, 244, 247
– Erkenntnis (s. a. Selbsterkenntnis) 96–98, 115, 191
– zugleich gerecht und Sünder 197–199
Sündenfall 100 ff., 107, 114, 124
System 1, 62 f.

Taufe 85 f., 109, 141 f., 146, 188, 190, 197, 201 ff., 204 ff., 229 f., 235, 238
Technologie, technisch 28, 226
Theodizee 176 ff.
Theologie 1 ff., 24 f., 27 ff., 37 f., 40, 65 ff., 121 f., 162, 221, 249
– biblische 80 f.
– Disziplinen 66, 79–82
– Gegenstand 66 ff.
– systematische 2–5, 62 f., 74, 80–82
– Wissenschaft 81 f.
Theologiegeschichte 66, 76–81, 121, 147 f.
Theophanie 70, 139 f., 147, 243
Tiere 165, 247
Tod, Todesbewußtsein (s. a. Kreuz) 10, 18, 44 f., 54 f., 70, 88, 98, 100, 104, 123, 143, 157 f., 162 f., 169, 177–180, 194, 206, 208, 214 f., 240 ff., 251
Transsubstantiation 216
Trinität 11, 20 f., 35, 38, 68, 73, 111 f., 132, 147 f., 150, 168, 175–177, 187, 242 f., 249 ff.

Umkehr 135 f., 207
Umsichselbstkreisen 83 ff., 93, 96, 145, 183, 186, 189–191, 194–196, 206, 212, 220, 223 f., 229, 231 f., 246
Unglaube 211
Unglück 179 f.
Universität 78
Unmittelbarkeit (des Lebens) 2, 9, 19 f., 41, 44, 87, 94, 104, 219
Unterricht 234
Urknall 161

Verantwortung 114
Vergebung 134 ff., 141, 143, 206 f., 215
Verheißung 16, 110 f., 115, 147
Verkündigung (Predigt) 66 ff., 72, 75, 98, 106, 183 ff., 200 f., 229, 232, 234, 236, 243 f.
Verleugnung (der Negativität des Fürsichseins) 3, 13 ff., 64, 89–92, 95, 103 ff., 198
Vernunft 5, 22 ff., 45 ff., 118–120, 122 f., 128, 145, 157 f., 167, 176–179, 182, 195, 220 f., 226
– Grenze 29
Versöhnung 35 f., 142 ff.
Verstand 22, 30 ff., 45 ff., 89, 123, 157 ff., 174, 226, 250
Versuchung 14, 99 ff., 198, 223
Vollendung 247 f.
Vorsehung 176 ff., 180–182
Vorsokratiker 128
Vorverständnis 76 f.

Wahrheit, Wahrheitsanspruch 2–4, 61–63, 66, 82, 98, 110, 121, 124, 185 f., 188, 192 f., 230, 233, 239, 246, 254
– doppelte 24–29
Wahrheitskriterium 66, 72 f., 78, 230, 232 f.
Weihe 203, 205, 239
Weihnachtsgeschichte 133, 144, 149
Welt 124, 164 ff., 171 ff., 177
– Grund 172 f., 174 f.
– Weltwahrnehmung, neue Wahrnehmung 172 f., 190, 217 ff.
Wiedergeburt s. Neugeburt
Wille (freier Wille) 37, 196, 221
Wirtschaft 226
Wissenschaft 28
Wort Gottes 18, 20, 27, 57, 69–72, 96 f., 106, 148, 157, 165 f., 183 f., 189 ff., 201 ff., 205, 210 f., 216, 230 f., 234, 242, 250 f.
Wunder 68, 122

Zeit 45, 169, 200, 241 f., 245–248, 251 f.
Zerstreuung 94
Zweifel 56, 125, 178, 190, 200
Zweinaturenlehre 148 ff.

Michael Meyer-Blanck
Gottesdienstlehre

Michael Meyer-Blanck behandelt in dieser Gottesdienstlehre sowohl die Theorie des Gottesdienstes (Liturgik) als auch die Theorie der Predigt (Homiletik). Er stellt die beiden auf den Gottesdienst bezogenen Disziplinen erstmals zusammen dar und verschränkt sie dazu auf dem Stand der aktuellen Fachdiskussion so weit wie möglich miteinander. Das Gespräch mit der katholischen Liturgiewissenschaft spielt eine besondere Rolle. Dem Lehrbuch liegt die Grundeinsicht zugrunde, dass der evangelische Gottesdienst als die Mitteilung und Darstellung des Evangeliums in ritueller und rhetorischer Form aufzufassen ist. Das Buch umfasst sieben Kapitel: 1. Prolegomena zur Gottesdienstlehre, 2. Gottesdienstlehre in systematischer, 3. in historischer, 4. in empirischer, 5. in ökumenisch vergleichender, 6. in ästhetischer und 7. in handlungsleitender Perspektive.

»Insgesamt liegt mit diesem Band ein Werk vor, das die nächsten Jahre grundlegend für den akademischen Unterricht sein wird. Es ist zu hoffen, dass auch Kollegen und Kolleginnen anderer theologischer Disziplinen zu ihm greifen, wenn sie sich zum praktisch-theologischen Forschungsstand bezüglich des Themas Gottesdienst kundig machen wollen.«
Die ungekürzte Rezension von Christian Grethlein finden Sie auf
www.thlz.de/buch_des_monats.php?ausgabe=2012-04 (04/2012)

»Insgesamt [...] ist dies ein überaus kenntnisreiches Werk, dessen Anschaffung und Lektüre lohnt.«
Helge Stadelmann in *Jahrbuch für Evangelikale Theologie* 26 (2012), S. 353–356

2011. XVII, 564 Seiten
(Neue Theologische Grundrisse).
ISBN 978-3-16-149171-9
fadengeheftete Broschur;
ISBN 978-3-16-151663-4
Leinen
eBook

Mohr Siebeck
Tübingen
info@mohr.de
www.mohr.de

Bernd Schröder
Religionspädagogik

Bernd Schröder erschließt die Religionspädagogik unter fünf verschiedenen, methodisch reflektierten Perspektiven. Er entfaltet das Fach mit historischer Tiefenschärfe und unter vergleichender Wahrnehmung religiöser Erziehung in anderen Religionen und Ländern; er verbindet empirische Bestandsaufnahmen mit systematischer Konzept- und Begriffsentwicklung, ohne darüber sein handlungsorientierendes Interesse aus dem Blick zu verlieren.
Auf diese Weise entsteht ein umfassendes Panorama religionspädagogischer Herausforderungen und Lösungsansätze für die Lernorte Schule und Gemeinde, Medien und Familie sowie – erstmals explizit entfaltet – Öffentlichkeit.
Dabei wird angesichts der Transformationskrise des Christentums in der Moderne deren gebotene Synergie betont, zudem beispielsweise die Notwendigkeit multipler Berufstheorien für Erzieherinnen und Religionslehrende, die Akzentuierung von »Religion im Schulleben«, kritisch-subjektorientierter Religionsdidaktik und didaktisch reflektierter Medienarbeit. Religionspädagogik wird als theologische Disziplin profiliert, die mit ihrer unerlässlichen Methodenvielfalt an eine Fülle theologischer wie nicht-theologischer Disziplinen anschließt. Sie sichtet deren Erträge unter dem ihr eigenen Fokus auf Bildung aus christlicher, hier: evangelischer Perspektive, wertet sie kritisch aus und führt sie weiter zu einer integralen Theorie, die mannigfaltiges Handeln der Akteure bestimmt und orientiert.

2012. XVI, 733 Seiten
(Neue Theologische Grundrisse).
ISBN 978-3-16-150979-7
fadengeheftete Broschur;
ISBN 978-3-16-151710-5
Leinen
eBook

Mohr Siebeck
Tübingen
info@mohr.de
www.mohr.de